UNE AFFAIRE
SOUS
FRANÇOIS MITTERRAND

DU MÊME AUTEUR

Les Flics, 120 000 inconnus (avec Alain Leauthier), Flammarion, 1990.

La Commissaire et le corbeau (avec Eric Merlen), Le Seuil, 1998.

Ils ont tué Ben Barka (avec Jacques Derogy), Fayard, 1999.

Contribuables, vous êtes cernés (avec Eric Merlen), Le Seuil, 2000.

Frédéric Ploquin

UNE AFFAIRE SOUS FRANÇOIS MITTERRAND

La Française des Jeux

Fayard

Avertissement de l'auteur

Comme vous le verrez, bien des personnes sont mises en cause au fur et à mesure des investigations menées par la justice et la police dans le dossier de la « Française des Jeux ». Le plus souvent à tort, si l'on en juge par l'issue de l'instruction.

Nous ne les citons que dans le but de restituer dans son intégralité la chronologie de l'enquête, les difficultés, la multiplicité des portes qui s'ouvrent mais aussi qui se ferment. Plusieurs personnes sont donc citées au fil des auditions, qui seront finalement lavées de tout soupçon. Passions humaines, erreurs, volonté de se disculper, pressions des enquêteurs expliquent souvent ces mises en cause qui ne seront pas retenues par la justice. Ceux qui n'ont pas été poursuivis ou ont bénéficié d'un non-lieu sont évidemment innocents. Rappelons que les autres sont présumés innocents.

Prologue

En ce temps-là, déjà, les juges rôdaient autour des murs de l'Élysée. L'hôte des lieux n'était pas encore Jacques Chirac. C'était François Mitterrand. Les juges rôdaient, donc, suivis de près par la meute que le président d'alors désigna sous le nom de « chiens » : les journalistes.

Nous étions dans le fil du second septennat mitterrandien, le pire des deux, celui de la mort lente des utopies. Les juges avaient déjà montré le tort que leur détermination pouvait causer au pouvoir en place. Ils avaient même infligé au Parti socialiste une sorte de ponction à vif, les « affaires » se traduisant par des pertes électorales sèches. Sous cape, on commençait à évoquer l'« acharnement » de ces magistrats soupçonnés de venger des décennies de soumission et d'obscurité. Mais personne n'avait encore aperçu le manteau rouge vif de la juge Éva Joly, celui qu'elle portait sur les épaules en embarquant l'ancien ministre socialiste Roland Dumas, pris la main dans la boîte à chaussures Berlutti – un cadeau de sa maîtresse. Une couleur propre à aveugler le téléspectateur.

Non, en ce temps-là, à deux ou trois exceptions près, les juges étaient encore inconnus du public. Et la justice se dictait au « Château » (l'Élysée), à la rigueur à la Chancellerie où veillaient des hommes « sûrs ». On savait, à droite comme à gauche, « saucissonner » une affaire embarrassante, c'est-à-dire la faire exploser en petits tronçons inexploitables et inoffensifs. On savait étouffer dans ses prémices un dossier dérangeant. Mais ces pratiques ont fini par donner à des juges entre-prenants un second souffle, comme une vie après l'abstinence, sous les applaudissements d'un peuple inquiet de tant d'impunité.

L'affaire de la Française des Jeux, comme on venait de rebaptiser le poussiéreux Loto, éclate à une époque où le pouvoir tient encore les cordons de la justice. Et où les hommes politiques découvrent les délices de la guerre des « affaires ». Certainement à court d'arguments plus politiques, ils se jettent des mises en examen au visage. Déposent des dossiers sous les paillassons de l'ennemi, comme les soldats placeraient des mines. Ouvrent des enquêtes avec l'espoir de remonter dans les sondages.

Les mêmes n'auront bientôt plus que leurs yeux pour pleurer devant ces juges qu'ils accuseront de les « persécuter ». Mais ce sont bien eux, les premiers responsables de cette « tuerie ».

L'affaire de la Française des Jeux en fournit une illustration parfaite, presque un cas d'école. Son démarrage, loin d'être naturel, est soigneusement orchestré. Ce que l'on veut, c'est atteindre François Mitterrand. Froisser son image encore au zénith en espérant reprendre Matignon en 1993. Et c'est assez réussi : à la veille des législatives, ce dossier empeste l'air et trouble l'image du président vieillissant. Ce n'est pas le seul élément qui fait perdre les législatives à la gauche, mais il pèse son poids en voix – ou en abstentions.

Cependant, François Mitterrand ne lâche pas prise. Il cohabite ferme, jusque dans les bureaux des procureurs et des juges d'instruction. Une guerre de l'ombre où gagne le meilleur réseau...

Dans le flot des dossiers politico-judiciaires, celui de la Française des Jeux est une caricature. Le comble de l'« affaire ». Quel lieu plus propice aux détournements de fonds que la société chargée de mettre en musique le « Millionnaire » et autres super- cagnottes ? Pourtant, ce flamboyant scandale n'est pas loin de finir en lambeaux, comme en témoigne une ordonnance de renvoi devant le tribunal correctionnel, rédigée le 15 novembre 2000. On nous avait annoncé le procès d'une Mitterrandie imbibée d'argent liquide. On disait quelques-uns de ses plus fiers représentants pris au piège d'une justice incorruptible. Ils avaient tant détourné entre amis qu'il ne leur restait plus qu'à payer. À rendre des comptes, et à régler le prix de leur impunité passée. Finalement, rien de cela. Juste un demi-procès au goût d'inachevé – à l'heure où nous imprimions ce livre, il devait s'ouvrir dans les derniers jours de mai 2001. Un vrai-faux épilogue bancal et frustrant...

Avons-nous rêvé ? Avons-nous été mal informés ? Avons-nous été victimes d'un mirage collectif ? Avons-nous – inspecteurs des finances, contrôleurs d'État, officiers de police judiciaire, magistrats, journalistes – pris pour de l'or en barre ce qui n'était que pain mouillé ? C'est le premier cas de figure.

Le second voudrait que l'opération de « purification » ait lamentablement échoué. Parce qu'en ce temps-là, la justice n'était pas encore aux mains des juges d'instruction. Parce que ces héros modernes n'osaient pas encore faire trébucher les têtes couronnées de la République.

Pour en avoir le cœur net, j'ai voulu rencontrer les acteurs de ce dossier exemplaire.

Laissons de côté François Mitterrand, grand ordonnateur de ces années-là. Injoignable par la force des choses, il joue ici le rôle qu'il affectionnait le plus : celui d'un prince auquel on prête le plus grand machiavélisme.

Dans son ombre, un homme qui se bat depuis des années pour préserver la sphère politique des menées de la justice, fidèle serviteur de Mitterrand : le sénateur Michel Charasse. C'est lui, d'un commun accord avec le président de la République, qui a « offert » le Loto à quelqu'un que personne n'attendait à ce poste : Gérard Colé, conseiller en image de l'Élysée, inventeur, avec son homologue Jacques Pilhan, de la mémorable « force tranquille ». Gérard Colé, c'est le feu d'artifice des années 80 fait homme. La victoire du médiatique sur le politique. De l'argent facile sur le SMIC. Du futile sur la pensée. On l'imagine aussi très bien en fou du roi, en l'occurrence François Mitterrand, qui aimait autant la compagnie des intellectuels que des saltimbanques, des moralistes que des affairistes.

Auprès de Colé, citons immédiatement la femme « trahie » : Dominique Galakhoff, hôtesse à bord des avions présidentiels jusqu'au jour où elle devient la maîtresse du conseiller en communication. C'est par cette jeune personne que le scandale explose.

Voilà pour les acteurs de premier plan. Mais le vacarme, comme souvent dans les « affaires », vient de personnages de moindre envergure. De ces anonymes venus se frotter aux us et coutumes des puissants. De ces hommes ou de ces femmes, fonctionnaires pour la plupart, dont l'histoire ne retient pas toujours le nom. Hormis ceux de leurs chefs, au premier rang desquels se trouve ici le procureur de la République Yves Bot, passé de la Chancellerie au tribunal de grande instance de Nanterre où se concocte précisément le scandale.

Parmi les seconds rôles, il faut citer les trois juges d'instruction qui se sont repassé le dossier de la Française des Jeux au gré des mutations et des promotions : Isabelle Orsini, Gérard Poirotte et Alain Philibeaux ; les deux officiers de police judiciaire en charge de l'enquête : Charles Blandignères et Jean-Marie Fiaschi, membres de l'Office central de répression de la grande délinquance financière, prestigieux service ; le contrôleur d'État Michel Bégon, censé veiller sur la bonne gestion de la Française des Jeux pour le compte de Bercy, devenu très vite l'ennemi de Gérard Colé ; citons enfin les cinq commissaires aux comptes dont les divergences, étalées au grand jour, nourriront abondamment l'enquête : Raymond Touber, Christian Latouche, Yves Raquin, Jean-Paul Griziaux et Raymond Danziger. Sans oublier une poignée de ces commis de l'État qui, depuis la forteresse de Bercy, veillent sur l'argent public, peu habitués en fait à rendre des comptes à la justice.

Entre ces hommes de l'ombre et leurs cibles, d'autres acteurs plus ou moins connus apparaîtront au fil de ces pages : les socialistes Michel Sapin et Martin Malvy, ministres au moment des faits, qui signèrent les premiers actes de rupture avec les présumées vilenies de la période Mitterrand ; les ex-ministres de l'autre bord, tels François d'Aubert, Nicolas Sarkozy ou Pierre Méhaignerie, qui crurent, avec l'affaire de la Française des Jeux, marquer des points mortels contre celui qui, en mai 81, leur avait ravi le pouvoir ; ou encore le socialiste Henri Nallet, bien placé pour savoir comment fonctionnait la justice sous François Mitterrand, puisqu'il en a été l'un des Gardes des Sceaux. On croisera aussi deux stars du paysage hexagonal : le puissant et discret Patrick Le Lay, pilier de TF1, la chaîne qui domine, et le tonitruant Bernard Tapie, admiré par les uns, détesté par les autres ; deux noms qui ont fourni à cette affaire quelques-uns de ses plus forts retentissements.

Trait commun à ces personnages fort disparates : tous interviennent dans une pièce à laquelle, si l'expression n'était pas si galvaudée, on aurait volontiers donné ce titre : « Chronique d'une affaire plombée ». Une affaire qui est aussi une collection de grandes premières : jamais une chaîne de télévision n'avait été directement prise pour cible, jamais un directeur du Budget n'avait été convoqué par la Police judiciaire, jamais les membres du cabinet d'un ancien président de la République n'avaient ainsi défilé devant des inspecteurs de police...

Une dernière remarque : loin de nous l'idée de dire ici qui est coupable et qui ne l'est pas. La justice est là pour ça. Notre objectif est plutôt d'inviter le lecteur à visiter ces coulisses de la République – d'autres diraient ces collecteurs, voire ces caniveaux – où naissent et meurent les « affaires ».

F.P.

PS : Tous les propos cités dans ce livre sont issus d'entretiens originaux avec l'auteur ou de documents en sa possession.

Avant : les « affaires », ou comment on les lance

I

Au commencement était le jeu

« En quoi serait-il immoral de prendre un billet de loterie alors que, par ailleurs, la loi tolère les courses de lévriers et de chevaux, les casinos, les bons de Panama et combien d'autres (...) ? La voilà bien, la véritable immoralité : le jeu de classe ou l'espérance réservée aux riches ! Acheter un billet de loterie n'a rien d'immoral, l'exagération seule est un défaut. »

Nous sommes en 1938. Le jeune Maurice Couve de Murville, futur Premier ministre de Charles de Gaulle, se fait l'écho, à la tribune de l'Assemblée, du tollé qui secoue le pays. Motif du courroux général : des fonctionnaires ont décidé dans leur coin de supprimer purement et simplement la Loterie nationale, lancée cinq ans plus tôt, le 7 novembre 1933. Au nom de la morale ! Ce qui est un peu tiré par les cheveux, car la Loterie n'a pas été inventée pour flatter le penchant des Français pour le jeu, mais pour compléter les pensions des milliers d'estropiés de 14-18, auxquels vont bientôt s'ajouter les éclopés de la Deuxième Guerre mondiale. L'espoir n'étant pas réservé aux riches, la Loterie perdure. Elle vieillit au fur et à mesure que s'éloigne le spectre des guerres, mais résiste sans voir poindre à l'horizon le moindre concurrent. Jusqu'à la naissance du Loto, au mois de mai 1976. Avec un succès qui attise l'imagination des inventeurs. Dès lors, les jeux croissent et se multiplient : premier tirage du Tac-O-Tac en janvier 1984, lancement du Loto sportif en avril 1985, inauguration du Jackpot en janvier 1990, puis du Millionnaire en septembre de la même année (celui-ci détient à ce jour le record mondial des jeux instantanés) ; le Keno suit en juin 1993, le Morpion un an plus tard, le Solitaire en novembre 1995... Une épidémie !

« Grattez... et vous découvrirez la suite de l'histoire, celle des jeux sous François Mitterrand, dernier monarque français du XXe siècle... » Mais, auparavant, un petit retour en arrière s'impose pour comprendre que le jeu se dissimule toujours derrière une cause noble, comme s'il fallait hypocritement l'habiller.

C'est déjà le cas lorsque François 1er lance la première loterie, en 1539. Officiellement, il s'agit de « porter remède aux jeux dissolus et d'empêcher notables, bourgeois et marchands de blasphémer Dieu ». Les Français peuvent jouer, mais pas gratuitement. Et sous bonne surveillance, puisque le contrôle des jeux de hasard est placé d'emblée sous la tutelle de l'État. Au nom de la morale, toujours, laquelle fait ici figure de clef d'or. L'objectif est également de barrer la route aux jeux clandestins, à la fraude et au blanchiment d'« argent sale ». Plus prosaïquement, tant qu'à autoriser le peuple à jouer, autant canaliser la monnaie vers les caisses du royaume. C'est même le principe fondateur du jeu à la française : sou après sou, le flux alimentera ce que les fonctionnaires du XXe siècle appelleront joliment les « recettes de poche » du budget général.

Résultat : l'État est le premier forain de l'Hexagone. Un forain tout-puissant, auquel rien n'échappe : ni la création des nouveaux jeux, ni la fréquence des tirages, ni la forme des bulletins, ni le montant de ses propres prélèvements sur les recettes. L'organisation des festivités est confiée à la Française des Jeux, une société d'économie mixte détenue à 72 % par l'État, le reste étant partagé entre les émetteurs, les salariés de la maison et les courtiers.

La Française des Jeux fait office de gardienne du temple. L'éthique est le soubassement de sa réputation : si les joueurs sentent la moindre triche, s'ils ont l'impression que les règles ne sont pas les mêmes pour tous, ils cesseront de miser. Jusqu'à présent, tout fonctionne bien. Il suffit, pour s'en convaincre, de constater les bonds en avant du chiffre d'affaires de la société : 2,8 milliards de francs en 1977, 22,2 milliards en 1991, 31 milliards en 1994, 37,9 milliards en 1999 !... Part récupérée par l'État, cette dernière année : 10,6 milliards de francs, soit davantage que les sommes récoltées la même année par l'impôt sur la fortune. Pas de quoi assurer la pérennité des caisses de retraite des fonctionnaires, mais largement de quoi colmater le Budget en cas de voie d'eau !

Gros plan : près d'un Français sur deux tente sa chance au moins une fois dans l'année. Soit 26 millions de personnes issues de tous âges et de toutes professions, avec une nette représentation des ouvriers et des moins de 35 ans. Les raisons d'un tel engouement ? Les sociologues consultés par la Française des Jeux évoquent l'avènement de l'utopie individualiste. Les psychanalystes parlent d'« aventure aseptisée ». Ils disent aussi que le jeu servirait d'exutoire social en période de crise. Pour les « commerciaux », nouveaux mentors de la société de consommation, la multiplication des jeux s'explique simplement par… l'adresse des dits commerciaux à vendre leur marchandise ! À coups de campagnes publicitaires, ils ont répandu comme une fièvre la soif du gros lot. Sans oublier personne : ni le rêveur, ni l'extraverti, ni le stratège, ni le naïf, ni l'impulsif. Sans rechigner non plus sur le budget communication : on a vu Gérard Jugnot, Valérie Lemercier ou Patrice Leconte réaliser des prouesses à l'image pour vendre du rêve édité en coupons vert pomme, bleu azur, jaune citron, vert gazon ou rouge casino…

Et le « grattage » entra ainsi dans les mœurs, à la grande satisfaction des comptables de Bercy… et des 42 000 détaillants (davantage que de boulangeries, trois fois plus que de bureaux de poste) répartis dans tout l'Hexagone : bars-tabac, maisons de la presse, Relay H, épiceries ou stations d'essence. La renommée du Millionnaire s'étend même au-delà des mers, jusqu'au Sénégal, au Cameroun, au Congo, à la Côte-d'Ivoire… et même au Gabon où la fameuse Société des Loteries gabonaises, dont la patronne corse s'est rendue célèbre en soutenant massivement le leader du Rassemblement pour la France, Charles Pasqua, a su prospérer[1].

Trois derniers chiffres pour entretenir l'espoir : sur les 37,8 milliards de francs brassés en 1999 par la Française des Jeux, 22 milliards

1. L'épisode est apparu au grand jour en marge de l'instruction judiciaire ouverte à Paris sur les activités africaines de l'homme d'affaires français, Pierre-Joseph Falcone.

ont été redistribués aux 792 millions de gagnants. Largement de quoi entretenir l'appétit des joueurs, ravis de se frotter à cette machine à sous très officielle.

François Ier avait rapporté la bonne idée de ses campagnes d'Italie ; Louis XIV a supprimé toutes les loteries privées en 1700 ; Louis-Philippe les a confinées aux actes de bienfaisance ; les pensions versées aux « Gueules cassées » et autres invalides de guerre ont pris le relais au XXIe siècle ; s'il n'avait écouté que son épouse Danièle, François Mitterrand rompant avec trois siècles de tradition aurait purement et simplement interdit les jeux de hasard. La première dame de France n'avait en effet que mépris pour le Millionnaire et autres Kéno, inventés, disait-elle, pour plumer ses concitoyens. L'un de leurs voisins à Latche, dans les Landes, n'avait-il pas eu sa vie gâchée par un ticket gagnant à 3 millions de francs ? Le malheureux, brusquement riche, avait quitté sa femme et acheté une Ferrari... avant de bientôt se retrouver avec les huissiers sur le dos. L'exploitation de l'homme par le hasard !

Mais d'autres que Danièle avaient l'oreille du chef de l'État. Et, tout en fustigeant l'« argent facile », François Mitterrand fait en définitive le pari inverse : sous son règne, le chiffre d'affaires de la Française des Jeux a été multiplié par cinq. La quête du gros lot est même devenue un jeu de masse, encore amplifié par l'informatique à partir de 1986. Une grande connexion ludique qui a ravivé les couleurs du vieux billet de la Loterie nationale.

Deux principes de base :

1) Le PDG de la Française des Jeux est nommé par décret du président de la République, pour cinq ans ;

2) La Française des Jeux est placée sous la surveillance constante d'un contrôleur d'État, représentant du ministère des Finances.

II

Le saltimbanque du Président

Gérard Colé pose sur sa vie le regard du petit garçon sur son château de sable englouti. Tout ça pour en arriver là ? Toute cette puissance, cette jouissance, ce faste, ces lumières, cette tranche de vie auprès de « Dieu » (François Mitterrand) pour se retrouver pestiféré, anéanti par la marée judiciaire ?

Mais comment diable cet homme d'origine si modeste, fils d'une infirmière et d'un comptable (fonctionnaire), a-t-il pu se propulser si haut dans les sphères du pouvoir ? Son maître mot : la communication, plus prosaïquement appelée « marketing ». Gérard Colé est devenu champion dans l'art de vendre. Il a vendu des oranges, de l'audit psychosocial, de l'orfèvrerie, des lilas et du fromage. Il a surtout vendu aux Français un président de la République.

Reprenons. Gérard Colé est un « Français moyen ». Et même « archi-moyen », comme il se plaît à dire. Son destin, c'était de devenir lad à Chantilly (« dans la famille, on adorait les chevaux »), à la limite groom à l'hôtel Claridge. Il n'a pas dressé de pur-sang, mais fait baver les joueurs avec des tickets de toutes les couleurs. Il n'a pas non plus porté les valises des clients d'un palace, mais il a bel et bien eu sa place dans un palais : l'Élysée, à défaut du Claridge.

C'est en essayant d'échapper au sort de soldat de l'armée française en Algérie que Gérard Colé a découvert sa veine. Il a dix-neuf ans et se présente aux officiers recruteurs comme journaliste au *New York Times*, où il est effectivement employé, mais comme grouillot. Le voilà propulsé au Service d'information, d'études et de cinématographie des armées, branche édition. La planque des pistonnés. Il y fait la connaissance de Philippe Labro (le chroniqueur), de Raymond Depardon (le photographe) et surtout de Jacques Séguéla (le publicitaire). Une équipe se met en place : Colé et Séguéla lancent le magazine *Bled 5/5*, revue destinée aux militaires français, ancêtre du très soldatesque *TAM*.

Les deux « communicants » en herbe récidivent une fois tournée la page kaki. Nous sommes au début des années 60. Ils obtiennent un succès immédiat en installant dans les kiosques un journal voué au tourisme : *Via*. Précurseurs dans ce qui deviendra le métier de « créateurs d'événements », Colé et Séguéla suscitent un tel tintamarre médiatique que leur magazine prend sa place sur le marché. Les plus grands groupes se pressent à leur porte pour les acheter. « Le journal n'a pas de prix pour nous », répondent-ils avec une arrogance qui ne les quittera plus de toute leur carrière. En font-ils trop ? Une curieuse erreur informatique des Nouvelles Messageries de la Presse parisienne entraîne une distribution chaotique. Fin de la récréation : le journal meurt dans la torpeur d'un été…

Le jeune Colé – il est né à Clamart en 1941 – se présente à la rédaction d'*Europe 1*. Il y devient sur-le-champ reporter à tout faire – jusqu'à quatorze reportages par jour, dit-il. Il sait transformer en « bonne » histoire n'importe quelle petite nouvelle. Un savoir-faire dont il estime qu'il mérite rétribution : ses maigres piges ne lui suffisent plus, il réclame au patron de l'antenne un salaire de 4 000 francs.

« Beaucoup trop », rétorque le patron qui, non content de couper court aux prétentions du jeune homme, le met à la porte. Gérard Colé se rattrape aux Éditions Nuit et Jour, qui éditent notamment *Détective*. S'il accède au rang de rédacteur en chef, le titre qu'il dirige ne restera pas gravé en lettres d'or sur sa carte de visite : Colé adapte au marché français le journal américain *Horoscope*. Bribes de souvenirs :

« Le patron traitait ses employés comme de la merde et j'ai manqué de le tuer. Comme il venait de me sermonner sévèrement devant tous les journalistes, j'ai attrapé une machine à écrire Jappy et je l'ai jetée dans sa direction. Il s'est baissé à temps pour laisser passer le lourd projectile. »

Colé emploie un vocabulaire aussi direct que fleuri. Et l'on comprend rapidement qu'il tiendra tête à la plupart de ses patrons. Franchie vers la sortie la porte d'*Horoscope*, il n'a plus que mépris pour la profession de journaliste – « Reporter ou hôtesse de l'air, c'était la *dream life* ; mais le milieu journalistique est en train de mal tourner », dit-il. Après sept années passées à tenter de trouver sa place dans le rédactionnel, il change de camp : le voici dans la publicité où il a la ferme intention de rentabiliser ce qu'il a appris dans la presse.

Colé monte sa propre agence, « Tourisme Presse Service ». Que l'on retiendra par son sigle, « TPS », initiales témoignant d'un talent certain dans l'art de vendre : désignant jusque-là une taxe appelée à disparaître, la « Taxe de Prestation de Service », ces trois lettres sont présentes à l'esprit de tous les entrepreneurs. Bien joué ! Et presque gagné : un client américain signe, et voilà Colé « consultant » pour le Tessin, l'Inde et la Suède. L'argent rentre. Havas, la grosse agence, veut le prendre sous sa coupe. Colé refuse et bifurque vers les relations publiques. Encore avec succès. Mais, à trente-trois ans, la gloire aux trousses, de l'argent à ne savoir qu'en faire, il « craque » pour la politique. Souvenirs :

« En 1974, j'ai assisté au duel télévisé entre Giscard et Mitterrand. Il y avait d'un côté un faiseur, de l'autre un homme d'État. L'homme d'État a perdu l'élection présidentielle parce que l'emballage était à chier. Giscard, plus habile, avait fait une campagne moderne et *clean*, mais c'était de la façade. Cela a d'ailleurs duré ce que durent les campagnes de pub. Je me suis alors fait cette réflexion : faire élire Mitterrand au prochain coup, quel chantier formidable ! »

Et Colé de décrocher son téléphone, quelques mois plus tard, pour appeler un certain Georges Fillioud, autrefois écarté d'*Europe 1* pour « persiflage ». Il avait connu ce jeune socialiste au temps de *Via*. Il l'avait à nouveau croisé dans les locaux de la station périphérique, puis l'avait retrouvé dans la salle de profs d'une université parisienne où tous deux enseignaient les techniques de la communication. Devenu député maire de Romans, dans la Drôme, Fillioud avait ses entrées au Parti socialiste.

« J'ai quelques connaissances en communication, je me mets à la disposition de ton leader », aurait dit Colé à Fillioud.

Réponse du politique (citée de mémoire par Colé) :

« Tu ne vas pas me croire, mais on vient de tenir congrès à Pau, et la seule case non pourvue dans l'organigramme est celle d'assistant de Claude Estier. »

L'aubaine : Estier (aujourd'hui sénateur) est alors chargé de la presse du Parti. Il est surtout l'un des plus proches collaborateurs de François Mitterrand. Qui apprécie de le voir pondre, en cinq minutes, des communiqués de synthèse normalement mis au point dans la douleur après deux jours (et deux nuits) de palabres. Sans même avoir besoin de déranger le « maître » – le mot n'est pas trop fort, selon Colé, Mitterrand ayant déjà des comportements empreints de majesté. La rivalité qui oppose Fillioud à Estier complique cependant la tâche du jeune communicant. Estier voit en Colé une « taupe » chargée de le déstabiliser. Mais Colé est sûr de lui, comme à son habitude. Et s'installe.

« Avec moi, le Parti héritait pour 4 000 francs par mois d'un collaborateur qui en gagnait jusque-là 50 000. Avec la valeur technique qui était la mienne, je ne les volais pas ! »

Il pose une seule condition : qu'on ne l'oblige pas à prendre la carte du Parti. Venu comme technicien, il ne s'imagine en effet ni dans la peau d'un maire, ni dans celle d'un député. Conditions acceptées, aussi curieux que cela puisse paraître. Car Colé déborde rapidement le champ de ses attributions. Il empiète même fortement sur le travail de la commission « propagande », alors dirigée par Claude Poperen.

Le PS est, aux yeux du jeune publicitaire, « une maison poussiéreuse ». Il obtient l'accord des barons pour lancer un bulletin d'information hebdomadaire, *PS Infos.* Une sorte d'agenda mentionnant tous les rendez-vous du Parti, expédié notamment aux journalistes politiques.

« Mitterrand est aussitôt enchanté par cette novation », commente Colé qui se donne rarement le plus petit rôle.

Il lance dans la foulée la *Lettre de l'« Unité »*, où l'on peut lire chaque jour les commentaires du PS sur tous les grands événements. Membre du Parti ou pas, Colé y rédige même des éditos. Un seul de ses articles lui attirera un commentaire négatif du « maître » : Colé s'y était livré à une charge contre le Saint-Père. «Nous n'avons pas besoin de ce combat-là en plus », lui aurait dit Mitterrand.

Lors des élections municipales de 1977, le PS est à la mode. Désormais secrétaire de la commission « Propagande », Colé se targue de ramener une bonne douzaine de publicitaires dans l'orbite du Parti. Dont Jacques Séguéla. Ensemble ils proposent une série d'affiches électorales. Mais Claude Poperen opte pour une campagne publicitaire « digne de la Bulgarie des années 50 » (*dixit* Colé). Passablement vexés, les publicitaires se « vengent » en offrant au premier secrétaire du Parti sa première affiche « moderne ». Une image qui fera date, où l'on voit un François Mitterrand debout sur une plage des Landes, manteau beige sur les épaules et écharpe rouge autour du cou, l'œil tourné vers l'avenir. En guise de slogan, une petite phrase signée Mitterrand : « *Le socialisme, une idée qui fait son chemin.* »

Les moyens financiers étant encore réduits malgré l'appui d'André Rousselet, vieux compagnon de Mitterrand, la petite équipe ne s'offre que 600 panneaux publicitaires dans tout le pays (une campagne nationale en mobilise en moyenne 7 000). Mais l'impact est énorme auprès du public comme auprès de l'homme à l'écharpe rouge lui-même.

Commentaire de Colé : « Mitterrand a vu que la communication pouvait lui apporter un vrai *plus.* »

En clair, le politicien de la IVe République, rompu à maints artifices, a découvert l'art d'habiller la politique pour la vendre au peuple des électeurs. Non sans une certaine réserve, l'homme étant très attaché aux bonnes vieilles méthodes politiques : meetings, manifestations de rue, communiqués lui servaient jusque-là d'estrade. Colé le saltimbanque, accompagné de Séguéla, l'invite à entrer dans l'ère de la communication.

Les législatives de 1978 sont perdues par l'Union de la gauche à la mode Marchais (l'ancien secrétaire général du PCF). Colé persiste. Il monte une section CFDT parmi les permanents du PS, avec Françoise Castro, future épouse de Laurent Fabius. La section fait jeu égal avec celle de la CGT, tenue par un certain Pierre Joxe qui va désormais vouer à Colé une de ces inimitiés dont il a le secret. La

Lettre de l'« Unité » devient *Riposte*, toujours avec Colé dans le rôle du technicien. Lequel Colé a quitté les atours de son ancienne vie (Jaguar, appartement de 300 m^2) pour se plier aux exigences plus spartiates de la vie militante : il habite un petit studio et circule à moto. Mais il gravit un nouvel échelon en entrant au cabinet du Premier secrétaire en 1980...

Au cours d'une réunion du Comité directeur du Parti, le publicitaire fait en sorte de se retrouver seul à seul avec Mitterrand. Et lui tient à peu près ce discours :

« Vous allez être candidat, vous avez besoin d'une campagne grand public. Il faut mettre Jacques Séguéla à contribution.

– Organisez un déjeuner », répond le leader du PS.

Colé nous raconte la suite :

« J'ai dit à Séguéla que c'était la campagne de sa vie, car Mitterrand allait gagner. Il m'a répondu que c'était un *has-been* et que c'était foutu. Nous avons déjeuné tous les trois au Pactole [*nda* : un restaurant]. Les deux séducteurs, Mitterrand et Séguéla, se sont séduits. Chose rare, Mitterrand s'est même levé pour régler l'addition. Je lui ai demandé ensuite s'il souhaitait une autre rencontre. Il a répondu que ce n'était pas la peine. Cela équivalait à un feu vert. »

Mitterrand pousse un soupir, dit un mot, tourne les talons, sourit ? Colé décode, dit-il, jusqu'au moindre battement de ses paupières. D'ailleurs, le maître ne s'y trompait pas. « Méfiez-vous de Colé, car il sait écouter », disait Mitterrand.

En attendant, Colé invite Séguéla à constituer une équipe. Séguéla dont il dit aimablement qu'il est socialiste autant que lui-même est diacre. Et dont il balaie d'un revers les premières ébauches : à la poubelle, avec l'équipe mise sur pied par le publicitaire ! Pour les remplacer, il a repéré un jeune stagiaire. Il embauche surtout un des consultants extérieurs de l'agence, Jacques Pilhan.

« Ce type parle peu, mais il est pertinent, dit Colé. Nous avons passé trois jours et trois nuits chez lui à bavarder. Je lui ai raconté le PS, Mitterrand, les courants. De ce coït mental est résulté un document de cinq pages. Tout était dans le titre : "L'homme qui veut contre l'homme qui plaît, ou Roosevelt contre Louis XV." Les principales lignes de la campagne étaient là. » Avec un slogan qui entrera dans l'histoire : *La force tranquille.* Car Mitterrand, comme le raconte Colé, après avoir rapidement pris connaissance du document dans son appartement parisien de la rue de Bièvre, « gobe la ligne et le pêcheur ». Séguéla, Pilhan et Colé ont même l'autorisation de passer outre les avis de la commission « Propagande ». Et d'ignorer la belle affiche en noir et blanc concoctée (entre autres) par Françoise Castro et Jacques Attali, avec cette légende en forme de profession de foi : « Quand un Français sur deux ne part pas en vacances, moi, François Mitterrand, je dis que ce n'est pas juste. » « Une campagne de perdants », tranche Colé, jamais à court d'une amabilité.

Le 11 mai 1981, au lendemain de la victoire, Gérard Colé prend congé de François Mitterrand. Mission accomplie, il introduit son complice Pilhan auprès du nouveau président de la République, et disparaît. « Je connaissais le film, dit-il. Je savais qu'il faudrait vite solder les comptes de l'union de la gauche. Je préférais rallumer les feux sous la marmite de ma société, TPS. »

Adieu le studio étriqué, revoilà Colé en golden boy, sa garde-robe renouvelée, une vicomtesse pour épouse. Un poste excellent pour observer ce qu'il appelle les « erreurs de communication fatales » du gouvernement de Pierre Mauroy. De la mise en scène de la dévaluation à la gestion du dossier de l'école libre, il compte les faux pas en contemplant la chute vertigineuse de Mitterrand dans les sondages. Mitterrand qui trouvait encore moyen de regimber lorsqu'on le maquillait avant de pénétrer sur un plateau de télévision !...

C'est au printemps 1984 que la secrétaire particulière du Président, Paulette Decraene, laisse un message à Gérard Colé. Mitterrand demande à le voir. Citation :

« J'ai été reçu par un Mitterrand calfeutré dans son bureau, défait. Il m'a simplement demandé si je n'étais pas fâché avec Pilhan. Je lui ai répondu que j'avais au contraire de l'estime pour lui. Il a fait : "Très bien. À bientôt." Le lendemain, il a convoqué Pilhan et l'a interrogé sur mon compte. Trois jours plus tard, il nous recevait ensemble avec ces mots : "Croyez-vous que l'on peut s'en sortir ?" »

La suite ressemble à un film dont la véracité est malheureusement incontrôlable, car, des trois hommes, seul survit Colé. Lequel rapporte ainsi le discours qu'ils ont tenu au Président : « Bien sûr que vous pouvez vous en sortir, mais il y a un prix à payer. Il va falloir couper des branches. Et, d'abord, changer de Premier ministre. Nous allons procéder à des sondages pour connaître le profil idéal du prochain. »

Et Mitterrand, au plus mal, aurait accepté. Il aurait accepté que les deux publicitaires, comme ils l'auraient fait pour lancer sur le marché la biscotte idéale, sondent l'opinion pour l'aider à choisir le successeur de Pierrre Mauroy à Matignon. Résultat du sondage : les Français veulent un homme jeune, moins politique, réaliste. Bien sûr, les deux oracles ne donnent pas de nom. Bien sûr, ni l'un ni l'autre n'entretient de relations suivies avec Laurent Fabius. Mais Fabius est celui qui colle le mieux au cahier des charges. Et le Président lui confie la formation du nouveau gouvernement en juillet 1984.

Gérard Colé, lui, est recruté comme conseiller. Sur ordre de Michel Delebarre qui officie auprès de Pierre Mauroy, il récupère un bureau dans les combles de l'hôtel de Clermont, annexe du ministère de l'Intérieur et de la Décentralisation, où règne le déclinant Gaston Defferre. Son salaire ? Colé dit qu'il n'a pas abordé le sujet avec le Président : « On ne parlait pas de choses vulgaires avec Mitterrand. » Manière de dire que l'homme, du haut de son trône, n'avait pas d'yeux pour l'intendance. Trop occupé à gouverner la France, sans nul doute. Trop soucieux de sa propre image. Trop anxieux de ce que son nouveau miroir (Colé et Pilhan) va bientôt lui révéler.

Les deux communicants prennent le contrôle des apparitions publiques du Président. Non que Mitterrand soit subitement devenu leur marionnette. Mais ils lui ont fait comprendre qu'il s'épuisait et gaspillait son image à trop apparaître devant les Français (cela, même l'ancien conseiller en communication de Giscard d'Estaing, consulté dans un moment de désespoir, n'y avait pas pensé ; ou n'avait pas osé le dire au Président). Jean Glavany et Jean-Louis Bianco, respectivement chef de cabinet et secrétaire général de l'Élysée, jouent le jeu. Ils transmettent à Colé toutes les notes suggérant des déplacements officiels. Inaugurations, poses de première pierre, Colé taille dans le tas. Verrouille. Raréfie. Sabre dans les demandes d'interviews – ce qui, selon lui, lui vaudra la rancœur de plusieurs éminents journalistes. Joue les professionnels de la « com » en renvoyant à leurs études le porte-parole précédent, Michel Vauzelle, et l'attachée de presse, Nathalie Duhamel, qui s'évertuait de son mieux à faire du Président un homme accessible. « Les interviews, tranche Colé, c'est quand on veut, où on veut. » Pareil pour les photographes. Finie la spontanéité ! Désormais, le Chef pose. Et tant pis si les photographes boudent ostensiblement dans la cour de l'Élysée ! La devise du « chef de produit » : mieux vaut jouer à domicile qu'à l'extérieur. Traduction politique : le pouvoir doit reprendre la main.

« Sondage, mon beau sondage, dis-moi si je suis le meilleur... » La courbe des avis positifs, hier calamiteuse, se redresse. Mitterrand a-t-il retrouvé son pouvoir de séduction ? L'effet Fabius fonctionne-t-il pleinement ? À moins que Pilhan et Colé ne soient vraiment deux magiciens...

La courbe ne remonte cependant pas assez pour sauver les élections législatives de 1986. « Il nous manquait six mois », constate Colé qui ne doute pas de l'impact de son travail auprès des électeurs-consommateurs-spectateurs. Entre-temps, il a été nommé à l'Élysée. Une mesure de sauvegarde : là où il était, une fois formé le nouveau gouvernement, Colé serait automatiquement devenu « salarié »... de Jacques Chirac, nouveau Premier ministre. Un comble ! Mais Mitterrand a anticipé la défaite. Et inventé pour Colé un titre sur mesure : « conseiller à la présidence ». Titre auquel seul son fils Jean-Christophe aura droit lorsqu'il sera chargé des Affaires africaines.

Au Palais, Jacques Attali, « conseiller spécial auprès du président de la République», régente l'accès au bureau du chef. Mais Mitterrand est trop complexe ou pervers pour ne disposer que d'une seule porte d'accès. Il y en a trois. Et il en joue en virtuose. Comme il sait dire sans dire, repousser les demandes qui l'embarrassent d'un mot ou d'un simple battement de cils.

Un jour, Colé le consulte par exemple au sujet de sa situation pécuniaire. Les 15 000 francs qu'il touchait avant d'entrer à l'Élysée lui paraissent trop maigres. Train de vie trop élevé, plaide-t-il. Plus la pension alimentaire...

« Voyez avec Colliard », répond le chef de l'État.

Jean-Claude Colliard, directeur de cabinet du président, demande à Colé s'il dispose d'une société. C'est le cas.

« Il te faut combien ? demande-t-il.

– 15 000. »

Et Colliard d'expliquer à Colé le mode de règlement de sa future paie : chaque trimestre, il devra expédier une facture de 45 000 francs au groupe Carat, une société de publicité gérée par les frères Francis et Gilbert Gross. Qui se fera un plaisir de lui verser ce complément. Pas franchement orthodoxe ? Colé le pressent. Car il n'a évidemment pas l'intention de mettre les pieds chez Carat. Mais, à la différence de la plupart des collaborateurs de ministres, lui n'est pas fonctionnaire. Et, pour les hommes de son espèce, la République n'a rien prévu. Alors elle jongle. Les conseillers sont pris en charge par les grandes sociétés publiques. Mais, en l'occurrence – pauvre Colé ! –, toutes les places sont prises. Le groupe Carat guette-t-il une contrepartie pour service rendu ? Colé ne le sait pas. Il n'ignore pas, en revanche, que ce complément lui sera versé de manière occulte : pas question de déclarer le moindre sou au fisc. Colé s'en inquiète auprès de Colliard. Qui accepte de relancer Bernard Attali, PDG d'Air France. Mais le frère jumeau de Jacques fait de la résistance : il ne veut plus d'emplois fictifs. Il ne peut décemment faire plus.

« Système de merde », bougonne aujourd'hui Colé, qui a la dent dure contre les fonctionnaires. Il les accuse de « préserver leur territoire et les bons postes ». Et de toujours trouver moyen de tirer dans les jambes des « saltimbanques » qui, eux, ne font que passer...

Mais revenons au printemps 1986. La France découvre la cohabitation. Colé et Pilhan sont au service de Mitterrand pour « plomber » Chirac. Et s'en donnent à cœur joie. Témoignage piquant : « Nous avons inventé cinquante pièges et Chirac ne nous a jamais déçus : il les a tous pris de plein fouet. Ce "tueur" – et je suis bien placé pour employer ce mot – est aussi capable des pires erreurs. »

Deux ans plus tard, Jacques Chirac échoue aux portes de l'Élysée, laissant Mitterrand tout à son plaisir d'entamer un deuxième round.

Lequel se révèle à la fois bien plus épuisant, cuisant et sombre que le premier.

Colé conserve son bureau élyséen d'où il règne toujours sur l'image de celui qu'il a contribué à populariser sous le nom de « Dieu ». Comment cette appellation est-elle sortie du chapeau ? On ne peut plus simplement, à en croire le publicitaire. Une histoire de symboles retournés à l'époque où le Front National montait. Le Pen, c'était les « forces du Mal » représentées au feutre noir par un triangle placé dans le bas des tableaux blancs sur lesquels Pilhan et lui refaisaient le monde. Renversé, ce triangle donnait Dieu. Dieu contre le diable : la rhétorique s'imposait d'elle-même...

L'explication mérite cependant un complément. Lorsque Pilhan et Colé avaient repris en main sa communication, Mitterrand bénéficiait d'une image exécrable. Ils avaient sciemment œuvré pour donner de lui une image sacrée. Ils l'avaient érigé en « majesté ». L'appeler « Dieu » revenait ainsi à couronner leur propre travail. « Dieu », c'était mieux que la grenouille (animal choisi par les animateurs du « Bébête show » pour représenter Mitterrand). Pour quelqu'un que l'on avait un temps surnommé « la Madone des aéroports » à cause de ses déplacements incessants, c'était aussi une singulière métamorphose !

Quand un mot sonne juste, même s'il a été imposé artificiellement, il reste. « Dieu » est passé à la postérité. Comme « Tonton », mais c'est une autre affaire : « Tonton 01 » était le nom de code sous lequel le chauffeur de Mitterrand, Pierre Tourlier, se présentait au micro de sa CB. Quand les policiers des Voyages officiels ont commencé à assurer la protection du nouveau président, en 1981, ils ont repris cet indicatif. Que *Le Canard enchaîné* a rapidement popularisé dans la foulée.

Colé, donc, « régule » la parole de « Dieu ». Prêtre des temps modernes, sans chasuble et volontiers sans cravate, il ne s'occupe pas seulement de l'image de Mitterrand dans l'Hexagone ; il étend son domaine d'intervention au-delà des frontières. Depuis 1984, il ne rate pas un seul déplacement. Il y poursuit son rôle de gendarme des médias : il installe les télés et les photographes, sélectionne les journalistes étrangers. C'est aussi lui qui impose le Concorde pour les déplacements. Parce que le bel oiseau blanc confère un pouvoir et une aura à ceux qu'il transporte. Adepte de l'image totalement maîtrisée, le conseiller a même poussé le goût de la perfection jusqu'à réclamer la construction, à l'Élysée, d'une réplique exacte du bureau du président. Un faux destiné à servir de studio télé.

L'ambiance, selon Gérard Colé, n'était pas toujours agréable, rue du Faubourg-Saint-Honoré. Il parle d'un climat de « compétition », de « marquage ». Chaque départ déclenchait d'énormes rivalités entre ceux qui pouvaient prétendre occuper le bureau libéré. Objectif de cette course à la chaise vide : se rapprocher le plus près de « Dieu ». Colé assure que lui-même n'éprouve pas ce genre de souci. Alors que certains chargés de mission pouvaient piétiner dans l'antichambre durant un trimestre entier, lui voyait Mitterrand jusqu'à trois fois par jour. Il avait d'ailleurs accepté de prendre un bureau au 4, rue de l'Élysée, très loin de celui du « grand organiste », comme il l'appelle.

Parmi les « camarades » qui l'entourent, Colé est l'un des seuls à ne pouvoir faire miroiter aucun diplôme. Bianco, Guigou, Védrine sont tous passés par l'ENA. Quant à Jacques Attali, il lui est « si supérieur » ! Il n'y en a qu'un pour consentir à se mettre au niveau du petit conseiller en image : c'est Michel Charasse, le fumeur de havanes aux bretelles aussi célèbres que celles de Coluche. Charasse et Glavany, précise Colé avec ce commentaire : « Entre bosseurs sortis de nulle part, il y a une certaine fraternité. »

À l'issue de chaque Conseil des ministres, Charasse, qui est le seul à disposer d'un appartement à l'Élysée, a pris l'habitude de convier ses amis à déjeuner. Colé a la chance de figurer sur la liste des invités permanents. Il dispose de son rond de serviette. Bianco et Sautter y participent aussi régulièrement. Jamais Attali qui réquisitionne, lui, de façon assez systématique, l'appartement réservé aux personnes de permanence.

Ces déjeuners rituels, Colé les affuble bientôt d'un petit nom. Avec son sens aigu de la formule, cela donne « le déjeuner des marquis ». Une fine allusion au monarque ? Pas explicitement. Colé a simplement pensé qu'il ne manquait guère aux participants que quelques dentelles pour avoir l'air, dans ces lieux, de vrais marquis.

« Tonton », « Dieu », les « petits marquis » : autant de mots à la fortune assurée. Ce sont aussi des mots qui tuent, au moins symboliquement. En l'occurrence, l'appellation fera bientôt irruption au milieu d'une enquête policière. Car c'est au cours de l'un de ces déjeuners, devant huit convives, que Charasse aurait lancé à Colé :

« Cela t'intéresserait, le Loto ? »

La scène se déroule au mois de mai 1989.

« Non, je ne joue pas. Je trouve ça idiot, répond Colé.

– Tu devrais réfléchir. Faire voter 16 millions de personnes ou les faire jouer, c'est pareil », relance Charasse.

On imagine l'éclat de rire général autour de la table, tandis que les lambris dorés du palais s'estompent derrière les volutes des cigares gracieusement offerts par l'ami Fidel Castro. La politique vue comme un grand jeu de séduction, voilà bien une idée propre à rassembler un Charasse et un Colé. Peut-être tout le symbole des années Mitterrand.

Suite de la conversation des « petits marquis » :

Charasse : « Ce n'est pas un vœu de ma part, c'est un souhait. »

Colé fait celui que ne comprend pas bien.

Charasse explique : « Le mandat de Teyssier, l'actuel président, vient à échéance au mois de juin. Il a été nommé par Balladur. On le fait sauter. Il y a pour le moment deux candidats : un poussé par le PS, l'autre par Fabius. Il en faut un troisième. »

Colé : « Je dois réfléchir. »

Pourquoi accepte-t-il finalement la proposition ? Il aurait pu finir tranquillement le septennat, « faire de l'entretien sur François Mitterrand », assurer en quelque sorte le service après-vente. Mais cela l'excite assez peu.

Dans les jours qui suivent, Colé voit le président. Qui retourne la situation en une phrase :

« Ah, vous vous intéressez à la Loterie ? Je ne suis pas contre. C'est tout ce qui vous manque pour ressembler à Casanova ! Mais ne changez rien à vos habitudes. D'ailleurs, je me suis renseigné. Le siège du Loto est à deux pas[1]. »

En clair, devenu grand chambellan des jeux de hasard, Colé devra poursuivre ses activités de conseiller en image.

1. À l'époque, le siège se trouve avenue George-V (Paris VIIIe).

Et c'est ainsi que le saltimbanque devient PDG, le 7 juillet 1989. Fonction qu'il cumule, jusqu'au printemps 1991, avec celle d'agent de liaison occulte entre l'Élysée et Matignon.

« Avec Pilhan, raconte-t-il, nous étions chargés de lisser les différends entre Rocard et Mitterrand. Lorsqu'une crise éclatait, on jouait les pompiers. On calmait le jeu de part et d'autre. C'était un boulot assez pénible, car on était au bord de la plaie. Mais, sans notre intervention, le tandem n'aurait jamais tenu trois ans. Il aurait explosé au bout de six mois ! »

Le remplacement de Michel Rocard par Édith Cresson, au printemps 1991, mettra fin à cette double activité. Colé, en profond désaccord, s'éloignera, pas vraiment dupe des véritables motivations du président : « Mitterrand avait choisi Cresson par haine de Rocard, parce qu'un an plus tôt elle avait claqué la porte de ce "gouvernement de merde". C'était une extravagance, une provocation. Nous savions qu'il courait au désastre. »

En attendant, cette rupture privera Colé du contact régulier avec son bienfaiteur. Anecdote renversante : durant l'une de leurs rencontres du mercredi, le conseiller en communication avait cru devoir suggérer à Michel Rocard d'augmenter le budget de la Justice. « Si vous ne le faites pas, lui avait-il dit, les juges vont se venger et faire passer les hommes politiques au tourniquet. » Rocard avait consenti un petit effort financier, sans doute trop modique pour avoir un quelconque effet.

III

Le contrôleur d'État se rebiffe

D'habitude, les contrôleurs d'État sont des personnages discrets. À la rigueur, à l'abri derrière les portes capitonnées d'un bureau, ils se permettent quelques réflexions à mi-voix. Rarement désobligeantes et toujours polies, avec toute l'onctuosité nécessaire à ce genre d'exercice. Comme leur nom l'indique, ils sont placés au sein des organismes publics pour veiller à la bonne utilisation des deniers du contribuable. En général, tout se passe le plus civilement du monde. Sauf que, cette fois, les choses ont très mal commencé.

Lorsque Michel Bégon prend ses fonctions au sein de la Française des Jeux, au mois de juin 1992, le contrôleur d'État sortant le met aussitôt en garde. Jacques Houllier-Trescases se plaint de ne pouvoir mener sa mission à bien. Il parle d'« obstruction », d'« animosité systématique ». Il évoque le poids du ministre du Budget, Michel Charasse, et de son directeur de cabinet. Il ose surtout avancer que le PDG est à ses yeux un « bandit ». Le mot est fort, d'autant plus que le contrôleur n'apporte pas de preuves à l'appui de ses dires. Mais deux éléments l'incitent à penser qu'il n'est pas loin de la vérité : la création d'un réseau de neuf filiales autour de la Française des Jeux, et la volonté du PDG de créer une association dans le sillage de la société, l'association Bleu. Le tout, explique-t-il, contre la volonté du ministère de l'Économie et des Finances qui aurait exprimé ses réserves à deux reprises, en avril 1991 et en juin 1992.

« Le risque persiste de détournement de biens sociaux », a écrit Houllier-Trescases dans un rapport, après avoir rappelé l'objet de la fameuse association, dotée pour l'année 1991 d'un budget de 60 millions de francs : « Encourager, soutenir et promouvoir des activités d'intérêt général à caractère sportif, culturel et artistique. » Et de conclure : « Il est difficile d'affirmer que la tutelle se trouve garantie à l'avenir contre tout risque d'irrégularités qui, médiatisées, pourraient compromettre gravement, non seulement l'image de la Française des Jeux, mais, à travers elle, celle de l'État actionnaire et, plus particulièrement, du ministre, directement responsable. »

Un jugement sévère qui ne l'a pas empêché de louer le dynamisme commercial de Gérard Colé dans une note au président de la première chambre de la Cour des Comptes. Tout en précisant que la Française des Jeux disposait à son avis de « moyens supérieurs à ses besoins... ».

Le tableau s'affine lorsque Michel Bégon découvre que son prédécesseur a buté sur les comptes financiers de l'année 1991. Il a même pris sa plume, le 13 mai 1992, pour le signaler à Bercy : « Je ne suis pas en mesure de certifier la sincérité des comptes présentés par la société, ni leur régularité au regard des lois et règlements, ni leur conformité à l'objet social. »

Les choses sont cependant rentrées dans l'ordre, six jours plus tard, puisque Jean-Luc Pain, sous-directeur au Budget, a choisi de passer outre ces réserves.

Le 9 juillet 1992, un pot d'adieu est offert à Jacques Houllier-Trescases au siège de la Française des Jeux. Premiers contacts pour Michel Bégon, qui consigne ses impressions dans son journal de bord :

« M. Gérard Colé promène sur l'assistance son regard d'un éclat fauve, ainsi qu'un sourire sardonique et triomphal. Il profite de la circonstance pour lancer de vives attaques contre les directions du Budget et surtout du Trésor, qu'il accuse d'avoir respectivement trente ans et un siècle de retard sur l'évolution de l'économie de marché. »

Inutile de préciser que Michel Bégon et Gérard Colé ne sont pas faits pour s'entendre. L'orage se précise le 22 juillet. Gérard Colé est de passage à Bercy. Il rend visite à son ami Michel Charasse, ministre du Budget, avant de faire un crochet par le bureau de Michel Bégon.

Lequel reste perplexe devant cette marque d'attention. Colé n'est-il pas intervenu plusieurs fois auprès du cabinet du ministre pour freiner les ardeurs du contrôleur d'État précédent ? Le PDG fait part au contrôleur de la bagarre qu'il mène actuellement au plus haut de l'État : il s'agit de nouveaux appareils de jeu, des vidéo-loteries qu'il voudrait exploiter en France. Il a vendu son idée au ministre du Budget, qui plaide sa cause auprès de celui de l'Intérieur. Pour le moment, sans succès. L'Intérieur invoque la loi de 1983 qui interdit ce genre d'appareils. Mais Colé croit deviner d'autres obstacles. L'Intérieur défendrait en fait le privilège des casinos...

Michel Bégon écoute et prend note, passablement éberlué. Les jeux de hasard, les casinos, ce n'est pas vraiment la tasse de thé de ce protestant élevé dans l'ordre et la rigueur. Il se souvient encore de cette phrase de Colé : « Je crois que tout va bien se passer avec vous. » Et de sa propre réaction : « Je l'ai écouté d'un air patelin en posant des questions stupides. Il s'est dit qu'il avait gagné. »

Notons que Gérard Colé n'a pas du tout conservé le même souvenir de cette rencontre. Lui revoit encore un Michel Bégon lui annonçant qu'il allait « co-diriger » avec lui la Française des Jeux. Ce à quoi il aurait répondu d'un ton très sec :

« Je dirige, monsieur Bégon, vous contrôlez. »

C'est donc avec un scepticisme grandissant que le contrôleur assiste, le 28 septembre 1992, à son premier conseil d'administration de la Française des Jeux. Séance qu'il résume ainsi dans son carnet de bord : « M. Colé parle seul à propos de dossiers vides, ou presque. Sa façon de s'imposer participe du terrorisme : celui qui demanderait des précisions se verrait immédiatement dénoncer à qui de droit. »

Un fossé culturel sépare le serviteur de l'État et le saltimbanque de la République. Bégon constate l'ajournement du fameux projet d'association, mais la solution de remplacement ne l'emballe guère. Colé opte pour une fondation pour l'aide aux sportifs de haut niveau. La caution sera apportée par le Crédit Lyonnais. La banque des amis de l'Élysée, songe le contrôleur d'État qui ne dit mot mais pense fortement à Bernard Tapie. Autre nouvelle, ce jour-là : le rachat par la Française des Jeux d'un établissement financier, annoncé le 26 novembre 1991 au directeur de cabinet de Pierre Bérégovoy, ministre des Finances, est provisoirement ajourné.

Quelques jours plus tard, Bégon fait la connaissance du secrétaire général de la Française des Jeux, Denis Méducin. Il lui reproche ouvertement la « dérive » des salaires au sein du groupe, dont les cadres supérieurs ont été augmentés de 30 % en 1991. Faut-il y voir un lien ? D'après Bégon, Bernard Schaefer, son chef de corps, le rappelle à l'ordre et lui recommande la plus extrême courtoisie vis-à-vis de Colé, un homme qui bénéficie de « hautes protections ». Pour être bien compris, Schaefer rappelle au contrôleur ce que ses remarques « inconvenantes » ont coûté à Houllier-Trescases, son prédécesseur : son nom a été rayé de la liste des candidats proposés à une promotion dans l'ordre de la Légion d'Honneur. Moins symbolique, mais tout aussi punitif : sa candidature au Paris Mutuel Urbain (PMU), dont il souhaitait contrôler la gestion, n'a pas été retenue.

Michel Bégon, qui sait désormais à quoi s'en tenir s'il se soucie de sa carrière, reçoit sur ces entrefaites les confidences d'un membre éminent de la direction du Budget. Cette personne, sur le départ, lui recommande de « protéger » les commissaires aux comptes de la Française des Jeux, qui sont ses « indicateurs » au sein de la maison. Elle songe en particulier à Raymond Touber, qui a dévoilé devant le conseil d'administration la provision occulte réservée à l'association Bleu. Son interlocuteur l'éclaire également sur les discussions en cours au sujet des nouveaux appareils de jeu. À la demande de Michel Charasse, le cabinet du ministre de l'Intérieur, Philippe Marchand, aurait accepté de consulter le Conseil d'État pour savoir si on pouvait contourner la fameuse loi sur les jeux de 1983. Mais la demande d'avis aurait paru si défavorable, dans sa rédaction, à la Française des Jeux, que le directeur de cabinet de Charasse a préféré la garder sous le coude.

La perplexité de Michel Bégon s'accroît lors de sa rencontre avec la directrice financière de la Française des Jeux, Florence Villemot. Elle annonce du mouvement parmi les commissaires aux comptes, qu'elle juge trop bien payés par rapport au travail fourni. Le contrôleur demande à lire leurs rapports. Il réclame aussi les derniers chiffres de l'entreprise. On lui refuse et les uns et les autres. Ce qui chagrine son esprit cartésien : ces cachotteries sentent décidément l'anomalie...

Le 28 octobre 1992, Bégon participe à un déplacement dans les Bouches-du-Rhône en compagnie de Gérard Colé et de trois représentants de la direction du Budget, dont Jean-Luc Pain, le sous-directeur. Ils se rendent en cortège sur le site que la Française des Jeux développe à Vitrolles. L'entreprenant PDG vante au passage les mérites de son tout nouveau terminal au laser, baptisé « Saphir ». Il revient également à la charge à propos des vidéo-loteries. Cette machine à sous interactive serait tellement séduisante que son installation ruinerait à coup sûr aussi bien les casinos que les tripots clandestins, lesquels, insiste Colé pour faire saliver ses interlocuteurs, dégagent respectivement un chiffre d'affaire de 30 et de 10 milliards de francs. Si le gouvernement ne l'appuie pas dans cette voie, insinue le PDG, cela voudra dire qu'il a choisi de préserver les intérêts du Milieu...

Une démonstration qui laisse à nouveau pantois le contrôleur.

La visite se poursuit par les travaux du futur centre de formation des détaillants du Loto, baptisé Agora. À cette occasion, Colé annonce brutalement qu'il n'a aucunement l'intention de transférer à Vitrolles le siège de la Française des Jeux. Et ce, malgré les instructions formulées par les gouvernements de Pierre Bérégovoy et d'Édith Cresson !

Les casinos, les tripots, les machines à sous, le banditisme, cette rébellion contre les décisions ministérielles propulsent Bégon sur une planète inconnue. Sa rencontre avec Yves Grasset, directeur commercial de la Française, achève de le dérouter. Grasset, qui a commencé sa carrière aux « Gueules cassées », l'ancêtre du Loto, raconte qu'il a des informations sur le milieu des jeux clandestins. Emporté par son élan, il affirme que l'introduction sur le marché français de la fameuse vidéo-loterie mettrait carrément sa vie en danger !

L'association Bleu devait-elle servir à alimenter les caisses d'un parti politique, comme on l'a susurré du côté de Bercy ? La fabrication du fameux terminal « Saphir », sous-traitée dans un pays inconnu, se déroule-t-elle selon les règles ? Les doutes du contrôleur se muent en franche inquiétude lorsque Denis Méducin, le secrétaire général, lui raconte sous le sceau de la confidence qu'on le considère comme un « fouineur » et un « contrôleur incontrôlable ». L'ennemi est peut-être même tapi à l'intérieur de l'administration, songe-t-il en découvrant que Jean-Luc Pain, depuis son bureau de Bercy, a laissé passer un projet de budget comportant la commande de 7 000 vidéo-loteries... illégales en France.

Le 20 novembre 1992, le contrôleur visite en compagnie de Méducin le centre informatique de la Française des Jeux : un long bâtiment de bureaux flambants neufs planté en rase campagne à Moussy-le-Vieux, sur un terrain appartenant aux « Blessés de la face et de la tête » – l'appellation « politiquement correcte » des Gueules cassées. Une forteresse au milieu des champs, abritant une quarantaine d'analystes-programmeurs et les services comptables. Les deux hommes bavardent longuement, en particulier de l'écheveau de filiales derrière lequel il croit déceler une part d'inavoué. Entre la Française de Motivation, dont la situation semble florissante, la Française du Patrimoine et la Française de Développement, il ne s'y retrouve absolument pas.

Une semaine plus tard, le 27 novembre, coup de téléphone de Méducin à Bégon. Le secrétaire général vient d'être licencié par Colé. Motif présumé : ses contacts « trop étroits » avec le contrôleur d'État. Méducin promet de « tout » dire à Bégon, mais pas avant d'avoir perçu son indemnité de licenciement. Ce qui repousse la suite de la discussion à la mi-janvier.

Mais le contrôleur ne reste pas longtemps seul avec ses inquiétudes. Les commissaires aux comptes semblent sur la même ligne que lui. Ils ont réclamé la copie des conventions financières passées entre les filiales de la Française des Jeux. Des conventions, note Bégon, qui présentent « tant de lacunes, d'erreurs et de contradictions qu'elles laissent une impression de malaise». Derechef, le contrôleur adresse un fax de quatre pages à Gérard Colé : un questionnaire courtois mais précis.

Le conseil d'administration du 10 décembre voit Colé présenter sa candidature à un second mandat de PDG. Faute de disposer de certaines informations, les participants renvoient à plus tard l'examen des restructurations. À l'issue de la séance, Colé convoque Bégon dans son bureau. Il lui reproche son questionnaire et lui demande s'il le soupçonne de « malversation ». Bégon, que le PDG n'a pas faire asseoir, considère ce mot comme un aveu. Évoquant les soupçons qui pèsent sur l'association Bleu, Colé s'emporte : « Qu'ils viennent me le dire en face ! »

Bégon rebondit une semaine plus tard. Le nom de Guy Ligier, constructeur d'automobiles de course, est cité dans la presse. Ce familier de François Mitterrand a été gâté par la République. Grâce à l'octroi d'une aide publique importante, il a fait construire le circuit de Magny-Cours, dans la Nièvre, département du Président. Plus de 540 millions de francs y ont été investis grâce aux subventions de trois entreprises : la Seita, le groupe Elf et la Française des Jeux. Mais Ligier n'a pas eu la main heureuse, et les contre-performances se sont multipliées. Défait, il passe la main à un certain Cyril de Rouvre, béni à la fois par Pierre Bérégovoy, Premier ministre et maire de Nevers (Nièvre), et Michel Charasse.

Bégon interroge Colé par courrier. Armé des observations de la Cour des Comptes, il veut connaître ses intentions : « Il apparaît que, depuis 1984 jusqu'à 1990, la SLNLN [*nda* : le Loto] a apporté à Ligier une participation financière importante et croissante (354 millions de francs sur sept ans), sur la base de conventions qui engageaient la société pour une longue durée, sans garantie réelle. Et la société, comme elle l'admet, est incapable d'apprécier les retombées commerciales de ce parrainage. » Bégon sait qu'il va faire mouche, car Gérard Colé a poursuivi les versements en 1992, octroyant plus de 101,5 millions de francs à Ligier. Sur ordre de l'Élysée.

Privé de toute réponse, Bégon voit en revanche son « adversaire » conforter son pouvoir au sein de la Française des Jeux. Aucun document ne doit plus émaner de la société sans l'aval personnel du président, lui explique-t-on. « Autant dire que le cloisonnement et le secret deviendront systématiques à l'égard de l'administration ! » écrit le contrôleur dans son journal. Pour la première fois de sa longue carrière, il a clairement le sentiment qu'on veut l'empêcher d'exercer ses fonctions. Un « bruit de déclic non identifié » dans son téléphone achève de le convaincre : et s'il était écouté ?

Lors du conseil d'administration suivant, Bégon met publiquement les pieds dans le plat. Il croit savoir que le PDG multiplie les contacts commerciaux avec des pays étrangers, notamment le Sénégal, la Chine, le Vietnam, le Kazakhstan et la Russie. Il veut qu'on lui dise si des commissions ont dû être versées aux responsables de ces pays. Florence Villemot, la directrice financière, et Yves Grasset lui certifient qu'il n'en est rien.

Le 23 décembre paraît au *Journal Officiel* une nouvelle loi sur les appareils de jeu. Les peines sont aggravées pour ceux qui les fabriqueraient clandestinement. La réponse de la police aux ambitions de la Française des Jeux ? Bégon veut le croire.

Deux autres informations viennent alourdir les charges à la veille du Nouvel An. Dans un même élan, Gérard Colé a demandé l'autorisation de participer à une société de loterie au Gabon, pays du légendaire président Omar Bongo, et d'exploiter le jeu du Millionnaire en Italie, en partenariat avec une société locale. Le Gabon, pays de l'or noir. L'Italie, royaume de la Mafia. Il ne manquait plus que ça !

Le 18 janvier 1993, Bégon réclame à nouveau par écrit les résultats financiers de la Française des Jeux. Colé lui répondra le 1er février en lui expliquant qu'il ne veut pas le « noyer sous le papier », et qu'il doit en conséquence préciser ses questions. « L'obstruction est une fois de plus manifeste », note pour mémoire le contrôleur. Qui se réjouit de trouver enfin un petit soutien du côté de la direction du Budget. Au cours d'une réunion à laquelle il assiste, Jean-Luc Pain tance vertement Florence Villemot, la directrice financière. Il lui reproche le « luxe » dans lequel vit la Française des Jeux. Mais on ne veut pas de vagues avant les législatives du mois de mars, à la veille desquelles la gauche est malmenée dans tous les sondages.

Colé, lui, ne se soucie pas de ces échéances. Au cours d'une mémorable conférence de presse, il expose ses excellents résultats : la Française des Jeux a dépassé en 1992 le seuil des 30 milliards de francs de chiffre d'affaires. Un succès que ne manque pas de tempérer, en son for intérieur, Michel Bégon : n'est-il pas essentiellement dû à la popularité du Millionnaire, un jeu importé de l'étranger ? Mais Colé ne se gargarise pas seulement de ces chiffres. Il décoche quelques flèches empoisonnées en direction de l'un de ses rivaux, Jean Farge, président du PMU. Une vieille institution qu'il accuse de n'avoir pas vu évoluer le marché... et qu'il verrait volontiers tomber dans son escarcelle. Plus provocateur encore : Colé propose publiquement la privatisation partielle de la Française des Jeux. Si l'on suivait le schéma qu'il a élaboré, l'État ne conserverait plus que 51 % des parts.

L'estrade à peine démontée, selon Bégon, Colé annonce qu'il a décidé de priver Méducin de toute indemnité à cause de ses « médisances ». Le contrôleur d'État s'offusque. Le saltimbanque enfonce le clou en se vantant de faire bien mieux que tous les fonctionnaires qui l'ont précédé à la tête de la Française des Jeux.

Le consciencieux Bégon consigne l'échange dans son carnet de route avant de s'interroger : « Nervosité, mégalomanie, paranoïa ? »

Début de réponse le 26 janvier 1993, lorsque Méducin, par téléphone, lui annonce le limogeage de la plupart de ses anciens collaborateurs au sein de la Française. Lui-même ne toucherait son « dû » qu'en échange « de la promesse de ne rien révéler de ce qu'il sait... ».

Le lendemain, Houllier-Trescases se rappelle au bon souvenir d'un Bégon de plus en plus éberlué. Il évoque de possibles ristournes sur les travaux d'aménagement du nouveau siège social de la Française des Jeux, à Neuilly-sur-Seine. Mais il n'apporte toujours aucune preuve...

IV

Le contrôleur d'État devient détective

À partir du mois de février 1993, le contrôleur d'État ne se rebiffe plus contre un homme dont il ne comprend ni l'assurance ni l'arrogance : il se mue doucement en détective privé. Et annonce à son chef de corps qu'il va étendre ses investigations. Avec d'autant plus de conviction que Colé vient de rejeter sa candidature au poste de contrôleur de neuf filiales du groupe. Refus dont on imagine fort bien les motivations : le PDG est convaincu d'avoir hérité du plus « illuminé » des contrôleurs d'État !

En compagnie de son adjointe, Melle Saunier, Michel Bégon s'invite chez les Blessés de la face et de la tête, qui détiennent toujours 9 % de la Française des Jeux. Il est reçu par deux anciens militaires, le général Oddo et le colonel Antonin, respectivement président et secrétaire général de l'association. D'emblée, ils racontent les « incessantes pressions » exercées sur eux par Colé et un certain Daniel Luciani, homme d'affaires marseillais. Agissant, disent-ils, au nom du ministère des Finances, ils tentent de récupérer 2 % de leurs parts, au prix de 3 800 francs l'action, afin de les transformer en stock-options à destination des cadres de la Française. Avec la même insistance, Colé et Luciani cherchent à « extorquer » aux Blessés la modique somme de 30 millions de francs. Ceci afin de financer le réaménagement… du parc zoologique de Vincennes à la demande de Jack Lang, ministre de l'Éducation nationale ! Une vision des choses que ne partage évidemment pas le patron de la Française des Jeux, qui défendra plus tard l'intérêt de ce projet.

Bégon se tient à l'affût. Il sent venir une privatisation rampante, laquelle modifierait évidemment toute la donne, entraînant à terme le retrait de l'État et de ses contrôleurs. L'horreur absolue pour un fonctionnaire de la trempe de Bégon !

En enquêtant, le contrôleur découvre que la Française des Jeux vient de racheter sur le marché un gros paquet d'actions de la société de Luciani, Le Change de la Bourse. L'affaire l'émeut. Il alerte la direction du Trésor. Mais c'est à l'Inspection des finances qu'il recrute son allié le plus sûr : le fils d'un baron de la Chiraquie parisienne.

Nouveau *casus belli,* le 5 février 1993. Melle Bourlange, de la direction du Budget, invite Michel Bégon à transmettre à Colé les consignes ministérielles sur les négociations salariales avec les syndicats. On lui refuse tout rendez-vous. Officiellement, le président est en déplacement en Afrique, à moins que ce ne soit en Amérique : on ne peut le localiser avec certitude.

Trois jours plus tard, Bégon entame un tour de piste. Il veut rencontrer ceux que l'on nomme les « émetteurs », ces gens qui assurent dans les régions la distribution des tickets et des gains du jeu. Premier sur sa liste, le Marseillais Luciani refuse de le recevoir. Ordre de Colé, dit-il. Les émetteurs ne sont autorisés à accepter que les questions écrites. Et la conquête du « prix du meilleur émetteur » passe par le respect de cette consigne.

Bégon en réfère à sa hiérarchie. Qui alerte la directrice du Budget, Isabelle Bouillot, elle aussi une ancienne de l'Élysée où elle fut conseiller économique. Sa consigne : prudence et vigilance. Sans attendre, elle informe cependant le cabinet du ministre du Budget, Martin Malvy. Plus significatif : elle invite Tracfin, cellule chargée de démasquer les mouvements bancaires suspects, à surveiller les flux financiers autour de la Française des Jeux et de ses filiales. Pour accroître l'ambiance de roman d'espionnage, Isabelle Bouillot exige en même temps de Bégon qu'il suspende tout contact avec les fonctionnaires de Tracfin. Motus et bouche cousue.

Rencontre déterminante, le 10 février 1993, entre Michel Bégon et Raymond Touber, l'un des trois commissaires aux comptes en place à la Française des Jeux. Ancien commissaire général des armées, Touber est du genre à ne jamais lâcher prise. Sous le sceau du secret professionnel, l'intérêt public en bandoulière, il accepte de confier ses soupçons au contrôleur : 1) La Française des Finances, une filiale, aurait placé 150 millions de francs dans l'île anglo-normande de Jersey, paradis fiscal connu. Plus exactement sur un compte de la Citibank, établissement dont Florence Villemot (la directrice financière de la Française des Jeux) fut autrefois l'agent ; 2) La Française des Jeux aurait prêté 120 millions de francs à son personnel à un taux presque nul ; 3) La Française de Motivation, autre filiale créée par Colé, produirait des factures peu orthodoxes ; 4) La gestion du fonds des lots non réclamés ne paraîtrait pas complètement légale ; 5) La Française des Jeux subventionnerait pour 15 millions de francs un club de motoristes affiliés à Yamaha ; 6) La Française aurait versé 15 millions de francs en 1991 et 35 millions de francs en 1992 à la société Infojeux, chargée de réaliser le prototype d'un nouveau terminal informatique baptisé « Saphir ». Or cette société ne serait qu'une façade, voire une simple boîte aux lettres. Le tout avec des sous-traitants en Asie !

La rigueur du vieux commissaire aux comptes n'ayant d'équivalent que la droiture, tendance Église réformée, du contrôleur d'État, les deux hommes décident sur-le-champ de lancer le fisc aux trousses d'Infojeux. « Pour savoir qui est derrière. » Car, à leurs yeux, il ne fait pas de doute que ces manigances aux frontières de la légalité cachent des comportements répréhensibles. Ils lâchent même ce jour-là les mots d'« association de malfaiteurs ». Colé n'est plus seulement pour eux un objet d'enquête, mais une cible. Une cible qui n'a rien fait pour éviter de le devenir.

Touber n'a pas attendu de connaître Bégon pour ouvrir les hostilités. En octobre 1992, il a introduit une plainte devant l'assemblée régionale des commissaires aux comptes. Motif : on faisait, disait-il, obstruction à ses investigations. Maintenant, il parle carrément de saisir la Justice dès qu'il disposera d'indices suffisants. Pas seulement à cause d'un litige persistant sur le paiement de ses honoraires, comme le dit une rumeur, mais parce qu'il se sent aussi seul que sûr de son fait. Il n'a même plus confiance dans le ministère des Finances depuis qu'il s'est senti éconduit par le ministre du Budget, Michel Charasse.

Pour l'aider, Bégon table sur son propre réseau qui ne cesse de s'élargir. Parmi ses nouveaux alliés, deux fonctionnaires issus du même moule que lui : deux cadres de la Mutuelle du Trésor. Eux aussi émetteurs de billets, ils lui ont avoué être en butte au « terrorisme » de Colé. Ce qui ne les empêche pas d'appliquer, comme les autres, les consignes de silence. La croisière au Brésil promise à tous les émetteurs explique-t-elle ce luxe de précautions ? Bégon en est persuadé. Ses deux informateurs ne voudraient la manquer pour rien au monde.

En attendant, Gérard Colé voit son mandat à la présidence du conseil d'administration de la Française des Jeux renouvelé par François Mitterrand. Pour trois ans à compter du 7 juillet 1992, précise le décret. De quoi donner des ailes à l'entreprenant PDG qui demande à ses deux ministres de tutelle l'autorisation d'investir 4 millions de francs dans une société de Loterie au Royaume-Uni. Il s'est associé, pour l'affaire, avec une société basée à Liverpool et spécialisée dans les jeux de pronostics. Un bookmaker sur lequel Michel Bégon en connaît déjà long grâce à ses contacts au sein du PMU – où les succès de Colé font évidemment des envieux. Le futur associé de la Française des Jeux est suspecté d'avoir manipulé des courses de chevaux et géré ses casinos de façon peu rigoureuse…

Bégon « détective privé » ne rechigne pas à aller constater l'absence de plaque au nom d'Infojeux au bas de l'immeuble où la société est censée avoir son siège. Bégon lecteur de journaux reste bouche bée devant une photo publiée le 15 février par *Le Figaro-magazine*, où il découvre Michel Charasse en costume tyrolien, arborant le macaron tricolore du Loto. Que ne ferait-on pas pour remplir les caisses de l'État, songe le contrôleur qui apprécie modérément ce genre d'humour !

Bégon l'infatigable s'en va frapper à la porte du ministère de l'Éducation nationale. Les responsables de l'association des Blessés de la face et de la tête lui ont expliqué qu'ils refusaient d'investir dans les projets de Colé au zoo de Vincennes. Le fonctionnaire qui le reçoit rue de Grenelle lui confirme que Jack Lang cherche en effet une formule pour rénover un parc en piteux état, dont l'attraction principale, le Rocher des singes, a des airs de montagne pelée. Le lien entre le Loto et les singes ? La Française mettrait 200 millions de francs sur la table, soit près de la moitié des fonds nécessaires. Le Muséum d'Histoire naturelle aurait besoin le plus rapidement possible d'une avance, pour entamer les études. En échange, la Française des Jeux s'implanterait dans l'enceinte du zoo.

Bégon reste perplexe. Le ministre du Budget est-il seulement au fait de ces projets ? Le 15 février 1993 à 17 heures, se tient justement au cabinet du ministre une réunion capitale pour la suite des événements. Autour de la table, Denis Morin, directeur adjoint du cabinet, Jean-Luc Pain, Bégon et deux inspecteurs des finances : Pierre Gisserot et François Pérol. Le contrôleur d'État lâche son expression favorite : « association de malfaiteurs ». Morin tempère. Il parlerait plutôt de « méconnaissance de la législation ». Bégon insiste, relayé par Pain. La décision est finalement prise de recourir aux grands moyens : une inspection sera déclenchée dans les plus brefs délais. Bégon met aussitôt les deux inspecteurs des Finances présents dans la confidence : les comptes de la Française des Jeux pourraient cacher non seulement des financements politiques, mais aussi d'« énormes enrichissements personnels ». L'affaire est lancée.

Le lendemain, sans que les deux hommes se soient concertés, le commissaire aux comptes Raymond Touber se livre lui aussi à un acte de guerre anti-Colé. Il dépose secrètement un dossier Infojeux (la société chargée de mettre au point le terminal informatique) entre les mains du premier substitut du procureur de la République près le tribunal de grande instance de Nanterre, Jean-Pierre Alacchi.

La même semaine, comme un pied de nez à ces bruissements inquiétants, le Tac-O-Tac sort des cartons des ingénieurs de la Française des Jeux. Colé effraie, sème la mauvaise humeur dans la fonction publique, qu'il méprise ouvertement – des « crétins », dit-il volontiers. Mais il invente sans cesse de nouvelles formules magiques pour faire grimper son chiffre d'affaires.

Bégon n'est cependant pas né du dernier rapport annuel. On ne le « promène » pas sans s'exposer. Il exige qu'on lui dise combien de commissaires aux comptes interviennent au sein de la Française des Jeux et de ses filiales. On le prie de formuler sa question par écrit : c'est une habitude. Il accepte. La réponse, quinze jours plus tard, le conforte dans son soupçon : si neuf commissaires auscultent la boutique, c'est pour qu'aucun n'ait un jour une vue d'ensemble. Simple déduction, bien sûr.

L'un de ces commissaires vient à peine d'entrer dans la partie. Il s'appelle Raymond Danziger et dépend du groupe KPMG, un géant mondial de l'audit. Bégon provoque une rencontre. À sa grande surprise, au cours de l'entretien, Danziger prend la défense de Colé. Or c'est précisément lui qui est chargé d'enquêter sur les animateurs d'Infojeux. Bégon est inquiet, mais Danziger le rassure et lui promet de l'informer de ses découvertes. Ce qu'il ne fera pas. Le trouble de Bégon s'accroît encore lorsqu'il apprend que KPMG était le commissaire aux comptes du holding genevois Sasea, impliqué dans une faillite frauduleuse qui constituera le premier volet du scandale du Crédit Lyonnais.

Bientôt, le ton monte entre le ministre des Finances et Gérard Colé. Le socialiste Michel Sapin lui intime l'ordre, par écrit, de « faire procéder dans les meilleurs délais par la Française des Jeux à la cession des titres de la société Le Change de la Bourse qu'elle détient ». La prise de participation de la Française dans le capital de la société financière marseillaise ne « passe » visiblement pas.

Bégon puise dans ce différend une nouvelle énergie. Il rend visite à Jean Recoules, un conseiller-maître à la Cour des Comptes qui officie comme administrateur au sein de la Française des Jeux. Rédige une note exhaustive à l'intention de la direction du Trésor, où il évoque d'« énormes risques d'abus de biens sociaux ». Sermonne l'agent comptable du Muséum d'Histoire naturelle, qu'il prie de n'accepter aucune recette sans l'en aviser, afin d'arrêter dans l'œuf le « Plan Zoo » de Colé. Tisse des liens sérieux avec un pilier de l'association des Blessés de la face et de la tête, le colonel Antonin, qui le fait appeler de Rio de Janeiro, le 22 février, pour lui raconter comment Colé veut arracher leur accord, toujours au sujet du zoo ! Bégon l'invite fermement à persévérer dans son refus, convaincu que le gouvernement n'a pas pris de décision définitive.

À son retour du Brésil, le colonel rend visite à Bégon pour lui rapporter de croustillantes anecdotes. Au cours de la croisière, Colé aurait annoncé qu'il avait « triomphé » de la Cour des Comptes et que le rapport annoncé de l'Inspection des finances lui serait tout aussi favorable. Emporté par sa faconde ou enivré par le charme de la baie de Rio, Colé aurait aussi tapé à bras raccourcis sur le Budget et le Trésor, ces « ennemis de l'intérieur ». Il se serait enfin vanté d'avoir obtenu une faveur : la mutation de Houllier-Trescases, le prédécesseur de Bégon. Lequel apprécie l'aveu à sa juste valeur...

Le contrôleur rencontre bientôt sur son chemin les cadres évincés de la Française des Jeux, qui ont évidemment des griefs à formuler à l'encontre de celui qui les a poussés dehors. Georges Parisot, ancien président de la filiale Internationale des Jeux, explique qu'il a été licencié après avoir mis en garde Colé, par écrit, contre une réédition de la fameuse affaire des « avions renifleurs » (des millions engloutis par de pseudo-ingénieurs à la recherche d'un introuvable prototype au tout début des années 80...). Parisot considérait d'un mauvais œil la société désignée pour mettre au point un nouveau réseau informatique. Il la jugeait à la fois « incompétente » et trop chère. Colé, qui avait choisi lui-même les ingénieurs, a peu goûté la comparaison avec le dernier grand scandale de l'ère giscardienne. Dehors, l'impertinent !

Puis c'est au tour de Méducin qui se décide enfin à se confesser auprès de l'inusable et patient Bégon. Fait saillant : Colé a fait construire une piscine à quelques mètres de son appartement de fonction, au sixième étage du nouveau siège de la Française des Jeux, à Neuilly[1]. Une piscine sur le toit ? sans en avoir informé le conseil d'administration ? Alors que la direction du Budget limite les avantages en nature des PDG d'entreprises publiques ? Voilà un signe extérieur de richesse qui pourrait peser aussi lourd, le jour venu, que les chaussures Berlutti de l'ancien ministre Roland Dumas !

De plus, Colé aurait négocié seul les devis avec les architectes et les maçons. Une piscine sur mesure, en somme !

Pour compléter le tableau, Bégon découvre le dédain de Colé pour le carnet de chèques. Colé règle tous ses achats en espèces, lui dit-on,

1. Selon M. Blanc, inspecteur général des Finances, cette piscine mesure 7 mètres sur 4 ; la Française conteste et parle d'un « bassin d'agrément » de 2 mètres sur 4. Le coût des travaux, incluant l'aménagement d'une autre terrasse, s'est élevé à 1,5 millions de francs.

et jusqu'aux actions de ses filiales. « Nécessité d'écouler les stocks d'espèces qu'il accumule un peu partout », note Bégon dans son journal.

Troisième confession, celle de Claire Cortez Perrier, chef du service des achats, congédiée le 26 février après avoir été poliment dessaisie de ses attributions. Où Bégon apprend que Catherine Colé, première épouse du président, serait l'une des décoratrices attitrées de la Française des Jeux ; que la sœur de Colé serait intervenue dans l'aménagement des espaces verts ; qu'une partie des convecteurs de l'ancien siège de la société auraient été acheminés jusqu'à la résidence secondaire de Colé [1]; que les fastueuses réceptions de Gérard Colé et de sa dame seraient alimentées en petits fours payés par la Française des Jeux ; que la fille de Colé aurait déménagé aux frais de la société ; que Colé aurait distribué pour Noël à son personnel une vidéo racontant la journée type du président : jogging, masseur, bicyclette, quatre heures pour méditer sur l'avenir du groupe, visite au cabinet du ministre, soirée côté cœur ou côté spectacle... Il fallait bien l'œil d'une femme pour nourrir avec tant de touchants détails les cauchemars du contrôleur d'État.

Les nouvelles s'accumulent durant le printemps 1993. C'est la piste taïwanaise qui se confirme, avec la commande massive de pièces détachées en Asie. C'est la société américaine G'Tech (General Technology) qui déclare la guerre à Colé pour une sombre histoire de piratage. C'est enfin la Française des Jeux qui renonce à participer à la rénovation du zoo de Vincennes après l'envoi de deux lettres par Martin Malvy : l'une à Jack Lang, l'autre à Gérard Colé dans laquelle le ministre s'oppose catégoriquement au projet.

Dans les couloirs, les dîners, les réunions, Colé répète à qui veut l'entendre que les choses marcheraient mieux en France si les contrôleurs d'État ne se mêlaient pas de tout entraver. Mais Bégon n'est pas le seul à résister. Des buralistes se rebiffent à leur tour contre le « racket » (les mots de la colère, sans doute) auquel la Française les

1. Sur les 70 à 80 convecteurs démontés, selon le rapport de l'Inspection générale des finances, entre 25 et 30 auraient été expédiés dans la propriété landaise de Gérard Colé, 2 ont été installés au siège de la société de son ex-épouse, et 2 dans l'appartement de sa fille.

soumet en leur imposant un mobilier commercial à des prix « démesurés ». L'un d'eux en vient même à sabler le champagne avec Bégon pour sceller leur alliance contre le « système mafieux» (le vocabulaire se durcit encore). Bégon croit même entrevoir une tentative de corruption de fonctionnaire lorsque l'un de ses prédécesseurs, le contrôleur d'État Gilbert Peyrolles, lui raconte comment Colé a essayé de le retenir, le jour de son départ à la retraite, en lui promettant « ce qu'il voulait ». Tout cela dans l'espoir d'améliorer ses rapports détestables avec la direction du Budget, pourtant tenue par une femme issue comme lui du sérail mitterrandien…

Mais tout le monde n'enfonce pas Colé. Les deux contrôleurs de la maison KPMG, Raymond Danziger et Jean-Paul Griziaux, continuent à défendre leur client, tout juste coupable à leurs yeux d'une trop grande « audace ».

V

L'Inspection générale des finances déboule à Neuilly-sur-Seine

Le 2 octobre 1992, Michel Charasse a quitté le gouvernement de Pierre Bérégovoy, privant d'un solide filet son protégé Gérard Colé. Élu sénateur du Puy-de-Dôme, il a décidé de se consacrer à ses nouvelles fonctions, tout en gardant un pied à l'Élysée où il officie comme conseiller privilégié du chef de l'État. Martin Malvy, député socialiste du Tarn, lui a succédé au ministère du Budget, tandis que Michel Sapin s'installait au poste de ministre de l'Économie et des Finances.

Le 8 décembre 1992, Sapin et Malvy ont fait une concession importante à Gérard Colé : ils ont accordé à l'une de ses filiales, l'Internationale des Jeux, le droit de prendre des participations financières à l'étranger dans la limite de 10 millions de francs par an. Une sorte de quitus pour son développement hors frontières.

Brutal changement d'attitude le 18 février 1993 : les deux ministres font entrer en scène le corps d'élite de la fonction publique, l'Inspection générale des finances. Mission : procéder à la vérification comptable et financière de la Française des Jeux. Début des opérations, le 1er mars, sous la houlette d'un certain Alexandre Jevakhoff, inspecteur des finances sorti de l'ENA en 1981.

Que s'est-il passé entre-temps ? Difficile de ne pas croire que les notes du contrôleur Michel Bégon n'ont pas porté leurs fruits. Le 1er février, il a de nouveau consigné ses griefs : absence de transparence de certains mouvements de capitaux, risques de surfacturation, obstruction dans l'exercice de sa propre mission. Il évoquait aussi ses craintes devant l'ébruitement du scandale. Et demandait à pouvoir faire usage du droit de contrôle « sur pièce et sur place », accordé par la loi.

Le 19 février, l'équipe de choc est constituée. Chef de brigade : André Blanc, inspecteur général. À ses côtés, les inspecteurs Pierre Deprost, Olivier Coustet, Alexandre Jevakhoff et Pierre Merviel. Bégon les rencontre dans les minutes qui suivent leur nomination. Et leur livre vingt ans d'archives du contrôle d'État.

Entrée en piste le 1er mars. Premier round remporté par Colé, qui conteste le droit des « superflics » à inspecter les filiales. Les ministres rédigent une seconde lettre de mission datée du 2 mars (voir annexes). Mais les inspecteurs sentent qu'ils ont été trahis : Colé était au courant de leur venue, en principe inopinée. Le terrain leur a même semblé très balisé : des documents les attendaient, soigneusement rangés sur les bureaux, écrémés comme il se devait.

Ne doutant pas un instant que l'on vient pour le « flinguer », Gérard Colé tente sa chance auprès d'Isabelle Bouillot, la directrice du Budget. Il proteste.

« Gérard, lui remontre-t-elle, c'est pour ton bien. Il y a des bruits alarmants qui circulent sur ton compte. Cette inspection va y mettre fin. »

Colé abandonne, dépité. Lui qui était l'un des rares à pouvoir dire non à Mitterrand – avec Michel Charasse, Pierre Joxe et Jean-Pierre Chevènement –, se sent brusquement impuissant face à ses assaillants.

Séisme national trois semaines plus tard : au premier tour des législatives, l'opposition distance largement la gauche. Ce qui paraît déstabiliser bien des gens, mais pas Gérard Colé. Le 22 mars, lendemain du scrutin, il écrit à Michel Sapin qu'il ne peut plus renoncer à ses investissements au Royaume-Uni, comme il le lui a demandé, pas plus qu'à ses projets gabonais. Trop tard, n'en déplaise au ministre.

Le Canard enchaîné s'en mêle peu après. Un long article évoque la piscine de fonction de Colé et dénigre l'Inspection générale des finances, soupçonnée de se contenter d'une petite enquête en surface.

Michel Sapin, qui tient visiblement à régler certaines questions avant son départ annoncé, reprend la plume, le 25 mars, pour supprimer à Colé l'autonomie qu'il lui a lui-même accordée : il ne pourra plus rien négocier sans en référer. Le 27 mars, le même Sapin annonce une autre décision symbolique : il démet de ses fonctions le président du Comptoir des entrepreneurs, Jean-Jacques Piette, pourtant considéré comme un protégé de François Mitterrand et de Pierre Bérégovoy. Deux mois plus tôt, les commissaires aux comptes présents au sein de cette maison avaient appelé le procureur de la République en renfort. Sale temps pour certains intimes de l'Élysée !

Le 28 mars, lors du deuxième tour, l'Union pour la France obtient une large majorité à l'Assemblée nationale. Pierre Bérégovoy cède son fauteuil de Premier ministre à Édouard Balladur. Et le RPR Nicolas Sarkozy se voit attribuer le portefeuille du Budget – il ne s'en contentera pas longtemps. Malvy et Sapin laissent sur son bureau le dossier explosif de la Française des Jeux : une affaire comme en rêverait quelqu'un qui voudrait peser sur le cours fragile de la cohabitation.

Car les « affaires », depuis longtemps, ne valent pas tant par ce qu'elles ont réellement « dans le ventre », que par l'usage que l'on peut en faire. Quand ce jeu a-t-il commencé ? S'il est inséparable de l'histoire de la Ve République, il s'est considérablement durci depuis la première cohabitation. La droite s'est largement servie du dossier Urba-Gracco (pompe à finances du Parti socialiste par le biais des marchés publics) pour déstabiliser son adversaire. La lutte pour le leadership à droite va voir balladuriens et chiraquiens sortir l'artillerie lourde. Avec Nicolas Sarkozy dans le rôle de l'archer discret, lançant, quoiqu'il s'en défende, ses flèches fiscales en direction de l'ennemi. Sans négliger les socialistes – mais le rapport de l'Inspection générale des finances n'est pas encore « mûr ».

D'ailleurs, François Mitterrand encore à l'Élysée, Colé se sent solide. Assez pour recommander à son personnel de trier les dossiers avant de les présenter aux inspecteurs. Et pour poursuivre l'agrandissement de la maison avec la naissance d'une nouvelle filiale, la Française d'Image – à laquelle s'oppose aussitôt le contrôleur Bégon. Ou pour intégrer dans la revue de presse interne l'article peu à son avantage du *Canard enchaîné*. Ou encore, suprême affront, pour s'accrocher à la restauration du zoo de Vincennes malgré le feu rouge de son ministre et son propre renoncement officiel – il va même jusqu'à immobiliser à cette fin les gains non réclamés sur les jeux on-line.

Cette attitude n'entame visiblement pas la détermination des inspecteurs des finances, en particulier d'Alexandre Jevakhoff que Colé ne tarde pas à affubler du surnom de « Torquemada », *alias* le Grand Inquisiteur. Ni celle de Michel Bégon qui recueille de nouveaux indices à charge. On évoque devant lui le rôle actif joué par deux anciens dirigeants de la Confédération nationale des tabacs passés au service de la Française des Jeux, deux personnages qu'on lui dit « peu scrupuleux ». À vérifier. On l'aiguille à nouveau sur la piste du financement politique. L'idée émane de l'un de ses homologues, un contrôleur d'État détaché à la présidence du Sénat. Celui-ci suggère que le budget publicitaire de la Française des Jeux pourrait bien servir à alimenter des caisses de partis. On se demande où ce « monsieur Antoine » (c'est son nom) va chercher ces chiffres, mais il soupçonne une incroyable répartition des subsides de la publicité : 80 % de l'argent occulte serait reversé à la majorité parlementaire, le reste à l'opposition. Une sorte de « pacte de corruption » avant l'heure, puisqu'on est encore loin des révélations sur le grand partage des espèces au sein du Conseil régional d'Île-de-France, en marge de la rénovation des lycées.

Le commissaire Raymond Touber persiste lui aussi dans son approche très négative. En plein conseil d'administration de la Française des Jeux, il jette un froid en signalant deux versements en espèces : 390 000 francs auraient été déboursés pour acheter 200 places dans les gradins du stade de Göteborg, à l'occasion d'un important match de football ; et 200 000 francs pour remercier le personnel indonésien au terme d'une croisière aux Philippines. Colé, fort des 8 milliards de francs de bénéfices dégagés en 1992 par la Française des Jeux, ne dit mot. Il ne jette même pas un regard en direction de Michel Bégon, assis à la même table. Mais il n'en pense pas moins : à ses yeux, Bégon est passé du stade de doux illuminé à celui de fou dangereux.

Bégon prend des notes. Nourrit sa liste de suspects. Se convainc enfin du fait que les billets grattables du Banco peuvent être lus par transparence avec de la lumière froide, ainsi que le lui a démontré Méducin, le congédié.

Dans la coulisse, cependant, certains trépignent et ne s'en cachent pas. Le fauteuil de Colé pourrait se libérer plus vite que prévu, et la place excite bien des convoitises. Felix Hazak, par exemple, ancien président national des courtiers de la Française, se verrait bien monter en grade. Il cultive d'ailleurs les relations nécessaires à sa future promotion qu'il vivrait d'abord comme une réhabilitation, lui qui a été privé de tout mandat en novembre 1992. En contact avec Alain Carignon, encore maire RPR de Grenoble et ministre de la Communication, il fréquente aussi un certain Pierre Charon. Inconnu du grand public, Charon est chargé de la Communication à la Ville de Paris où Jacques Chirac attend son heure. Charon se verrait volontiers, lui aussi, dans le fauteuil de président de la Française des Jeux... dont il reste à faire chuter le titulaire.

Au cours d'un déjeuner mémorable, Hazak peint devant Bégon un tableau apocalyptique. Il s'attarde sur une croisière aux Antilles, qui a rassemblé 2 500 courtiers, détaillants et cadres de la Française en mars 1992. Quinze jours en mer, trois orchestres à bord, des repas « gargantuesques » avec champagne à flots, s'il vous plaît, et langoustes à volonté : les superlatifs ne manquent pas. Et fusent des images d'orgies, de grande bouffe, si étrangères à la culture d'un Bégon.

Mais les deux hommes passent au chapitre suivant : la réalisation du fameux terminal Saphir, effectivement sous-traitée à Taïwan avec l'appui de la banque « sulfureuse » du moment, le Crédit Lyonnais. Ladite filière taïwanaise, la DST (contre-espionnage français) qui soupçonne KPMG d'espionnage au profit des États-Unis, la Française des Jeux qui teste sur l'île de la Réunion une machine à sous baptisée « Chiche », quatre-vingt-seize vidéo-loteries importées des États-Unis par la Française des Jeux mais bloquées en douane pour non-conformité avec la législation en vigueur : voilà ce qu'on obtient lorsqu'un Mitterrand confie les jeux à un Colé. L'inspecteur de police détaché auprès de la Française des Jeux, lui aussi limogé, n'a-t-il pas évoqué un « travail de professionnels » ?

Il est clair, tranchent Hazak et Bégon à la fin du repas, que l'Inspection des finances n'y suffira pas. Il faudrait envoyer la vraie police !

On s'en approche petit à petit, sous l'œil attentif de Nicolas Sarkozy auquel il n'échappe pas que Michel Bégon va bientôt être convoqué par le procureur de la République de Nanterre, Pierre

Lyon-Caen. Une audition nettement inspirée par le commissaire aux comptes Raymond Touber, semble-t-il. Lequel s'est employé à démolir auprès du magistrat la valeur du rapport rédigé par KPMG, son principal concurrent, sur la société Infojeux, censée mettre au point le terminal Saphir.

Pierre Lyon-Caen est un magistrat réputé et expérimenté. Classé à gauche par ses pairs, il fut secrétaire général du Syndicat de la Magistrature au début des années 70, à une époque où ce syndicat passait pour un fief contestataire. Surpris par la véhémence des propos de Michel Bégon, qu'il reçoit le 29 avril 1993, il lui demande de confirmer son témoignage par écrit.

Quelques jours plus tard, le nouveau Garde des Sceaux, le centriste Pierre Méhaignerie, entre en scène. Dans un entretien au journal *Le Monde*, il prend l'engagement moral de ne jamais stopper l'action de la justice dans l'instruction des « affaires ». Il le prouvera en laissant se développer une enquête qui débouchera sur la mise en cause de la plupart des dirigeants de son propre parti, le CDS, dans une histoire de financement occulte. Il laissera aussi sa marque indélébile dans l'affaire de la Française des Jeux, quoique de façon beaucoup plus discrète.

Gérard Colé et ses fidèles (le ménage continue parmi les autres) ne désespèrent pas, eux, de convaincre leurs nouveaux interlocuteurs à Bercy. Ils veulent implanter la Française des Jeux en Chine populaire, sur l'île Maurice, au Cameroun. Et soutiennent qu'ils ne verseront pas la moindre commission occulte aux intermédiaires qui leur ouvriront ces marchés. Ils exposent leurs projets le 30 avril. Le lendemain, la fête du Travail voit la terre trembler sous les pieds de la Mitterrandie. Pierre Bérégovoy, qui se sent lâché de tous, se suicide à Nevers d'une balle dans la tête, poursuivi par une mauvaise histoire de prêt sans intérêt consenti par l'un des amis de Mitterrand, l'homme d'affaires Roger-Patrice Pelat. Lors des obsèques, le président de la République s'exclame, outragé, que l'on a « livré l'honneur de Pierre Bérégovoy aux chiens ». Pour ceux qui peineraient à décrypter, Michel Charasse s'en prend à ceux dont il fera ses ennemis intimes à vie : les juges et les journalistes. Sait-il qu'au sein de la Française des Jeux, un certain Jean-Marc Hennet, responsable de la sécurité, anime, tel un soldat de l'ombre, un réseau souterrain, vit dans la terreur d'être découvert et guette le jour de la « libération » ?

Les « affaires » irritent François Mitterrand et son conseiller politique, mais le cauchemar ne fait que commencer. Convaincu qu'il va bientôt être remplacé par des gens « suspects » et ému par la fouille de son bureau, Hennet remet à Bégon une valise contenant la copie informatique de tous les systèmes de sécurité internes de la Française des Jeux. Bégon va la confier à ses supérieurs.

L'inspecteur général des finances André Blanc, de son côté, peine à réunir les preuves des gaspillages et autres abus de biens sociaux. Hormis le déménagement des convecteurs en marbre de l'ex-siège de la Française, transférés dans les Landes en même temps que le piano qui sonorisait les tirages au sort de la loterie, ou la disparition du billard de la salle de sport installée dans les sous-sols, à Neuilly, il ne trouve pas grand-chose. Trop opaque, récalcitrante, la Française des Jeux de Gérard Colé semble lui échapper. Il sait pourtant déjà, en ce mois de mai, qu'il proposera à Nicolas Sarkozy de saisir la justice.

Le ministre a par ailleurs en sa possession le projet de note au procureur de Nanterre rédigé par Michel Bégon. L'un de ses conseillers techniques, Didier Banquy, lui a également rapporté la teneur de son entrevue avec le contrôleur d'État. Bégon a tapé assez fort, expliquant qu'il y avait urgence à « décapiter » la Française des Jeux. Il a évoqué un détournement de fonds publics et de technologies vers l'Asie, où les actuels dirigeants de la Française avaient l'intention de reconstituer une entreprise « mondiale », évidemment privée. Il a enfin demandé l'autorisation de se rapprocher de la DST et de rencontrer le député UDF de la Mayenne François d'Aubert dont les ouvrages sur la Mafia lui tiennent lieu de livres de chevet.

Le 14 mai, Michel Bégon s'en va remettre sa note de treize pages au Parquet de Nanterre, avec l'onction ministérielle. Il n'est pas reçu par le procureur, mais par le substitut Jean-Pierre Alacchi. Le magistrat, apparemment, est sur la même ligne que le contrôleur d'État. Le seul fait de financer et concevoir un appareil de jeux prohibé lui semble pénalement répréhensible. Une action publique devrait être rapidement ouverte pour vérifier ces pistes. La connivence entre les deux hommes est telle que le magistrat croit devoir mettre Bégon en garde contre certains services spéciaux. Le contrôleur d'État se sent en effet épié. Ses lignes téléphoniques, celle de son bureau comme celle de son domicile, seraient à nouveau écoutées. Son ordinateur aurait été visité nuitamment ; une note acérée destinée au cabinet de Nicolas Sarkozy aurait même été effacée, selon sa secrétaire. Il lui a enfin semblé surprendre le téléobjectif d'un photographe, rue de Rivoli, non loin de son bureau – prémices d'une filature ? Ses chefs, à Bercy, mis au courant de ces informations alarmantes, lui ont promis d'en parler à la DST.

Nouvelle « provocation » de Colé (le mot est de lui) : une semaine après la victoire de l'Olympique de Marseille contre le Milan AC, le 26 mai 1993, à Munich, en finale de la coupe des clubs champions, il donne une conférence de presse où il déplore que la Française des Jeux ne figure pas sur la liste des « privatisables » récemment révélée par le gouvernement d'Édouard Balladur. L'euphorie de la victoire, sans doute. Peut-être Colé sent-il également que les hauts responsables du Trésor et du Budget ne font pas tous corps avec les accusations de Bégon. Le retard pris par les inspecteurs des finances devrait également empêcher le conseil d'administration, convoqué pour le 3 juin, de lui retirer sa confiance. Il aura le temps de répondre aux accusations consignées par l'Inspection dans son pré-rapport. Lequel, malheureusement pour lui, est déjà entre les pattes des « chiens » : la veille du conseil, *L'Express* et *Le Canard enchaîné* annoncent son prochain départ.

Le 3 juin, Michel Bégon reçoit un appel « orageux » de Jean-Luc Pain, le représentant du Budget à la Française. Pain relaie la colère de la directrice du Budget, Isabelle Bouillot, qui a eu la primeur des conclusions de l'Inspection des finances. La directrice accuse le contrôleur d'État de « jeter le ridicule sur le ministère ». Outre ses « allégations », elle lui impute la fuite de sa dernière note, désormais aux mains de plusieurs courtiers. Fuite qui devrait lui valoir une « sanction majeure ». Commentaire de Michel Bégon dans son journal : « On tente de m'intimider ou de m'éliminer sous un faux prétexte, comme l'an passé mon prédécesseur. »

C'est dire l'humeur du contrôleur d'État lorsqu'il se rend au fameux conseil d'administration. Gérard Colé s'en prend frontalement aux deux commissaires aux comptes qui lui tiennent tête, Raymond Touber et Yves Raquin ; ces derniers, tétanisés, ne parviennent pas à lui répondre. Ce qui n'empêche pas ce coup de théâtre : ils refusent de certifier les comptes de la Française des Jeux pour 1992. Le renfort des commissaires de KPMG, nouveaux dans la mêlée, n'est ici d'aucun secours à Gérard Colé. Il menace publi-quement Bégon de le poursuivre pour dénonciation calomnieuse, lui faisant clairement comprendre qu'il a connaissance de ses écrits... comme de ses conversations avec les avocats des courtiers. De quoi conforter les pires craintes du contrôleur d'État, prêt à barrer de son corps la route de la « mafia des jeux »...

Le bras de fer se prolonge sur le plan politique. Après le revirement de la direction du Budget, l'Élysée peut encore soutenir Colé. Mais le gouvernement exige sa démission. Elle serait même pour lui d'une précieuse utilité dans une cohabitation où le moindre événement peut faire pencher la balance de l'opinion. Le ton est donné : feu sur Colé !

Le 9 juin, l'hebdomadaire *Le Point* annonce ce fait sans précédent pour une entreprise publique : le rejet des comptes de la Française des Jeux par son conseil d'administration. Le lendemain, Colé riposte en annonçant à son personnel qu'il a été reçu par Nicolas Sarkozy. Le ministre lui aurait promis la prorogation de ses fonctions jusqu'en 1994, et la tête du contrôleur d'État à qui son chef de corps a déjà demandé de préparer un mémoire en défense.

Le même jour, l'Inspection générale des finances appelle le Parquet de Nanterre au secours. Le chef de corps et le chef de brigade, Gisserot et Blanc, ont trop d'obstacles devant eux : refus de répondre aux questions sensibles, documents introuvables... Puis c'est le directeur de cabinet de Nicolas Sarkozy, M. Mariani, qui reçoit Colé pour lui demander sa démission. Demande à laquelle le président de la Française des Jeux répond par des menaces.

Qui ment ? La guerre de la Française est aussi judiciaire que politique. Peut-être même plus politique que toute autre chose. Quant aux « chiens », éléments primordiaux dans le tableau, les voici lâchés...

VI

Enquête préliminaire

Dans les « affaires », il y a le scandale, cette mousse grise que les politiques se jettent au visage en croyant faire avancer leur cause. Puis il y a la technique. Celle-ci peut consister à déclencher discrètement un contrôle fiscal dont on sait qu'il débouchera sur une enquête pénale. On peut aussi faire entrer immédiatement la justice en scène. Sans que cela signifie forcément qu'un juge d'instruction sera nommé un jour.

En cette année 1993, on manie encore bien l'enquête préliminaire sans issue. On « ouvre » une enquête, les journalistes d'investigation saluent l'événement par un feu d'artifice. Puis on classe. Dans un grand tohu-bohu, mais on classe. Sans suite…

Pierre Méhaignerie, le Garde des Sceaux, a promis qu'il laisserait les « affaires » vivre leur carrière. Mais il n'est pas seul à bord. Charles Pasqua tient le ministère de l'Intérieur, donc la Police judiciaire. Surtout, François Mitterrand ne peut rester indifférent à une enquête qui va mettre à mal l'un de ses poulains. Et éclabousser le « Château » lui-même.

Le justiciable ordinaire ne le sait pas toujours, mais ces dossiers font systématiquement l'objet de sourdes tractations.

N'oublions pas, enfin, dans ce décor, car elle est essentielle, la présence à la tête du Parquet de Nanterre d'un homme réputé proche des socialistes : Pierre Lyon-Caen. Or Lyon-Caen ne peut plus reculer. Cerné par le commissaire aux comptes Raymond Touber et les déclarations écrites du contrôleur d'État, il se résout à ouvrir une enquête préliminaire, le 14 juin 1993. L'un de ses substituts, Jean-Pierre Alacchi, croit pouvoir en déduire que plus rien ne pourra entraver la procédure judiciaire. Il le dit à Bégon. Mais il s'avance un peu vite...

Les mauvais points s'accumulent cependant pour Gérard Colé. Le journal *Libération* annonce son prochain départ. Dur pour quelqu'un qui prétend que les accusations portées contre lui ne sont que « pisse d'âne ». En attendant, premier camouflet : la commission des salaires le réprimande pour avoir trop augmenté son personnel. Surtout, mais il ne le sait pas encore, le dossier de la Française des Jeux va subir un traitement à part au ministère de l'Intérieur. Normalement, les affaires de ce calibre échouent rue du Château-des-Rentiers, à Paris, au siège de la fameuse « BF », la brigade financière. Pas cette fois. Quelle est la « petite main » qui aiguille le dossier dans une autre direction ? Par quelles sombres pensées son propriétaire est-il animé ?

À première vue, confier l'enquête préliminaire à l'Office central de Répression de la grande délinquance financière semble incongru. L'OCRGDF, comme on l'appelle familièrement, est le service de pointe de la lutte contre le blanchiment d'argent sale. Fait d'armes de la maison, dirigée d'une main de fer par le commissaire divisionnaire René Wacq : le dossier « Margarita », nom de code donné au démantèlement d'un réseau financier franco-colombien en marge d'un trafic de cocaïne. L'Office est à la mode. Son chef a bonne presse. Mais le cas Colé est beaucoup plus politique que tout ce qu'il a eu à traiter jusqu'à présent. Ceux qui craignent les développements de l'enquête se sentent *a priori* rassurés. Mais ils ne maîtrisent pas toutes les données. Car, au ministère de l'Intérieur, dans l'ombre de Charles Pasqua, il est des hommes qui misent sur ce dossier pour embourber le navire socialiste. Voire « plomber » l'occupant en titre de l'Élysée. Des hommes qui roulent ouvertement pour cette frange du RPR qui ne goûte absolument pas les plaisirs de la cohabitation. Et qui sont prêts à tout pour en raccourcir la durée.

De quels moyens disposent-ils pour peser sur le cours de l'histoire ? Ils connaissent leurs troupes sur le bout des doigts. Les flics qui dorment sur leurs dossiers. Les lents. Les entêtés. Les vicieux.

Les doués. Les moins doués. Les fortes têtes. Et les malléables... Celui qu'ils désignent pour mener à bien l'enquête préliminaire est un inclassable. Un personnage hors norme, une forte carrure dans tous les sens du terme. Un fonctionnaire dont il est certain qu'il ne lâchera pas prise avant d'avoir épuisé toutes les pistes. Il s'appelle Charles Blandignères. C'est un solitaire, et un bon connaisseur de la matière financière : il épluche des factures et des bilans financiers depuis le début de sa carrière à Angers. Il peut même se targuer de figurer parmi les précurseurs : quand les seuls policiers dont on parlait étaient ceux qui pourchassaient les bandits, les flics de la Criminelle, lui jouait avec les chiffres. C'était avant le développement exponentiel des « affaires ».

Pour l'heure, cependant, l'inspecteur divisionnaire Blandignères et son second, le jeune inspecteur Jean-Marie Fiaschi, sont indisponibles. Ils n'entreront en piste qu'au mois d'août, après être venu à bout du dossier Sasea, ce holding italo-suisse qui va les conduire au dossier du Crédit Lyonnais.

Court répit pour Colé qui répète à qui veut l'entendre que les allégations de Touber, le commissaire vieux jeu, et Bégon, le contrôleur qui voit des mafieux partout, ne l'émeuvent pas. Car Bégon trouve appui du côté de son chef de corps, Bernard Schaefer, mais également auprès des cabinets de Sarkozy (Budget) et d'Alphandéry (Finances). L'ancienne responsable de la communication de la Française, Pascale Cozon, ajoute un volet au tableau : elle raconte que Gérard Colé et ses principaux collaborateurs ont « disjoncté », qu'ils s'estiment tout permis et font passer le copinage avant la compétence.

Les ratés du terminal « Saphir » tombent à pic pour alimenter la chronique. Les responsables du PMU, en guerre commerciale avec Colé, ne se privent pas d'exploiter la faille. Comment un terminal aussi hétéroclite, auquel ont contribué pas moins de quatre sous-traitants taïwanais, pourrait-il constituer une réussite industrielle ? Et d'égrener, en agitant l'ombre des triades chinoises, les noms des quatre sociétés en question : Sun Power, Sun Top, Fong Kaï Industrial, et Singda Electronics System. Bégon voit d'ailleurs ses craintes confirmées par les informations que lui transmet le correspondant à Tokyo de la direction des Relations économiques extérieures. La société japonaise Marposs Trading SA, qui a collecté les pièces détachées en Asie, a tout d'une société-écran : pas de traces dans l'annuaire, ni dans aucune banque de données, siège introuvable, capital dérisoire.

Court répit, car ses rivaux, sûrs d'eux, se dévoilent. General Technology, qui a vu le marché des terminaux lui échapper, agit comme le font en pareil cas les sociétés américaines : en assurant une large diffusion à l'étranger des articles consacrés par la presse française au scandale. Pierre Charon, le « Colé » de la mairie de Paris (il « communique »), se démasque, dans le journal *Les Échos* daté du 25 juin, comme le probable remplaçant. *Libération* révèle les « trafics » de la Française des Jeux avec Jersey et les Bahamas. Bégon le rebelle est la vedette d'articles du *Figaro*, mais il n'y est pour rien : les informations émaneraient de la Mairie de Paris où l'on a bien l'intention d'exploiter l'affaire jusqu'à la corde. Avec l'Élysée en ligne de mire... « La chute de la maison Mitterrand », titre déjà *Le Nouvel Économiste* en dressant la liste des hommes du président qui ont trébuché : Alain Boublil (ex-directeur de cabinet de Pierre Bérégovoy), Bernard Tapie, Gérard Colé, Pierre Bergé...

Bégon, pris dans le western, écrit au ministre de l'Économie pour lui demander d'assurer sa sécurité. Tandis que Michel Rocard, l'éternel recours, devient le nouvel homme fort du Parti socialiste...

Mais Gérard Colé n'est toujours pas vaincu. On ironise sur les croisières du *Mermoz* auxquelles il conviait sa compagne et ses deux enfants ? Il expédie une pétition au ministère du Budget, dans laquelle son personnel se plaint de la campagne de presse dirigée contre la maison. Pétition à laquelle peu se sont dérobés, sans doute parce que les signatures étaient centralisées par le directeur des Ressources humaines !

Les propos confiés au *Monde* par Michel Rocard, le 13 juillet, ne sont pas directement liés à l'affaire. Mais le futur Premier ministre ne pouvait viser plus juste : « La société du spectacle est en train de polluer tout ce qu'elle touche, déclare-t-il. Elle devient un danger pour la démocratie. » François Mitterrand est-il encore complètement maître du jeu ?

L'enquête préliminaire prend forme, le 6 août, avec l'audition d'Yves Raquin, le deuxième commissaire aux comptes récalcitrant. Bégon se réjouit devant la détermination des deux policiers, Blandignères et Fiaschi. « La police judiciaire subodore elle aussi une grosse affaire », écrit-il.

Quelques jours plus tard, c'est Pierre Charon qui voit brusquement ses chances s'amenuiser. Le Premier ministre Édouard Balladur craint à juste titre que la nomination d'un proche de Chirac à la tête de la Française des Jeux alimente le soupçon d'un financement occulte du RPR. Mais Charon n'a pas tout perdu : Nicolas Sarkozy le verrait bien prendre la tête d'une structure économique destinée à épauler le PMU, le GIE-Galop. Ce qui lui permettrait d'écarter la candidature à ce poste du directeur des Douanes, Jean-Dominique Comolli, jugé trop lié à Michel Charasse.

Michel Bégon, qui guettait ce jour depuis longtemps, rencontre Pierre Charon dans son bureau de l'Hôtel de Ville, le 8 septembre. Charon se laisse aller à quelques confidences. Le Premier ministre aurait tenté, à deux reprises, d'obtenir du président de la République le limogeage de Colé. Démarches auxquelles François Mitterrand, dans l'antichambre du Conseil des ministres, aurait coupé court en observant que l'« on ne condamnait pas quelqu'un sur des rumeurs ». La présomption d'innocence, déjà, et cette habitude mitterrandienne de soutenir les amis dans la tourmente. Lui-même, Pierre Charon, a invité Michel Charasse à déjeuner pour le dissuader de continuer à protéger Colé. Sans aucun succès. Enfin, il confirme son rôle actif dans la campagne de presse menée autour de l'affaire. Mais il n'a pas agi de son propre chef ; il a œuvré, dit-il, avec l'accord de Jacques Chirac et de Nicolas Sarkozy.

D'ailleurs, Charon ne prend aucune précaution avec son visiteur. Il téléphone devant lui à un journaliste, membre d'un hebdomadaire classé à gauche. Appel appuyé par ce commentaire : « Il faut attaquer à partir de la gauche, c'est beaucoup mieux. »

Plus tard, un agent de la Mairie de Paris, Claude Lemaire, livrera à Bégon la copie d'une note explosive des Renseignements généraux reprenant noir sur blanc ses propres soupçons, document qu'il diffusera à son tour largement au sein du ministère des Finances. Sans hésiter, précise-t-il, car il voit bien que personne ne se gêne : les fonctionnaires du Budget transmettent ses propres rapports à l'Élysée... tandis que le cabinet du ministre les expédie en douce à Charles Pasqua.

Un grand chassé-croisé devenu, avec la multiplication des « affaires », le jeu par excellence de la Ve République !

Le roman à succès de cette rentrée littéraire 1993, *Grand amour*, est signé Erik Orsenna. Ancien chargé de mission à l'Élysée, il a trouvé un surnom à Gérard Colé : « Tout en daim ». Extrait : « Son sourire ne cesse d'être disséqué par la maison qui hésite dans ses appréciations entre cynisme, vulgarité, suffisance, fatuité... » Pas forcément flatteur, mais cette même rentrée voit circuler un document plus inquiétant : le rapport de synthèse de l'Inspection générale des finances. Signé Alexandre Jevakhoff, futur chargé des affaires immobilières de Charles Pasqua au ministère de l'Intérieur, il est aussitôt transmis au Premier ministre. Qui fait porter le brûlot au chef de l'État.

L'avenir de Colé s'assombrit. D'autant plus que les deux commissaires aux comptes, auxquels s'est rallié le cabinet KPMG, refusent de lever leurs réserves sur les comptes de la Française des Jeux. Et ce, malgré l'insistance de Jean-Luc Pain, sous-directeur au Budget, qui tente une dernière fois de les convaincre en leur expliquant que le rapport de l'Inspection n'apporte « rien de tangible ».

Edmond Alphandéry et Nicolas Sarkozy ne l'entendent pas ainsi. Ils font capoter le conseil d'administration prévu le 14 septembre à la Française des Jeux, en ordonnant aux représentants de l'État de ne pas s'y rendre. Les comptes ne sont toujours pas arrêtés.

Ne manquait plus à Colé que le flot de lettres anonymes qui sont en France le lot de toutes les « affaires ». Le ministère du Budget en est brusquement assailli. La preuve que le métier de « corbeau » est toujours aussi florissant. Tout comme le dernier jeu de la Française des Jeux, le Keno, dont les gagnants concourent au Top-Keno dont les super-gagnants sont invités à un voyage à Las Vegas ! Comme la politique exportatrice de super-Colé, qui annonce avoir vendu le terminal « Saphir » à dix Länder allemands pour un montant de

450 millions de francs, et l'implantation de la Française des Jeux en Chine ! Ne manque au palmarès que Super-Bégon, publiquement encensé par Pierre Charon au cours d'un déjeuner offert aux directeurs des sociétés de courses (de chevaux). Déjeuner durant lequel il affirme que Nicolas Sarkozy a fait porter pour signature une lettre de démission à Colé, avec promesse d'une sortie « honorable ». Mais le grand manitou de l'image présidentielle a décliné la proposition.

Le 22 septembre, l'inspecteur divisionnaire Charles Blandignères vient recueillir à son bureau la déposition de Michel Bégon, toujours dans le cadre de l'enquête préliminaire. Prié par sa hiérarchie de « faire le meilleur accueil aux policiers », le contrôleur d'État révèle qu'on lui a interdit de transmettre le double de ses rapports aux ministres. L'enquêteur consigne aussitôt l'aveu par écrit. Bégon l'a « accroché ». Il revient d'ailleurs vers lui une semaine plus tard. Le questionne à nouveau en lui révélant qu'il a chargé Interpol d'enquêter au Royaume-Uni, au Japon et à Taïwan sur les interlocuteurs de la Française des Jeux.

L'affaire commence à secouer Bercy. Les administrateurs d'État pourraient voir mise en cause leur responsabilité personnelle. La crainte d'être un jour jugés solidairement avec lui n'est pas dépourvue de fondement. Elle expliquerait même la résistance opposée par les responsables du Trésor et du Budget, déstabilisés par l'enquête de l'Inspection des finances. Ces hauts fonctionnaires aimeraient tant voir le dossier se régler à l'amiable, qu'ils pèsent de tout leur poids pour que les comptes de l'année 1992 soient enfin arrêtés. Ce qui reviendrait à accorder une sorte de quitus à Colé. Mais le cas est trop politique pour en rester là : le cabinet du ministre du Budget guette la réaction du chef de l'État devant les conclusions de l'Inspection.

La lecture des dix-sept rapports rédigés par les inspecteurs des finances est fastidieuse. Mais François Mitterrand devrait sursauter à la lecture de certains passages. Jevakhoff, alias Torquemada, et ses enquêteurs de luxe concluent au « laxisme presque institutionnel » de la Française des Jeux après avoir évalué à environ 400 000 francs par an les dépenses personnelles de Colé et de sa famille. L'épisode des convecteurs de la Française paraît assez risible. Colé s'en serait bien approprié quatre-vingts, dont trente sont allés chauffer sa maison des Landes. Mais il dit en avoir demandé l'autorisation à Denis Méducin. Il a d'ailleurs accepté de rembourser cet « emprunt » en signant un chèque de 17 867 francs. Plus sérieusement, l'Inspection épingle les « démonstrations pharaoniques » de la Française des Jeux. Exemple : un voyage en Turquie à l'occasion duquel six camions ont transporté jusqu'à Antalya les décors d'une ville antique[1]. Les inspecteurs s'étonnent également du coût de fabrication élevé du pin's et du tee-shirt à l'effigie du Millionnaire, et critiquent vertement les opérations de spéculation monétaire. Point culminant : les aventures italiennes de Colé, qui devait créer une société de jeux de loterie avec un certain Giuseppe Giampaoli. Le Crédit Lyonnais projetait d'ouvrir à cet effet un compte dans une mystérieuse « agence 572 » qui laisse perplexes les gendarmes de Bercy.

L'inspecteur des finances Alexandre Jevakhoff a su trouver les mots qui blessent. Au chapitre des « comportements inadmissibles du président de la Française », il évoque les « dépenses somptuaires pour l'aménagement de son appartement de fonction ». Extrait : « Bien que les instructions ministérielles excluent un tel avantage en nature de la liste des avantages susceptibles d'être accordés aux dirigeants d'entreprises publiques, des lettres du ministre du Budget datant des 20 octobre 1989 et 18 octobre 1990 ont explicitement accordé l'avantage de l'appartement de fonction à M. Colé. Installé au dernier étage du siège social de la société, cet appartement est composé d'une partie dite de réception de 100 m^2 et d'une partie dite privative de 95 m^2. Le coût des aménagements réalisés en 1991 dans l'appartement s'est élevé à 5 millions de francs, soit plus de 24 000 francs au mètre carré. » Jevakhoff a ensuite pointé du doigt le goût prononcé pour le luxe de l'ancien PDG qui, lors de ses déplacements professionnels, n'hésitait pas à réserver des suites présidentielles dans les meilleurs hôtels : Beach Regency et Negresco à Nice, Cipriani à Venise, Westminster au Touquet... Séjours qui

1. Un séjour évalué par les inspecteurs des finances à 13,57 millions de francs, soit un montant de 6 500 francs par personne pour cinq jours. Mais là encore, on le verra, il ne restera rien de ces accusations.

s'accompagnaient systématiquement de locations de voitures haut de gamme avec chauffeur et radio-téléphone. Et de porter l'estocade finale en exhumant des comptes de dépenses apparemment sans lien avec le Loto, à commencer par un stage de pilotage sur le circuit Paul Ricard ou un week-end « accompagné » en Irlande.

François Mitterrand peut encore passer outre. Mais la pression monte avec la publication par l'hebdomadaire *L'Express* de larges extraits du rapport de synthèse de l'Inspection, le 14 octobre. Tandis que Pierre Méhaignerie plante une autre banderille dans le dos présidentiel en transmettant au président de l'Assemblée Nationale une demande de levée de l'immunité parlementaire du député Bernard Tapie, ex-gagneur, ex-roi du business, désormais poursuivi par une ribambelle de juges et de procureurs. De quoi inspirer ce propos historique au député Philippe de Villiers, surnommé, lui, la « Madone des affaires » : « François Mitterrand est le grand corrupteur de la République. » Formule facile, lancée par un homme politique qui n'a (heureusement pour lui) pas à prouver ce qu'il dit. Car, par-delà le tintamarre, il manque encore l'essentiel à l'« affaire » : les preuves.

La Police judiciaire est là pour les chercher. Et se donne pour objectif d'en rassembler assez pour éviter le classement sans suite et arracher la désignation d'un juge d'instruction. À la mi-octobre, elle croit marquer des points en interrogeant à son tour Denis Méducin. L'ancien secrétaire général de la Française des Jeux (en guerre ouverte avec le PDG) évoque le versement de commissions occultes à Gérard Colé en marge des marchés signés sous sa présidence.

Quelques jours plus tard, Pierre Gisserot, chef de l'Inspection des finances, s'exprime ainsi dans *Le Nouvel Observateur* : « J'estime de plus en plus que dans cette affaire, la dignité de l'État est en cause. » En la matière, parole d'inspecteur des finances vaut parole d'évangile.

VII

François Mitterrand perd la manche

Au cabinet du ministre des Finances, le conseiller technique Nicolas Jachiet ne comprend pas bien la mise à l'écart de Michel Bégon. Il lui intime l'ordre de reprendre normalement son bâton de contrôleur. Ce que Bégon fait avec son zèle hors du commun. L'incorruptible piste la caisse noire de la Française des Jeux, traque le vice caché derrière l'exportation de machines à jouer vers la Russie, note dans son journal une information dont il ne mesure pas encore la portée : un certain Modiano, conduisant une Mercédès immatriculée en Suisse, a été chargé par Colé de rechercher des partenaires aux États-Unis.

Parfaitement au fait des méthodes de la Police judiciaire, Bégon met à l'abri les précieux documents que Denis Méducin a emportés lors de son limogeage. Parmi eux, une lettre datée du 21 septembre 1989, signée de la main de Jean-Pierre Savare. Le PDG de l'imprimerie François-Charles Oberthur propose de fournir des billets de Loterie en échange de l'installation d'une usine à Puy-Guillaume, la circonscription électorale de Michel Charasse, dans le Puy-de-Dôme. Une nouvelle piste. D'autant plus prometteuse que le même Savare affirme par ailleurs être membre du comité directeur du RPR.

Le dossier de la Française des Jeux est une mine au cœur de la cohabitation. Comment évacuer Gérard Colé qui dénonce haut et fort dans *Les Échos* la « crapulerie de l'Inspection des finances » et clame qu'il ne démissionnera pas ? C'est le casse-tête des conseillers de l'Élysée. Comment tirer le meilleur profit du dossier ?

Les stratèges de la majorité, de leur côté, imaginent tous les cas de figure, avec une date butoir à l'esprit : l'élection présidentielle. Annoncé pour le mois de mai 1995, soit dix-huit mois plus tard, le scrutin pourrait être anticipé si François Mitterrand venait à lâcher prise. Le rêve de beaucoup d'hommes de droite...

Nicolas Bazire, directeur de cabinet du Premier ministre, serait partisan d'une action judiciaire au grand jour contre Colé. Le conseiller budgétaire d'Édouard Balladur serait plus réticent : il sait qu'une instruction judiciaire poserait immanquablement la question de la responsabilité des fonctionnaires chargés de suivre la Française des Jeux pour le compte de l'État. De quoi faire trembler sur ses piliers le mastodonte de Bercy.

Tandis que douze cents détaillants embarquent vers la Thaïlande pour la croisière d'or du Keno, l'inspecteur divisionnaire Charles Blandignères et son double, Jean-Marie Fiaschi, forcent l'allure de leur enquête préliminaire. Ils bousculent Denis Méducin, multiplient les contacts avec Michel Bégon, s'attaquent aux auditions des fournisseurs de la Française des Jeux. Premier visé : la société Quassart, filiale du groupe Carré, dont le chiffre d'affaires avec la Française des Jeux a bondi de 6,7 millions de francs en 1988 à 222,7 millions en 1992. Objectif des policiers : accumuler assez d'éléments probants pour rendre irréversible l'ouverture d'une information judiciaire. Elle seule permettra de mettre en œuvre les grands moyens : garde à vue et perquisitions. Ce qu'ils souhaiteraient faire avant qu'un grand ménage n'emporte les pièces à conviction.

Mais veut-on vraiment que justice passe ? Le scandale n'est-il pas déjà là, sur la place publique ? Faut-il vraiment lâcher les policiers sur le Loto au risque de mettre à mal la réputation d'une maison qui rapporte gros... et de voir fouillées quelques vieilles armoires dont on préférerait avoir perdu les clefs ? Car Colé n'est pas homme à se laisser abattre sans riposter. Ne laisse-t-il pas entendre, à mots à peine couverts, que c'était encore pire avant son arrivée ? Quelque chose comme un « fromage » au cœur de la République, que personne ne voudrait voir gâcher par un juge trop sourcilleux, peut-être même avide de se tailler une jolie réputation sur le dos des politiques.

Tractations au sommet. Dans les premiers jours de novembre 1993, Nicolas Sarkozy convoque Gérard Colé. Au menu : les conditions du départ du président de la Française, qui semble inéluctable. Colé ne dit pas non, mais met la barre très haut. Il rêve d'une nouvelle version du rapport de l'Inspection des finances et annonce ses exigences : l'approbation des comptes de 1992, une sérieuse indemnité financière et le déplacement du contrôleur d'État Michel Bégon. Pour être sûr d'être entendu, il menace d'accuser publiquement le gouvernement de freiner ses projets de développement en Chine, qui seraient, selon lui, l'aubaine du siècle pour la Française des Jeux.

Au préalable, Colé a pris soin de montrer au ministre du Budget quel genre d'homme il était. Il est allé lui rendre visite à la mairie de Neuilly à l'occasion de l'installation de la Française des Jeux sur le territoire de la commune. Quelques minutes à peine après le début de l'entretien, le maire de Neuilly s'en souvient comme si c'était hier, sa secrétaire entre dans le bureau et annonce un appel de l'Élysée : « Le président de la République, dit-elle, pour M. Colé. » Et Nicolas Sarkozy de s'éclipser le temps de la conversation, abandonnant son bureau à son important visiteur. Sans doute impressionné, l'homme fort du gouvernement Balladur ne change pas pour autant de cap.

Le nom du successeur de Colé apparaît le 5 novembre dans *Libération*. Son profil est l'inverse de celui de Colé. Fonctionnaire quand l'autre venait du « ruisseau ». Ancien directeur adjoint à la direction du Budget quand l'autre n'avait fait que vendre des voyages et des hommes politiques. Il s'appelle Bertrand de Gallé. Cohabitation oblige, on nommerait dans le même mouvement un proche de Michel Charasse à la tête de la Seita : le directeur des Douanes Jean-Dominique Comolli.

Colé n'ignore pas que sa sortie est inévitable. Il sait cependant qu'elle n'aura pas lieu tant que le président de la République n'aura pas signé le décret le destituant. Il sait également que ce décret est glissé chaque jour, depuis plusieurs semaines, pour signature dans le parapheur présidentiel. Met-il ce temps à profit pour détruire des archives compromettantes ? Pour licencier ceux qui pourraient un jour parler ? Ses détracteurs l'imaginent. Lui jure que non. Au ministère de l'Intérieur, certains sont impatients d'accélérer le processus judiciaire. Sans parler de Michel Bégon, qui franchit un nouveau cap verbal en parlant maintenant de « mafia ».

Sa dernière rencontre avec le prédécesseur de Colé, Jean-Pierre Teyssier, ancien membre des cabinets ministériels de Georges Pompidou et d'Édouard Balladur, n'y est pas pour rien. Teyssier lui a raconté comment le milieu des jeux se partageait l'Hexagone : au sud de la Loire, rien n'échapperait aux tentacules de la Camorra italienne ; le Nord serait le territoire de la mafia américaine d'Atlantic City – première ville des États-Unis à avoir accueilli un casino et place forte du « syndicat du crime ». Sachant que Gérard Colé souhaite marier la Française des Jeux à un bookmaker britannique, tenu par les patrons d'Atlantic City, il y a du souci à se faire pour la « mariée ». Et Teyssier, justement, se fait du souci. D'ailleurs, il compte bien s'en ouvrir auprès du cabinet du Premier ministre.

Michel Bégon, lui, a désormais ses habitudes au ministère de l'Intérieur. Le voilà qui revient pour la troisième fois vers l'un des piliers des Renseignements généraux, le sous-directeur de la section Courses et Jeux, Bernard Dalle. Le policier montre depuis plusieurs mois un grand intérêt pour le dossier. Bégon lui expédie une note approfondie sur les opérations de la Française des Jeux à l'étranger. Il y joint tout ce qu'il sait des projets de Colé dans les machines à sous. Projets derrière lesquels il entrevoit la main de la Mafia américaine, on l'a vu, mais aussi l'ombre des Yakuzas japonaises et des triades chinoises.

La guerre des « affaires » passe aussi par les procureurs. En période de cohabitation, cela se traduit par d'interminables tractations autour de leur désignation. Le gouvernement Balladur souhaite visiblement déplacer quelques hauts magistrats. Et Pierre Lyon-Caen, qui a fait ses classes au cabinet ministériel de Robert Badinter au début des années 80, est sur la liste de ceux que l'on voudrait écarter. L'enjeu est de taille : c'est à Lyon-Caen que reviendra l'opportunité, une fois achevée l'enquête préliminaire, de classer le dossier Française des Jeux ou de le poursuivre. Mais le désaccord n'est pas forcément où l'on croit. Car Édouard Balladur pencherait plutôt pour l'apaisement, en harmonie avec le chef de l'État.

Gérard Colé le sait-il ? Les cadres de la Française reçoivent en ce début décembre un curieux message annonçant que le PDG, contre toute attente, ira au terme de son mandat. C'est-à-dire qu'il restera en poste jusqu'en juin 1994. Le 4 décembre, Colé assiste d'ailleurs à Vienne, en Autriche, au congrès des courtiers de la Française des Jeux. Il annonce que François Mitterrand l'a assuré de son soutien et qu'il sera « lavé de l'infamie » avant son départ. Le financement du zoo de Vincennes est encore à l'ordre du jour, tout comme la privatisation de la Française. En fin de soirée, on l'aurait même entendu qualifier Nicolas Sarkozy d'« archaïque ». Dernières salves avant clôture...

À l'Élysée, François Mitterrand finit par céder devant ce qu'il considère comme du harcèlement. Il accepte de voir tomber la tête de Gérard Colé. Il le convoque à l'Élysée pour le lui dire. En peu de mots : « C'est intenable. Il faut négocier votre départ. » Réponse de Colé, qui revendique l'irrévérence : « J'ai du mal à croire que vos entretiens avant le Conseil des ministres portent sur le titulaire de la Loterie. »

Mitterrand le fusille du regard. Mais il entend sauver la face de son ancien conseiller en obtenant l'approbation des comptes de la Française. Y parviendra-t-il ? Pour le moment, les trois commissaires s'y refusent obstinément par crainte de devoir un jour s'en expliquer devant la justice.

La démission de Colé est évoquée en Conseil des ministres. Où la décision est prise d'en finir au plus vite. Avec l'accord du chef de l'État. Le lendemain, une page entière paraît dans le journal *Le Monde*. Gérard Colé y met nommément en cause Michel Bégon. Lequel reste silencieux, fidèle à sa ligne de conduite, mais ne rate pas une occasion d'alourdir le passif. Par exemple en glanant auprès des sociétés spécialisées dans l'électronique des informations sur les déboires du terminal « Saphir » : aux dernières nouvelles, la glace de protection laisserait entrer la poussière, l'imprimante serait défaillante, et le temps de réponse trop lent. Ce sont des concurrents qui le disent, ce qui pondère forcément les propos. Mais, pour le contrôleur, c'est une confirmation : l'important n'était pas la réussite technologique, mais l'enrichissement de la société Infojeux...

Le 7 décembre, par 332 voix contre 72, l'Assemblée Nationale vote la levée de l'immunité parlementaire de Bernard Tapie, inconsolable malgré les accolades de Jack Lang. Le même jour, Hubert Védrine, secrétaire général à la Présidence, reçoit Colé. « Gérard, lui dit-il, j'ai une mauvaise nouvelle : le président a signé. » Durant sept mois, il avait repoussé l'échéance. Mais la pression était devenue insupportable.

Le 9 décembre paraît au *Journal Officiel* le décret fatal : le président met fin aux fonctions de Gérard Colé. Il a neuf jours pour plier bagages, avec un chèque de 2 012 000 francs versés « à titre de dommages et intérêts pour réparation du préjudice subi ». Bertrand de Gallé lui succédera.

François Mitterrand a perdu la partie. Et si la fable qui se raconte est juste, il n'a pas fini de souffrir. Résumé : le Président socialiste a placé l'un de ses « valets » à la tête du Loto. Un « valet » à la réussite bien trop belle pour être honnête. D'ailleurs, l'Inspection générale des finances a authentifié l'histoire. En poussant les feux, songent les ambitieux, on pourrait contraindre Mitterrand à la démission... Mais la fable est-elle juste ?

VIII

Le Garde des Sceaux ouvre l'acte second

Deux jours après la destitution de Gérard Colé, c'est au tour de Michel Bégon de souffrir. Bernard Schaefer, son chef de corps, le convoque et lui jette la « raison d'État » au visage. Des accords ont été passés. Lui aussi doit quitter la Française des Jeux sur-le-champ. Un poste l'attend d'ailleurs : il va aller contrôler les organismes de valorisation de la Recherche.

Bégon se crispe. Il ne voit pas la faute qu'on lui reproche. Schaefer lui fait un dessin : Bertrand de Gallé, continuité oblige, va conserver les collaborateurs de Colé. La présence de Bégon parmi eux risquerait de provoquer un drame.

« C'est à vous de vous effacer, dit-il.

– Le corps des contrôleurs se révoltera, gronde Bégon.

– Tous les contrôleurs d'État accepteront cette mesure si vous l'acceptez vous-même », observe Schaeffer.

Mais Bégon ne voit pas les choses sous cet angle. À peine terminé l'entretien, il contacte Pierre Charon, l'homme qui a donné au scandale son ampleur médiatique. Il lui demande de se renseigner auprès du ministre du Budget pour savoir qui a décidé de le sacrifier sur l'autel de la cohabitation. Et pourquoi. Puis il se plaint de sa rétrogradation, annoncée dans un courrier au ministre de l'Économie, Edmond Alphandéry. Avant d'alerter son ami conseiller à la présidence du Sénat à qui il demande de faire en sorte que son propre patron, René Monory, entreprenne tout pour stopper le mouvement.

Pierre Charon, devenu entre-temps conseiller en image de Nicolas Sarkozy, assure à Bégon que le ministre n'était pas au courant des menaces planant sur lui. Qu'il en soit désormais informé ne l'empêche cependant pas, le 15 décembre, de signer une lettre ordonnant le versement de l'indemnité de 2 012 000 francs à Gérard Colé...

Le même jour, autre mauvaise nouvelle pour la Mitterrandie : le propriétaire de Ligier Sports, Cyril de Rouvre, est mis en examen pour abus de biens sociaux, abus de confiance et escroquerie. François Mitterrand était personnellement intervenu auprès de la Française des Jeux pour plaider la cause du successeur de Philippe Ligier, grand consommateur de subventions publiques. Au cours de la dernière année, l'écurie avait ainsi touché 90 millions de francs de la Française des Jeux, 60 millions de la Seita, 30 millions d'Elf et 10 millions de la Poste. Des fonds a priori destinés à assurer la renommée d'une voiture de course...

Gérard Colé, lui, plie bagages sans s'avouer vaincu. Il conserve même quelques espoirs, comme en témoigne cette déclaration entendue lors de son pot d'adieu, le 16 décembre : « Bégon m'a descendu, mais je l'ai descendu tout de suite après. » Match nul, donc. Du moins pour l'instant, car la « compétition » comporte un match retour que personne ne voit encore venir.

Au cabinet du ministre de l'Économie, on tente de convaincre Bégon de lâcher prise. Le contrôleur invoque les notes des Renseignements généraux, qui présentent le scandale comme inévitable. Il rappelle les « persécutions » dont il a été victime. Met en avant le soutien que lui accorde le grand chef de l'Inspection des finances, Pierre Gisserot. Schaefer, son supérieur, revient cependant à la charge : « Le rapport de forces ne vous est pas favorable », insiste-t-il. Puis ce sont ses propres pairs qui lui conseillent de se soumettre à condition, disent-ils, que le ministre signe une lettre reconnaissant ses mérites.

Pendant ce temps, l'avenir du dossier se joue entre le palais de justice de Nanterre, la place Beauvau et la place Vendôme. Les deux enquêteurs tiennent presque chaque jour le procureur Lyon-Caen informé de leurs découvertes. Pour eux, il ne fait aucun doute qu'une information judiciaire doit être ouverte. Les investigations qu'ils ont menées autour du groupe Carré, fournisseur attitré de la Française des Jeux, plaident en ce sens. En résumé, cette société assure la création et la fabrication du mobilier installé pour le Loto dans les tabacs et autres maisons de la presse, mobilier comprenant un comptoir doté d'un terminal et un « corner jeux » pour les joueurs. Les montants facturés à la Française entre 1991 et 1992 ont été très importants : pas loin de 421 millions de francs. Les deux policiers ont longuement examiné les comptes et les procédures d'appel d'offres lancées par Alain Carré pour sélectionner ses sous-traitants. Ils ont entendu en même temps des détaillants choisis parmi les six mille récemment équipés. Conclusion provisoire : les marges bénéficiaires dégagées par le *designer* sont considérables. Fait troublant : Claire Perrier, à l'époque responsable du département « achats » de la Française des Jeux, a été dessaisie du dossier alors qu'elle s'étonnait justement des prix pratiqués. Après quoi, Gérard Colé a supprimé purement et simplement, en février 1992, le comité des marchés, auparavant chargé de négocier les prix. C'est assez pour justifier que la justice s'en mêle. D'autant plus que le patron, Alain Carré, entendu à plusieurs reprises, n'a pas pu justifier les montants facturés, estiment les enquêteurs dans le rapport qu'ils remettent au procureur de la République.

Ces premiers éléments ne semblent cependant pas convaincre Pierre Lyon-Caen.

Que font, en pareille situation, des officiers de police judiciaire normalement constitués ? Ils se souviennent fort à propos de leur double casquette. S'ils enquêtent sous le contrôle de la Justice, ils dépendent hiérarchiquement du ministère de l'Intérieur. Vers lequel ils se tournent pour obtenir gain de cause. C'est-à-dire, dans le cas présent, le droit de poursuivre leurs investigations.

La suite appartient à la petite histoire, celle qui se joue en marge de la plupart des « affaires » retentissantes. Un réseau se met en action, établissant une invisible passerelle entre le ministère de l'Intérieur et le cabinet du Garde des Sceaux. Là, quelqu'un se convainc de l'importance et des enjeux du dossier. Et se charge de sensibiliser le ministre, en l'occurrence Pierre Méhaignerie. Lequel ne se fait pas prier deux fois, trop heureux sans doute de rendre pour une fois service à sa majorité.

Pierre Méhaignerie s'est publiquement engagé à ne pas stopper une « affaire ». Il va montrer qu'il sait aussi en déclencher, même s'il a officiellement mis en veilleuse le « Rimbaud » (Réseau interministériel de base uniformément durci), système de téléphone direct et confidentiel reliant notamment le ministre à tous les procureurs : il a ordonné que l'on débranche les appareils.

Une note est expédiée par la Chancellerie au procureur général de Versailles, Jean-Pierre Plantard. Signée de la main du directeur des Affaires criminelles et des Grâces, François Falletti, elle ordonne l'ouverture d'une information judiciaire dans le dossier de la Française des Jeux. Extrait :

« J'ai pris connaissance de vos rapports (...). J'estime pour ma part que l'ampleur des investigations nécessitées par ce dossier, notamment pour vérifier la réalité des prestations facturées à la Française des Jeux par nombre de ses fournisseurs, dont certains situés à l'étranger, nécessite l'ouverture d'une information judiciaire... »

Commentaire d'un policier chevronné : « Sans ces manipulations, nous n'avions pas d'affaire. »

Une information est ouverte contre X pour « abus de biens sociaux et complicité, recel d'abus de biens sociaux, faux en écritures privées et usage, ingérence, obstacles aux vérifications ou contrôles des commissaires aux comptes ». Elle est confiée à la juge Isabelle Orsini. Les deux policiers de l'Office central pour la Répression de la grande délinquance financière, l'inspecteur divisionnaire Charles Blandignères et l'inspecteur de police Jean-Marie Fiaschi sont chargés de l'enquête.

Et vogue le dossier !

Pendant : les « affaires », ou comment on les gère

I

1994

On ramasse la copie

Les deux enquêteurs de la police judiciaire entrent officiellement en action le 19 janvier 1994. Leur première sortie est à la fois technique et symbolique : ils se rendent sur les lieux du « crime ». Autrement dit, le somptueux siège de la Française des Jeux, rue Beffroi, à Neuilly-sur-Seine. Florence Villemot les y reçoit. Directrice financière, elle était l'un des piliers de l'ère Colé. Désormais sous la coupe d'un nouveau patron, elle a préparé, à la demande des policiers, une pile de documents : sept classeurs entièrement consacrés à la fabrication du terminal « Saphir » ; une chemise dédiée aux agents publicitaire du Loto ; un dossier intitulé «Travaux d'aménagement sur appartement et bureau Gérard Colé ; travaux et aménagement terrasse Neuilly et piscine » ; une liste des dix plus grosses rémunérations au sein de la Française des Jeux depuis 1990 ; des factures liées aux frais de déplacement de Gérard Colé ; les relevés de deux comptes ouverts au Crédit Lyonnais, consacrés aux dépenses sur carte bancaire professionnelle du même Colé ; et sept classeurs retraçant l'aménagement du site Agora, à Vitrolles, dont une lecture rapide signale la présence de deux sociétés repérées par les policiers : «Noblesse Oblige » et « Univers O Plantes ». Mais la pêche ne serait pas miraculeuse sans la présence, sur le dessus de la pile, des livres de comptes de la Française des Jeux et de ses filiales pour les années 1991, 1992 et 1993. De quoi gaver n'importe quel limier. Sauf que les deux rouletabilles de la Financière, l'expérimenté Blandignères et le jeune Fiaschi, ont dépassé depuis longtemps le stade de l'overdose : ils absorbent du bilan comptable à longueur d'année...

Cette paperasse grise contient en germe toutes les pistes à venir. Ils l'assimilent rapidement avant de se lancer dans la chasse au « maillon faible ».

Le 22 février, un certain Rémi Montariol est convoqué au siège de l'OCRGDF, un immeuble de bureaux comme il en a poussé des centaines dans le dos de la Défense, côté Nanterre. La quarantaine, gérant de société, Montariol est le premier d'une longue liste à prêter serment : il dira la vérité, toute la vérité, rien que la vérité. Il a vendu des voitures et des appareils de chauffage, mais ce sont ses relations avec la société IMR, à partir de 1987, qui intéressent ses interlocuteurs. IMR, c'est Yvan Morgen, pour le compte duquel Montariol a posé des cadres publicitaires chez les détaillants du Loto. Il a installé plusieurs centaines de ces cadres, souvent à perte, à cause de l'éloignement des détaillants sur le territoire qui est le sien, le Languedoc-Roussillon.

Les policiers tendent l'oreille lorsque l'agent commercial raconte comment il a vu, début 1992, débarquer des architectes mandatés par IMR en vue de l'installation de nouveaux décors chez les détaillants. Lui-même est intervenu ensuite pour la pose de nouveaux décors dans les points de vente. Début 1993, il a posé les plaques du Tac-O-Tac, facturées 180 francs pièce. Puis les décors Keno : un adhésif de 70 cm sur 30 cm, facturé 200 francs.

« J'insiste sur l'étroitesse des marges commerciales que je dégageais avec IMR, poursuit Montariol. Il n'était pas possible de discuter les prix, sous peine de ne pas pouvoir travailler. Comme une dizaine de mes confrères, je me suis vu dans l'obligation de déposer le bilan en laissant un passif de 450 000 francs. »

On voit bien où les livres de comptes peuvent mener. En revanche, on ne comprend pas vraiment où conduisent ces histoires de décorations de bars-tabac. Sauf à considérer que ces petites sommes mises bout à bout finissent par générer des millions.

Des informaticiens suspects

Avant de creuser la piste des boutiquiers et des vitrines de la Française des Jeux à travers l'Hexagone, les enquêteurs se concentrent sur ce qui leur semble le plus sérieux : les aventures de Gérard Colé au pays des informaticiens.

Les inspecteurs des finances, comme le contrôleur d'État, se sont attardés sur la curieuse société baptisée Infojeux. Les policiers veulent s'en faire leur propre idée. Angle d'attaque : l'ancien responsable de la sécurité informatique à la Française des Jeux, Jean-Marc Hennet, écarté par Colé. C'est lui qui leur fournit la véritable adresse d'Infojeux, dans le XVe arrondissement de Paris. Nous sommes le 28 février 1994. La première perquisition est déclenchée. Une jeune femme, Pascale Rowland, secrétaire aide-comptable, reçoit les enquêteurs sur place. Elle leur présente les locaux : à l'étage, une salle de conférence et deux bureaux, dont celui de Dominique Bertrand, le gérant de la Sarl Kompex. Au rez-de-chaussée, sept postes de travail informatiques.

Le bureau de la secrétaire est soigneusement fouillé. Quelques classeurs contenant des doubles de fax attirent l'attention. « Les archives comptables, commerciales et juridiques ne sont pas ici », explique la jeune femme qui leur suggère trois pistes : le cabinet d'expertise comptable de la société, un cabinet d'avocats, et le domicile de Jean-Marie Gatto, gérant de la Sarl Gallium et partenaire de Dominique Bertrand. Ce qui ne les empêche pas de faire main basse sur quelques papiers, parmi lesquels un contrat portant sur la réalisation d'un prototype, signé par trois personnes : Bertrand, Gatto et Yves Grasset, l'un des hommes de Colé à la Française des Jeux. Toujours bon à prendre, comme la liste des sept anciens salariés d'Infojeux embauchés par la Française des Jeux, les états financiers de la société Kompex pour les années 1990, 1991 et 1992, une demande de visa pour Taïwan, déposée en 1993, et un relevé de comptes au nom de Dominique Bertrand. On saisit également une télécopie expédiée le 11 janvier 1994 par la Française des Jeux au sujet de l'installation de 5 292 terminaux « Saphir ».

Gatto débarque en pleine perquisition. On lui fixe rendez-vous pour le lendemain à son domicile. Où il devra fournir tous les contrats qui le lient à la Française des Jeux. Le début des vrais ennuis.

La visite annoncée se déroule sans incident. Les policiers se servent grassement, embarquant les contrats, mais aussi un paquet de factures et de documents fiscaux. Puis ils signifient à Gatto sa prochaine convocation à Nanterre.

Pour préparer les interrogatoires, les enquêteurs effectuent une nouvelle virée à Neuilly auprès de la direction financière de la Française des Jeux. Le chef du département comptabilité générale leur remet cinq factures Infojeux. Toutes sont datées de l'année 1993. Les montants sont élevés : 11 millions de francs au total.

Le 9 mars à 10 heures, Jean-Marie Gatto s'assoit face aux policiers dans le petit bureau qui leur sert de quartier général. Murs gris, baies vitrées sans fioritures, couleurs insipides. Un plan de Paris pour toute décoration. Pas un détail pour détourner l'attention des témoins. Pas une image pour fuir le flot des questions. Lequel commence invariablement par une brève présentation.

Né en Algérie en 1938, jamais décoré ni condamné, Gatto est passé par une école militaire de l'Air. Fort d'un diplôme d'ingénieur informatique et d'un « master of science » obtenu aux USA, il décline sa carrière : directeur informatique chez Honeywell, puis dans un groupe américain, il s'est lancé dans le conseil en informatique en 1978. Il a monté sa propre société, Gallium, qui réalisait la majeure partie de son chiffre d'affaires avec le groupe Alcatel.

On entre rapidement dans le vif du sujet. Gatto connaît Dominique Bertrand depuis quinze ans. Ils ont même failli mettre au point ensemble un micro-ordinateur. Et Gérard Colé ?

« C'est Bertrand qui, le premier, a fait sa connaissance, avant qu'il ne soit nommé président de France-Loto. Début 1990, Bertrand m'a téléphoné pour m'indiquer qu'il avait rendez-vous avec Colé, qui voulait lui commander un audit informatique. Nous avons rencontré le président de France-Loto à la fin du mois de janvier. Je lui ai présenté les plans d'économie et de stratégie que j'avais développés pour Alcatel. »

Visiblement conquis, Colé a signé une première commande dès le 7 février 1990. Montant du contrat : 300 000 francs. « Notre mission a duré une douzaine de jours, poursuit Gatto. Nous avons procédé à une revue de l'ensemble des moyens informatiques. » Conclusion des deux ingénieurs : le système fonctionnait plutôt bien. Mais les bémols étaient nombreux : les terminaux étaient « obsolètes » et seules des « dépenses abondantes » permettraient à l'avenir de faire face. Près de soixante-dix personnes s'occupaient par exemple de micro-ficher les bulletins de jeu avant le tirage. La centralisation était par ailleurs souvent excessive.

Les deux hommes possèdent-ils un sens aigu du contact humain ? Ce premier audit convainc Colé d'aller beaucoup plus loin avec eux. Son directeur commercial, Yves Grasset, vient d'entamer des pourparlers avec la société américaine G'Tech (General Technology) en vue du remplacement du parc des terminaux informatiques, au prix provisoire de 50 000 francs pièce. Mais Colé verrait bien les deux Français mettre au point leur propre prototype de traitement des jeux. Un contrat est signé le 6 novembre 1990. Dans le même temps, Gatto se souvient d'avoir commandé à Alcatel Espace une étude sur l'utilisation d'un satellite capable de remplacer le réseau de la Française des Jeux. Autre commande de Colé : neuf mois de travail, payés 4,5 millions de francs. Trop cher ? Non, assure Gatto. Grâce à son plan, la Française des Jeux aurait même « économisé des sommes considérables ». Les policiers doutent, confortés par le rapport transmis à la justice par un commissaire aux comptes. Gatto précise qu'une fois retranchés les frais, ses honoraires n'ont pas dépassé le million de francs. On en reste là. Pour cette fois.

Le lendemain, c'est au tour de Dominique Bertrand de répondre aux questions des enquêteurs. Plus jeune que son associé – il est né en 1951 –, il a un profil similaire, ayant enchaîné un BTS en électronique et une école d'ingénieur.

Il a fabriqué en artisan de petites machines informatiques avant de créer avec son frère la société Kompex. Une mini-structure dont le chiffre d'affaires s'est envolé entre 1988 et 1990. Oui, comme l'a dit son ami Gatto, il a bien fait la connaissance de Colé en 1989, alors que celui-ci était conseiller à l'Élysée. Il se souvient des circonstances précises : « C'est Huguette Bercy, docteur en médecine, qui me l'a présenté. Cette femme voulait mettre au point un système de dépistage à partir de l'étude des cristaux de sang. Elle m'avait sollicité pour la partie informatique. Colé semblait passionné par ce système d'analyse. »

Fin 1989, raconte-t-il, Colé l'appelle depuis la Française des Jeux où il vient d'être nommé. Il lui explique qu'il n'a pas confiance dans son informatique. Et lui commande le fameux audit. Devant l'ampleur de la tâche, Bertrand a décidé de faire appel à Gatto, « spécialiste des gros systèmes ». Ses conclusions sont proches de celles rapportées par Gatto : « Le serveur était monolithique, le réseau ne pouvait évoluer, puisqu'il était entre les mains de France Telecom, et les terminaux étaient obsolètes. » Comment sont-ils passés à la phase suivante ? Il assure qu'il ne connaissait personne à la Française des Jeux, avant de confirmer les sommes citées par Gatto. Malgré l'importance des montants, Colé ne leur a demandé aucune garantie bancaire. Il n'a pas non plus discuté les prix. « Il nous a fait confiance », dit simplement Bertrand.

On en vient à l'étude réalisée par Alcatel, évaluée à 800 000 francs. Les policiers veulent savoir pourquoi elle n'a pas été facturée. Gatto a travaillé gratuitement pour Alcatel jusqu'à concurrence de ce montant, explique Bertrand. On glisse sur quelques détails techniques avant d'en revenir vers le cœur du dossier : le fameux terminal de jeux. Les Américains étaient dans la course, confirme Bertrand, au prix de 50 000 francs pièce. La Seita aussi, pour 70 000 francs. Avec Gatto, ils ont véritablement cassé les prix : leur machine ne coûterait pas plus de 15 000 francs à la Française des Jeux. Qui les a choisis sans l'ombre d'une hésitation. Un contrat a été signé le 16 mai 1991, prévoyant une livraison le 3 mai 1992. C'est dans ce contexte que Gatto et lui ont créé le groupement d'intérêt économique (GIE) Infojeux, afin de répartir les gains entre eux. Si Infojeux découvrait des inventions brevetables, les brevets seraient déposés au nom d'une filiale de la Française des Jeux à laquelle le GIE cédait tous droits de propriété industrielle et littéraire. En contrepartie, si la filiale en question exportait le terminal, Infojeux percevrait pendant cinq ans 4,5 % du montant des ventes à compter de la première commercialisation.

Le faible coût de la mise au point du prototype intrigue les policiers. Bertrand l'explique par la petite taille de sa structure. Pour plus de détails, il consultera les archives. Ils ont travaillé avec l'un des responsables de la Française des Jeux, M. de Menonville. « Dans le secret le plus complet », précise-t-il, même si chaque nouvelle phase était accompagnée par une démonstration. Ils sont par ailleurs allés plus vite que prévu, livrant leur appareil trois mois avant l'échéance.

Si la pré-industrialisation a traîné, c'est à cause du groupe Alain Carré, le designer de la Française des Jeux, qui ne parvenait pas à mettre au point un boîtier compatible avec l'électronique. Carré avait par ailleurs l'intention de facturer son boîtier 1 800 francs pièce. Ils ont trouvé un fabricant prêt à proposer la même chose pour trois fois moins cher. En ce qui les concerne, la livraison du prototype leur a rapporté 15,5 millions de francs. La phase suivante, celle de la pré-industrialisation, a été facturée 14 millions de francs. Des montants parfaitement justifiés, estime Bertrand, pas vraiment d'accord avec les remarques désobligeantes formulées par l'Inspection générale des finances.

Les policiers en restent là pour l'instant. Mais ils veulent revoir Bertrand le 16 mars à 10 heures. Et qu'il n'oublie pas d'apporter les factures correspondant aux sommes évoquées...

Taïwan

Plusieurs personnes ont fait allusion à une histoire de machine de jeux vidéo importée des États-Unis. C'est là-dessus que les enquêteurs attaquent le nouvel interrogatoire de Dominique Bertrand.

Leur interlocuteur à la Française des Jeux, de Menonville, leur a effectivement présenté une machine américaine en mai 1992. « Nous ne l'avons pas trouvée performante, ni d'une technologie très avancée, se souvient Bertrand. Nous avons déclaré que nous étions susceptibles de faire beaucoup mieux. » Plus tard, on leur a soumis un prototype de jeu vidéo développé par les techniciens de la Française des Jeux. Un prototype pas vraiment terminé, qui ne pouvait pas coller avec leur propre terminal. « Nous avons pensé créer une borne multimédia, et non plus vidéo, permettant de supprimer bulletins et tickets, offrant aussi la possibilité de créer de nouveaux jeux. Nous avons même présenté un projet de réalisation d'une borne entièrement connectable sur notre terminal Saphir, pour un montant de 14 millions de francs. »

Bertrand se souvient d'un autre épisode : « Au dernier congrès de l'Association internationale des loteries d'État, à Miami, en mai ou juin 1993, association présidée par Gérard Colé, nous avons appris qu'un jeu dénommé "Chiche", se présentant sous la forme d'une petite calculatrice avec quelques boutons et un tout petit écran digital, avait été présenté sans que nous en ayons jamais entendu parler. Dans la mesure où nous étions concernés de très près par la réalisation de terminaux, nous avons été surpris de ne pas avoir été mis au courant ni par la direction technique, ni par la direction commerciale. Cet appareil ne semblait d'ailleurs pas adapté à de nouvelles évolutions. Il aurait été rapidement abandonné. »

Sur ces entrefaites, les enquêteurs attaquent le volet des fournisseurs des deux hommes. Ils veulent comprendre dans le détail comment ceux-ci s'y sont pris pour mettre au point leur terminal. C'est là que l'histoire file à l'anglaise, si l'on peut dire... Pour cause de confidentialité, Gatto aurait ainsi fait appel à un ami londonien, Mike Fitzgerald. C'est lui qui a trouvé les fournisseurs, raconte Bertrand, qui en dresse volontiers la liste : Cwat pour la sécurité informatique, Langham Communications pour la maquette vidéo, Posiflex pour les claviers, et Marposs pour les scanners et les microprocesseurs. Côté composants, une autre société anglaise, Ganacourt, leur a ouvert la porte du marché asiatique. Ils ont notamment traité avec un certain M. Wu, dirigeant taïwanais de la Shao Company, rebaptisée par la suite Singda.

Les policiers notent avec gourmandise les noms de ces sous-traitants. Le contrôleur d'État Michel Bégon n'a-t-il pas longuement insisté sur cette piste asiatique ?

C'est également à Taïwan, une fois la recette technique mise au point, que la Française des Jeux a fait fabriquer et assembler les composants électroniques du terminal « Saphir ». Plusieurs sociétés locales ont été sollicitées, parmi lesquelles Sun Power, Sun Top, et toujours Singda. Les coûts étaient très bas, explique Bertrand ; ces composants représentaient environ 40 % du prix de revient du terminal. L'assemblage final était réalisé à Boulogne-sur-Mer, sous contrôle d'une autre société, la Sacel. Un autre fournisseur français intervenait d'ailleurs dans la chaîne : ARN informatique, qui fabriquait une pièce ultra-sensible et essentielle, baptisée « X 25 ».

Les enquêteurs semblent avoir décidé de faire lanterner les deux ingénieurs. Ils lâchent Bertrand pour mieux fondre sur Gatto dont la seconde audition se déroule trois jours plus tard. Il arrive chargé d'une série de documents comptables. Les enquêteurs exigent notamment qu'il s'explique sur des honoraires versés par Infojeux en 1992. Il y en a pour 7,4 millions de francs, que l'expert comptable de la société a omis de déclarer. Qui ont été les bénéficiaires de ces honoraires ? Gatto cite la société Langham Communications. La société anglaise aurait tourné un reportage pour le compte de la Française des Jeux. Son directeur aurait perçu, pour le réaliser, plus de 150 000 francs. Le patron de Ganacourt aurait été gratifié pour sa part de près de 400 000 francs pour avoir déniché les sous-traitants. Même chose pour la société Liongate qui a fourni de la documentation sur les réseaux informatiques. Une troisième boîte, Optisoft, aurait encaissé plus de 3 millions de francs, à charge pour elle de payer les salaires de deux ingénieurs prêtés par elle à Infojeux. « Nous cherchions des gens hautement qualifiés, mais ne pouvions leur offrir de carrière », précise Gatto. Il cite enfin la société Posiflex, basée dans la banlieue de Londres, et le Taïwanais Chung Ta Wu, leur correspondant local, rémunéré mensuellement.

« Nous ne pouvions faire appel au service de sociétés françaises car les grands groupes voulaient nous récupérer, se justifie Gatto. Nous devions faire un terminal destiné à l'exportation dans un contexte de confidentialité absolue. Nous avons pensé que la meilleure plate-forme pour trouver des sous-traitants était l'Angleterre. Nous ne pouvions pas faire appel à de grosses sociétés, car nous ne possédions pas la surface financière nécessaire. J'ai sollicité l'aide de Mike Fitzgerald, que je connaissais. C'est lui qui nous a mis en relation avec les différents fournisseurs. »

Explications matérielles qui ne semblent pas convaincre les policiers. Ils lui mettent sous le nez un document où il est question d'une « pré-étude sur les possibilités des techniques spatiales pour les transmissions de France-Loto », réalisée par Alcatel Espace.

« C'est moi qui ai commandé ce travail. J'ai eu affaire au directeur général adjoint, Michel Chaussedoux, basé à Toulouse (...). Cette étude m'a été remise gracieusement, eu égard aux relations que j'entretiens avec la direction générale d'Alcatel (...). Ce genre d'étude vaut normalement 2 à 3 millions de francs (...). En contrepartie, j'ai conseillé gratuitement M. Chaussedoux. »

Une explication qui ne contredit pas celle de son associé.

On l'interroge enfin sur les relations de la Française des Jeux avec la société américaine G'Tech. Gatto dit avoir découvert en mars

1990, au cours de son audit, que la Française des Jeux s'apprêtait à commander 1 000 terminaux de jeux à la société américaine. Ces appareils, dotés d'une mémoire quatre fois inférieure à celle du terminal « Saphir », pouvaient être livrés au rythme de 250 par semaine à partir de septembre 1990. Commentaire de Gatto : « Après avoir fait réaliser des études inutiles qui ont coûté 22 millions de francs, la Française des Jeux allait se rabattre sur des solutions qui coûtaient deux à trois fois plus cher que la nôtre, sans que cela réponde à des besoins réels en matière de jeux. »

Gatto croit même savoir que Grasset a adressé une note à Colé, en mars 1991, dans laquelle le directeur commercial envisageait une prise de participation de la Française des Jeux dans G'Tech, l'installation d'une unité de montage en France, la création d'un réseau, le lancement du On-Line... et le développement du schéma mis au point par Kompex. La note précisait que G'Tech pouvait assurer la production des nouveaux terminaux pour 15 000 francs pièce. Observation de Gatto : « Je suis persuadé, à tort ou à raison, que Grasset a voulu forcer la main à Colé au profit exclusif de G'Tech. Grasset a avancé ce chiffre de 15 000 francs parce que c'était celui que nous avions nous-mêmes annoncé (...) Nous aurions été très rapidement éliminés au profit exclusif de G'Tech ».

La partie de ping-pong laisse de nouveau les enquêteurs sur leur faim.

Ils rattrapent de nouveau Bertrand par la manche. Le 21 mars, ils lui posent des questions plus « intimes », par exemple au sujet de ses impôts ou de la Société civile immobilière qu'il a créée pour acheter un appartement au Cap d'Agde. À propos, de quoi vivait Kompex avant les contrats avec la Française des Jeux ? La société, explique Bertrand, faisait dans le conseil en informatique et vendait des ordinateurs clefs en mains. La marge bénéficiaire qu'il escomptait tirer de ses contrats avec la Française des Jeux ? Autour de 3 millions de francs sur les 41 millions encaissés. Cri du cœur avant de se voir à nouveau congédié par ses « bourreaux » : « Je ne me suis pas enrichi sans cause ! »

Jean-Marie Gatto est entendu pour la cinquième fois le 23 mars. On l'interroge à son tour sur ses salaires et ses biens personnels. Lui aussi s'est entiché du Cap d'Agde, comme les policiers l'ont découvert en pianotant sur les touches de leur Minitel, toujours très riche d'enseignements quand on connaît les bonnes banques de données. Associé majoritaire dans deux SCI baptisées Sea Land et Beach Garden, il explique comment il a dû emprunter pour acquérir deux appartements dans la cité balnéaire. A-t-il gagné trop d'argent sur le dos de la Française des Jeux ? Les policiers le relancent sur ce terrain. « Nous n'avons pas à être satisfaits des résultats financiers, eu égard à la prestation fournie, dit-il. Nous avons créé un terminal entièrement français, exportable. » D'ailleurs, voilà quelques mois, ayant l'idée de céder Infojeux, il a commandé à deux polytechniciens experts auprès de la Cour de cassation « une étude tendant à chiffrer les économies réalisées par la Française des Jeux après notre prestation ». Les conclusions ne sont pas déposées, mais il présume qu'elles retiendront un chiffre proche du milliard de francs. Pour un total de 55 millions de francs facturés, dont 24 millions pour le terminal. Des résultats exceptionnels qui devraient le laver de tout soupçon...

Le fisc et les banques appelés en renfort

Pour faire parler un suspect, le policier dispose de plusieurs moyens de pression. À commencer par la menace d'une garde à vue derrière laquelle plane l'ombre de la prison. Mais on n'en est pas là. Nos deux enquêteurs sont persuadés que l'Inspection des finances et le contrôleur d'État ont vu juste en ciblant les énormes sommes d'argent versées par la Française des Jeux à ses sous-traitants. Ce n'est pas un hasard, pensent-ils, si l'on a confié un marché aussi important à deux ingénieurs sans surface commerciale. Il y a de l'évaporation dans l'air. Avec l'Asie du sud-est en guise de paravent. Expédier des fonds vers ces pays échappant à tout contrôle, n'est-ce pas le plus sûr moyen de cacher un détournement ?

Pour tenter de démonter les affirmations de Gatto et Bertrand, et détecter d'éventuelles commissions, les policiers disposent de précieux et discrets alliés : les agents du fisc et les banquiers. Les premiers les renseignent par habitude, par solidarité et parce que la loi les y oblige. Les seconds ne peuvent se soustraire aux questions qui leur parviennent sous couvert de commissions rogatoires délivrées par la justice.

Dès le 22 février, aux premiers jours de leurs recherches, les deux enquêteurs se sont tournés vers le centre des impôts de la rue d'Uzès, à Paris. C'est là que sont centralisées toutes les informations concernant les comptes en banque des contribuables. Ils ont réclamé par écrit et dans les formes les références des comptes ouverts aux noms d'Infojeux et des sociétés de Gatto et Bertrand, Kompex et Gallium informatique. Plus les références des comptes ouverts à titre personnel par les deux ingénieurs. L'administration fiscale a répondu sans tarder, exactement trois jours plus tard. Le lendemain, une série de réquisitions étaient adressées aux directeurs des agences bancaires concernées. Formule d'usage :

« Prions et au besoin requérons monsieur le directeur de l'agence X... de bien vouloir nous communiquer, dans les plus brefs délais, les relevés de comptes, pour la période allant de telle date à telle date, l'identité des personnes habilitées à signer et leur qualité, ainsi que de nous indiquer si ces personnes morales ou physiques possèdent un coffre-fort, pour les comptes suivants : ... Adresser la réponse au 11, rue des Saussaies, Paris 75008. »

La Société générale, la Banque populaire de l'industrie et du commerce, la BRED, la Poste et la BNP figuraient parmi les premières sollicitées. Mais les enquêteurs, n'oubliant pas leur « cible » principale, ont également, dès le 3 mars, prié les directeurs de trois autres banques parisiennes de leur fournir les références des comptes ouverts par Gérard Colé. En réclamant toutes les précisions : « Dans l'hypothèse de l'existence d'un ou plusieurs comptes, nous adresser en photocopies les relevés de ceux-ci pour la période du 1er janvier 1990 au 31 décembre 1993. »

Les premières réponses arrivent le 22 mars, avec une salve de relevés. Deux jours plus tard, le fisc est relancé. La Police judiciaire veut les références de tous les comptes ouverts par Gérard Colé, mais aussi par Catherine Cauquil, son ex-épouse, et par une certaine Dominique Galakhoff, née le 25 février 1950 à Casablanca et présentée aux enquêteurs comme la maîtresse de Colé. Ils ciblent également l'ancienne société de Colé, Tourism Press Service, à ce jour liquidée.

Autant de « biscuits », comme on dit dans le jargon, qui pourront, le cas échéant, leur servir au cours de futurs interrogatoires. Quoi de mieux pour déstabiliser un témoin, déjà passablement choqué par sa convocation, que de lui sortir un chiffre directement puisé dans ses relevés de comptes ?

Le téléphone sonne à la PJ

Le 17 mars dans l'après-midi, Bertrand de Gallé, successeur de Colé à la Française des Jeux, a appelé la police pour réclamer un rendez-vous très rapidement.

Les deux enquêteurs se sont rendus sur place le 21 mars au matin. Pour s'entendre dire que Bernard Lapeyrere, directeur technique à la Française des Jeux, « avait été avisé par deux sources distinctes que l'un de ses collaborateurs, Alain Bergeon, chargé des télécoms en réseaux, aurait perçu un million de francs de pots-de-vin versés par la Société anonyme de Télécommunications à l'occasion d'un appel d'offre pour la fourniture d'une carte de télécommunications permettant l'accès au réseau Numeris ».

Contacté par téléphone, Bernard Lapeyrere est prié de se rendre à Nanterre le 23 mars à 14 heures 30.

Le 22 mars, c'est Rémi Montariol, déjà entendu un mois plus tôt, qui se signale par un appel aux policiers. Il explique qu'« un audit comptable et financier du groupe IMR aurait été récemment effectué par des membres de la Française des Jeux, à la demande du PDG du groupe, M. Morgen ». « La veille de cet audit, raconte-t-il, tout le personnel a été convoqué par M. Morgen pour se voir interdire de contacter par haut-parleur interne un cadre d'IMR, M. Vergniault, pendant l'audit. » Motif de cette interdiction ? « Que les personnels de la Française des Jeux ne puissent se rendre compte que le frère d'un de leurs propres cadres était employé chez IMR », croit savoir Montariol.

Le mystère de la carte X 25

23 mars. Première déposition de Bernard Lapeyrere, cinquante ans et des poussières, directeur technique de la Française des Jeux. Dans laquelle il confirme sa démarche auprès de Bertrand de Gallé,

quelques jours plus tôt : « Voilà trois ou quatre mois, en novembre ou décembre 1993, j'ai appris par Jean-Marie Gatto qu'un de mes collaborateurs aurait perçu des pots-de-vin de la Société anonyme de Télécommunications. M. Gatto s'est refusé à me donner plus d'informations. Il m'a toutefois précisé qu'il s'agissait d'un salarié du centre de Vitrolles. Je considère M. Gatto comme quelqu'un de sérieux et de compétent. Pour moi, il était clair que la personne concernée travaillait au sein du département télécommunications et réseaux. Vers la mi-février 1994, un autre de mes collaborateurs, Patrick Vial, responsable au centre de Moussy du département Études et Développement des logiciels, m'a confirmé sans le savoir les propos de Gatto. Il m'a cette fois donné des noms. Il a même évoqué le chiffre d'un million de francs. J'ai décidé d'en référer au responsable audit de la Française des Jeux, Patrick-Louis Hubert. »

Lapeyrere raconte qu'il a ensuite revu Gatto chez lui. L'ingénieur lui a fait comprendre qu'il ne reverrait pas son informateur rapidement. Patrick Vial a pour sa part revu ses informateurs, début mars. Ils ont malheureusement décliné l'idée d'une rencontre directe avec Lapeyrere, mais lui ont à nouveau confirmé leur version. Selon eux, la SAT avait tout fait pour être certaine d'obtenir le contrat de fourniture de cartes RNIS à la Française des Jeux.

Aux policiers qui connaissent mieux le Code de Procédure pénale qu'ils ne décryptent le langage informatique, Lapeyrere précise : « Nous avons lancé une étude de faisabilité pour éventuellement remplacer le coffret modem loué actuellement à France Telecom par une carte RNIS dont nous serions propriétaires. »

C'est ainsi que Bergeon, dix ans d'ancienneté dans la maison, connu pour son calme, son sérieux et sa compétence, se retrouve brusquement soupçonné d'avoir « vendu » des éléments techniques cruciaux... Montant potentiel du contrat : 30 à 35 millions de francs, à raison de 2 500 à 3 000 francs la carte. Date prévue pour le lancement de l'appel d'offres : fin 1994.

Lapeyrere croit-il vraiment à l'histoire ? La seule chose dont il soit certain, c'est que le cadre irréprochable a acheté, au début de l'année, un appartement à la montagne. C'est maigre. Mais comme les nouvelles vont vite !

24 mars 1994. Les deux policiers frappent à nouveau à la porte de la Française des Jeux sur le coup de 15 heures. Ils en profitent pour ramasser auprès du chef du département Trésorerie la liste exhaustive des quarante-sept comptes bancaires de la Française des Jeux ouverts auprès de dix-neuf banques. Et pour réclamer au responsable du service juridique les procès-verbaux de quelques réunions du conseil d'administration de la Française des Jeux – celles des 19 décembre 1991, 19 mai 1992, 28 septembre 1992, 10 décembre 1992 et 3 juin 1993. Mais ils sont surtout venus remettre à l'homme des audits internes, Patrick-Louis Hubert, une convocation destinée à Patrick Vial.

Entendu le 28 mars, Vial raconte volontiers comment il a eu vent de la rumeur. Elle lui a été rapportée par un ami, Henri Kam, patron d'une entreprise spécialisée dans la fabrication de cartes fax, qui la tenait lui-même d'un certain Petkovic, dirigeant de la société ARN informatique. Petkovic était outré d'avoir été écarté du marché de fourniture des cartes de connexion du terminal « Saphir » au réseau Transpac. Il accusait Bergeon de ne pas avoir considéré son dossier, « donnant l'impression qu'il n'en avait rien à faire ». Petkovic disait également avoir eu des contacts avec l'un des dirigeants de la SAT qui lui aurait conseillé de ne pas insister, « les jeux étant déjà faits ».

« Lors de cette conversation, Petkovic a déclaré que Bergeon aurait touché 2 millions de francs, poursuit Vial. Il tenait ce chiffre d'un ami, directeur à la SAT, dont il n'a pas voulu donner le nom. »

Ce même jour, les policiers procèdent à la sixième audition de Jean-Marie Gatto. Lequel fournit volontiers sa propre version de l'épisode. Il est en désaccord depuis le départ avec les propositions de la SAT. Il l'a d'ailleurs dit à Lapeyrere. Pour lui, le boîtier externe de la SAT était inadapté, inesthétique et plus coûteux que celui de son concurrent. Les salariés concernés par les pots-de-vin seraient, selon lui, Bergeon et de Menonville. Il tient ces informations du même Petkovic avec qui il a travaillé pour la mise en route du prototype. Et pense qu'elles sont vraies.

Toplica Petkovic vient témoigner à son tour le 31 mars. Gérant de la société ARN informatique, créée en 1977, ce Yougoslave d'une cinquantaine d'années est spécialisé dans la miniaturisation de cartes informatiques haut de gamme. « Au cours du premier trimestre 1992, raconte-t-il, j'ai été contacté de façon peu habituelle par un certain Brunet de Courssou. Officiellement, il procédait à une sélection de fournisseurs potentiels de cartes informatiques de connexion au réseau Transpac nécessitant un logiciel X 25. Ce monsieur était plus ou moins lié à une société, Kompex, que je ne connaissais pas. Après lui avoir présenté nos produits, je suis resté pendant deux mois sans nouvelles, jusqu'au jour où il est revenu accompagné d'un Australien du nom de Keith. Ils cherchaient une carte informatique pour une application sur laquelle ils ne fournissaient que peu d'indications. Ils m'ont juste laissé entendre qu'ARN pouvait être choisi comme fournisseur et que le marché potentiel était important. Au bout de deux jours, je leur ai envoyé le logiciel X 25. »

La fameuse carte se trouve dans le commerce pour 7 900 francs. En septembre 1992, Petkovic fait des propositions de prix pour une fabrication de la carte à 1 000, 5 000, 10 000 et 20 000 exemplaires. Il avance le chiffre de 2 000 francs pièce. Trop cher, dit de Courssou. Le Yougoslave descend à 1 000 francs. De Courssou réclame un prototype. Petkovic entend alors parler pour la première fois d'Infojeux et de Gatto, qu'il rencontre. « Je me suis alors douté que les seules grandes sociétés françaises pouvant commander 20 000 terminaux étaient le PMU ou la Française des Jeux », remarque-t-il. L'affaire traîne. Le Yougoslave fabrique plusieurs prototypes, qui lui reviennent à plus de 100 000 francs pièce. En 1993, il signe enfin un contrat avec la Française des Jeux pour la livraison de 17 500 cartes à 1 000 F pièce. « J'ai pris des contacts en Europe pour envisager la mise en fabrication des cartes dans la mesure où le prix de vente était trop bas par rapport aux coûts de revient en France », précise-t-il.

Mais lorsque de Courssou lui montre enfin le terminal, il déchante. « Ce que nous avions fait ne correspondait pas aux besoins de la Française des Jeux. Il a fallu recommencer. Dès lors, les 1 000 francs annoncés n'étaient plus suffisants pour permettre à notre société de gagner sa vie. De Courssou m'avait fait part de la décision d'Infojeux, de faire fabriquer, pour des raisons de coût, le terminal à Taïwan.

Nous avons pensé faire également fabriquer la carte à Taïwan par un sous-traitant que j'ai moi-même trouvé, Eric Chang. »

Les policiers ramènent leur témoin sur le cas de Bergeon. Petkovic se souvient d'avoir déjeuné avec lui vers la mi-1993. À la recherche d'une carte informatique de connexion, il semblait préférer une solution négociée avec France Telecom, a priori plus onéreuse. Il a compris pourquoi quelques mois plus tard, au cours d'un forum informatique à la Porte de Versailles. L'un de ses correspondants régionaux lui a rapporté avoir rencontré des commerciaux de la SAT. Ils cherchaient 20 000 cartes similaires à celles d'ARN. Il leur a dit être aussi sur le coup. Ils ont expliqué qu'ARN « n'avait pas les moyens d'arroser suffisamment et qu'il valait mieux livrer la carte à la SAT ». Ce sont eux qui avaient avancé le montant de l'arrosage : 1 à 2 millions de francs. « Quand Brunet de Courssou est revenu pour discuter de ces nouvelles cartes, je lui ai déclaré que je n'avais pas les moyens d'arroser Vitrolles », raconte Petkovic avant de s'excuser par avance auprès de ceux à qui son témoignage, finalement assez vague, pourrait porter tort.

Au suivant ! Nom : Thierry Brunet de Courssou. Fonction : responsable du département Techniques industrielles de la Française des Jeux. Diplômé de l'École supérieure d'informatique, d'électronique et d'automatique de Paris, où il a connu Dominique Bertrand, il a travaillé en Indonésie et en Australie avant de s'installer à Toulouse. C'est au printemps 1991 que Bertrand lui a parlé d'un contrat avec la Française des Jeux. Il a décidé d'intervenir sur le projet à titre libéral, pendant ses vacances, avant de signer avec Gatto et Bertrand un contrat pour un an, moyennant 800 000 francs. Les deux hommes insistaient sur la confidentialité du projet « Saphir ». Ils lui ont demandé de créer une société à même de servir d'écran vis-à-vis des fournisseurs. C'est dans ce contexte qu'il a créé Virtual Systems, installé dans un appartement de Neuilly, propriété de ses parents. Il s'est rendu six fois en Asie, à Hong Kong, à Taïwan et au Japon, pour visiter les lieux de production des composants. Il cite quelques noms de fournisseurs déjà connus des policiers, comme Fong Kay, Sun Power, Sun Top, Singda et Marposs. Des sociétés qu'il a continué à faire travailler lorsqu'il est entré à la Française des

Jeux, en août 1992. Il était leur interlocuteur, sous le contrôle de Lapeyrere. Il assure n'avoir jamais touché de commission sur ces achats, refacturés à prix coûtant.

« Après la fabrication et l'installation de plusieurs milliers de Saphir, quelques plaintes de détaillants sont parvenues à la Française des Jeux, poursuit-il. Lors de l'utilisation du terminal, ils avaient constaté des perturbations sur leur poste de radio. Pendant la phase d'étude, ce problème n'avait pas été perçu. »

Ces soucis ont refait surface en juin 1993 alors que l'on envisageait d'exporter le Saphir en Allemagne et en Angleterre. La Française des Jeux a fait alors appel à une société parisienne qui a testé le « Saphir » en laboratoire. Les problèmes électromagnétiques persistaient, empêchant l'homologation définitive du terminal. Ces perturbations provenaient surtout du clavier qui nécessitait un réaménagement total. La production étant très avancée, une modification du terminal aurait obligé à renégocier les contrats en cours avec les fournisseurs, raconte de Courssou. « Le surcoût aurait été très important, et cela aurait entraîné un retard important dans la mise en place du "Saphir". »

Laissant là le volet assez ubuesque des radiations électromagnétiques, les policiers reviennent à des préoccupations plus terre à terre. Ils se transportent au domicile de leur témoin où ils saisissent trois classeurs : quatre ans de comptes et de factures échangées entre sa société et les savants fous (mais efficaces) d'Infojeux. Sans avoir vraiment élucidé le mystère de la carte X 25.

Le fisc et les banques répondent

Heureusement, l'ami fiscal est là. Les deux enquêteurs se tournent à nouveau vers la rue d'Uzès, le 12 avril. Cibles du jour : Thierry Brunet de Courssou et sa société, Virtual Systems. Son épouse y a droit aussi : mieux vaut anticiper. Si des fonds se sont évaporés quelque part, ces deux-là ont très bien pu offrir leurs comptes bancaires. Le fisc devra aussi fouiller ses mémoires au sujet du designer Alain Carré, qui ne perd rien pour attendre. Trois de ses banques ont déjà été identifiées, auxquelles les policiers adressent sur-le-champ un courrier. Ils veulent les relevés de compte, mais aussi savoir si leur client dispose ou non d'un coffre-fort.

Les banques commencent d'ailleurs à répondre aux courriers précédents. Notamment au sujet de Gérard Colé. Les enquêteurs passent alors à la phase suivante. Ils épluchent les relevés et sollicitent à nouveau le banquier. Cette fois pour lui réclamer des détails sur les opérations qui les intriguent. Ils demandent la photocopie de certains chèques émis ou encaissés, recto verso, et la copie des ordres de virement et des bordereaux de remise de chèques ou d'espèces qu'ils trouvent suspects : prélèvement de 16 000 francs en espèces le 3 avril 1990, virement de 15 000 francs à Mme Galakhoff le 9 avril 1990, prélèvement de 13 000 francs en espèces le 11 avril 1990, versement de 20 000 francs en espèces le 10 août 1990, deux virements de 500 000 francs chacun, le 3 mai 1992... Les relevés de l'ancien patron de la Française des Jeux offrent largement de quoi alimenter les fantasmes des policiers – mais pas encore de quoi le renvoyer devant un tribunal.

Alain Carré, Dominique Bertrand et Jean-Marie Gatto subissent le même traitement. Bientôt, les copies de chèques affluent par centaines sur les bureaux des policiers.

Cherchez la femme

Le procès-verbal d'une audition réalisée durant l'enquête préliminaire, le 26 janvier 1994, est annexé à la procédure : celle de Daniel Luciani, PDG de la SA Change de la Bourse, cette société marseillaise dont la Française des Jeux avait racheté 22 % du capital un an plus tôt. Luciani tentait d'y expliquer deux opérations financières qui l'avaicnt conduit à avancer des fonds à Gérard Colé : d'abord 750 000 francs en septembre 1991, puis 150 000 francs en mars 1993. Le premier prêt avait été remboursé en décembre 1991 par un chèque de 140 000 francs au nom d'un certain Tomatis et un chèque de 10 000 francs au nom de Mme Galakhoff ; le deuxième emprunt, disait-il, était remboursable en 1994.

Ce ne sont pas ces histoires de sous qui intéressent aujourd'hui les enquêteurs. Ils ont acquis la conviction que cette Galakhoff citée dans les rapports de l'Inspection générale des finances et présentée de source officieuse comme la maîtresse de Colé, pouvait leur être d'un précieux secours. Réflexe d'enquêteur tout à fait basique qui consiste, quand on ne sait trop par quel bout prendre les choses, à chercher la femme. En espérant évidemment qu'elle accepte de jouer les « maillons faibles ». Ce qui les rend particulièrement optimistes ce jour-là relève de la psychologie de bazar : entre Colé et Galakhoff, tout est fini. Et plutôt mal fini.

Le 1er juin, à l'heure que l'on disait autrefois celle du laitier, les policiers entament une perquisition en bonne et due forme chez Dominique Galakhoff, un pavillon de deux étages comptant chacun cinq pièces, dans la banlieue est de Paris. Et le miracle tant attendu se produit, ainsi que le rapportent en termes très administratifs les policiers :

« Découvrons au premier étage, dans un placard situé dans la chambre de Mme Galakhoff, et à l'intérieur d'une enveloppe de papier kraft, les documents suivants : extrait d'un compte ouvert par Mme Dominique Galakhoff à l'agence Drouot de la Société de Banque occidentale (SDBO) à Paris, laissant apparaître les mentions suivantes : "dernier solde au 22 septembre 1989 ; 505 900 FF débiteur ; aucun mouvement dans la période". Courriers de M. Despessailles, directeur général de la SDBO, à Mme Galakhoff, l'un daté du 27 avril 1992, les autres des 6 et 15 juin de la même année. Courrier manuscrit de Gérard Colé à Mme Galakhoff, daté du 2 mai 1992. Extrait du compte de Mme Galakhoff à la SDBO, laissant apparaître l'existence d'un virement au crédit effectué le 4 mai 1992 pour un montant de 500 000 F, par Gérard Colé. Nouvel extrait de compte laissant apparaître un virement de Gérard Colé, le 13 novembre 1992, pour un montant de 187 907,72 francs. »

En arrivant, les policiers avaient été frappés par l'apparente fragilité de la jeune femme. Ses souffrances passées avaient laissé des traces sur son visage. Et comme si le malheur s'acharnait sur elle, sa maison elle-même était mal en point. Leur rupture avait été à l'image de leur rencontre : pleine d'excès. Sûr qu'une femme comme elle n'avait aucune chance de l'emporter dans un affrontement ouvert avec un homme de sa trempe.

Impossible, s'étaient dit les enquêteurs, qu'elle eût été chassée sans réagir. Bien vu : la pêche est miraculeuse, comme si la jeune femme avait pris soin de se constituer une sorte de bouclier de papier pour le cas où il lui arriverait malheur. Et ce n'est pas terminé. L'enveloppe magique contient deux autres extraits de compte au nom de Gérard Colé, laissant entrevoir des soldes fortement débiteurs, toujours à la SDBO : 655 479,16 francs au 15 janvier 1992. Elle recèle une note manuscrite de Colé à Michel Charasse, datée du 22 janvier 1991. Plus la photocopie d'un acte authentique dressé le 1er septembre 1990 par Maître Dupin, notaire à Onesse-Laharie, dans les Landes. Mais le plus inespéré, c'est ceci : un extrait de compte bancaire ouvert au nom d'une mystérieuse société, Bikis Inc, rédigé en italien et portant cette mention manuscrite : « Banque Kredit Privat via Pretonio, Lugano ». Le genre de document à faire rêver toute sa vie un enquêteur de la Brigade financière. Celui-ci présente l'avantage de comporter un nom (« Fontana »), suivi d'un numéro de téléphone, plus un nom inscrit cette fois à la main (« M. Bernasconi Benedetto »). Il récapitule des remises d'argent en espèces, en l'occurrence 350 000 francs suisses, et des virements en dollars : 182 000 USD au total. De quoi mettre le feu au dossier.

« Nos recherches ne permettant pas la découverte de nouveaux éléments susceptibles d'intéresser l'information en cours, nos opérations se terminent à 9 heures 30, sans incident », notent les policiers qui ont l'habitude de ne jamais laisser paraître aucune sorte d'émotion dans leurs procès-verbaux. Ni pour s'avouer vaincus, ni pour savourer une victoire.

Dominique Galakhoff mesure-t-elle la portée des documents saisis chez elle ? Les policiers lui laissent une journée pour se remettre. Ils l'attendent à Nanterre le lendemain matin. Voici le récit qu'elle leur fait alors :

« J'ai été salariée du groupe Air France de 1972 à 1989 en qualité d'hôtesse de l'air. C'est dans le cadre de mon activité que j'ai connu Gérard Colé au cours de mes vols présidentiels. À cette époque, il était chargé de mission à l'Élysée et conseiller en image du Président. J'ai vécu en union libre avec Colé d'avril ou mai 1989 au 1er avril 1992. Gérard Colé était locataire d'un petit deux-pièces situé au 42, rue d'Assas. À l'époque, il percevait un traitement d'environ 15 à 17 000 francs par mois. Sans que je puisse vous fournir d'autres précisions, je sais qu'il tirait des revenus d'une société, TPS. J'ai quitté mon emploi en 1989 et ai divorcé la même année. Après trois ans de vie commune, et après avoir subi différentes violences, dont la dernière à l'occasion de la croisière organisée sur le *Mermoz* par Daniel Luciani, du Change de la Bourse, en mars 1992, j'ai décidé de mettre un terme à cette relation beaucoup trop perturbante pour moi et mes deux enfants, âgés à l'époque de 11 et 12 ans. Un an avant de me séparer de Gérard Colé, il m'a fait une confidence au sujet du monopole dont bénéficiait *TF1* pour les tirages du Loto. J'ai compris que *TF1* réglait l'agence de publicité Carat, à l'époque dirigée par les frères Gross. Celui qui suivait ces opérations, Gilbert, est décédé fin 1991 ou début 1992. L'agence Carat reversait en espèces et dans des valises ou sacs de sport de l'argent à Colé. Toujours selon Colé, il allait prendre possession de ces fonds au domicile privé de Gilbert Gross, à Neuilly. À l'occasion de ces confidences, Colé m'avait affirmé que si je parlais de ces arrangements à qui que ce soit, je risquerais ma vie et celle de mes enfants. »

Les policiers ont écouté ce témoignage hallucinant sans broncher, pas même pour corriger le prénom du frère décédé – ce n'est pas Gilbert, mais Francis Gross. Mais cette fois, ils ne résistent pas à la tentation de relancer la jeune femme.

« Pour l'exclusivité du tirage du Loto, Colé aurait encaissé trois fois 3 millions de francs, poursuit-elle. Cet argent est parti vers la Suisse. Colé a dû assurer un transfert accompagné de M. Henri Modiano. Ce dernier, âgé d'environ soixante ans, aurait eu des problèmes que Colé aurait résolus voilà quelques années. Colé m'avait indiqué que Modiano devait sans doute appartenir au Mossad[1]. Je sais qu'il se rend assez souvent en Floride et en Suisse, où il est officiellement résident ; sa voiture, une vieille Mercédès, est d'ailleurs immatriculée dans ce pays. Il est notamment intervenu pour l'importation de machines à sous en provenance de Chicago, et pour la mise en place d'une loterie instantanée au Montana. Modiano a également accompagné Colé lors de l'ouverture d'un compte bancaire à Lugano, à la Privat Kredit Bank. Je ne sais pas s'il en était client auparavant. »

1. Les services secrets israéliens.

Les enquêteurs sortent les précieux documents mis sous scellés la veille. Ils glissent sous les yeux de la jeune femme l'extrait mentionnant le compte de Bikis Inc.

« Les mentions manuscrites sont de la main de Colé, précise la femme providentielle. À l'occasion d'un week-end dans les Landes, un matin, Colé m'a demandé d'appeler le directeur de cet établissement bancaire, M. Fontana, et c'est M. Bernasconi qui a répondu. Colé voulait savoir s'il pouvait faire l'aller-retour dans la journée malgré une grève des contrôleurs aériens. À ma connaissance, Colé s'est rendu deux fois en Suisse, la première pour ouvrir le compte, fin 1990, le contrat de *TF1* ayant dû être signé en septembre 1990, et la seconde ce fameux week-end. »

Elle enfonce celui qu'elle a aimé :

« Durant notre vie commune, je n'ai jamais vu Colé signer un chèque. Il utilisait des cartes bleues. Il était titulaire d'un compte au Crédit Agricole et d'un compte à la São Paolo. Je crois qu'après mon départ, il a ouvert un compte au Crédit Lyonnais. Il disait qu'il s'était fait voler un jour son chéquier, ce qui lui avait causé de nombreuses difficultés et justifiait le fait qu'il n'utilise plus ce mode de paiement. »

Sait-elle comment son ancien concubin était entré en contact avec les responsables de la chaîne de télévision ?

« C'est Bernard Tapie qui a présenté Patrick Le Lay, PDG de *TF1*, à Gérard Colé. Nous fréquentions en effet le couple Tapie, j'ai moi-même sympathisé avec Dominique Tapie avec qui je continue d'entretenir des relations amicales. Je tiens quand même à préciser que je n'ai jamais bénéficié d'une aide matérielle de Bernard Tapie, qui n'ignorait pas que j'étais au chômage avec deux enfants à charge. Bernard Tapie sait que Colé a encaissé des pots-de-vin versés par *TF1*, pour 10 millions de francs[1]. »

On en vient au notaire des Landes :

« Au mois de septembre 1989, explique-t-elle, Colé a décidé de faire l'acquisition d'une propriété dans les Landes, qu'il avait louée durant le mois d'août. Il s'agissait d'une propriété d'un hectare

1. Une accusation qui ne sera jamais étayée, pas plus que celles portées par la jeune femme contre Gilbert Gross ou Henri Modiano.

comprenant une grande maison d'habitation de sept pièces, plus les dépendances et une piscine. Colé m'a offert la moitié de la propriété, qui a été vendue officiellement un million de francs par un agent de change parisien. L'acte a été passé par Me Dupin, qui s'est déplacé au 4, rue de l'Élysée, dans le bureau de Colé. »

Comment cette propriété a-t-elle été achetée ? Que vient faire dans cette histoire le fameux Despessailles, alors responsable de l'une des filiales les plus sulfureuses du Crédit Lyonnais ?

« J'ai accompagné Colé, à sa demande, à la SDBO où nous avons été reçus par le directeur général, M. Despessailles. J'ai signé plusieurs documents, dont une grande lettre, et deux chèques de 495 900 francs et 10 000 francs. Des chèques débités sur le compte ouvert à mon nom à la SDBO. Toute l'opération avait été montée en dehors de moi. De son côté, Colé a procédé de la même façon... »

Par la suite, après leur rupture, les agios se sont accumulés sur le compte SDBO, jusqu'à atteindre 177 000 francs. Elle a alors écrit à Despessailles pour apprendre que la banque n'avait pas pris de garanties sur la propriété des Landes. Elle a découvert à l'occasion qu'elle en était propriétaire à 50 %. Devant ses protestations, Colé a fini par accepter de solder son compte débiteur en mai et en novembre 1992.

« Colé m'avait laissé entendre que c'est en réalité Bernard Tapie qui paierait la propriété des Landes, sans que je puisse vous dire pourquoi. J'ai donc rendu visite à Tapie qui n'a rien voulu entendre et m'a déclaré qu'il "avait fait gagner son premier porte-avions à Colé". J'ai compris qu'il faisait allusion par cette formule aux 10 millions de francs dont je vous ai parlés, versés par *TF1*[1]. »

En juin 1992, Colé a fini par lui racheter sa part de la propriété des Landes : « Me Dupin est venu à Paris m'apporter un chèque de 650 000 francs et me faire signer l'acte. » De qui était signé le chèque ? Pas de Colé, se souvient-elle, avant d'évoquer les « nombreux et importants » travaux réalisés dans la propriété, pour environ 400 000 francs. L'artisan couvreur a même refusé d'être payé en espèces, contrairement au maçon et au menuisier dont elle cite les

1. Simple déduction, encore, que les enquêteurs ne parviendront pas à combler.

noms. « C'est Colé qui réglait les artisans, dit-elle. Il disposait en permanence d'une mallette contenant de l'argent, mallette entreposée la plupart du temps dans un coffre-fort au siège de la Française des Jeux. »

D'autres commissions ont-elles été versées ? La jeune femme est incapable de le dire, même si elle se souvient vaguement d'avoir entendu parler de commissions sur le contrat du Millionnaire :

« Un jour, Colé m'a dit de ne pas m'inquiéter pour l'avenir si je restais avec lui. Il m'a laissé entendre que l'argent placé permettrait des revenus mensuels de 500 000 francs. »

On approche de la fin. Les policiers ont été gâtés. Il leur reste à acquérir la certitude que la jeune femme dit bien la vérité. Qu'elle ne mêle pas le vrai au faux, animée par un quelconque souci de vengeance. Ils enregistrent ses derniers mots avec circonspection, sans trop savoir sur quel pied danser :

« Je voudrais insister sur le fait que je n'ai pas cherché à nuire à Colé, alors que je n'étais pas sans ignorer l'existence de l'enquête de police dont la presse s'est fait l'écho depuis bientôt un an, dit-elle. Je conservais les documents que vous avez saisis surtout pour me protéger de Colé. »

Ils la reverront certainement. Mais, pour l'heure, mieux vaut laisser reposer ce témoignage explosif.

Des publicitaires trop riches ?

28 mars. Des documents réclamés durant l'enquête préliminaire arrivent enfin à la Police judiciaire. Expéditeur : Jean-Marc Romilly, expert-comptable et commissaire aux comptes du groupe Alain Carré. Dans le lot, des courriers envoyés par la société Quassart à la Française des Jeux, un organigramme du groupe Carré, des rapports sur les sociétés Alain Carré Design Études, Arcam et Quassart, qui ne tarderont pas à faire l'objet d'investigations poussées.

Le lendemain à partir de 10 heures 40, perquisition au siège du groupe Alain Carré, dans le IIe arrondissement de Paris. Marc Damène, directeur de la coordination, et Marie-Claire Brunet, directrice administrative et comptable, forment le comité d'accueil involontaire.

On commence par le bureau du PDG, Alain Carré, situé au sixième étage. Lequel débarque la bouche en cœur quelques minutes plus tard. On lui donne à lire la commission rogatoire. Puis on poursuit les fouilles. Quelques documents paraissent plus prometteurs que d'autres, comme ce mémo daté du 11 mars 1993 et consacré aux enseignes de la Française des Jeux, ou cette brochure intitulée « Aspect financier des fabrications d'enseigne », ou cette note interne datée du 21 octobre 1993 et ainsi titrée : « Récapitulatif des coûts d'achat et de vente des espaces jeux ». Des trouvailles qui n'empêchent aucunement la fouille de la serviette de Carré, avant de passer au bureau de son assistante. De nouveaux documents vont rejoindre les premiers scellés, notamment plusieurs courriers envoyés par la Française des Jeux à Quassart, une étude sur les prix de revient et une autre sur l'installation des espaces jeux.

Pas question, pour les policiers, d'oublier un seul recoin. Une perquisition se mène jusqu'au bout ou se gâche. À 14 heures 30, ils sont dans le bureau de la directrice administrative où ils embarquent la photocopie d'un chèque de plus de 5 millions de francs établi à l'intention d'un avocat, et divers papiers concernant la société civile immobilière Carré. Deux heures plus tard, ils sont dans le bureau de Marc Damène où ils saisissent une note au titre bien peu romantique : « Décomposition du projet comptoir terminal corner jeux ».

On recherche Henri Modiano

6 juin : policiers pleins de fougue recherchent par tous moyens homme répondant au nom d'Henri Modiano, 60 ans environ.

Première piste : le fichier central de la Police nationale. Où il existe bien un dossier sur un certain Modiano, né le 28 février 1932 à Paris, « connu de nos services à la suite d'une demande d'information de la France à Israël sur ses activités dans ce pays, ainsi que pour de nombreuses poursuites du Trésor public ». L'homme a d'ailleurs été interpellé en 1982 à l'aéroport de Roissy pour ce dernier motif, précise le dossier qui mentionne une adresse dans le New Jersey, aux États-Unis.

Dominique Galakhoff, l'ex-concubine, a aussi indiqué une adresse parisienne où les recherches se révèlent infructueuses. On la rappelle. En fouillant des agendas, elle retrouve deux numéros de téléphone. Le premier correspond bien à un abonné résidant dans l'immeuble parisien qu'elle avait indiqué. Le second mène en Suisse.

Conclusion provisoire : Henri Modiano semble disposer à Paris d'un appartement qui n'est pas à son nom. De quoi donner envie à la Police judiciaire de réclamer une petite écoute téléphonique. Une écoute est quelque chose de lourd à gérer, avec des kilomètres de bandes à retranscrire, pour se contenter au final d'à peine quelques petites minutes vraiment utilisables. Mais, en l'occurrence, les enquêteurs sont persuadés que cela leur serait utile. Non qu'ils considèrent Henri Modiano comme forcément coupable, mais, à leurs yeux, un homme qui habite un appartement qui n'est pas à son nom doit parler sans retenue au téléphone, car il est à peu près certain de ne jamais être pris pour cible par une écoute.

La juge Isabelle Orsini refuse d'accorder ce privilège aux policiers. Henri Modiano, lui, a la bonne idée de quitter Paris pour la Suisse.

Après la maîtresse, l'ex-épouse

Ce n'est pas de l'acharnement, mais les enquêteurs ont la certitude qu'ils doivent chercher parmi les proches de Gérard Colé. Après l'ex-maîtresse, ils s'attaquent à l'ancienne épouse, Catherine Cauquil, gérante de société. Convoquée le 21 juin, elle revient sur le passé. Son mariage en 1966 avec Colé, d'abord. Elle était décoratrice dans une société de promotion immobilière ; lui était directeur commercial dans une maison qui vendait du bois. Ils ont eu une fille, Clémentine, aujourd'hui étudiante en droit. Puis ils ont divorcé pour « incompatibilité de caractère ». C'est en 1987, croit-elle se souvenir, qu'il lui a demandé de décorer son appartement de la rue d'Assas. Elle ne possède qu'un seul compte en banque, n'est propriétaire d'aucun bien immobilier. Elle est gérante et associée majoritaire de la Sarl Noblesse Oblige, qu'elle a créée en 1986 avec six amis. Quatre salariés au total, des résultats tout juste équilibrés, rien de bien extraordinaire.

« En 1990, la Française des Jeux désirait faire l'acquisition d'un immeuble à Neuilly, raconte-t-elle. M. Méducin, directeur général, m'a téléphoné. Je suppose que c'est M. Colé qui lui avait demandé de le faire. La Française des Jeux souhaitait connaître mon avis sur l'état de l'immeuble et ce que l'on pouvait y faire. » Elle recommande alors un architecte, François Grison, qu'elle accompagne lors de sa première visite. C'est lui qui suivra les travaux de mise en conformité de l'immeuble. Noblesse Oblige interviendra de son côté pour les travaux de finition et la décoration, moyennant 200 000 francs d'honoraires.

La société de son ex-mari a fait de nouveau appel à ses services au début de l'année 1993. Le directeur commercial de la Française des Jeux, Philippe Le Disert, l'appelle pour lui faire part du projet de transformation du site de Vitrolles en « centre de formation très prestigieux pour les détaillants ». L'architecte avait proposé des aménagements « pas assez décoratifs ». Noblesse Oblige était réquisitionnée pour faire mieux. Elle a accepté le chantier, qui lui a rapporté 1,2 million de francs d'honoraires, soit la moitié de son chiffre d'affaires de cette année-là. Un contrat dont elle admet qu'il a sauvé Noblesse Oblige de la cessation de paiement, mais Colé, affirme-t-elle, l'ignorait.

Les policiers reviennent alors en arrière. Ils veulent que leur témoin donne sa version sur une curieuse histoire de radiateurs qui se serait déroulée en octobre 1990. Colé lui a téléphoné pour qu'elle fasse procéder à la dépose et au stockage des radiateurs de l'ancien siège de la Française des Jeux, avenue George-V. Il ne voulait pas les laisser sur place ; elle a trouvé la solution.

« J'ai appris par la presse que Gérard Colé en avait fait monter dans sa propriété des Landes où je ne suis jamais allée. J'ai pensé qu'il s'agissait de faire des économies », note-t-elle avant de certifier qu'aucun de ces convecteurs n'avait été installé à Noblesse Oblige.

Dernière question, assez intéressée : sait-elle si d'autres membres de la famille Colé ont travaillé pour la Française des Jeux ? Désolée, mais elle ne sera d'aucune utilité sur ce volet.

Univers O Plantes

C'est toujours par le petit bout de la lorgnette que les policiers espèrent repérer les grosses proies. Après la « déco », les plantes vertes !

Le 21 juin, les enquêteurs se transportent au siège de la Sarl Univers O Plantes, à Changis-sur-Marne. La gérante, Marie-Thérèse

Segers, née en 1940, les reçoit aimablement. Pépiniériste depuis sa prime jeunesse, elle compte des clients prestigieux, comme la Ville de Paris et Eurodisney. C'est d'ailleurs un jardinier de la Ville de Paris qui lui a envoyé une architecte, Mme Blondel, qui travaillait pour la Française des Jeux, à Vitrolles. « Elle nous a demandé un devis pour la livraison de végétaux représentant des chiffres », dit-elle. Il avait d'abord été question de planter 24 chiffres, mais on s'était finalement limité à 15. Gérard Colé a accepté sa proposition au tarif de 610 883 francs, taille, transport et installation compris. L'architecte avait perçu son pourcentage, comme convenu. La fameuse plantation était une construction complexe, se souvient-elle : « Je sais que Mme Blondel a fourni sur le site de Vitrolles des blocs de cristal pur teintés d'environ 120 kilos, qui ont été posés au milieu des chiffres. Elle s'est aussi occupée de fournir pour l'entrée principale un éclairage contenu dans une sphère métallique. »

Un décor propre à faire rêver tous les joueurs de France et d'Afrique, mais aussi à inquiéter un officier de police judiciaire normalement constitué. Pourquoi tant de pompe, pourquoi tant de luxe ?

Trésorerie

Le 23 juin, les enquêteurs plongent dans les finances, côté banque. Ils sont au siège de la Citibank, à la Défense, où les reçoit le responsable de la gestion fiduciaire pour l'Europe du sud, Jacques Bernard. Il travaille pour l'établissement depuis 1985. C'est là qu'il a connu Florence Villemot, contrôleur financier à la Citibank jusqu'à son recrutement comme directeur financier par la Française des Jeux. Lorsqu'il lui rend visite vers la fin 1990, elle lui explique disposer d'un excédent de trésorerie. La somme est « importante sans être gigantesque ». Six mois plus tard, il revient vers elle et obtient un mandat de conseil en investissement, moyennant une commission trimestrielle : 1,1 million de francs la première fois. C'est ainsi, par son entremise, que la Française des Jeux opte pour un placement financier à Jersey dans une société dénommée Channel Islands Transatlantic Investment Funds Ltd. Une société spécialisée dans la gestion d'actifs à court terme, explique-t-il, dont les résultats sont plutôt meilleurs que ceux d'une sicav française moyenne. Mais les commissaires aux comptes empêcheront le renouvellement de l'opération, conduisant la Citibank à proposer ses sicav monétaires et ses fonds de placement. Avec succès, puisque la Française des Jeux a investi 100 millions de francs le 20 octobre 1992.

Jacques Bernard présente ces opérations comme parfaitement normales. Il insiste même sur la bonne opinion qu'il a de son ancienne collègue, Florence Villemot. Il la juge « compétente » et prudente dans sa gestion. Et jure qu'elle ne s'est jamais vu proposer ni céder aucune commission par la Citibank. Il sait que la Française des Jeux traitait aussi avec la SDBO (la filiale du Lyonnais) et la Deutsche Bank, dont il a rencontré des cadres lors des « nuits fantastiques » du Loto, à Tours.

A-t-il eu vent des projets de privatisation qui planaient sur la Française des Jeux ? Évidemment. Début mai 1991, Florence Villemot lui a même demandé d'étudier dans quelles conditions une émission de titres participatifs pourrait être réalisée, « afin de familiariser la communauté financière avec la Française des Jeux dans le but d'une éventuelle et peut-être lointaine privatisation ». Mais il n'y a pas eu de suite.

Le Grand Caoulé

6 juillet. L'été bat son plein sur la France. Les Landes ne sont pas épargnées. Le jour se lève à peine – il est 6 heures 25 – lorsque les policiers frappent à la porte de la résidence secondaire de Gérard Colé, située sur un lieudit au nom plein de charme et de promesses : « Le Grand Caoulé ». Passant la tête à la fenêtre et découvrant ses visiteurs inattendus, Colé lance à sa compagne : « Ils me font le coup qu'ils ont fait à Bernard[1] ! »

Pourquoi avoir choisi de le « cueillir » ici plutôt que dans son appartement de l'avenue Victor-Hugo, à Neuilly, où il partage désormais sa vie avec une jeune comédienne, ex-présentatrice du Loto à la télévision ? Sans doute pour ménager l'effet de surprise. À moins que la proximité de la résidence secondaire de François Mitterrand ne leur ait donné quelques idées ?

1. Son ami Bernard Tapie.

La fouille démarre aussitôt. La maison, la grange, la bergerie et les trois véhicules présents sur les lieux sont visités. C'est dans la pièce qui sert de bureau à Colé, au rez-de-chaussée de la maison, que les policiers font leur principale trouvaille : quatre agendas en cuir marron. Années concernées : 1990, 1991, 1992 et 1993. Exactement les années visées par l'enquête en cours. Ils saisissent en même temps un répertoire téléphonique et cinq agendas de couleur noire, utilisés par le secrétariat particulier du président de la Française des Jeux entre 1989 et 1993. Une formidable mine de renseignements. Ils embarquent enfin quelques petites choses, comme une carte de visite portant mention d'un décompte de travaux pour un montant de 151 000 francs, ou un petit cahier rouge sur lequel on peut lire : « Travaux Laborde ». On laisse de côté un début de manuscrit dont le titre provisoire laisse penser qu'il se rapporte à l'affaire *: Le Complot des cloportes.* On laisse également dire Colé, qui ne cesse de répéter que tout cela est « politique ».

Les opérations prennent fin à 10 heures 45. Aucun indicent à signaler. Mais d'autres policiers doivent perquisitionner le même jour le domicile de Colé à Neuilly. Qui propose-t-il pour les accompagner ? Colé désigne sa sœur, Michèle Blondel, artiste plasticien.

Dernière formalité : le vacancier est prié de suivre les policiers qui entendent fouiller les deux autres maisons lui appartenant, situées sur la même commune, au lieudit « Laborde ». Perquisition qui se révèle cette fois entièrement négative.

Du Tabac au Loto

Le 9 août à 9 heures, les enquêteurs sont en Charente- Maritime. Ils rendent visite à un certain Yann Cadoret dont ils ont obtenu les coordonnées par un cadre du groupe Morgen. Né en 1952, directeur commercial, il raconte volontiers sa rencontre avec Yvan Morgen. C'était en 1980. Lui travaillait chez Esso ; Morgen vendait les planches à voile chez son père. Rapidement, Morgen est entré à la Confédération des débitants de tabac, pistonné par un homme politique de la région de Lorient, un certain Remilly. Il a proposé à Cadoret de le rejoindre, ce qu'il a refusé. Daniel Sparza, un autre de leurs amis, à l'époque agent d'assurances chez Drouot, a en revanche accepté. L'idée de monter une société a germé un an plus tard. Ils l'ont baptisée IMR. Morgen, Marc Remilly (le fils de l'élu) et Sparza se partageaient le capital avec le père de l'épouse de Morgen.

« Le souhait de Morgen était de mettre en place une société de services qui commercialiserait des supports publicitaires chez les débitants de tabac et en assurerait la régie », résume Cadoret. La position de Morgen au sein de la Confédération pouvait évidemment faciliter l'entreprise. Mais l'appétit de son ami ne s'est pas arrêté là. Grâce aux mêmes appuis, croit savoir Cadoret, Morgen a réussi à se faire nommer directeur commercial au sein de la Société de la Loterie nationale et du Loto national. Où il a fait entrer Sparza. Au milieu des années 80, l'activité publicitaire d'IMR via les débitants de tabac, n'a plus suffi. Morgen s'est alors tourné vers les pharmacies, secteur dans lequel Cadoret s'était justement recyclé. Ils se sont ainsi de nouveau croisés début 1989, dans un salon, et Morgen lui a proposé de travailler avec lui. Ce qu'il a cette fois accepté. Il se souvient qu'il lui a rapidement présenté une femme, Michèle Morot-Raquin, gérante de la société Bleu Absolu, installée à Chatou dans les locaux d'IMR. Que sait-il des relations de Morgen avec la Française des Jeux ?

« Mme Morot-Raquin m'a toujours affirmé que Morgen était devenu fournisseur de la Française des Jeux grâce à ses relations au sein de la société », raconte Cadoret, chargé à partir de mai 1990 du développement de produits nouveaux chez IMR. « Au départ, tout se passait bien », poursuit-il. La conception des cadres publicitaires du Loto était du domaine de la société Bleu Absolu. Mais, peu à peu, à partir de septembre 1990, Morgen est devenu l'interlocuteur privilégié de la Française des Jeux « grâce à Daniel Sparza ». Cadoret croit cependant savoir que Sparza avait cédé ses parts dans IMR avant le début de la relation entre IMR et la Française des Jeux, pour un montant de 1,5 million de francs. « Lorsque la relation s'est concrétisée, Morgen a réussi à se débarrasser de Morot-Raquin (...). » Sparza avait communiqué à Morgen l'ensemble des propositions déposées par des fabricants de cadres intéressés par le marché de la Française des Jeux. IMR a ainsi été abusivement favorisé. » Cadoret prétend d'ailleurs disposer d'un dossier solide sur le sujet. Ces documents lui ont été passés par l'ancien adjoint de Morot-Raquin,

Jean-Marc Dimanche, alors que Morgen lui demandait de démissionner. Démission qu'il a fini par accepter, fin 1991, contre la promesse d'un emploi dans une importante société de communication, Mood Média. Laquelle compte parmi ses actionnaires le groupe de communication La Roche Fortaise, qui a repris les parts de Sparza dans IMR. Morgen devait sous-traiter l'installation des points de vente de la Française de Jeux à Mood Média, travail que Cadoret aurait supervisé. Mais l'opération ne s'est pas concrétisée, et Dimanche a décidé d'assigner Morgen devant les prud'hommes pour « licenciement abusif déguisé sous forme de démission ». La veille de l'audience, Morgen lui a assuré qu'il pouvait faire de lui un sous-traitant de la Française des Jeux. Son dossier n'étant pas très solide, il a accepté et créé sa propre société, mais IMR a rapidement coupé les ponts.

Les policiers profitent de ce contact pour entrer dans l'univers de Morgen. Une vingtaine de petites sociétés travaillaient pour lui dans le cadre des vitrines du Loto. C'est lui qui fixait les prix : 900 francs pour une vitrophanie, 300 francs pour une vitrine recto verso, 350 francs pour un cadre mural, 200 francs pour un « cadre vitrine ». Soit un total de 1 750 francs facturés par point de vente. Le prix de revient du matériel ? Les marges réelles d'IMR ? Cadoret n'est pas l'Inspection générale des finances qui a pondu maints tableaux sur le sujet. La seule chose qu'il ait retenue, c'est la rentabilité financière d'IMR : 42,99 % à la date du 31 août 1992. « Gigantesque », note Cadoret qui sait qu'une société correctement gérée dégage au mieux des résultats tournant autour de 10 à 15 %. Détail technique : les sous-traitants prenaient eux-mêmes en charge les frais de maintenance.

Cadoret n'est pas non plus sans savoir que figure parmi les actionnaires d'IMR un certain Francis Vergnaud, dont le frère est entré au service commercial de la Française des Jeux en 1993.

« Il faut dire que Morgen entretient les meilleures relations avec Yves Grasset, directeur commercial de la Française des Jeux », observe le témoin. Lequel dépose un indice dans la besace des policiers : « Le niveau de vie de Morgen s'est complètement transformé après le début de ses activités avec la Française des Jeux. » Il aurait fait par exemple l'acquisition, en un an et demi, de deux très grandes propriétés, l'une à Bénodet (29), l'autre au Vésinet (78). Ce qui ne signifie évidemment pas qu'il s'était enrichi de façon frauduleuse.

Riche rentrée

7 septembre. Les bordereaux de remise de chèques affluent en provenance du Crédit Lyonnais, de la Banque Harwanne et de la Finter Bank. La liste des comptes bancaires de Colé est également complète.

Bertrand de Gallé, PDG de la Française des Jeux, continue pour sa part de nourrir l'enquête. Il dispose de documents sur les relations de Quassart avec l'un de ses sous-traitants, Stal Industrie. De quoi relancer l'enquête du côté de Romorantin.

On a lâché les policiers sur le Loto, mais on pensait les maîtriser. Erreur : on est tombé sur les flics les plus déterminés de la Police judiciaire – d'aucuns diront les plus « caractériels ». Ils tiennent le dossier par le bon bout et n'entendent guère le lâcher, soutenus en cela très fermement par la haute hiérarchie du ministère de l'Intérieur. Laquelle n'ignore pas la délectation qu'un tel dossier peut procurer à un Charles Pasqua, ennemi intime s'il en est de François Mitterrand... mais si intime que les deux hommes se voient assez régulièrement. Presque toujours en secret.

Cherchez la femme, bis

Le 12 septembre, nouvelle déposition de Dominique Galakhoff. Extraits :

« J'ai fait la connaissance de Gérard Colé en fin d'année 1988, novembre ou décembre, comme je vous l'ai expliqué. Il travaillait comme conseiller à l'Élysée. Nous avons vécu ensemble à partir d'avril 1989. Il vivait dans un très petit appartement rue d'Assas, et son train de vie était peu important. Il disait percevoir 17 000 francs par mois. J'ai su plus tard, fin 1991, qu'il percevait une rémunération de la société Tourism Press Service (3 000 à 4 000 francs), dont il était responsable aux côtés de son père et de son ex-épouse. Je l'ai su lorsqu'il m'a parlé d'un contrôle fiscal de TPS. Ce contrôle semblait poser problème à Colé et, manifestement, il craignait des ennuis. Il ne s'est pas caché d'être directement intervenu auprès de son ami Michel Charasse, à l'époque ministre du Budget. »

Justement, les policiers ont saisi au domicile parisien de Colé une note manuscrite destinée à Charasse. Une note où l'ex-concubin du témoin fait état des tracasseries dont il estimait faire l'objet de la part de Pierre Bérégovoy, à l'époque ministre de l'Économie et des Finances. Ils la lui montrent. Elle est datée du 11 janvier 1991. Dominique Galakhoff pense qu'il s'agit d'une erreur : ce serait plutôt 1992.

« Je sais, dit-elle, que Pierre Bérégovoy n'appréciait pas Colé, mais je n'en connais pas la raison. J'ai toujours été convaincue, à tort ou à raison, que Michel Charasse était intervenu pour le compte de Colé auprès de Bérégovoy, mais qu'en contrepartie Colé avait accepté, en qualité de président de la Française des Jeux, de reconduire la dotation versée à l'écurie Guy Ligier au titre du sponsoring. »

Les policiers, qui probablement se régalent, glissent maintenant sous les yeux de la jeune femme des factures adressées par Colé au groupe publicitaire Carat, sous l'en-tête « TPS », entre décembre 1984 et décembre 1989. Réaction : « J'ignorais que Carat versait régulièrement des honoraires à Colé au temps où il était conseiller à l'Élysée. »

Elle sait en revanche que « Colé était très ami avec Gilbert et Francis Gross », les patrons de Carat. Avec une redoutable précision, elle rapporte une anecdote incroyable :

«Au mois de mars 1992, en fin de matinée, vers 11 heures, 11 heures 30, Colé s'est rendu au domicile de Francis Gross. Je l'ai vu partir avec un sac Adidas de couleur rouge. Je ne l'ai pas vu revenir, mais, par contre, j'ai constaté, dans son attaché-case de couleur bordeaux, probablement de marque Cartier, comme ses agendas personnels, la présence d'une très forte somme d'argent en billets de 500 francs[1]. »

Les policiers consignent ce témoignage aussi précieux que rare. Après une pause, la jeune femme précise :

« Comme je vous l'ai déjà dit, cet argent lui était versé par Carat, qui elle-même en recevait de *TF1* ».

L'ancienne hôtesse de l'air est même capable de fournir le montant global de ces versements qui se seraient étalés sur trois ans : trois fois

1. Des accusations qui ne valent évidemment pas preuve.

3 330 000 francs, versés en billets de 500 francs. Soit un total avoisinant les 10 millions de francs.

On la relance sur le cas Modiano.

« Il est indéniable que Modiano, vieille relation de Gérard Colé, a été omniprésent à ses côtés dans la gestion des affaires occultes. M. Modiano est un personnage très influent et très discret. »

Les enquêteurs, qui ont épluché les agendas de Colé, comptent également sur la jeune femme, décidément essentielle, pour les aider à mettre des noms sur des sigles illisibles. Ces déjeuners qui semblent revenir tous les mercredis midi, jour du Conseil des ministres ? « Gérard Colé déjeunait ce jour-là à l'Élysée en compagnie de Charasse, dit-elle. Je n'ai jamais été conviée à ces repas, mais je sais que Colé y attachait une importance énorme. » La présence régulière, sur les agendas, principalement le mercredi en fin de journée (19 heures), de la mention « MR » ? Les policiers avaient imaginé une quelconque maîtresse. Dominique Galakhoff les détrompe : « Il s'agit de Michel Rocard, que Colé a conseillé de 1989 à 1991. Colé conseillait le Premier ministre avec Jacques Pilhan. Les rendez-vous avaient lieu au pavillon de Musique, rue de Babylone, à Paris. » Elle connaît même les dessous financiers de ces rencontres secrètes : « Rocard versait mensuellement 80 000 francs en espèces à Pilhan, qui ensuite rétrocédait 40 000 francs à Colé », explique-t-elle.

D'où sait-elle tout cela ? « Je tiens ça de Colé lui-même. » Retenons de la suite que Gérard Colé disposait à l'Élysée d'un bureau mitoyen de celui de Christine Cottin, chargée de mission auprès de François Mitterrand et amie intime de son épouse Danièle. Ajoutons qu'un coffre-fort se trouvait près de ce bureau, dans un renfoncement. Et qu'il fallait nécessairement deux clefs pour ouvrir ce coffre, dont l'une était en possession de Mme Cottin. « En dehors de documents, je sais qu'il plaçait aussi de l'argent dans ce coffre », note Dominique Galakhoff à qui rien ne semble avoir échappé.

Les policiers la relancent encore sur les banques :

« Colé était titulaire d'un compte bancaire à la Caisse régionale du Crédit Agricole d'Île-de-France, dit-elle. Il m'avait laissé entendre que ce compte lui servait de façon régulière pour des opérations peu orthodoxes. Il y procédait régulièrement à des opérations de retraits en numéraires. »

L'argent, du temps où elle a vécu avec lui, ne manquait pas. Colé lui avait même suggéré d'arrêter de travailler, lui proposant 15 000 francs par mois pour les frais du ménage. Elle sait qu'il versait aussi 5 000 francs par mois à sa fille Clémentine. A-t-elle entendu parler d'un nommé Tomatis ? « Oui, les Tomatis sont de vieux amis de Colé, dit-elle. Lui, aurait mis au point une méthode médicale soignant les troubles de la personnalité. »

Bernard Tapie intéresse aussi les enquêteurs. Elle a commencé à parler de lui lors de sa première rencontre avec eux. Ils veulent en savoir plus.

«Je me trouvais un jour chez Mme Tapie, après ma rupture avec Colé, raconte-t-elle. Bernard Tapie s'y trouvait aussi. Il m'a conseillé, pour faire face à mes problèmes, de me tourner vers Colé. Je lui ai répondu que je pouvais le faire si je le voulais, car j'avais le numéro du compte bancaire de Colé en Suisse, dont vous avez saisi un extrait à mon domicile. Je suis persuadée que Tapie a rapporté cette conversation à Colé. »

Avec un témoin de ce calibre, la Police judiciaire est plutôt gâtée. Il y a fort à parier que les enquêteurs veillent sur cette jeune femme comme sur leurs propres galons. Et qu'ils agissent en sorte qu'elle réitère ses propos devant le juge d'instruction afin de les valider.

Des agendas très bavards

L'exploitation des agendas saisis au Grand Caoulé est fructueuse :

L'année 1990 commence par un rendez-vous avec Patrick Le Lay, le PDG de *TF1* en personne, le 2 janvier à 12 heures. Gilbert Gross apparaît dès le 9 janvier. Pour février, on note Bernard Tapie le samedi 10 au soir, Modiano le lendemain à 12 heures. Michel Rocard le mercredi à 19 heures, à l'heure habituelle, comme le signalait Dominique Galakhoff. Le Lay encore, puis l'Élysée dans la foulée. Déjeuner Charasse le 21 mars, Modiano le 23 au matin, dîner Tapie-Huchon-Pilhan le 30 mars, départ pour Moscou le lendemain pour 48 heures. Modiano deux fois en avril, « Moscou avec Modiano » en mai, nouveau voyage à Moscou en juillet. « Tapie chez lui » le 24 juillet à 17 heures. « Le Lay chez Tapie » le 20 août à 15 heures. Charasse le 4 septembre, Gross le 11, encore un voyage à Moscou, « Gross Pilhan » le 19, puis le 24. En novembre, « Modiano Élysée », « Élysée », « Rocard », « Élysée », « Rocard », « Coffre-fort » le 23 à 11 heures 30. « Signature Laborde à Onesse » le 17 décembre.

L'année 1991 commence le 9 janvier par un rendez-vous « Béré-Charasse ». Le mois de février est marqué par deux rendez-vous avec Modiano et un « Départ Lausanne TGV » le 26. Au mois d'avril, match Spartak/OM à Moscou le 10, et une journée chargée le 17 : Nallet à 12 heures, « Élysée Charasse » à 13 heures, Rocard en fin de journée. « Sarkozy » le 5 juillet. Un voyage le 17 août : Bordeaux-Milan-Lugano-Genève-Bordeaux. Le 4 septembre : « Le Lay/ Mougeotte » à 15 heures. Modiano, puis Charasse le 9 et le 10. Modiano deux fois dans la même journée, le 16 décembre.

L'année 1992 voit les mêmes personnages revenir dans un ordre différent. Quelques particularités : « DST/ Modiano » le 9 avril à 15 heures, Le Lay et Mougeotte à plusieurs reprises ce même mois d'avril ; un voyage en Concorde le 30 septembre, direction Miami ; nouveau départ pour Miami le 6 octobre.

Même rythme en 1993 : « Modiano chez lui » le 10 mars : « Modiano École militaire » le 19 avril ; peu après un vol Air France pour Genève.

Les agendas professionnels voient apparaître les mêmes noms : Le Lay, Gross, Modiano (à l'Élysée, à la Française des Jeux, au restaurant « La Marée », chez lui, avec Gross, à l'hôtel Sheraton...), Tapie, Nallet (place Vendôme, le 16 octobre 1991). Un départ est noté le 30 septembre, sur un vol American Airlines. Nouveau voyage le 20 octobre pour New York : « Concorde NY Waldorf Astoria » ; « Park Lane Hotel » le lendemain.

Pour 1993, Le Lay à *TF1*, Modiano à toutes les sauces, « Me Alquezar » à partir de juillet 1993, puis Me Maisonneuve (ses deux défenseurs). Un aller-retour Paris-Bangkok le 5 novembre. Au mois de décembre, on sent l'affaire pointer son nez : le 7, pour ne retenir que cette date, « Modiano à 16 heures 30 », puis « Lyon-Caen TGI Nanterre » à 18 heures. Puis de nouveau ses avocats à 19 heures 30. Une journée consacrée pour une large part aux développements judiciaires du dossier, avec en point d'orgue une rencontre avec le procureur de la République en charge de l'enquête préliminaire.

De quoi nourrir la prochaine rencontre des policiers avec l'ancien homme fort du Loto.

Les vitrines du Loto

Le 26 septembre, les policiers se signalent auprès de Jean-Marc Dimanche. Né en 1960, titulaire d'un doctorat en pharmacie, il est entré en 1990 au sein de la société Bleu Absolu, filiale d'IMR, comme directeur de la clientèle. Il y a bien sûr connu Michèle Morot-Raquin et Yvan Morgen. Il a surtout directement participé à la conception des vitrines de la Française des Jeux, dont il a également suivi le budget. Selon ses souvenirs, les honoraires facturés lors de la mise au point de la première vitrine se sont montés à 150 000 francs, négociés avec Grasset, Sparza et Peretmère, respectivement directeur commercial, directeur commercial adjoint et responsable de la branche « merchandising ». Il est aussi intervenu dans la conception de la maquette du « cadre n° 1 », lisible des deux côtés. Un cadre facturé 1 650 francs pièce à la Française des Jeux, pour un prix de revient de 900 francs, se souvient-il. À la demande de Morgen, il s'est ensuite occupé du volet fabrication, appel d'offres compris. Il s'est rapproché des fournisseurs indiqués par IMR. En juillet 1990, l'un d'eux a proposé de fabriquer le cadre intégralement là où chacun apportait jusque là son élément. L'offre a été transmise par la Française des Jeux à Morgen. « L'entreprise proposait un prix clef en main inférieur au prix de revient IMR d'environ 100 francs, se souvient-il. Morgen a semblé étonné que ce fournisseur ait pu avoir accès à un cahier des charges de la Française des Jeux, eu égard à la précision de son offre. Visiblement, cette offre le gênait. Il a tenté de savoir d'où venait la fuite, tout en me demandant d'éliminer ce concurrent. »

Les dossiers compromettants évoqués par Cadoret lui disent-ils quelque chose ? Il se souvient de certains devis laissés dans les archives de Bleu Absolu, dont la proposition de ce fournisseur. Morot-Raquin effectue actuellement des recherches pour les retrouver.

Pierre Peretmère est convoqué quelques jours plus tard, le 29 septembre. Licencié en « sciences éco » en 1967, il est, depuis 1988, responsable du « merchandising » à la direction commerciale de la Française des Jeux. Soucieux d'établir la chaîne de responsabilités, les policiers l'écoutent expliquer qu'il œuvrait sous l'autorité de Vergnaud, directeur Vente et Réseau, Sparza et Grasset. On l'a chargé, fin 1988, du programme d'équipement en mobilier, enseignes et décors des points de vente. Précisément ce qui excite la curiosité des enquêteurs. Des contrats avaient déjà été signés avec Quassart et Carré pour la fourniture et l'installation de 400 « corners-jeux ». Sait-il si des architectes ont été rémunérés ? Non, mais il est formel : « Nous avions réellement besoin de ces architectes pour implanter le mobilier. » Le prix de revient moyen facturé par Quassart ? 3 500 francs par point de vente. Mais il y a eu un appel d'offres : trois agences ont été consultées. Du moins pour la première commande. Car, ensuite, on s'en est passé. Motif : « On sous-traitait à des entreprises compétentes. » Qui signait les bons de commande ? « À ma connaissance, c'est l'ancien président Colé, sur présentation des prix par Yves Grasset. »

En février 1991, 3 000 meubles ont été commandés. Peretmère a jugé alors utile de demander à Quassart de fournir les doubles des propositions de ses sous-traitants et des éléments sur le calcul du prix de revient. Il a reçu des tableaux et une liste d'entreprises. « J'ai toujours considéré ces documents comme un outil de travail fiable, dit-il. Je pense d'ailleurs qu'ils ont été utilisés au mieux des intérêts de la Française des Jeux, pour négocier les prix définitifs. » Après discussions, les prix auraient ainsi baissé de 3 à 4 %.

Les policiers lui font comprendre qu'il a au mieux fait preuve d'une certaine légèreté.

« Je n'ai jamais eu l'idée d'aller vérifier chez les sous-traitants les prix réellement facturés. Je n'avais aucune raison de douter de la véracité des dossiers présentés par Quassart », se défend Peretmère.

Les prix de 1992 ont été reconduits en 1993, toujours sans appel d'offres. Mais l'année suivante, il a réclamé des éclaircissements supplémentaires. « Je n'avais pas spécialement de doutes », précise-t-il. Le service du contrôle de gestion lui a intimé l'ordre de réclamer les bilans de Quassart. Ce qui aurait permis de découvrir le pot aux roses.

« Nous nous sommes aperçus que le taux de marge réel de Quassart n'était pas de 10 %, comme ils nous l'avaient indiqué, mais de l'ordre de 20 %. Nous avons compris que leur prix de revient avait été bien inférieur à celui annoncé. »

Le témoin est remercié. Mais il n'est pas quitte pour autant. Il est de nouveau convoqué le 4 octobre.

« La stratégie commerciale de la FDJ consistait à aller le plus vite possible, comme le souhaitaient Gérard Colé et Yves Grasset, explique-t-il ce jour là. Une procédure d'appel d'offres est lourde à mettre en place et nécessite un certain délai. »

Quelque chose se serait-il tramé dans son dos ?

« Je n'ai jamais eu l'impression qu'une relation particulière existait, en dehors de moi, entre Alain Carré, Yves Grasset et Daniel Sparza. »

Aucune raison non plus de douter de l'authenticité des devis fournis par Quassart, qui a livré la bagatelle de 10 500 meubles, dont 3 500 en 1992, 3 700 en 1993 et 500 en 1994.

On l'interroge au sujet de Claire Perrier, brièvement responsable des achats pour la Française des Jeux à partir d'avril 1991. Elle aurait réclamé une baisse de 20 à 25 % des tarifs. Intervention qui « a eu pour effet de ralentir les discussions avec Quassart, ce qui ne correspondait pas au souhait de la direction », laquelle l'a dessaisie du dossier avant de la licencier purement et simplement.

Les policiers savent que le groupe Carré a également été choisi pour aménager une série de magasins. Peretmère confirme :

« En 1989, Colé et Grasset ont eu l'idée de créer sur l'ensemble du territoire français un réseau de boutiques spécialisées dans la vente de produits Française des Jeux. Une commande a été passée à une filiale du groupe Carré, Arcam, qui nous a présenté une étude facturée 130 000 ou 150 000 francs. La première boutique a été réalisée en juillet 1990 rue La Boétie, à Paris, une autre a suivi fin 1990 à Marseille, puis une troisième début 1991 à Perpignan… Mon rôle consistait à choisir les emplacements, à étudier les aménagements à réaliser et à faire exécuter les travaux par Arcam, société spécialisée dans l'architecture commerciale. »

Pas d'appel d'offres à sa connaissance, Arcam se réservant à nouveau le choix des sous-traitants. Facturation totale : autour de 40 millions de francs pour 20 boutiques.

« Nous aurions pu demander à Arcam la communication des devis de ses sous-traitants », reconnaît le témoin. C'est d'ailleurs ce qui s'est produit pour le troisième volet : la réalisation par Arcam, en 1993, de 18 ou 19 salles de formation pour près de 35 millions de francs. Les devis communiqués, se souvient-il, laissaient apparaître une marge bénéficiaire de 10 %.

Les enquêteurs en ont assez pour ce jour-là.

La piste des travaux

Le 17 octobre, déposition d'un autre cadre de la Française des Jeux, Vincent Bernheim, attaché au service de l'audit interne. On lui soumet une série de documents saisis chez Carré. Où il apparaît qu'une société a été mandatée par la direction commerciale de la Française des Jeux, après le départ de Colé, pour évaluer le coût de la construction d'une salle de formation à Nice. Une estimation a été adressée à Peretmère le 16 juin 1993. Un mois plus tard, une nouvelle évaluation des travaux est demandée, tenant compte de matériaux plus chers. Le résultat serait resté largement au-dessous des chiffres annoncés par les sous-traitants d'Arcam.

« La mission d'audit est toujours en cours », précise Bernheim. Mais une chose est d'ores et déjà certaine : il n'y a pas eu de mise en concurrence lors du choix d'Arcam. L'auditeur parle d'une « mauvaise gestion du dossier ». Le responsable du dossier a d'ailleurs été écarté le 30 juin 1993, Bernheim ne sait pas réellement pourquoi.

Les publicitaires en garde à vue

24 octobre, 10 heures : l'enquête entre en effervescence. Un minutieux plan d'attaque a été concocté, qui commence par l'audition d'Alain Carré, le puissant PDG qui a obtenu tant de marchés de la Française des Jeux, au point de devenir son fournisseur quasi exclusif.

D'emblée, la mauvaise humeur et la déception affleurent chez le designer. Il vient de décider de procéder au licenciement de 35 salariés de son groupe, qui en compte 80. Tout cela parce que la Française des Jeux le lâche. Pour renflouer les caisses, il a commencé à mettre en vente une partie des biens immobiliers qu'il a acquis à Paris. Il a investi pour plus de 32 millions de francs dans la pierre. Vendre dans la précipitation, comme il y est contraint, ne devrait pas lui permettre de récupérer plus de 50 % de sa mise. La Française des Jeux non seulement ne renouvelle pas le marché des meubles, mais tarde à lui régler ce qu'elle lui doit. Ses interlocuteurs habituels se défaussent, d'abord Peretmère, puis Grasset qui « nous a dit qu'il ne pouvait plus rien faire pour nous ».

Comble de malheur : il a appris que la Française des Jeux avait l'intention de confier la fabrication des mobiliers Loto à la société IMR. Là, il s'étrangle de rage. Non seulement, explique-t-il, le président d'IMR, Yvan Morgen, est le beau-frère du nouveau directeur adjoint de la Française des Jeux, mais « IMR travaillerait avec nos propres sous-traitants, avec lesquels nous avons un contrat d'exclusivité » !

« Récemment, Yves Grasset m'a demandé d'aligner mes tarifs sur d'autres propositions dont il ne m'a pas donné le détail, poursuit Carré. J'ai accepté une baisse de 10 à 15 %. Dès lors, j'ai cru que j'allais conserver le marché, ce que m'avait dit Grasset. La commande suivante devait porter sur 2 500 unités. Malheureusement, nous avons reçu un peu plus tard la visite d'un audit de la Française des Jeux qui désirait remonter dans notre comptabilité jusqu'en 1986, sans que je sache ce qu'il cherchait vraiment (…). J'ai écrit à de Gallé [*nda* : le nouveau PDG de la Française] pour lui dire que je n'étais pas d'accord, mais que je ne voyais aucun inconvénient à ouvrir mes livres et à fournir toutes les pièces sur le marché à venir… que nous n'avons pas eu. »

Les policiers évoquent brusquement les documents fournis par Carré au stade de l'enquête préliminaire. Question :

« Considérez-vous toujours aujourd'hui que ces documents reflétaient avec sincérité les opérations commerciales qui vous liaient à la FDJ ?

– Pour moi, oui. Tous ces documents reflétaient l'exacte réalité des opérations effectuées. »

Rien d'autre à ajouter ?

Carré ne voit pas, sauf à accuser les policiers de « voir le mal partout ».

Moins d'une heure après le début de son audition, la nouvelle s'abat sur lui : il est placé en garde à vue. Démarches d'usage, qui sentent déjà le cachot : son épouse sera alertée par le biais de sa secrétaire. Si la garde à vue se poursuivait, il rencontrerait bien sûr l'avocat de son choix.

Tandis que Carré, sonné, au bord des larmes, est conduit dans les sous-sols du bâtiment, entre en piste Marc Damène, l'un de ses bras droits. Lui aussi fait part de son découragement :

« J'ai demandé à figurer sur le plan social, parce que cette affaire nous a épuisés. J'ai travaillé pendant trois mois pour mettre au point un projet d'avenir pour le groupe Carré. Je suis lassé par tout ce qui se passe depuis un an avec la Française des Jeux. »

Fin juillet, il a reçu une lettre de Vergnaud, qu'il n'a vu qu'une fois, lui disant que les contrats n'étaient pas renouvelés. Il a attendu six mois les commandes – en vain. Le courrier remettait aussi en cause les contrats « consultant », en vigueur depuis cinq ans. Il rappelle la visite de l'auditeur, début juillet, et le veto de Carré. Il souligne l'attitude « menaçante » de l'envoyé de la Française, Hubert. « Alain Carré a eu peur et a écrit au président de la FDJ pour le rencontrer amicalement. » Il n'y aurait pas eu de réponse.

Perspicace, Damène pense que les difficultés du groupe « sont liées au changement de président à la Française » : « Nous ne pensions pas que cela puisse aller aussi loin, dit-il. Jamais personne n'a été mécontent de notre service. »

Le brusquant légèrement, les policiers lui mettent sous le nez des documents comptables datant de 1991 et 1992. Question : « Reflètent-ils la sincérité des opérations ?

– Aucun commentaire particulier. »

On lui soumet des devis réalisés pour les salles de formation.

« Je n'ai rien à dire sur ces tableaux. La Française des Jeux nous a commandé ces travaux. Nous les avons fait estimer. »

Comme s'il cherchait une issue, Damène ajoute : « Pascal Gigandet conduisait pour nous les travaux. Il rendait compte à Carré. »

Les enquêteurs ne relancent pas. Ils se contentent de placer à son tour Damène en garde à vue. Celui-ci fait prévenir son épouse et réclame l'avocat de permanence.

Au suivant. Ou plutôt, à la suivante : Marie-Claire Brunet, directeur administratif et comptable au sein du groupe Carré, se retrouve face aux policiers à 14 heures. Elle a apporté, comme on le lui a demandé, les comptes de toutes les sociétés composant la galaxie Carré. Toutes ont terminé l'année 1993 avec un résultat positif, sauf Technum (design industriel), qui a licencié et fermé. Elle raconte la chute. La visite de cinq cadres de la Française des Jeux, dont Peretmère, qui ont confirmé le marché et exprimé leur «satisfaction ». Puis la visite, le mois suivant, du responsable de l'audit, venu vérifier les marges brutes...

À combien les estime-t-elle ? – Autour de 35 %. On lui montre le fameux document évoquant une marge de 10 %. « Pas de commentaire. »

Sait-elle pourquoi Alain Carré a refusé l'audit de la Française des Jeux ? « Pour éviter de se faire dépouiller de son savoir-faire. »

Marie-Claire Brunet donne le nom de celle qui préparait les tableaux d'appel d'offres. Expose la procédure de paiement des fournisseurs. Affirme qu'elle n'a jamais constaté, au moment de payer, de distorsions entre les devis des sous-traitants et les factures. Reconnaît ici l'écriture de Carré, plus loin la sienne, en marge d'un document mentionnant des prix majorés...

Deux petites heures se sont écoulées lorsqu'on lui notifie à son tour sa mise en garde à vue. Époux, avocat de permanence...

Et c'est Damène qui est extrait de sa cellule pour une nouvelle audition. Il ne se montre plus aussi solidaire de son patron :

« L'agence était dirigée par M. Carré d'une poigne de fer. À titre d'exemple, j'ai failli faire l'objet d'une mise à pied en début de semaine, parce que j'avais eu tort de mettre au point un projet stratégique. Alain Carré me l'avait pourtant demandé voilà deux mois, mais je pense qu'il ne croyait pas que je pouvais le faire. Une lettre a été envoyée à l'Inspection du travail, contresignée par les fidèles de Carré, dont Mme Brunet. Elle disait que j'avais l'intention de forcer M. Carré à valider mon projet. »

Que les policiers ne s'attendent cependant pas à un grand déballage : Damène se sent « redevable » envers son patron qui non seulement lui a offert un an et demi de formation professionnelle, mais lui accordait un double salaire plutôt conséquent. D'ailleurs, il a toujours été tenu à l'écart des problèmes de trésorerie... Tout juste s'il en savait assez pour connaître les marges pratiquées par son groupe.

« Lors de mon arrivée, la marge pratiquée par Quassart était déjà largement supérieure à 10 %, précise-t-il. Je n'ai fait que continuer le système. Mais il est évident que je n'avais pas le droit d'en parler avec Peretmère, qui ne m'a d'ailleurs jamais posé de questions à ce sujet. »

Damène se souvient malgré tout des soucis de ses chefs lorsqu'ils ont pris connaissance du bilan du groupe pour 1992 :

« Ils paraissaient ennuyés, car le résultat d'exploitation était largement supérieur aux 10 % annoncés. Ils se sont réunis à plusieurs reprises, hors de ma présence, pour essayer d'éponger le surplus. Nous savions que nous aurions à justifier nos résultats et nos marges. »

Lui-même n'a donc jamais eu ces résultats en main ?

« Carré me l'avait interdit. »

Avant de lâcher prise à l'heure du souper, les enquêteurs exhibent des courriers mis sous scellés qui ont tout l'air de faux devis. Damène note qu'ils ont été adressés à un certain de Malherbe, qui a quitté la société en 1992. Mais Mme Mouton, secrétaire de direction de Carré, devrait certainement pouvoir fournir ses coordonnées...

Court répit avant d'attaquer une troisième déposition sur le coup de 22 heures. A priori, Damène ne se souvient pas d'avoir perçu d'autres émoluments du groupe Carré, hormis ses salaires : 60 000 francs. Manque de chance, les enquêteurs disposent de la copie d'un chèque de 500 000 francs émis sur le compte du groupe à son profit.

« Je n'ai pas pensé à vous le signaler, car il s'agit de la revente de 15 actions Arcam que je détenais depuis 1988. Je n'ai été réglé qu'en juin 1993, mais j'avais décidé de les céder voilà deux ans. Je n'étais pas d'accord avec la politique menée par Carré. J'éprouvais un véritable ras-le-bol dans la mesure où je n'avais aucune maîtrise de la facturation et ne pouvais obtenir de relevés de trésorerie. J'avais fait part à Carré de mon désir de céder ces titres qu'il avait, je crois, repris avec satisfaction. L'expert-comptable, M. Smadja, m'a fait savoir que ces 15 actions, que j'avais souscrites pour environ 10 000 francs en 1988, valaient 500 000 francs en 1993.

– Qu'est-ce qui justifie la multiplication par 50, en quatre exercices, de la valeur de ces actions ? interroge un policier.

– La forte augmentation du chiffre d'affaires, je pense. Smadja avait aussi tenu compte des acomptes versés à la commande par la Française des Jeux. »

Les policiers insistent : « En regardant le bilan, il apparaît que vos 15 actions ont été largement surestimées. Qu'en pensez-vous ? »

« Il ne s'agit peut-être pas de 15, mais de 150 actions sur un capital de 1 000 titres, ce qui ne règle rien au problème de fond, que je ne m'explique pas. »

Affaibli, Damène raconte comment le groupe a été chargé du chantier des salles de formation, sans appel à la concurrence :

« On nous a demandé trois avant-projets, et c'est le plus onéreux qui a été choisi, concède-t-il. Mon rôle a consisté à dessiner avec les créatifs la salle de formation type, qui a été réalisée à Boulogne pour 850 000 francs, dans le cadre d'une réhabilitation. » Les quatre premières salles ont été installées à Nice, Bourgoin, Reims et Montpellier. « Les prix proposés à la Française des Jeux avaient été négociés sur la base de quatre boutiques, et non des dix-huit réalisées », admet-il.

On lui montre la copie d'un autre document rédigé par Brunet à la demande de Carré.

« Je me souviens parfaitement de cet épisode où j'ai compris qu'il s'agissait d'une magouille à laquelle j'ai refusé de participer. Je m'en suis ouvert à Carré, qui ne m'a pas répondu. »

Si les policiers veulent en savoir davantage, il a peut-être une autre piste à leur suggérer :

« Voilà un mois, Pascal Gigandet a fait du chantage à Carré pour être inscrit sur le plan social avec des indemnités supérieures, ne cachant pas qu'il avait la possibilité de faire "reculer", disait-il, le plan social, parce qu'il détenait des documents susceptibles de mettre Carré en difficulté. Carré lui a signifié sa mise à pied. Gigandet a quitté Arcam depuis un mois. »

De quoi permettre aux enquêteurs d'enfoncer le clou : finalement, Damène en savait bien plus qu'il n'a voulu le dire ?

« J'avais eu connaissance du processus frauduleux, mais je n'étais pas d'accord et je n'ai pas participé à sa mise en place », dit-il avant d'aller regagner les bancs en bois et les lumières blafardes du sous-sol.

Minuit et quelque : c'est la bonne heure pour faire remonter Alain Carré dans les étages et le secouer en abordant le chapitre de ses biens personnels.

« Voilà un peu plus de dix ans, j'ai acquis une maison sur vingt-cinq hectares dans le Vaucluse, pour 6 ou 700 000 francs. Pour restaurer cette maison, je prenais épisodiquement 150 000 francs sur le compte du groupe ouvert à la banque Harwanne, avec lequel je réglais les artisans. Sur les conseils de Smadja [*nda* : l'expert-comptable], j'ai vendu par étapes certaines de mes actions. »

Quand ? À quel prix ?

« Les dernières l'ont été en septembre 1994 ; je suis incapable de vous dire à quelle valeur. »

C'est le moment de faire état de sa science.

« Vos relevés de compte au Crédit mutuel indiquent que vous avez prélevé sur le compte Harwanne 1,3 million de francs en 1991, 1,9 million de francs en 1992, 1,6 million de francs en 1993 et 600 000 francs durant les trois premiers mois de 1994. Soit un total de 5,5 millions de francs. Ces prélèvements ont-ils été effectués dans le cadre de cessions d'actions ? Ces sommes ont-elles été utilisées pour restaurer votre maison du Vaucluse ?

– Incapable de vous répondre », dit Carré (qui ne sera jamais poursuivi pour ces prélèvements) avant de se raviser : « Cet argent a servi pour régler mes impôts personnels, l'année dernière, à hauteur de 2 millions de francs. Le reste a servi à restaurer ma maison. »

Comment procédait-il ?

« C'est moi qui émettais les chèques tirés à mon profit.

– M. Damène a indiqué aujourd'hui que vous n'aviez pas été satisfait des résultats de Quassart en 1992, parce qu'ils étaient trop bons au regard de la marge annoncée à la Française des Jeux. Qu'en pensez-vous ?

– Il ne s'agit pas de mauvaise volonté de ma part, mais je ne suis pas en mesure de vous répondre.

– Pourquoi avoir demandé des faux devis à certains de vos sous-traitants ?

– Je n'ai jamais demandé de faux devis et n'ai jamais été en contact avec les sous-traitants. La responsable des achats pour le mobilier Loto était Mme Martinez, placée sous l'autorité de M. Damène. S'il a voulu faire du zèle, ce n'est pas ma faute. »

Le début d'un lâchage ? Cela y ressemble fort, à entendre la suite :

« Je n'ai pas dirigé Arcam et Quassart. J'ai fait confiance à M. Damène. En 1992, pour lui rendre service, j'ai même acheté beaucoup trop cher – plus de 2 millions de francs – un appartement qu'il possédait en limite du VIIe arrondissement, appartement que je viens de revendre pour 1,6 million de francs. J'ai aussi acheté sa voiture, pour qu'elle devienne voiture de société, ainsi que ses parts dans Arcam, que j'ai payées 500 000 francs ».

On lui montre les faux devis déjà exhibés.

« Je n'avais jamais vu ces documents, dit-il sans se démonter. Je ne sais pas qui a pu avoir intérêt à les demander. »

Tout est affaire de marge

Reprise des hostilités dès l'aube du 25 octobre, à 7 heures, après quelques heures de sommeil – les policiers ont transformé pour l'occasion leur bureau en mini-dortoir.

Marc Damène ouvre le bal. Et précise nettement ses accusations :

« Sur toutes les salles de formation, le système du faux devis a été systématiquement appliqué à la demande de Carré, avec l'intervention particulièrement efficace de Gigandet et la participation de Mme Brunet, notre directeur financier. »

Mais encore ?

« La seule chose qui intéresse Alain Carré a toujours été l'argent », lâche Damène.

Comment explique-t-il la rapidité avec laquelle s'est mise en place la procédure des devis surestimés ?

« Gigandet connaissait bien les responsables de la société concernée, Matfor. C'est lui et lui seul qui gérait ce dossier. Il est arrivé que Gigandet, prenant peur, vienne me demander de signer des documents, lettres ou devis, mais j'ai toujours refusé. »

Alain Carré n'a-t-il jamais rencontré le directeur général de Matfor, Remise ?

« Carré lui a téléphoné en ma présence, pour lui fixer un rendez-vous. Remise a été reçu dans la salle de réunion. Alain Carré est ensuite entré et m'a demandé de traiter avec lui, ce que j'ai refusé. C'est donc Carré en personne qui a exposé le plan de mise en place des faux devis. Remise a demandé quelques jours de réflexion avant de rendre une réponse positive. »

Peut-il en dire davantage sur Gigandet, qu'il semble placer au cœur du dispositif ?

« Gigandet est un professionnel efficace qui vient de chez Bouygues et qui maîtrise parfaitement tous ces mécanismes. »

A-t-on une chance de retrouver les brouillons des devis ?

« Ils ont été placés dans un carton qui se trouve dans le bureau de Mme Baillet. »

À vue de nez, peut-il évaluer le montant de la surfacturation ? Certainement : «Les salles ont été facturées 20 millions de francs à la Française des Jeux. J'estimerai la surfacturation à 10 millions de francs. »

Ce sera tout pour ce matin. Place à Marie-Claire Brunet à qui l'on résume les déclarations de Damène. Qu'elle charge sans l'ombre d'une hésitation :

« C'est à la suite de la perquisition que j'ai appris, par Damène, l'existence des faux devis envoyés à la Française des Jeux. J'ai tout de suite dit à Damène et à Carré qu'il s'agissait de pure folie. J'en ai également référé à Smadja, qui était de mon avis. »

On lui montre un document de sa main.

« J'ai rédigé ce document sous la dictée de Carré, qui m'avait appelée au téléphone de chez lui. Je n'avais pas compris le mécanisme des devis Matfor. »

On lui présente le *modus operandi* rédigé de la main de Carré.

« Cela résume bien la procédure qu'il souhaitait mettre en place », dit-elle, avant de suggérer d'aller enquêter du côté d'une société de Tours qui a pu, selon elle, recevoir les vrais devis.

À 12 heures 45, la jeune femme se voit notifier la prolongation de sa garde à vue. Examen médical. Vingt minutes avec son avocat.

Une heure plus tard, Carré subit le même sort avant de passer une demi-heure avec son avocat.

Puis c'est le tour de Marc Damène qui en reprend lui aussi pour 24 heures.

En début d'après-midi, une perquisition est organisée au siège du groupe Carré, en présence du PDG. Butin des policiers : des documents relatifs aux salles de formation, une chemise jaune intitulée « Boutique Loto Pau », une autre appelée « Salles de formation Matfor », des devis, des bons de commande, des correspondances, des tableaux... Et l'adresse de Pascal Gigandet qui ne va pas tarder à avoir des nouvelles de la Police judiciaire.

Mais auparavant, tandis que la perquisition bat son plein, l'ingénieur Hubert Bray de Malherbe témoigne de son passage chez Carré où il est entré en 1988 après avoir lu une annonce dans le journal des anciens élèves des Arts et Métiers. On lui explique que l'on a retrouvé sa trace auprès de son père dont Mme Mouton avait fourni les coordonnées. C'est au sujet des appels d'offres qu'on l'attend au tournant. Les aveux tombent sans attendre :

« La première procédure d'appel d'offres s'est déroulée en février 1991. Carré était obnubilé par cette procédure, sans doute réclamée par la Française des Jeux, car il avait peur de perdre le marché. Elle s'est déroulée en quinze jours maximum. Carré m'a donné pour instruction de réclamer près des sous-traitants des devis laissant figurer des montants largement supérieurs aux prix réellement négociés. J'ai exécuté les instructions. Carré était très dur en négociation. »

Le but de l'opération ?

« Justifier une marge de 10 % auprès de la Française des Jeux, alors qu'elle était beaucoup plus importante. »

Ces méthodes ne l'ont-elles pas surpris ?

« À l'époque, je ne me suis pas posé trop de questions. J'étais un "gamin". Je pensais intervenir au mieux des intérêts de la société. »

Il se souvient cependant d'avoir refusé de signer une lettre d'accompagnement de devis destinée à la Française des Jeux :

« Carré avait piqué une grosse colère », indique-t-il.

Il est 22 heures lorsque Carré est prié de déposer pour la troisième fois après une longue journée d'attente. Coup de froid lorsqu'on lui résume les déclarations de Bray de Malherbe. Début d'explication :

« Il me semblait possible de réaliser une marge supérieure à 10 %, car je ne considérais pas la Française des Jeux comme une société d'État.

– Avez vous demandé à M. de Malherbe de faire figurer des prix largement supérieurs à ceux facturés par ces fournisseurs ?

– Je ne sais pas. Je ne m'en souviens plus, car cela commence à dater.

– Que vous ayez trompé la Française des Jeux est une chose, mais pourquoi avoir persisté lors de l'enquête préliminaire à fournir les mêmes documents ayant permis cette tromperie initiale ?

– Je ne voulais nuire à personne.

– Il semblerait que vous ayez toujours voulu annoncer 10 % de marge pour éviter de vous trouver en concurrence avec d'autres prestataires de service qui auraient pu vous souffler le marché. Qu'en pensez-vous ?

– Je ne suis pas d'accord, car je n'avais pas de concurrents. Je pensais augmenter la marge en faisant des gains de production.

– Mme Brunet a déclaré qu'elle avait découvert les faux devis après la perquisition. Elle a ajouté vous avoir dit qu'elle considérait ces agissements comme de la pure folie.

– Moi aussi, je considérais que c'était de la pure folie.

– Damène déclare que vous paraissiez ennuyé, en janvier 1994, à cause d'un résultat d'exploitation supérieur aux 10 %, que vous alliez devoir justifier.

– Ceci est exact », concède Carré.

Dernière question, pour la forme. Réponse très ferme : « Non, il n'a jamais été versé de pots-de-vin à quiconque à la Française des Jeux. »

Nouvelle nuit de garde à vue pour tous.

Mme Brunet est sur le grill dès 6 heures 15, le 26 octobre. Comme elle a de la famille du côté d'Avignon, elle a entendu parler de l'immense maison de Carré « qui, paraît-il, est maintenant superbe » :

« Au départ, il s'agissait d'une ruine, mais je sais que Carré verse tous les mois 90 000 francs à un maçon. Chaque pièce a un style particulier, avec des lits à baldaquin. Elle est très bien meublée et possède une très grande piscine (...). Je sais par la secrétaire, Mme Mouton, qui tient sa comptabilité personnelle, que les 210 000 francs qu'il prélève tous les mois ne lui suffisent pas à couvrir ses dépenses. Son train de vie est très élevé. »

Dernier tour de piste avec Damène, peu après 8 heures. Les contrats « consultant » passés avec la Française des Jeux avant l'équipement des points de vente lui paraissent-ils normaux ? La prestation n'a-t-elle pas été « largement surévaluée » ?

Bonne question face à laquelle Damène, au terme d'une deuxième nuit à l'ombre, cède du terrain :

« Cette prestation ne pouvait valoir ce prix. L'intervention d'architectes n'était pas nécessaire. Des décorateurs auraient suffi. »

Ne s'en est-il jamais inquiété auprès de Carré ?

« À chaque fois que je posais des questions, il disait qu'il était bien conseillé par son avocate. »

Fin de la garde à vue.

Damène est conduit devant le juge Isabelle Orsini. Carré prend le même chemin peu après, suivi de Brunet. Bilan de cette guerre éclair : quelques aveux, mais personne n'a vraiment « craqué ».

L'odeur de la Suisse

Arrivée de précieux documents sur le bureau des enquêteurs : des relevés de compte ; les déclarations de revenus de Colé sur trois ans ; plus un courrier du Crédit Agricole, interrogé sur le compte Bikis Inc ouvert à la Privat Kredit Bank de Lugano.

La banque authentifie un placement de 350 000 francs suisses effectué le 28 novembre 1990, *via* le Crédit Suisse, compte « Clearing Zurich ».

Un architecte face à ses devis

Pascal Gigandet est un jeune chômeur. Licencié du groupe Carré pour « raisons économiques » (juste après sa désignation comme délégué syndical), il est attendu par les policiers comme un petit messie. Car c'est lui qui gérait le dossier des salles de formation.

Les devis fournis à la Française des Jeux étaient « excessivement sommaires, contrairement aux règles de l'art », reconnaît-il le 28 octobre, avant de dévoiler le cœur de la manipulation :

« Les prix proposés par Matfor étaient majorés de 50 %, alors que l'usage est de facturer 12 à 14 % d'honoraires. »

Se rend-il compte de la gravité des faits ?

« J'ai agi sur instructions de Carré, homme très autoritaire, répond-il. Il n'était pas question de discuter les ordres.

Coup de téléphone de Lugano

Ouverte contre « X », l'affaire vise maintenant nommément Carré, Damène et Brunet.

Le 3 novembre à 11 heures, coup de téléphone de Mme Neuroni, procureur de la République du canton de Lugano (Suisse). Elle veut évoquer la demande d'entraide judiciaire formulée par les enquêteurs français. Résumé des propos qu'elle tient aux policiers :

« Le nommé Henri Modiano s'est opposé par voie de justice à l'exécution de la commission rogatoire internationale au nom de la société Bikis Inc. La Krediet Bank a en outre intenté un recours, refusant l'accès aux autres comptes entrant dans le champ d'exécution de la même commission rogatoire. »

Il y a de la rétention d'informations dans l'air. Ce n'est pas une frontière qui sépare la France de la Suisse : c'est une barricade antiflics, truffée de pièges à juges. Seul (maigre) réconfort : en agissant ainsi devant la Justice suisse, Modiano a confirmé qu'il était bien le mandataire social du compte.

Bien plus tard, un courrier arrivera au palais de justice de Nanterre, en provenance de Berne. À l'intérieur, une dizaine de relevés de comptes au nom de la société Bikis Inc. Mais le rêve ne durera que quelques secondes : les comptes ont été préalablement nettoyés. Tous affichent un solde proche de zéro.

De quoi conforter les policiers dans l'impression qu'ils ont depuis le début : l'enquête sur les dessous de la Française des Jeux devra être menée par vents contraires.

Enquête à Romorantin

L'enquête passe par Romorantin. Plus précisément par la ZAC de cette petite ville où la société Stal Industrie a son siège. Les deux policiers patientent un petit quart d'heure, le temps que le jeune PDG, Jean-Christophe Perruchot, achève une réunion. Il leur fournit une épaisse documentation –correspondances avec le groupe Carré, contrats liés à la fabrication du comptoir... – qu'ils passent l'après-midi à éplucher.

Convoqué le lendemain matin à l'hôtel de police de Tours, le PDG raconte comment il a failli être médecin avant de décider de sauver l'entreprise familiale. Ses premières relations avec le groupe Carré remontent à 1988. On lui propose alors de réaliser des prototypes pour les points de vente du Loto. Il pressent un marché important, s'investit à fond. Et signe un premier contrat, en mars 1989, portant sur l'équipement en mobilier de cent points de vente de la Française des Jeux, à Lyon, pour un million de francs. Un deuxième contrat suit en mai 1989. Le voilà qui fabrique 1 700 « corners », facturés 5 000 francs pièce, et 100 comptoirs à 1 935 francs l'unité. Perruchot sait qu'il partage le marché avec deux autres sociétés. Mais il certifie qu'il ne s'est pas entendu sur les prix avec ses concurrents.

Les policiers, à ce stade, lui font clairement comprendre qu'ils ont entendu parler des faux devis. Perruchot se lâche aussitôt :

« Le 18 février 1991, M. de Malherbe m'a réclamé par téléphone un faux devis antidaté. Il avait besoin de pièces justificatives pour la Française des Jeux et il lui paraissait évident que je pouvais lui rendre ce service. Il m'a demandé de faire figurer un prix unitaire de 5 823 francs pour le corner, et de 7 013 francs pour le comptoir. J'ai d'abord refusé. Puis j'ai accepté. »

Perruchot a pris soin de se couvrir : aux faux devis il a joint une lettre recommandée dans laquelle il mentionnait les vrais prix. Ce qui ne lui a pas causé de tort, puisque les livraisons se sont poursuivies en 1992, avec 770 « corners » et 710 comptoirs. En consentant, il est vrai, une remise de 3 %. Cette fois encore, Malherbe a réclamé de faux devis. Il a accepté, avec une nouvelle lettre recommandée à l'appui.

« Si je n'avais pas accepté, je n'aurais pas eu les marchés suivants et j'encourais des risques sur les commandes en cours », dit-il.

Or les contrats de la Française des Jeux pesaient lourd pour lui : plus de 60 % de ses activités en 1993, avec livraison de 1 700 comptoirs et 2 000 « corners ». Plus les tables qu'il a fournies pour les salles de formation.

Au gré de ses déplacements professionnels, le PDG découvre cependant le prix auquel la Française des Jeux facture le mobilier à ses détaillants. Informations confirmées par la lecture d'un journal interne, *Tirage ce soir* :

« Je présumais que la marge réalisée par le groupe Carré était délirante, confesse-t-il. J'ai essayé de la calculer… »

Et le résultat était proprement stupéfiant ! Seulement, le groupe Carré le faisait vivre, alors il s'est incliné, proposant même à nouveau de baisser ses prix. Jusqu'au jour où il a eu l'impression qu'on le lâchait. Là, il n'a pas hésité à se tourner vers un concurrent qui pointait fermement son nez, la société IMR. Où un certain Pascal Éouzan lui a réservé le meilleur accueil. Une rencontre a suivi avec Yvan Morgen, le PDG, d'où il est ressorti que la maison Carré avait de drôles de pratiques. Et que Perruchot avait tout intérêt à passer avec armes et bagages dans le camp d'IMR…

L'architecte (bis)

Retour à Paris pour une nouvelle audition de Pascal Gigandet, le 10 novembre. Le déballage se poursuit. L'ex-architecte parle des devis qu'on lui demandait de fabriquer sur mesure. À l'entendre, rien ne semblait assez cher pour la Française des Jeux. Jusqu'aux fauteuils des salles de formation, fournis « sur instruction de Damène » par Silvera Mobilier et facturés 4 884 francs l'unité !

Une enquête financière consiste à chercher la petite bête partout où elle est susceptible de se cacher et à accumuler du papier en vue de forcer les suspects à l'aveu. La fausse facture, le devis tronqué, c'est l'ADN du coupable : quelques mots écrits à la main, des rendez-vous consignés dans un agenda, et il est cuit !

La routine

Les enquêteurs réclament au fisc les références des comptes bancaires d'Yves Grasset, de Daniel Sparza et de Pierre Peretmère. Vérification de routine : on veut éliminer tout soupçon.

Dans la foulée, nouvelle descente à la Française des Jeux où ils saisissent une importante documentation sur les salles de formation et les boutiques montées jusque dans les départements d'outre-mer.

Pour finir, courrier au Crédit Agricole, auquel les policiers réclament des informations sur plusieurs dizaines de retraits et virements suspects repérés sur les comptes de Colé.

Des cloisons hors de prix ?

Après Romorantin, Montreuil : les enquêteurs déboulent le 24 novembre au siège de Matfor. Ils passent en revue l'intégralité des dossiers portant la trace du groupe Carré. Et saisissent à tour de bras.

L'après-midi même, audition de Jean-Claude Le Galleu, un Parisien qui a fait carrière entre menuiserie et bâtiment, avant de devenir directeur des travaux chez Matfor. Fin 1992, raconte-t-il, la société s'est vu proposer de mettre au point des cloisons courbes pour les salles de formation de la Française des Jeux. Il traitait avec Pascal Gigandet qui lui « avait absolument interdit de prendre attache avec la Française des Jeux ». Ce qui ne l'a surpris qu'à demi : « Un sous-traitant n'a pas à entrer en contact avec un donneur d'ordre. »

On le questionne sur les prix.

« Le 7 octobre 1993, j'ai été convoqué par Gigandet au siège du groupe Carré. Carré m'a expliqué qu'il fallait que Matfor refasse ses devis initiaux à la hausse. Je lui ai dit que j'étais salarié et ne pouvais accepter une telle demande, mais que j'en référerais à M. Remise [*nda* : PDG de Matfor]. Il s'est justifié en disant que sa société faisait l'objet d'un audit... C'est la première fois qu'un client me demandait un tel service ... »

Une entourloupe à laquelle le PDG aurait donné son feu vert. « Sous la pression. » Sans recevoir la contrepartie attendue, puisque Matfor n'aurait finalement récupéré qu'une part infime du marché.

La main sur le cœur (on imagine), Le Galleu conclut : « Personne ne m'a rien proposé en échange, je n'ai agi que dans l'intérêt de ma société. »

Le 30 novembre, c'est au tour de François Remise de décliner son parcours : né en 1951, diplômé de l'École centrale de Paris, PDG depuis novembre 1991 de Matfor, elle-même filiale de la SMAC, elle même filiale de la SCREG, groupe Bouygues. Spécialité : les cloisons. Il confirme les dires de son directeur des travaux. Au total, précise-t-il, sa société a facturé 16,3 millions de francs au groupe Carré qui lui doit encore 1,4 million de francs. Qu'a-t-il à dire sur les faux devis ? Le Galleu ne ment pas. Il a bien hésité durant 48 heures. Reçu par Gigandet et Damène, il leur a demandé si leur démarche était liée au fait que les comptes de la Française des Jeux n'étaient pas approuvés, comme il l'avait lu dans la presse économique. Damène lui a dit qu'il n'y avait pas de lien.

« Il m'a expliqué que le collaborateur de la Française des Jeux avec lequel le groupe travaillait était parti, qu'il avait été remplacé par un jeune qui n'y connaissait rien et voulait des explications sur les prix. Il a aussi justifié ses coûts élevés par la grande qualité des prestations réalisées et les délais très courts. D'autres cabinets de design avaient été recalés pour niveau insuffisant. »

Remise plaide sa cause : pouvait-il refuser alors que le groupe Carré restait débiteur de 4 millions de francs sur des travaux en cours ? S'il n'a pas confié la confection de ces faux à sa secrétaire, c'est qu'il avait « conscience que c'était une demande anormale ». Il croit aussi savoir que Damène avait demandé « la plus grande discrétion ». Plus tard, après lui avoir soutiré de nouveaux faux devis, Damène l'aurait rassuré en lui disant que l'audit s'était « terminé favorablement ».

Façon de parler…

Sur la piste de la sœur

Le 6 décembre à 15 heures, descente au siège de la société Original Néon, dans le XIe arrondissement de Paris. Spécialité : installation de néons et d'enseignes lumineuses. Huit salariés.

« Dans les premiers jours du mois de janvier 1993, j'ai reçu un appel téléphonique d'une dame que je ne connaissais pas, mais qui se disait sculpteur et qui est venue me rendre visite à la veille d'un voyage aux USA, raconte le gérant des lieux, Alain Bouvant. Elle s'est présentée comme Mme Michèle Blondel... Je crois savoir qu'elle est connue dans le monde de la sculpture. Elle nous a expliqué qu'elle avait choisi dans le bottin téléphonique trois sociétés, mais que nous avions l'affaire parce que nous avions répondu les premiers. »

Que voulait-elle ?

« Elle nous a présenté un vague plan qui représentait une pièce dans laquelle était suspendue une boule. Elle nous a expliqué que l'un de ses clients lui avait commandé un lustre en forme de sphère de 2,5 mètres de diamètre, destiné à être couvert de chiffres en néon. »

Savait-il à qui il avait affaire ?

« Je ne savais pas qu'il s'agissait du Loto, je l'ai appris lorsqu'elle m'a donné l'adresse de M. Gérard Colé, président du Loto à Neuilly, à qui je devais adresser le devis. »

Montant de la facture : 447 170 francs.

Le gérant poursuit :

« Elle m'a demandé de faire un deuxième devis en incluant ses propres honoraires, soit 145 000 francs, en expliquant qu'il ne fallait qu'une facture globale. »

Le devis a été faxé au secrétariat particulier du président. Le lendemain, il est revenu avec la mention « accord », signé de Colé. Pour le reste, rien à signaler : le commerçant a été payé « rubis sur l'ongle ». Il n'a rien à reprocher à sa cliente. Au contraire, même :

« Je ne veux pas la charger, c'est une femme sympathique qui a suivi de près la réalisation de la sphère, même si elle a été très bien rémunérée. »

Dans les coffres de la Française

Les nouveaux responsables de la Française des Jeux (qui se sont constitués partie civile dans le dossier) dénichent des « perles » dans leurs placards. Comme cette lettre adressée par le service des achats à Marc Damène, portant une annotation manuscrite : « J'ai eu Alain Carré au téléphone : affaire enterrée d'un commun accord. GC. »

Patrick-Louis Hubert remet la pièce à conviction aux policiers avant de leur confier les clefs de l'armoire située dans l'ancien bureau de la secrétaire de Colé, l'auteur de l'énigmatique annotation. Ils y trouvent une lettre de Modiano à Colé au sujet des projets moscovites de la Française des Jeux. Ils ramassent surtout un dossier intitulé « Carat Espace », contenant un courrier « strictement confidentiel » signé Francis Gross, et le contrat passé entre France Loto et Carat Espace. Plus un tableau détaillant les achats d'espaces publicitaires en 1992, avec cette annotation manuscrite : « Henri, merci de vérifier ; tendresses. GC. ».

Faux devis

Une enquête financière peut mener à tout, même à Couilly-Pont-aux-Dames, au siège de la société Alfa Deco. Yannick Leray, le gérant, met ses archives à disposition. Essentiellement des devis que les policiers se donnent quelques jours pour éplucher.

Ils l'entendent le 13 décembre. Le groupe Carré le fait vivre depuis 1991, explique-t-il en substance. Sa marge brute sur les chantiers : 35 %. « Rentable », dit-il. Mais encore ?

« Il m'est arrivé de recevoir des appels de Gigandet pour m'informer que les devis de nos concurrents étaient inférieurs de quelques dizaines de milliers de francs et que si je voulais le marché, je devais m'aligner. J'ai considéré cette démarche comme une faveur qui m'était faite. »

Le gérant ne résiste pas longtemps au climat qui règne dans le petit bureau des enquêteurs où la frontière entre témoin, suspect et coupable est assez ténue. Une question de plus et il craque :

« On m'a téléphoné en juin 1994 pour me demander des devis pour les boutiques de Caen et Dijon, très fortement majorés. On ne m'a pas fourni de raisons précises, mais j'ai bien compris qu'ils avaient besoin de justifier leurs honoraires vis-à-vis de leur client, la Française des Jeux. »

Comme les autres, il s'est exécuté. Et les commandes ont suivi.

« Ce sont les seuls faux devis que j'ai établis. S'ils m'en avaient demandé d'autres, je les aurais fournis dans la mesure où c'était mon quasi unique client, et que je n'avais pas les moyens de refuser de les aider. »

Voilà qui a le mérite de la franchise. Connaissait-il Carré ?

« Je ne l'ai jamais rencontré. Je le croisais juste dans les locaux, mais il n'a jamais daigné me saluer. »

Cherchez la femme (ter)

14 décembre. Troisième audition de Dominique Galakhoff. Plus besoin de faire les présentations : on est entre connaissances. L'un des policiers attaque :

« Vous n'avez certainement pas manqué de prendre connaissance, dans la presse, de la mise en examen d'Alain Carré, fournisseur de la FDJ. Qu'en pensez vous ?

– Ma première réaction a été de me dire que si Alain Carré avait été incarcéré, Gérard Colé aurait dû l'être également. À ma connaissance, il existait une relation privilégiée entre Carré, Colé et un nommé Claude Douce, administrateur ou directeur de l'agence de publicité Bélier, à Neuilly. Selon Colé, les rendez-vous avec Carré se déroulaient en présence de Douce et à son domicile où ils auraient plusieurs fois déjeuné. »

A-t-elle connu Carré ?

« Je l'ai rencontré une ou deux fois, notamment lors d'une soirée au Fouquet's en 1991, à l'occasion de la remise d'un prix publicitaire. Mais j'ai souvent entendu parler de Carré par Colé. Je me souviens que Colé ne voulait pas mettre Carré en concurrence sur les contrats passés avec la Française des Jeux. »

Les enquêteurs changent de sujet. Ils veulent en savoir plus long sur un certain Jean Da Cunha, chauffeur de Colé – après la maîtresse et la secrétaire, le chauffeur peut se révéler une excellente source d'informations.

« Da Cunha est un homme discret. Sans en faire un confident, Colé avait toute confiance en lui. Il accompagnait Colé lors de ses déplacements chez les frères Gross, pour récupérer les sacs ou valises de billets de banque. Il rendait de nombreux services à Colé. »

Colé brassait-il toujours autant de liquidités ?

« Il y avait en permanence d'importantes sommes en espèces dans le coffre de l'appartement. Je ne peux pas vous dire d'où elles pouvaient provenir, en dehors des remises en espèces des frères Gross.

Quand j'ai quitté Colé, par exemple, il devait y avoir 500 000 francs dans le coffre. Je m'en suis rendu compte en récupérant mes bijoux. »

Henri Modiano entre dans le décor.

« L'une des premières relations que Colé m'ait présentée, en 1989, était Modiano. Colé m'avait rapporté que Modiano lui était redevable, sans me dire pourquoi. »

Ce sera presque tout pour le moment. A-t-elle connu les membres de la famille Colé ? « Il entretenait d'excellentes relations avec sa sœur, Michèle Blondel, avec son ex-épouse, Catherine Cauquil, et avec son frère, Olivier Colé. Ce dernier se serait vu confier la réalisation de la musique du Loto et du Millionnaire, prestation payée par la Française des Jeux sous un autre nom, comme me l'a confié Colé lui-même… En 1991, la situation de Michèle Blondel n'était pas des plus brillante, précise encore Galakhoff. Je lui ai même acheté trois statuettes pour l'aider, car Colé ne voulait pas le faire, traitant sa sœur de pseudo-artiste. Je serais très étonnée qu'il lui ait prêté de l'argent. »

De quoi achever de préparer l'assaut qui s'annonce contre l'ex-PDG de la Française des Jeux.

Le PDG s'explique

19 décembre, 9 heures 10. Gérard Colé sait-il qu'il risque gros ? Sait-il qu'un mandat de dépôt le guette ? Il prend d'abord les policiers de très haut, mais ils le ramènent à la raison. Oui, ils savent qu'il avait son bureau à l'Élysée. Oui, ils savent qu'il y avait le rang de conseiller à la Présidence. « M. Mitterrand souhaitait que je sois à part des autres conseillers traditionnels », tient-il à souligner, soit, mais ce qu'on attend de lui, c'est qu'il retrace calmement sa carrière, depuis le lycée Michelet, à Vanves… jusqu'à son entrée à l'Élysée.

Réflexe bien connu des personnes qui se retrouvent dans cette fâcheuse posture, Gérard Colé cherche à se réfugier derrière plus puissants que lui :

« Ma nomination à la tête de France Loto a été une idée de Michel Charasse, à l'époque ministre du Budget et conseiller du Président, raconte-t-il. Il était le seul à avoir la jouissance d'un appartement à l'Élysée. C'est dans la salle à manger de ses appartements que, tous les mercredis, à l'issue du Conseil des ministres, avait lieu le “déjeuner des marquis”, déjeuner au cours duquel on ventilait les postes de la République. J'étais invité en permanence à ces déjeuners. »

Les policiers, passablement ébahis, lui demandent de détailler ce scénario.

« En juin 1989, Michel Charasse m'avait demandé si je n'étais pas intéressé par la présidence du Loto national. Je ne connaissais pas les jeux. Charasse m'avait expliqué que le Président était embêté par la candidature de deux membres du PS à ce poste. Je me souviens d'ailleurs que Charasse m'avait dit : “Faire voter seize millions d'électeurs ou les faire jouer au Loto, c'est pareil.” Le président de la République a donné son accord à la condition que je continue à m'occuper de lui. »

Voilà les enquêteurs dans les coulisses du pouvoir suprême. Mais ce n'est pas fini :

« Je suis devenu président de France Loto, et, parallèlement, je continuais à travailler pour Michel Rocard, poursuit Colé. Une fois par semaine, le mercredi à 19 heures, je rencontrais ce dernier au Pavillon de Musique, au fond du jardin de Matignon. Mes services étaient rémunérés 40 000 francs par mois en numéraires qui m'étaient versés par Yves Colmou, chef de cabinet du Premier ministre. »

C'était donc vrai…

Pour embrayer, petite question sur son patrimoine, mine de rien. Il possède deux maisons, à Mezos et à Onesse-Laharie, la première achetée un million de francs en septembre 1989, la seconde 300 000 francs deux ans plus tard. Il a aussi acheté un appartement boulevard de Montparnasse pour sa fille, payé 2 millions de francs et financé par un prêt du Lyonnais.

On en vient aux faits. Colé bifurque et se pose aussitôt en victime :

« Fin novembre ou début décembre 1994, j'ai déposé plainte contre X pour effraction au commissariat de Neuilly. J'avais constaté que quelqu'un avait pénétré dans mon appartement du boulevard Victor-Hugo en fracturant la porte coulissante de la terrasse. Il s'est produit la même chose dans l'appartement que mon épouse loue à Lyon, où elle a également déposé plainte. Rien ne nous a apparemment été dérobé. »

L'histoire intéresse moyennement les policiers à en juger par la question suivante :

« Pouvez-vous établir un inventaire des comptes bancaires dont vous avez disposé entre juillet 1989 et décembre 1993 ? »

Colé remonte encore plus loin :

« De 1975 à 1983, j'ai d'abord eu un compte au Crédit Agricole, à Paris, dans une agence proche du siège du PS. De 1989 à 1990, j'ai ouvert un compte à la banque São Paolo, non loin de l'appartement de la rue d'Assas que j'occupais comme locataire. Appartement que j'ai donné à ma fille lorsque j'ai récupéré un appartement de fonction avenue Marceau. J'ai ouvert ensuite un compte au Crédit Lyonnais à Neuilly, près de la Française des Jeux, compte transféré ensuite à l'agence des Champs-Élysées. »

On s'interroge sur sa relation plutôt distendue avec le carnet de chèques.

« J'ai fonctionné sans chéquier pendant vingt ans, confie Colé. J'avais été très embêté par un vol de chéquier commis au préjudice de TPS [*nda* : sa société de communication], qui m'a causé des soucis pendant dix-huit mois. »

C'est le moment de tenter de piéger l'adversaire en évoquant ses rentrées d'argent.

« Ces comptes ont été approvisionnés par mes revenus de PDG de la Française des Jeux et les émoluments qui m'étaient versés par le cabinet du Premier ministre. J'avais un coffre à l'Élysée, dans un bureau que j'ai conservé jusqu'à la nomination de Mme Édith Cresson, en mai 1991. J'y avais couramment jusqu'à 200 000 francs. »

Un coffre à l'Élysée : les enquêteurs en avaient déjà entendu parler de la bouche de Dominique Galakhoff. Voilà qui place le gardé à vue au sommet de la pile « *very important people* », entre un fils d'ancien président de la République et un ancien secrétaire général de l'Élysée.

« Je possédais aussi un coffre dans mon bureau à la Française des Jeux, où je conservais également de l'argent liquide », poursuit Colé.

D'où provenait tout cet argent ?

« Comme je vous l'ai dit tout à l'heure, le cabinet du Premier ministre me versait 40 000 francs par mois, à quoi s'ajoutaient 10 000 francs pour chaque manifestation médiatique d'importance de Michel Rocard. Plus les 70 000 francs que me versait tous les mois la Française des Jeux.

– Comment expliquez-vous qu'aucun relevé de ces comptes n'ait été découvert lors des perquisitions du 6 juillet 1994 ?

– Les relevés du Crédit Lyonnais sont archivés dans un meuble situé à mon domicile de Neuilly. J'ai détruit les autres, n'en ayant aucune utilité.

– Pouvez-vous nous indiquer les montants maxima de vos remises de fonds sur les comptes ?

– Je dirais qu'il ne m'est jamais arrivé de déposer plus de 100 000 francs sur ces comptes, opérations que j'effectuais moi-même.

– Êtes-vous directement ou indirectement titulaire de comptes à l'étranger ?

– J'ai eu la signature sur le compte d'un ami de 22 ans, Henri Modiano, ouvert en Suisse à Lugano. M. Modiano est un homme d'affaires à la retraite, il a été pendant dix ans le bras droit de M. Doumeng.

– Pourquoi cette procuration ?

– M. Modiano dirigeait à Madrid une compagnie d'assurance dont je ne connais pas le nom. Il travaillait la semaine en Espagne et rentrait tous les week-ends à Paris, en général avec son épouse Micheline. Pour une raison qui m'échappe, il n'avait pas confiance dans la compagnie aérienne Ibéria. Craignant d'être victime d'un crash, il m'a un jour demandé si je pouvais accepter la signature sur son compte à Lugano. S'il devait décéder dans un accident d'avion, je devais me rendre en Suisse à l'adresse qu'il m'avait indiquée. La mission devait consister à vider son compte et à remettre le solde à parts égales à Catherine, la fille de sa femme, et à son fils dont j'ai oublié le prénom. »

Celle là, on ne leur avait encore jamais faite ! Mais Colé, ajoute-t-il, aurait pris ses précautions : « J'ai donné mon accord, m'étant assuré auprès de mon ami qu'il n'y avait rien de bizarre derrière ce compte. Je sais qu'il paye des impôts aux USA et en Italie. »

Colé situe ces événements entre 1991 et 1992.

« Depuis, Henri Modiano a vendu sa compagnie d'assurance à Madrid et a cessé de voyager de façon intensive. Il m'a demandé d'ailleurs d'annuler sa procuration, ce qui a été fait. »

Connaît-il les adresses de M. Modiano ?

« Il possède un appartement à Paris, une maison à Lugano et une autre en Floride. »

Peut-il fournir des précisions sur le compte suisse de son ami ?

« Je ne me souviens plus où était ouvert ce compte, mais c'était une petite banque. »

A-t-il eu l'occasion d'utiliser cette procuration ?

« Je me suis servi deux fois de cette procuration de façon accidentelle, pour retirer, de mémoire, une fois 500 000 francs et une fois 100 000 francs, en raison de besoins personnels. J'ai remboursé cet argent. »

Pourquoi ces retraits ?

« J'ai eu besoin de cet argent à une époque douloureuse de mon existence. J'avais acheté en copropriété les deux maisons des Landes avec une dame Galakhoff avec laquelle j'ai vécu du printemps 1989 au début de l'année 1992. Elle n'avait rien versé lors de l'acquisition de ces maisons. J'ai dû me séparer de cette femme, qui souffrait de névrose, de mythomanie, et délirait constamment. J'ai d'ailleurs essayé de la convaincre de se faire soigner par le professeur Bernard Mignot, agrégé à Sainte-Anne, et par le docteur Jean-Michel Oughourlian, psychiatre à l'hôpital américain de Neuilly. Ces deux médecins m'avaient indiqué qu'elle était en danger physique et que je m'y trouvais moi-même. Il est vrai qu'elle me frappait. »

Colé sait certainement que Dominique Galakhoff a rencontré les policiers. Il prend les devants en sortant l'artillerie lourde : non seulement elle est susceptible de raconter n'importe quoi, mais, en plus, elle le battait. Il poursuit :

« Lorsque je me suis séparé de Mme Galakhoff, je lui ai racheté sa part, autant par grandeur d'âme que pour avoir la paix, et je lui ai versé, par l'intermédiaire du notaire, une somme de 650 000 francs en échange de sa renonciation sur les immeubles. C'est à cette époque que j'ai emprunté à Modiano 500 000 francs, dont je n'ai pas eu besoin, et que je lui ai rendu en espèces, à Paris, en plusieurs fois. »

Avec quel argent a-t-il donc dédommagé Mme Galakhoff ?

« En me faisant rembourser des sommes que j'avais prêtées, notamment à ma sœur. »

Le deuxième retrait a aussi son explication :

« Plus tard, lorsque j'ai voulu terminer les travaux de restauration de la deuxième maison, je pensais avoir besoin de 100 000 francs. J'ai demandé à Modiano de me les prêter. J'ai profité d'un voyage professionnel au lac de Côme, invité par l'ex-président de la 2 et de la 3, Yvon Bourges, pour aller retirer moi-même cet argent. »

A-t-il remboursé ?

« J'ai rendu cette somme en une seule fois à Paris, en espèces. Modiano ne m'a pas délivré de décharge. Il n'y a pas eu d'écrits sur ces opérations. »

A-t-il gardé souvenir des montants déposés sur le compte de Modiano à Lugano ?

« Il devait y avoir 5 millions de francs. »

L'enquête policière est un long bras de fer. Il est un peu plus de 13 heures lorsque Gérard Colé apprend qu'il est placé en garde à vue. La « GAV », ou l'arme numéro 2 dans l'échelle de l'officier de Police judiciaire… Il faudra tenir au moins 48 heures, avec visite de l'avocat à la vingtième heure (c'était avant la loi sur la présomption d'innocence, en vigueur depuis le 1er janvier 2001). Difficile, quand on a été conseiller du Président, d'admettre que deux « pauvres cons » (le mot est ici de nous, mais pourrait être de lui) de flics peuvent vous causer les pires ennuis…

Colé sait qu'il va souffrir. Sans doute est-il déjà convaincu qu'on ne le lâchera pas.

La sœur, l'ex-épouse et le chauffeur

Le plan de bataille passe par la sœur. C'est le meilleur moyen de coincer leur « client », pensent les policiers. Son audition commence à 13 heures 50, ce même jour, par les présentations d'usage : Michèle Blondel, née en 1942, artiste « depuis l'âge de dix-sept ans », « principalement sculpteur et, dans une moindre mesure cinéaste et écrivain », célibataire, un enfant de vingt-neuf ans, artiste lui aussi, des revenus plutôt maigres, des œuvres vendues entre 15 et

50 000 francs, et honore une commande publique de temps en temps. Elle a par exemple conçu une fontaine pour la gare de l'Est, de loin son plus grand chantier.

Côté patrimoine, Michèle Colé possède un petit atelier à Paris, acheté en 1982 pour 515 000 francs, avec l'aide de ses parents, et une maison de résinier située à côté de celle de son frère, achetée en 1992 pour 550 000 francs. Comment ? C'est une histoire compliquée. Elle a fait travailler l'argent avancé par le ministère de la Culture pour la fameuse sculpture, le temps que la SNCF donne son aval au projet. Elle ne s'en est d'ailleurs pas cachée. Des relations financières avec son frère ? Il lui a prêté 400 000 francs pour financer l'installation de son fils, designer, à Paris. Argent qu'elle a remboursé par chèque tiré sur son compte, sans l'avoir utilisé. « C'est la seule opération que j'aie eue avec lui. »

Et Vitrolles ?

« L'une de mes spécialités est le travail du verre et du cristal. Dans toutes mes fontaines, il y a du cristal et du Baccarat. C'est ainsi que j'ai réalisé la pose d'une dizaine de blocs de cristal de Baccarat à Vitrolles, sur le site de la Française des Jeux. »

On y vient. On veut des détails. Elle en fournit. Pour les fameux blocs, elle a présenté un devis de 90 000 francs qui a été accepté. Rien d'autre ?

« À mon avis, nous avons fait le tour de la question. S'il y a un oubli, je vous téléphonerai. »

Pas de là où les policiers l'expédient : les petites salles de garde à vue de la Police judiciaire sont plus propres que celles des commissariats de quartier, mais elles ne sont pas équipées de cabines téléphoniques.

Une autre femme attend dans les couloirs : l'ex-épouse de Colé, Catherine Cauquil, gérante de la Sarl Noblesse Oblige. C'est elle qui prend le relais.

Oui, sa société est bien intervenue au domicile de Gérard Colé, avenue Marceau, pour fournir un tapis et du mobilier. C'était en 1989, comme l'indique le policier. Montant de la facture, qui figure sur son livre de comptes : 362 539 francs.

« Je n'ai pas été choquée par la remise en numéraires de 85 000 francs par mon client », affirme-t-elle.

En 1990, elle a aussi participé à des travaux de décoration à la Française des Jeux par le biais d'un architecte qu'elle connaissait depuis longtemps, M. Grison. Honoraires facturés : 200 000 francs.

« Je pense que Colé s'est adressé à moi car il savait que j'étais dans le coup et qu'il ne connaissait pas grand monde. »

N'a-t-elle pas également travaillé pour l'Élysée ?

« C'est exact. Je ne me rappelle pas quel chiffre d'affaires j'ai réalisé. J'avais été contactée par M. Bianco, qui devait être le secrétaire général de l'Élysée. »

Quand situe-t-elle ce chantier ?

« Je ne me souviens plus. C'est une de mes amies qui m'avait présenté M. Bianco. Le fait que Colé conseillait le président de la République à cette époque n'a pas joué dans le choix de l'Élysée. »

A-t-elle été correctement rémunérée ?

« Je n'ai aucune idée de la marge nette que ces travaux me laissaient.

– Dans quelles circonstances avez-vous été amenée à travailler sur le site Agora, à Vitrolles ?

– C'est M. Le Disert qui m'a appelée. Je ne connaissais pas ce monsieur, qui devait être directeur commercial à la Française des Jeux. J'avais déjà travaillé sur le site de Neuilly. Il m'a expliqué que le projet de décoration déposé par un concurrent ne lui convenait pas, et m'a demandé de lui en fournir un. »

Les travaux lui ont été commandés fin 1992. A-t-elle rencontré sur le chantier Mme Blondel ?

« J'ai effectivement rencontré trois ou quatre fois sur le site mon ex-belle-sœur, chargée de réaliser un grand lustre. Je ne l'ai pas vue s'occuper d'autre chose. Peut-être du jardin en forme de chiffres. »

Ses rémunérations ? Le contrat qu'elle a signé prévoyait 650 000 francs d'honoraires pour sa société, mais elle a perçu 1,3 million de francs, du fait de l'extension des travaux, notamment le hall d'entrée.

Aveux insuffisants aux yeux des policiers qui ont déjà planifié la garde à vue en espérant que ces quelques heures de privation de liberté la conduiront à d'autres confidences.

18 heures 35 : Jean Da Cunha, chauffeur de direction à la Française des Jeux, fait son apparition. Né au Portugal en 1950, il est entré dans la société en 1983, en même temps que le nouveau président du Loto qu'il avait servi précédemment à la Sofirad. Salaire net mensuel : 21 000 francs. Ses souvenirs sont intacts, à en juger par son témoignage :

« À la demande de Gérard Colé, je suis allé à plusieurs reprises à l'agence du Crédit Lyonnais de la rue du Château, à Neuilly, déposer de l'argent en espèces. J'avais toujours affaire à la même personne, la directrice de l'agence. Lorsqu'elle n'était pas là, je remplissais le bordereau, mais je ne connaissais pas le numéro du compte. »

On lui montre un bordereau qu'il reconnaît sans problème.

« Colé me faisait venir à son bureau et me remettait une enveloppe en m'indiquant la somme qu'elle contenait, explique-t-il. Il s'agissait d'enveloppes blanches de moyen format, de la Française des Jeux. »

Son patron transportait-il régulièrement des fonds ?

« Colé ne m'a jamais dit, lorsque nous nous déplacions, qu'il transportait de fortes sommes d'argent. »

A-t-il eu l'occasion de croiser Modiano ?

« J'ai conduit Colé à plusieurs reprises à proximité de la rue A., domicile de M. Modiano, un ami du Président. Il m'est aussi arrivé de suivre la voiture de Modiano où avait pris place Colé, à la sortie de l'Élysée. Je le récupérais sitôt arrivé au domicile de Modiano. »

Que sait-il de cet homme ?

« Colé ne m'a jamais fait de confidences sur Modiano. »

Les relations de son ancien patron avec les frères Gross ?

« Je l'ai accompagné une bonne dizaine de fois avenue Gabriel, dans le XVIe, jusqu'aux bureaux de Carat. Il paraissait ami avec Francis Gross, qui est décédé. Je suis aussi allé dans les locaux de Carat TV, à Neuilly, où Colé rencontrait M. Pilhan, à l'époque président de l'agence Bélier, et M. Douce, du groupe Havas, selon son chauffeur. »

Colé face à ses compléments de salaire

22 heures 45 : c'est le moment choisi par les enquêteurs pour extraire Gérard Colé de sa cellule et le passer de nouveau à la question. Attaque frontale :

« Vous avez remis sur vos trois comptes, entre août 1990 et juin 1993, la somme globale en numéraires de 1 331 000 francs. D'où provenaient ces fonds ?

– D'août 1990 à mai 1991, je percevais 10 000 francs par semaine, versés par le cabinet de Michel Rocard. Je ne sais pas à quoi correspondent les 900 000 francs d'écart, mais je sais que je ne dépensais pas tout mon traitement. Je percevais environ 56 000 francs nets par mois, sur lesquels je dépensais 15 000 francs.

– Il n'apparaît pas que vous préleviez cet argent pour le reverser sur ces comptes, remarque un policier.

– Comme je ne touchais rien en dehors de mon traitement et des fonds de Matignon, il y a nécessairement une erreur quelque part.

– Vous avez certainement appris la mise en examen de M. Alain Carré, fournisseur important de la Française des Jeux. Que pensez-vous de cette "péripétie judiciaire" ?

– J'ai été extrêmement surpris d'apprendre qu'il était inquiété. Ce monsieur était en quelque sorte un "Cardin du design" de réputation internationale, travaillant aussi au Japon. Je n'ai rencontré Carré qu'à deux reprises, dans les locaux de la Française des Jeux, lors de réunions de travail, en compagnie de MM. Grasset et Sparza. Le responsable en charge du dossier "Équipement des points de vente" était Yves Grasset. C'est lui qui s'est occupé des contrats passés avec le groupe Carré et des prix. Il n'y a jamais eu de discussion pour savoir si, en dehors du groupe Carré, quelqu'un d'autre pouvait nous fournir le même matériel. »

Croche-pied réglementaire des enquêteurs :

« À la fin 1991, Mme Perrier, alors responsable du service Achats, n'a-t-elle pas attiré votre attention sur l'absence de justification des coûts annoncés par le groupe Carré dans la facturation des contrats "consultant" ?

– Je n'avais pas en mémoire cette intervention, mais comme vous me le rappelez, je me souviens de m'en être ouvert à Grasset, qui m'a assuré qu'il n'y avait pas de problème. »

Les policiers se démasquent :

« Malgré tout, vous avez fini par licencier Mme Perrier et supprimer le comité des marchés. De plus, sur la photocopie de la lettre recommandée adressée le 27 novembre 1991 par l'assistante de Mme Perrier à la société Quassart, vous avez porté une annotation manuscrite ainsi rédigée : "J'ai eu Alain Carré au téléphone : affaire enterrée d'un commun accord. GC." Votre attitude semble des plus paradoxale et manifestement contraire, à l'époque, à l'intérêt de la Française des Jeux. Qu'en pensez-vous ? »

Loin de se dégonfler, l'ex-PDG a des arguments :

« J'ai licencié Perrier à cause de son refus réitéré de dimensionner le service Achats aux justes proportions dont nous étions convenus quelques mois auparavant. Le comité des marchés a été supprimé compte tenu de son inefficacité sur deux critères : absentéisme quasi systématique des responsables et absence de compétences sur tous les sujets. Je me rappelle fort bien avoir rédigé cette annotation, mais il faut la replacer dans son contexte. Elle faisait réponse à l'inquiétude manifestée par Grasset après la colère exprimée auprès de lui par Alain Carré. »

On cherche à cerner sa sphère de compétence.

« Certains contrats avec les fournisseurs étaient du domaine de la présidence, du fait du volume financier ou du prestige de ceux-ci, tels les contrats avec *TF1* ou Ligier, explique Colé. Le contrat avec *TF1* a dû s'élever à 30 millions de francs par an. C'est eux qui ont payé pour avoir l'exclusivité du tirage du Loto. Nous étions la seule loterie au monde qui se faisait rémunérer. *TF1* voulait éviter que l'exclusivité revienne à *Antenne 2*.

– Qui est intervenu dans les négociations avec *TF1* ?

– Patrick Le Lay et moi-même, personne d'autre. À l'époque, Tapie a joué ou plutôt s'est proposé de jouer les entremetteurs, mais je n'avais pas réellement besoin de lui pour rencontrer Le Lay. »

Et ses rapports avec Carat ?

« J'ai également travaillé avec Carat, centrale d'achat d'espaces publicitaires, choisie après un appel d'offres. Je pense que ces procédures sont archivées à la Française des Jeux. La première année, nous avons travaillé à parts égales avec un autre groupe, Initiative media. Carat facturait à la Française des Jeux environ 100 millions de francs d'espaces publicitaires, montant sur lequel elle percevait une commission que je ne connaissais pas. »

Son interlocuteur chez Carat ?

Il s'emmêle dans les prénoms :

« Carat est dirigé par Francis Gross depuis le décès de son frère Gilbert… ou l'inverse. »

Les connaissait-il auparavant ?

« J'ai fait la connaissance de la société Carat à l'occasion des contrats que nous avons passés avec elle. »

Tentative de déstabilisation :

« Lors de la perquisition effectuée à votre domicile ont été saisis dix-neuf doubles de factures adressées par TPS [*nda* : la société de Colé] à Carat entre 1984 et 1989, pour 765 000 francs. Il est donc très étonnant que vous prétendiez ne pas avoir connu Carat antérieurement à vos fonctions à la Française des Jeux. Qu'en pensez-vous ? »

Ni l'heure tardive ni la menace d'une éventuelle incarcération n'embrouillent Colé qui réplique :

« J'ai oublié de vous en parler, car, pour moi, il ne s'agit pas là de Carat, mais de la présidence de la République. Dans la mesure où l'on ne pouvait me régler à ma juste valeur, dès lors que je devais être rémunéré sur la base de 14 ou 15 000 francs, Jean-Claude Colliard, directeur de cabinet du président de la République en 1984, m'avait dit que l'équivalent d'un complément de salaire pourrait être versé par la société Carat. C'est ainsi que j'ai adressé des factures à un certain M. Stephen. Comme TPS ne possédait pas de compte en banque, les règlements par chèque étaient mis à l'encaissement sur mon propre compte. »

Colé reconnaît volontiers que ces factures étaient sans fondement. À l'époque, il n'avait évidemment jamais mis les pieds chez Carat.

On lui sort un courrier adressé par le fisc à TPS en 1991. Il concède la fraude fiscale :

« J'ai délibérément établi ces déclarations fiscales en omettant les règlements d'honoraires versés par Carat. »

Comment s'est-il sorti de ce contrôle ? Apparemment sans mal, mais sa mémoire lui fait cette fois défaut.

« Je ne sais pas comment cette affaire s'est terminée, mais je n'en ai plus entendu parler », dit-il.

Il est 3 heures 15 lorsque le gardé à vue est autorisé à aller se reposer. Les policiers soufflent également. Pas longtemps : le lendemain matin, 20 décembre, à 9 heures 45, ils annoncent à Colé qu'il faudra jouer les prolongations. « Vu les nécessités de l'enquête », il en prend pour 24 heures supplémentaires.

Une situation dont il s'est entretenu dès l'aube avec son avocat, Me Patrick Maisonneuve. L'entrevue s'est déroulée entre 7 heures 20 et 7 heures 50, chronomètre en main. L'avocat en conserve un souvenir assez précis :

« Lorsque je suis arrivé sur place, un des enquêteurs a tenté une manœuvre à peine voilée. Il m'a invité à prendre un café. Là, il m'a dit : “Vous savez, le juge est furieux. Il faut que votre client avoue. C'est la seule manière de le sortir de là.” Je l'ai laissé parler avant de lâcher, comme si j'abondais dans son sens : “Ah bon, vous croyez vraiment ?” Le policier a insisté. “Bon, lui ai-je dis, je vais essayer de le convaincre. Comptez sur moi.” »

Bien évidemment, l'avocat a transmis à son client un message exactement inverse. Quelque chose dans le genre : « Ils veulent que vous passiez des aveux. Surtout, ne le faites pas, car, s'ils en sont là, c'est qu'ils n'ont rien dans le dossier. »

Cette stratégie gagnante s'est achevée en apothéose lorsque le policier, reprenant en main le gardé à vue, lui a dit :

« Vous avez le meilleur avocat du barreau de Paris. Je vous suggère de suivre ses conseils. »

Colé n'aurait pas saisi tout de suite le sens du propos. Plus tard, il s'est dit qu'il y avait au moins un point sur lequel il était d'accord avec son « bourreau » : l'excellence de son défenseur.

La sœur face à ses honoraires

Michèle Blondel apprend peu après 10 heures la prolongation de sa propre garde à vue. Juste avant une nouvelle audition au cours de laquelle elle raconte le chantier de Vitrolles :

« Mon frère Gérard souhaitait réaliser un projet assez spectaculaire, mais dans un bref délai. Il voulait construire un jardin intérieur avec des plantes. C'est lui-même qui m'en a informée dans le détail. Il n'était pas satisfait de la qualité et de l'avancement des travaux. Il m'a demandé de faire une proposition d'aménagement du patio. »

Comment a-t-elle découvert la société Univers O Plantes ?

« Par recoupements. Cette société avait bonne réputation. Elle fournissait à la fois l'Élysée et la Mairie de Paris. »

Mitterrand et Chirac servis par le même fleuriste, voilà une passerelle inattendue de la cohabitation. Mais les policiers en reviennent à Vitrolles. On leur a dit, là-bas, qu'elle se présentait comme « architecte ». Franchement, elle ne comprend pas. Normalement, elle se dit « artiste »...

Quel était plus précisément le projet de son frère ?

« Il s'agissait, à l'aide d'arbustes, de fabriquer des chiffres rappelant le Loto. »

Comment a-t-elle été rémunérée pour son travail ?

Gérard lui avait fixé un budget, entre 700 et 750 000 francs, mais il y a eu quelques acrobaties, comme elle est prête à le reconnaître :

« Je ne devais pas apparaître en tant que fournisseur de la Française des Jeux, ni dans la facturation. C'était une instruction de mon frère. Je pense aussi qu'il est intervenu pour que nous soyons payés le plus rapidement possible, car il y avait urgence à réaliser le chantier.

– Qu'est-ce qui justifiait vos honoraires ?

– Ma notoriété d'artiste. »

On glisse au point suivant : ses contacts avec Original Néon. Michèle Blondel dit avoir eu l'adresse de cette société « par un collègue artiste » : « Gérard voulait faire fabriquer un lustre en forme de sphère recouvert de chiffres lumineux en néon », explique-t-elle avant de certifier ne pas avoir fait état de son lien familial avec le président de la Française des Jeux.

Le policier revient à la charge sur ses honoraires, évalués cette fois à 145 000 francs.

« Ma notoriété, mes compétences et la difficulté de la réalisation les justifient », dit-elle sans se démonter le moins du monde.

À ce moment de la « bataille », une demande d'information arrive de l'Élysée. On s'y inquiète des conditions de la garde à vue de Gérard Colé. Les enquêteurs n'avaient certes pas besoin de cela pour comprendre que le dossier était suivi en très haut lieu, mais ils en ont maintenant confirmation. Tout va bien, expliquent-ils au chef de l'Office, qui transmet au directeur central de la Police judiciaire, lequel informe le directeur général de la Police, qui se tourne vers le directeur de cabinet du ministre, qui alerte le ministre lui-même...

Détail essentiel qui éclaire la partie de bras de fer en cours au sommet de l'État : le directeur central de la Police judiciaire, Jacques Franquet, a été appelé par son ministre, Charles Pasqua, au moment précis où il avait convié ses proches à un pot de départ un peu précipité. Un départ rendu obligatoire par le rôle trouble joué par ce « grand flic » dans un rocambolesque « montage » destiné à déstabiliser le juge Éric Halphen qui, non content de s'attaquer à l'office HLM de la Ville de Paris, se piquait d'aller mettre son nez dans les finances des Hauts-de-Seine, fief électoral de Charles Pasqua...

Aucun rapport avec la Française des Jeux, sauf que des policiers soupçonneux estiment qu'une sorte d'accord au sommet a pu être passé entre Pasqua et Mitterrand, deux hommes qui s'appréciaient autant qu'ils se pratiquaient. Termes de l'échange supposé : un traitement doux pour Gérard Colé... contre une exploitation mesurée de l'énorme gaffe pasquaïenne. Au passage, deux personnes échappaient au pire : l'ex-président de la Française des Jeux et le docteur Jean-Pierre Maréchal, psychiatre et sexologue renommé, mais surtout beau-père du juge Éric Halphen, arrêté quelques heures auparavant en flagrant délit... alors qu'il se faisait remettre un million de francs en liquide par un certain Didier Schuller, élu RPR des Hauts-de-Seine. Une manipulation destinée à éloigner le juge d'instruction du fief de Charles Pasqua, comme l'avait aussitôt compris le Président de la République.

Difficile d'apporter les preuves concluantes d'un tel marché. Mais on comprend l'énorme poids qui pèse sur les épaules d'Isabelle Orsini au moment de choisir entre la détention provisoire et le contrôle judiciaire. Trois gardes à vue qui se téléscopent, dont deux touchent directement les têtes du pouvoir exécutif et une l'atteint personnellement, voilà qui fait beaucoup pour une magistrate qui découvre la complexité des affaires politico-financières.

Un cadre de la Française parle de Modiano

À 13 heures 40, un personnage inattendu fait surface : Yves Grasset, directeur commercial de la Française des Jeux, dont il est salarié depuis 1977. Son secteur : la création de produits et la communication, plus le réseau de vente et le côté international. On le questionne sur les marchés publicitaires passés par la Française des Jeux.

« En 1990, nous avons mis en compétition plusieurs centrales d'achat d'espaces publicitaires, pour retenir Carat TV et Initiative Media. Par la suite, nous avons tout regroupé chez Carat à l'initiative du président, dans un souci d'efficacité. » Il y en avait pour environ 300 millions de francs par an.

« Chez Carat, précise-t-il, Gilbert Gross était, jusqu'à son décès, en relation directe avec Gérard Colé. »

Le policier veut savoir si un intervenant extérieur a participé aux négociations.

« Pas à ma connaissance. »

On aborde le cas Modiano, dont l'ombre semble quelque peu obséder les enquêteurs.

« En 1991, je crois, Colé m'a présenté Henri Modiano. Il m'a dit que ce monsieur était susceptible de nous aider dans nos affaires. J'ai su que c'était un ancien député et qu'il travaillait beaucoup à l'international. Les affaires dont nous avons discuté n'ont pas abouti. »

Et de lister les projets avortés : implantation d'une loterie instantanée en URSS, lancement d'un Loto en Italie, expertise d'une vidéo-loterie aux USA...

Selon les agendas de Colé, Grasset aurait participé à une réunion avec l'ex-président de la Française, Modiano et un certain Kapur. S'en souvient-il ?

« J'ai dû assister à quelques rencontres avec Modiano. Je suis même allé dans son appartement parisien. »

Et après ?

« À partir de 1993 et pour des raisons que j'ignore, Modiano m'a évité. Pour conclure sur lui, ce monsieur ne m'a pas paru très performant, tout au moins dans le domaine du jeu. »

On lui montre une lettre en anglais, signée de la main de Modiano, évoquant le lancement d'une loterie « Millionnaire » au Kazakhstan (ex-URSS). Projet également avorté, dit le témoin.

Que pense-t-il du sort infligé par la justice à Alain Carré ?

« J'ai été stupéfait par la nouvelle de sa mise en examen. »

Grasset se souvient cependant que Mme Perrier avait attiré son attention sur les prix pratiqués par la société Quassart. On exhibe alors sous ses yeux le contrat qu'il a signé avec Noblesse Oblige.

«J'ai agi sur instruction de Colé, car je ne connaissais pas cette société », dit-il.

Dernière salve :

« Le coût des travaux sur le site Agora s'est élevé à plus de 44 millions de francs au lieu des 27 prévus. Le service audit de la Française des Jeux remarque que les prestations ont été assurées en grande majorité par des sociétés qui n'ont pas été mises en concurrence. Qu'en pensez-vous ?

– Nous avons voulu aller trop vite », concède Grasset avant d'être reconduit jusqu'aux ascenseurs.

Il n'est pas loin de 16 heures. Quelques minutes plus tard, Catherine Cauquil voit à son tour sa garde à vue prolongée.

Une nuit sur le grill pour le PDG

Fin d'après-midi brutale pour Gérard Colé avec une nouvelle perquisition à son domicile de Neuilly. Dans la salle à manger, les policiers avisent un meuble de couloir noir. C'est là qu'il conserve ses courriers les plus sensibles, comme s'il souhaitait qu'un jour on les trouve sans efforts. Parmi ceux qui retiennent l'attention des enquêteurs, la photocopie d'un courrier adressé le 23 novembre 1992 à François Mitterrand, accompagné de deux notes manuscrites de Colé, l'une à l'attention du président de la République, l'autre à une certaine Marie-Claire Lapezay. Un début en fanfare…

Les limiers de l'Office central de Répression de la grande délinquance financière saisissent également trois courriers adressés par Air France à Colé au sujet de son embauche comme chargé de mission et de ses appointements, agrémentés de trois bulletins de salaire ; la copie d'un courrier adressé par Colé à Philippe Martin, chef de cabinet du ministre de l'Économie et des Finances, consacré aux soucis de la société TPS ; la copie d'une note manuscrite adressée par Colé à Hubert Védrine, le 28 octobre 1993 ; une lettre de Colé à Nicolas Sarkozy, datée du 28 octobre 1993 ; la copie d'un fax de deux pages adressé par Colé à Michel Charasse le 15 décembre 1993 ; enfin une lettre manuscrite adressée à Colé et rédigée sur un papier à en-tête estampillé « H.M. », datée du 22 janvier 1991.

Retour à la Police judiciaire les poches pleines, pour entamer le troisième interrogatoire de Colé. Première question :

« Parmi les documents saisis aujourd'hui à votre domicile se trouvent notamment des courriers de la direction du personnel d'Air France, ainsi que trois bulletins de salaire établis à votre nom en qualité de chargé de mission, pour des montants allant de 26 600 à 30 700 francs. De quoi s'agit-il ? »

Légèrement excédé, Gérard Colé répète ce qu'il a déjà dit :

« De 1984 à 1987, j'ai bénéficié d'un contrat du secrétariat général du gouvernement pour un emploi qui me procurait 15 000 francs par mois. Le complément était assuré par les factures TPS à Carat. Ce contrat a été renouvelé une fois pour deux ans, puis je me suis retrouvé sans ressources. C'est là que le remplaçant de M. Colliard à l'Élysée, Gilles Ménage, m'a demandé de prendre attache avec M. Vidalon, directeur du personnel d'Air France, qui m'a établi un contrat. Bien évidemment, je n'ai jamais travaillé pour Air France, et lorsque je suis devenu PDG de la Française des Jeux, cet emploi est devenu caduc. Cette façon de procéder semblait usuelle. »

On en vient à la lettre rédigée sur papier à en-tête « H.M ».

« Il s'agit de mon ami Henri Modiano. Il a été élu député gaulliste aux législatives de 1968. Je ne sais pas ce qu'il faisait avant. Je l'ai connu à l'époque où il avait des ennuis, en 1972-1973, ennuis qu'il a racontés dans un livre intitulé *Lettre ouverte aux gaullistes trahis.* Il se serait opposé à la dévaluation du franc prévue pour la fin de l'année 1968, d'un commun accord avec MM. Jeanneney et Barre. N'ayant pas été réélu, il est parti en Israël. Lorsqu'il en est revenu, il est rentré au service du groupe Doumeng en qualité de directeur. On a continué à se rencontrer périodiquement, mais je n'ai jamais été au courant de ses ennuis judiciaires. Je sais qu'il a dirigé un élevage industriel de poulets avec lequel il a gagné beaucoup d'argent, ce qui lui a permis d'acquérir une compagnie d'assurance à Madrid. N'appréciant pas l'Espagne, il passait tous ses week-ends à Paris, et c'est à cette époque, en 1985-1986, que nous nous sommes de nouveau fréquentés. »

On le prie de poursuivre son récit.

« Modiano possède depuis de nombreuses années une maison à Lugano, mais réside à Paris. Il a deux enfants, dont un fils ingénieur qui vit chez sa mère à Paris, et une fille qui vit en Californie. Je ne me suis jamais rendu à son domicile de Lugano. Par contre, je suis allé une fois à Fort Lauderdale, au printemps dernier, époque depuis laquelle je ne l'ai ni revu ni entendu. Je sais qu'il a une société aux USA, Occidental Bank Investment Inc, dont il est apparemment le responsable, mais dont je ne connais pas l'activité. »

Les policiers saisissent cet instant pour exploiter à nouveau les agendas saisis dans les Landes.

Colé concède sans mollir :

« J'ai effectivement rencontré à de nombreuses reprises Modiano, qui nous a été bien utile sur des dossiers d'exportation. Il a été rémunéré sous forme d'honoraires versés par la Française des Jeux pour des sommes minimes : quelques dizaines de milliers de francs par facture. »

On évoque ses très nombreux rendez-vous avec Gross et Modiano.

« Il s'agissait du dossier des vidéo-loteries, dont la commercialisation mondiale intéressait Modiano et ses innombrables contacts. Gross recherchait de nouveaux débouchés à cause de l'affaiblissement de ses activités en Europe, notamment en France, depuis la loi Sapin sur la publicité. MM. Dubrûlé et Pélisson se sont joints à ce groupe informel, intéressés par le placement des vidéo-loteries dans les halls des hôtels de leur chaîne. »

L'un des policiers attaque :

« Maintenez-vous ne plus vous souvenir du nom de la banque de Lugano dans laquelle vous aviez procuration sur un compte Modiano ? »

Colé, de plus en plus excédé :

« J'ai déjà répondu qu'il s'agissait d'une petite banque : Kredit quelque chose... Je n'ai pas d'autres précisions à vous donner, ce qui n'est pas surprenant eu égard à la place périphérique occupée par cet établissement dans ma vie. »

On lui rafraîchit la mémoire. Il confirme :

« Effectivement, maintenant que vous le dites, il s'agit de la Privat Kredit Bank.

– Comment la société Bikis Inc a-t-elle pu vous délivrer une procuration sur son compte ?

– J'ai imaginé que Modiano était responsable de cette société et qu'il avait demandé aux responsables de la banque de m'établir cette procuration. Je ne me souviens plus de leurs noms, mais je sais qu'ils avaient une consonance italienne. »

On lui montre le fameux relevé de compte de la société Bikis Inc saisi chez Dominique Galakhoff, sur lequel ont été griffonnés à l'encre bleue le nom et le numéro de téléphone d'un certain Fontana.

« J'ai bien entendu déjà vu ce relevé lorsqu'il m'a été délivré par le directeur de l'agence, M. Fontana, reconnaît Colé qui authentifie son écriture.

– Aviez-vous vocation à intervenir de façon habituelle sur ce compte ?

– En aucune façon.

– Dans ces conditions, quel intérêt aviez-vous à vous faire délivrer un relevé du compte Bikis, d'autant qu'il n'est pas habituel pour un banquier de délivrer un extrait de compte à un non-titulaire ?

– Cette précision me surprend, car mon interlocuteur n'a fait aucune difficulté pour me délivrer cet extrait de compte, qui me semblait indispensable pour connaître le volume des espèces à en extraire dans la fâcheuse et dramatique occurrence envisagée par Modiano. En effet, j'ai pu constater à cette occasion qu'il s'agissait de sommes importantes, dont j'avais beaucoup de mal à apprécier le physique une fois traduit en billets. M. Fontana, à moins que ce ne soit M. Bernasconi, m'avait d'ailleurs précisé qu'il était nécessaire de prévoir un délai minimum de 24 heures en cas de retrait important. »

On laisse entendre qu'il se serait rendu à de nombreuses reprises dans ce canton italo-suisse.

« Je vous répète que je ne suis allé que deux fois dans cette banque de Lugano. Si le numéro de téléphone de M. Fontana figure sur l'extrait, c'est que j'ai dû le prévenir à l'avance lorsque je suis allé retirer 500 000 francs. »

Chapitre provisoirement clos. On en revient aux histoires de famille :

« J'ai confié à ma sœur, verbalement, la création de deux œuvres originales sur le site de Vitrolles : le globe monumental du grand hall et le jardin des chiffres. Je lui ai fixé un budget pour chaque œuvre, dans une fourchette située entre 650 et 750 000 francs. Je ne peux vous dire comment il avait été prévu qu'elle soit rémunérée. Je pense que, pour l'une des œuvres, elle facturait des honoraires hors de la fabrication, et que, pour l'autre, il y aurait une facture globale du fournisseur. »

C'est bien lui qui a avalisé le devis d'Univers O Plantes, d'un montant de 626 239 francs, qu'il a d'ailleurs signé de sa main.

« Le président de la Française des Jeux a-t-il vocation à signer des devis d'un si faible montant ? interrogent les policiers.

– Il m'est arrivé d'en contresigner de plus faibles. Dans le cas présent, je l'ai fait en raison de l'urgence, du caractère emblématique de la fourniture, et parce que nul n'ignorait que l'artiste retenue était ma sœur. Je tenais à assumer cette commande.

– Votre sœur nous a déclaré que vous lui aviez demandé de ne pas apparaître personnellement dans la facturation.

– C'est tout à fait possible. »

Il ne sait plus combien elle a gagné sur ces opérations. On lui rafraîchit la mémoire : environ le tiers du budget.

« Je ne trouve pas cela excessif. »

On en vient à Catherine, son ancienne épouse.

« Je peux vous dire qu'avec le talent qu'elle possède, elle devrait être milliardaire au lieu de travailler pour des "économiquement faibles" ! Sa société a été appelée pour remplacer le décorateur, défaillant à la suite d'une brouille avec l'architecte au sujet de ses honoraires. Je reconnais que plusieurs prestataires ont été choisis sans appel d'offres, à cause de l'urgence. »

Les douze coups de minuit ont sonné depuis longtemps lorsque Colé doit à nouveau s'expliquer sur son patrimoine.

« Début septembre 1989, j'ai décidé d'acheter la propriété du Caoulé, dans les Landes, pour un million de francs. Ce montant, moins 50 000 francs de location pour l'été et 50 000 francs pour retenir la maison, pouvait être couvert par la vente du portefeuille que j'avais patiemment constitué à la banque São Paolo. Mais M. Tapie, que je voyais à l'époque, m'a déconseillé de le céder. Il se faisait fort d'obtenir un prêt rapide, à faible intérêt, auprès de la Société de Banque occidentale (SDBO). J'ai suivi son avis, et j'ai obtenu en quelques jours un chéquier pour moi et un pour ma compagne, Mme Galakhoff, sur lequel il a été convenu que nous ne tirerions qu'un chèque chacun. Je me suis aperçu par la suite qu'il s'agissait de deux découverts, avec des intérêts sur lesquels je reste débiteur de 300 000 francs. »

Les policiers ont du mal à prendre cette version au pied de la lettre. Ils le font certainement sentir à Colé. Mais il n'en dit pas plus. Spontanément, il n'a rien d'autre à ajouter, même si l'issue de cette partie de bras de fer est encore incertaine. Il est 2 heures du matin.

Les gardes à vue prennent fin

6 heures 15, le 21 décembre. Catherine Cauquil va-t-elle s'effondrer lors de sa troisième audition ? On sort les classeurs saisis à son domicile, bourrés de factures. On la relance sur le chantier de Vitrolles, sur la rénovation du bureau du cinquième étage, celui du président, au siège de la Française des Jeux. Puis on l'invite à revenir sur sa vie avec Colé.

« C'est à peu près quinze ans après notre divorce que nous avons recommencé à nous parler grâce aux efforts de notre fille Clémentine, dit-elle. Auparavant, je ne sais absolument pas ce qu'il a fait de son existence. Je n'ai donc pas trouvé anormal qu'en 1989, alors qu'il était conseil en communication de la Présidence, il me commande pour 350 000 francs de travaux de décoration, qu'il a d'ailleurs réglés sans difficulté. »

Les enquêteurs en restent là. Ils ont épuisé leur « temps de parole » : une garde à vue ordinaire ne peut excéder 48 heures. Catherine Cauquil peut repartir avec ses dossiers, libre.

Michèle Blondel, elle, est conduite devant le juge d'instruction où elle est mise en examen du chef d'abus de biens sociaux.

Gérard Colé la suit quelques minutes après. Il y apprend sa mise en examen des chefs d'abus de biens sociaux et complicité, faux en écriture privée et usage, ingérence et obstacle aux vérifications ou contrôles des commissaires aux comptes. Il devra également acquitter une caution d'un million de francs pour laquelle il recevra l'aide de son vieil ami Jacques Séguéla. Une gifle, mais l'ancien PDG préserve l'essentiel : sa liberté. Laquelle est très mal vécue par la Police judiciaire où l'on s'attendait à une incarcération préventive, et ce, du haut au bas de la hiérarchie.

« Il s'en est fallu de peu qu'il dorme en prison », dira le lendemain Pierre Chassigneux, directeur de cabinet de Mitterrand, à Michel Charasse.

Charles Pasqua aurait pu en dire autant à Édouard Balladur au sujet du Docteur Maréchal, qui se retrouve seulement assigné à résidence avec interdiction d'avoir le moindre contact avec les personnes citées dans la procédure…

II

1995

Ventilateur, climatiseur…

Une enquête financière ne doit négliger aucun détail, surtout lorsque les principaux suspects filent entre les doigts. Même les climatiseurs peuvent contenir un vice caché. Pour en avoir le cœur net, les enquêteurs convoquent, dès le 3 janvier un certain Daniel Henrion, PDG de la société Air Climat. Né en 1950 à Paris, installé à Clamart, il est spécialisé dans le vente et l'installation de climatiseurs. Comment est-il entré en relation avec le groupe Carré ?

« En prospectant. »

Avec qui a-t-il traité ?

« Avec M. Gigandet, dont le souci principal était de ne rencontrer aucune difficulté de fonctionnement, une fois l'installation en place. »

Ses bénéfices ? Très raisonnables, à l'entendre. Ce qui lui a permis d'obtenir à la fois le marché des salles de formation et de plusieurs boutiques de la Française des Jeux. Prix moyen facturé : 180 000 francs pour les salles, 110 000 francs pour les boutiques. Pas de faux devis à signaler.

« Ce client savait négocier ses prix en toute connaissance de cause », note Henrion dont le témoignage ne semble pas devoir révolutionner le dossier.

Celui du publicitaire Alain Marceshe, recueilli le lendemain, est déjà plus instructif. Il a fréquenté plusieurs protagonistes de l'affaire, dont il éclaire les relations :

« J'ai fait la connaissance de Morgen et Sparza dans les années 75-76, alors qu'ils travaillaient pour une société monégasque de vente de photocopieuses couleur. Morgen a ensuite été embauché au service marketing du Loto, à Moussy, où Sparza était aussi salarié. Je ne peux vous dire dans quelles circonstances ils ont quitté le Loto. Je sais que Morgen est devenu directeur de la Confédération des tabacs, sous la présidence d'Eugène Remilly, accompagné de Sparza, dans les années 79-80. En août 1981, Morgen a créé IMR – entendez : "Yvan Morgen/Marc Remilly" –, spécialisée dans les opérations publicitaires. À sa demande, et pour lui rendre service, j'ai accepté de souscrire 10 % du capital, soit 2 000 francs. Des parts qu'il m'a demandé de céder à Sparza en mai 1982. Je n'avais aucune raison de m'opposer à cette cession. Je crois savoir que Sparza est le parrain du deuxième enfant de Morgen. Il aurait à son tour cédé ses parts en devenant l'adjoint d'Yves Grasset à la direction commerciale de France Loto, fin 1989. Pour ma part, je suis revenu en juillet 1988, après six ans passés à l'étranger. J'ai travaillé chez IMR comme chef de fabrication jusqu'à mon licenciement en août 1989. »

Juste de quoi compléter le gigantesque puzzle qui se met en place, sans savoir s'il ressemblera jamais au modèle imaginé par les enquêteurs: une bande de joyeux amis savamment organisés pour piller les caisses bien fournies du Millionnaire.

La Française des Jeux déballe

10 janvier. Nouvelle descente au siège de la Française des Jeux où les policiers ont maintenant leurs habitudes. Patrick-Louis Hubert a préparé un échantillon croustillant des archives qu'il a récupérées. L'essentiel tourne autour des relations de la Française des Jeux avec Carat et *TF1.* Plusieurs documents sont aussitôt placés sous scellés : un récapitulatif du budget publicité, un courrier de Colé à Hervé Bourges, daté du 21 août 1992, une chemise bleue intitulée « *TF1* : accords, protocoles, contrats », et enfin le contrat de diffusion signé le 20 août 1990 par Gérard Colé et Patrick Le Lay.

Les enquêteurs ont visiblement apprécié, puisqu'ils reviennent sur place une semaine plus tard. Ils veulent cette fois consulter les archives de la présidence. Vœu aussitôt exaucé. Pêche du jour :

une chemise brune intitulée « mise en concurrence IMR », contenant une série de devis ; une facture de 314 000 francs adressée à l'agence publicitaire Mc Cann Erickson, portant la mention : « YG à M. le président – Je suis OK – accord GC » ; la copie d'une note manuscrite adressée par Colé à Charasse le 17 janvier 1992 ; une carte de visite du préfet Jean Glavany, adressée à Colé en juin 1991 avec divers commentaires manuscrits ; un courrier de Ligier Formule 1, accompagné d'une facture de 18 321 968 francs.

Bleu Absolu

18 janvier, 15 heures. Déposition de Michèle Morot-Raquin, gérante de Bleu Absolu, agence de design qu'elle a créée en 1989 avec Yvan Morgen. En s'associant avec cet homme rencontré deux ans plus tôt à l'occasion d'un congrès des industriels de la pharmacie, elle a cru pouvoir faire son métier « dans de bonnes conditions ». Mauvais calcul : certes, le groupe IMR tenait sa comptabilité, assurait les relations avec la banque et louait les locaux, mais la contrepartie financière était trop lourde. Si lourde qu'elle a fini par « plomber » ses résultats. Pourtant, tout avait bien commencé :

« En janvier 1990, Morgen est revenu d'une réunion à France Loto en nous informant que cette société avait un problème de signalétique au niveau des cadres destinés aux affiches et à ses campagnes de promotion. »

Forte de cette information, elle est entré en contact avec Sparza et Peretmère. Ils lui ont fourni les indications nécessaires à l'élaboration d'un modèle de cadre. Sans savoir qu'il y avait dans la balance plus de 15 000 points de vente à équiper.

Rapidement, Morgen a commencé à lui reprocher ses résultats, qu'il trouvait « pas assez satisfaisants ». « Le climat ambiant était malsain », dit-elle. Au point qu'elle a cru judicieux de négocier son départ en 1990. De ce jour, elle n'a plus entendu parler de Morgen. Quant au dossier constitué par M. Dimanche, son ancien collaborateur, elle l'a malheureusement détruit. « J'ai voulu tirer un trait sur IMR », dit-elle.

Chez Carré

24 janvier, 9 heures 50. Les policiers découvrent un appartement de cinq pièces situé non loin de la gare Saint-Lazare, à Paris : le domicile d'Alain Carré et de son ami Franck Guernieri, un architecte né en 1965. Ils concentrent leurs recherches sur une chambre transformée en bureau par Carré. Ils y saisissent une note consacrée à la trésorerie des sociétés Arcam et Quassart, deux documents relatifs aux propriétés immobilières de Carré, et un devis daté de février 1994, concernant la réalisation de la maison de la Drôme. Dans la chambre voisine, servant de bureau à Guernieri, ils dénichent un récapitulatif des sommes réglées à Jean-Michel Charras, entrepreneur dans la Drôme. Plus un texte écrit à la main évoquant la détention d'Alain Carré, texte dont Guernieri reconnaît être l'auteur.

L'architecte est entendu en début d'après-midi.

« J'ai connu Alain Carré en octobre 1990 en répondant à une petite annonce de rencontre, dit-il. J'habite avec lui depuis le début de l'année 1992. Je dois aussi vous dire que j'ai été employé à la société Arcam de janvier 1993 à novembre 1994, comme architecte. Je me suis occupé de la rénovation des appartements de la Société civile immobilière Carré ».

Licencié en novembre 1994, il effectue actuellement son préavis.

« Alain Carré ne m'a jamais beaucoup parlé du fonctionnement de sa société, mais je sais que c'est surtout Marc Damène qui gérait le dossier de la Française des Jeux. Damène s'était approprié le client et il en arrivait à faire des crises d'hystérie si Carré s'intéressait par trop à la gestion quotidienne de Quassart et Arcam. »

Dit-il vrai ? Cherche-t-il à protéger son ami malmené par les policiers ? Il assure ne connaître personne à la Française des Jeux. On lui demande de s'expliquer sur sa note manuscrite.

« Il s'agit de notes que j'ai prises avant un rendez-vous avec Me Derez, l'avocat d'Alain, qui reprenait les questions que nous nous posions avec la famille d'Alain, dit-il.

« Que signifient les mots "pot-de-vin Peretmère" ? »

D'une conversation entre deux avocats, explique-t-il, découlait l'idée que « Peretmère aurait touché des pots-de-vin ». « On voulait avoir l'avis de Derez. »

Il détaille les acquisitions immobilières de Carré, deux immeubles sis dans le IIe arrondissement de Paris, acquis par lots successifs pour un montant global qu'il situe entre 15 et 20 millions de francs. Il s'est vu confier le chantier de rénovation. « Les devis étaient signés par Alain », indique-t-il.

La suite est moins heureuse :

« Alain Carré a décidé de vendre les actifs de la Société civile immobilière en mai 1994, en raison des problèmes que rencontrait son groupe avec la Française des Jeux. »

Et la maison de la Drôme ? Guernieri consent à éclairer les policiers : Alain Carré est propriétaire d'un mas provençal dont la rénovation, coordonnée par l'entreprise Charras, lui a coûté 2 millions de francs, « débités sur le compte personnel d'Alain ».

Enquête dans le Val de Loire

Le 31 janvier, les policiers investissent les locaux de la société Forclum, à Joué-lès-Tours, dont le directeur n'est autre que Jean Carré, frère d'Alain, né à Tours en 1945. Une perquisition « minutieuse » (expression usuelle) débouche sur la saisie de tous documents portant la trace de relations commerciales avec le groupe Carré, mais aussi avec le Loto, la Seita ou le groupe Elf. Dans le lot, la photocopie d'un chèque tiré sur le compte de Forclum au bénéfice de l'association de financement du CDS (parti centriste), d'un montant de 200 000 francs. Une petite surprise locale qui n'a a priori aucun rapport avec les comptes de Millionnaire…

Jean Carré est prié de remettre la liste de tous les honoraires versés par Forclum entre 1990 et 1994, avant de conduire les policiers à son domicile, un pavillon assez classique composé d'une cuisine, d'une salle à manger, d'un bureau et de cinq chambres. Dans le bureau, ils tombent sur une lettre d'Alain à son frère. « Le contenu de cette lettre n'a rien à voir avec l'information en cours. » Mauvaise pioche !

Le conducteur de travaux Louis Pichaud est invité « à confesse » le premier, le lendemain matin, au siège de l'antenne locale de la Police judiciaire. C'est en juin 1990 que le patron lui a parlé pour la première fois de travaux à réaliser pour la Française des Jeux. Il n'est pas surpris qu'il n'y ait pas eu d'étude préalable, « dans la mesure où il s'agissait de déménager du mobilier et d'assurer un branchement électrique des plus simples ». Pas sorcier, en effet, mais prometteur, comme l'admet aussitôt Pichaud : « Carré m'a présenté ce dossier en me précisant qu'il s'agissait d'un marché national à très fort potentiel, puisqu'il y avait environ 10 000 installations à réaliser. Cela représentait un gros chiffre d'affaires. Nous estimions la marge brute à réaliser à 15 %. »

Les policiers dressent l'oreille. Ils attendent la suite. Pichaud s'exécute :

« J'ai su en septembre 1990, à mon retour de congé, que nous avions été choisis par la société Quassart, que je savais dirigée par le frère de mon patron. »

Il ne sait pas si la procédure d'appel d'offres a été respectée, mais il détaille avec une précision d'horloger le coût de l'installation d'un point de vente du Loto : 50 francs de matériel pour le « corner jeu » et le comptoir terminal, 100 francs pour les enseignes, 352 francs pour le matériel électrique. Montant global : 1 000 francs, en incluant la part d'incertitude liée au démarrage du marché. Temps de travail nécessaire : 20 heures par point de vente.

« Très honnêtement, je n'ai jamais vérifié par la suite le bien-fondé de mon estimation initiale, avoue Pichaud. Je ne suis pas en mesure de vous dire si le coût réel était plus près de 769 francs que de 1 000 francs.

– Vous avez installé près de 8 000 points de vente. Les prix facturés par Forclum ont-ils baissé, tandis que diminuait la part d'incertitude ? »

Sur le premier contrat, explique-t-il, le prix d'une installation a été facturé 7 279 francs, 7 166 francs sur le deuxième, 7 021 francs pour le troisième. Il se souvient de l'ajout d'un disjoncteur lors du deuxième contrat, fourniture estimée à 350 francs alors qu'elle en a coûté 150. Épicier scrupuleux, il tient à préciser qu'il a inclus dans sa première estimation des frais de stockage (350 000 francs), de transport, d'assurance (100 000 francs), des frais de déplacement, plus le coût du « temps perdu » : 620 francs par site. Finalement, l'installation s'est révélée plus rapide, mais le temps passé sur la route plus long. Si l'on ajoute le prix de revient comptable, plus les frais financiers, plus la marge (15,5 %), on débouche sur un prix de 7 279 francs par site.

Police et arithmétique ne font pas toujours bon ménage. Mais, quand on fait carrière dans la financière, on couche avec les chiffres. Les deux enquêteurs ont visiblement suivi la démonstration. Ils continuent la séance de jonglage en sortant une télécopie citant un prix de 9 775 francs. Puis un bordereau annonçant un tarif de 7 705 francs. Un moment désemparé, le conducteur de travaux se reprend :

« Mme Pasquali, de Quassart, nous a demandé de supprimer 240 francs prévus au titre de la visite de contrôle. Jean Carré a ensuite décidé d'accorder une remise de 4 %, remise que nous ne pouvions refuser sans risquer de perdre le marché… »

Invité à son tour à passer à table, Jean Carré confirme : c'est bien en 1990 que son frère l'a averti qu'il cherchait des électriciens pour installer les points de vente du Loto. « Alain semblait très satisfait des contrats signés avec la Française des Jeux. » Et Jean n'a pas tardé à bénéficier de la manne, à en juger par le chiffre d'affaires qu'il a réalisé avec la société de son frère : 10 millions de francs en 1991, 13 millions en 1992, 12 millions en 1993, 17 millions en 1994.

Les contrats ont-ils été passés dans les règles ?

« J'ai eu rapidement le sentiment d'être placé en concurrence, mais je ne peux vous dire avec qui », répond Jean Carré.

On insiste.

« À ma connaissance, il n'y a jamais eu d'appel d'offres avec publication, au sens réglementaire », dit-il avant de reconnaître ce que les policiers savent déjà : actionnaire du groupe Carré depuis sa création, il était gagnant sur tous les tableaux.

On en revient vite au ras des factures. Pourquoi avoir arrondi à 1 000 francs les fournitures électriques ?

« À cause des aléas pouvant survenir lors des branchements.

– Combien d'installations ont posé des problèmes ?

– Incapable de vous dire. »

En difficulté pour justifier les 350 000 francs prévus pour le stockage, le frère du designer veut bien admettre que le coût de l'assurance a été plus bas que prévu. Mais l'estimation a été faite « de bonne foi », insiste-t-il.

Et le chèque à l'ordre du CDS ?

Il assure l'avoir signé sur ordre du directeur général de la société.

Précisions :

« Je suis sollicité par les élus locaux, qui potentiellement sont des donneurs d'ordres pour des commandes de collectivités locales. Je ne peux donc pas refuser de participer au financement de leurs campagnes électorales. Sur la région, cela représente environ 100 000 francs par an sur 340 millions de francs de chiffre d'affaires. »

Comme ces choses, d'ordinaire si tortueuses, sont ici simplement formulées !

Le « cirque »

Une cuisine, une salle à manger, deux chambres : le domicile parisien de Philippe Le Disert, ancien instituteur devenu cadre à la Française des Jeux, est plus modeste que ceux visités jusque-là par les enquêteurs. Recruté par Sparza en 1991 par le biais d'un ami de sa femme, nommé responsable de la formation du réseau commercial, il devrait collaborer facilement avec les enquêteurs, qui savent de quelle brutale façon il a été licencié.

Cet homme d'une quarantaine d'années s'est occupé de former les 13 000 détaillants lors de l'installation du terminal « Saphir », fin 1992. Il s'est également impliqué dans la rénovation d'Agora, le site de Vitrolles, dont il résume ainsi la philosophie : « Montrer aux détaillants que la FDJ était une entreprise puissante, sur laquelle on pouvait compter. » C'est pourtant lui qui a proposé de réaménager ces salles, qu'il jugeait « peu accueillantes et peu pédagogiques, car beaucoup trop scolaires ». A priori, il tablait sur un budget de 50 à 80 000 francs par salle…

« Yves Grasset a trouvé l'idée très bonne (…) Avec Sparza, ils m'ont donné pour instruction de faire les choses bien. Ils ont pensé au groupe Carré, qui avait donné entière satisfaction par ailleurs à la Française des Jeux. Je suis donc entré en relation avec Marc Damène. Mon collègue Peretmère, à qui je n'en avais pas parlé, est venu dès le lendemain me dire qu'il souhaitait assister aux entretiens, étant en contact constant avec le groupe. J'ai reçu Marc Damène en lui expliquant ce que je voulais. Il s'est engagé à nous fournir une étude que vous avez saisie à mon domicile (...). J'ai eu l'accord de la hiérarchie, et le site de Boulogne a été choisi comme chantier test. Damène m'a précisé que le montant des travaux allait tourner autour de 8 à 900 000 francs. Il me fallait l'avis de Grasset, qui a répondu favorablement. »

Question rituelle : a-t-il eu le sentiment que quelque chose se tramait dans son dos ?

« Je ne peux vous dire s'il y a eu des entretiens hors de ma présence entre les gens du groupe Carré, Grasset, Sparza et Peretmère. »

En revanche, l'ex-instit sait qu'on ne lui a pas communiqué les plans des travaux et qu'il n'a jamais obtenu les précisions écrites qu'il avait maintes fois réclamées. La salle de Boulogne a été inaugurée en mars 1993 sans qu'il ait reçu la moindre facture. Le montant des travaux atteignait environ 2 millions de francs, incluant une climatisation qu'il a refusé de payer, ne l'ayant jamais commandée.

« J'ai appelé Damène pour lui dire que je n'étais pas d'accord, raconte-t-il. Nous avons décidé d'une réunion à laquelle assistait Peretmère, qui n'avait pas été invité. À ma grande surprise, je me suis retrouvé seul contre les deux autres. L'argument de Damène consistait à me dire qu'il s'agissait d'une salle prototype et que les prix baisseraient ensuite. J'en ai parlé à Grasset qui s'est rangé à l'avis de Damène. Nous avons commandé la salle de Montreuil, et je me suis aperçu que le cirque continuait. Les prix étaient même encore plus élevés. J'ai alors décidé de me rendre sans rendez-vous au siège de la société Arcam, où j'ai vu Damène après plusieurs heures d'attente. Il était très étonné de mes questions, car je voulais des justificatifs sur chaque poste de dépense. Il m'a proposé de me fournir les études de coût, disant qu'il pouvait tout justifier, qu'il n'avait pas le temps maintenant, mais qu'il mettrait quelqu'un sur ce travail. »

Évidemment, on ne lui a jamais rien fourni. Ce qui l'a poussé à réagir :

« Ne comprenant plus rien et prenant peur, j'en ai référé à Grasset et à Sparza, d'autant que je n'avais rien payé », dit-il.

Le résultat ne fut pas vraiment celui qu'il attendait :

« Grasset m'a demandé de rédiger une note dans laquelle j'annonçais que les prix des travaux des salles de formation seraient de 870 000 francs l'unité et que nous allions verser un acompte de 30 %, soit 5 220 000 francs. J'ai antidaté cette note (de trois mois) à la demande de la direction financière pour justifier son imputation comptable sur 1992. »

Ce témoignage inattendu remplit d'aise les enquêteurs qui prient l'ancien instituteur de poursuivre son récit.

« Rien n'a changé, assure-t-il. Les factures d'Arcam ont continué à arriver pour des montants très largement supérieurs aux 870 000 francs prévus. Je parlais dans le vide, et l'ordre m'a été donné de payer. »

Jusqu'au clash qu'il raconte volontiers :

« Courant avril 1993, j'ai reçu la facture correspondant à la salle de Montreuil, d'un montant de 2,2 millions de francs. Grasset et Sparza étaient en déplacement en Thaïlande et j'ai décidé d'aller voir M. Hubert, le chef de l'audit, me sentant complètement dépassé par les événements. Je lui ai expliqué la situation. Hubert m'a dit avoir un "truc" sur Carré, sans m'en dire plus (...). Grasset n'était pas au courant de ma démarche, mais je pensais qu'il n'était pas primordial de l'aviser. »

Comment a-t-il réagi ?

« En mai 1993, Grasset m'a convoqué avec Peretmère et a décidé qu'il prenait le dossier des salles. Mon rôle ne consistait plus qu'à signer les factures. J'étais dessaisi du dossier. »

Qu'est devenu l'audit qu'il avait déclenché ?

« Grasset a sans doute reçu les conclusions, puisqu'il m'a convoqué, le 29 juin 1993, pour me reprocher violemment de l'avoir déclenché. Il m'a annoncé qu'il allait me licencier et m'a fixé un rendez-vous chez le directeur des ressources humaines pour le 2 juillet. »

Il a quitté les lieux le 7 juillet, après les entretiens réglementaires.

Autre chose qui n'a rien à voir, mais pourrait bien apporter de l'eau au moulin des policiers : lors de la mission de l'Inspection générale des finances, tous les membres du comité de direction ont été entendus... sauf lui.

Dernière observation : « Je suis persuadé d'avoir été licencié, comme Mme Perrier, pour avoir tenté de faire mon métier au mieux des intérêts de mon entreprise. »

La branche nîmoise

La scène se passe dans une salle du commissariat central de Nîmes, le 8 février. Assis face aux enquêteurs venus de la capitale, Rémi Branches, ancien PDG des établissements Grazioli dans lesquels il a débuté il y a longtemps comme VRP. Il en est devenu directeur commercial, puis président au lendemain de péripéties liées à l'arrêt des commandes de Manufrance, qui assurait alors la moitié du chiffre d'affaires.

C'est en mai 1988 qu'il a été approché par un certain Marc Villadrich, du groupe Carré. Il connaissait Alain Carré pour lui avoir fourni du matériel de bureau en 1982. Il l'avait retrouvé en 1987 lors d'une exposition à Chicago. Cette fois, il lui a confié une pré-étude en vue de la fabrication d'un mobilier pour les points de vente du Loto. Il lui a juste envoyé de vagues croquis. Trois semaines plus tard, le prototype d'un « corner jeu » était installé dans une boutique à Paris. Un record qui lui a permis d'emporter le contrat, portant pour commencer sur la fourniture de 200 « corners » pour un montant de 1 459 378 francs, à poser à Marseille et à Nice. Une nouvelle commande a suivi, portant sur 500 « corners », vendus 4 347 francs pièce.

« Le groupe Quassart a toujours été particulièrement dur dans les négociations sur les prix », note Rémi Branches.

Ce qui n'a pas empêché les commandes de s'accumuler : 1 650 « corners » en 1991, 2 546 en 1992, 1 036 en 1993. Avec un prix en légère baisse, puisqu'il s'est stabilisé autour de 4 299 francs. Malheureusement pour lui, les 1 000 meubles annoncés pour 1994 n'ont jamais vu le jour.

On lui montre plusieurs documents, dont un tableau d'appel d'offres mentionnant un prix nettement plus élevé que celui qu'il cite : 5 847 francs pièce. Le PDG ne tergiverse pas :

« Il s'agit d'un faux devis que m'a demandé par téléphone M. de Malherbe. Je ne me souviens plus comment il a présenté cette demande, mais il ne m'a pas dit à quoi allait servir ce faux devis. Je dois reconnaître que je n'ai pas cherché à discuter. En effet, à la suite de lourdes pertes enregistrées en 1988, l'année 1989 avait été mauvaise pour Grazioli, avec un plan de licenciement. De plus, en avril 1989, l'entreprise a été victime d'un incendie criminel qui a stoppé la production pendant sept semaines. Le groupe Carré n'ignorait rien de nos problèmes, car je leur avais communiqué nos bilans (...). De Malherbe m'a alors fait savoir que la confiance du groupe était ébranlée. Cela explique qu'en décembre 1990, j'ai accepté de faire ce faux devis. Je n'avais pas le choix. Nous réalisions avec eux 60 % de notre chiffre d'affaires. »

Pressé par le fisc, Branches signe un deuxième faux devis le 19 février 1992 : il y explique que son meilleur prix pour 2 000 « corners » sera de 5 336 francs l'unité.

« C'est encore une fois de Malherbe qui m'a demandé ce service par téléphone », dit-il.

Bientôt abandonnée par les banques et mise en redressement judiciaire, la société a vécu quelques mois sur le compte personnel de Branches, ce qui explique les importants virements en provenance de Grazioli. Virements qui ne sont en aucune façon des rétrocessions en provenance du groupe Carré...

Inquiet de voir disparaître l'usine créée par son arrière- grand-père en 1898, Branches a fini par céder la société à des amis. Pour ce faire, il leur a même avancé des fonds provenant de la vente de la maison de sa mère...

La piste africaine

Le 14 février, alors qu'ils se sont de nouveau transportés au siège de la Française des Jeux, Patrick-Louis Hubert remet aux policiers un dossier « Afrique ». Au menu, les contrats passés avec la Société des Loteries gabonaises, dont une convention liant Internationale des Jeux (une filiale) à la société luxembourgeoise Mirandola, signé le 8 février 1993 ; une note intitulée « Facture Cameroun » ; et un devis concernant le lancement de Millionnaire au Burkina Faso, le pays des hommes intègres... En prime, une facture de 314 000 francs correspondant à un week-end de travail auquel auraient participé Colé et Grasset.

La suite arrive par porteur quelques jours plus tard. Dans l'enveloppe, la copie d'un projet de rapport daté du 5 janvier 1995. Titre : « Origine et déroulement de la relation Française des Jeux/ groupe Carré ». Soixante et onze pages qui vont grossir un dossier déjà dense.

Le « module » de Montmorency

Une enquête financière ressemble parfois à un contrôle fiscal. Voilà les policiers qui se font ouvrir les dossiers comptables de Fapec, à Montmorency. Toujours la piste du comptoir terminal...

Bernard Hemendenger, PDG de la société depuis dix-huit ans, spécialiste du présentoir publicitaire, cent soixante salariés sous ses ordres, raconte, le 27 février, comment il a fait la connaissance de Marc Damène, une dizaine d'années plus tôt, alors qu'il travaillait pour la célèbre agence de pub BDDP où lui même exerçait comme architecte.

En juillet 1988, fort de ces antécédents, Damène l'a consulté au sujet d'un produit destiné au Loto. Il s'interrogeait sur la faisabilité d'un « module de jeu » – en fait le futur « comptoir ». Marché conclu : deux ans plus tard, Hemendenger mettait en fabrication 47 comptoirs, facturés 6 900 francs l'unité. Un prix qui a baissé de près de 1 000 francs au moment de la fabrication en série sur la pression du groupe Carré...

Les policiers l'interrompent aussitôt. Ils disposent d'un document fourni par le groupe Carré à la Française des Jeux, d'où il découle que Fapec facturait ses meubles 7 352 francs l'unité.

Le roi du présentoir hésite. Il ne se souvient pas d'avoir établi un devis pour ce montant. On lui met le document entre les mains. Contraint de prendre acte, il explique :

« Hubert de Malherbe a demandé verbalement à l'un de mes collaborateurs de lui faire une proposition de prix pour une série de 2 000 comptoirs destinés à l'exportation vers l'Australie. Fapec a fait des propositions de transport par container. »

Il n'a malheureusement conservé aucune trace de ce marché australien.

Les policiers sortent l'argument qui tue :

« Une autre société, Stal Industrie, figure sur cet appel d'offres pour un prix identique au vôtre, soit 6 670 francs pièce pour une série de 1 500 meubles. Son PDG nous a déclaré avoir délivré de faux devis à la demande du groupe Carré. N'en serait-il pas de même pour vous ?

– Ce n'est pas mon cas. De toute façon, je n'aurais pas été d'accord. Il n'est toutefois pas normal que ce devis "australien" ait été présenté par Quassart pour justifier de propositions de "prix usine" pour le comptoir pour la France. »

« Nulle »

Pour fabriquer leur comptoir, les responsables du groupe Carré n'ont eu de cesse de multiplier les sous-traitants. Ils en ont déniché un autre à Saint-Nicolas-d'Aliermont (76) où les policiers débarquent le 2 mars. Spécialiste de la tôlerie de précision, le PDG, Michel Dumont, né en 1947, a été mis sur le coup par un ami parisien, employé dans une société de design.

Il s'est retrouvé face à de Malherbe qui lui a expliqué qu'il avait un problème de qualité avec un de ses sous-traitants. Après étude, il lui a proposé de fabriquer le comptoir pour 6 900 francs. Malherbe lui a demandé de rester dans une fourchette de prix comprise entre 4 500 francs et 5 500 francs. Il se sont mis d'accord sur 4 972 francs, mais il a fallu encore baisser. Il en a livré 2 074, auquel il faut ajouter 6 000 présentoirs « ramasse-monnaie » à 395 francs pièce. Mais il ne garde pas de ces contrats un excellent souvenir :

« Je considère que la relation commerciale était nulle. Il est d'usage, lors de la passation de marchés aussi importants, que le client visite la société de son sous-traitant. Je n'ai dû rencontrer Damène que trente secondes à Paris et je n'ai jamais vu Carré… »

On lui explique que son premier devis figurait dans le détail d'appel d'offres transmis par le groupe Carré à la Française des Jeux. «Tout à fait anormal », proteste-t-il. Mais il est formel : « Les gens de Quassart ne m'ont jamais demandé de fournir de devis de complaisance, ce que je n'aurais d'ailleurs pas accepté. »

À la différence des autres, il n'a cependant pas tout perdu avec l'éviction de Carré : approché par IMR, il a signé pour la fabrication de nouveaux meubles. À 5 340 francs l'unité. Cela s'appelle de l'acrobatie !

L'ingénieur se défile

L'ingénieur Hubert Bray de Malherbe revient le 8 mars devant les policiers.

On l'interroge sur ses relations avec la société Stal Industrie.

« J'ai assuré le suivi technique, de la conception au contrôle qualité, dit-il. Régulièrement, j'allais chez les fabricants vérifier les pièces. J'entretenais de bonnes relations avec Perruchot, sauf peut-être à partir de début 1992 où j'ai eu le sentiment qu'il était devenu plus dur avec nous. »

On jette rapidement dans la « conversation » les déclarations de Perruchot.

« Je confirme. Je lui ai réclamé un faux devis antidaté. Mais je n'ai pas souvenir, contrairement à ce qu'il vous a dit, d'avoir d'abord essuyé un refus. »

Pourquoi ces faux devis ?

« Alain Carré est l'initiateur de ces faux devis destinés à la Française des Jeux. Vous ne pouvez m'imaginer aujourd'hui, jeune ingénieur sortant de l'école, mettant en place un tel système frauduleux de ma propre initiative, dans je ne sais quel but… »

Comment cela s'est-il passé ?

« Du jour au lendemain, Alain Carré est venu me voir pour me demander, vu l'urgence, de monter un dossier d'achat près de nos sous-traitants pour pouvoir justifier d'une marge de 11%. Il nous a informé que le Loto, donc, je suppose, Yves Grasset, était informé et avait donné son accord. »

Comment cela se passait-il en fait ?

« Carré nous imposait de calculer une marge réelle de 100 %. Il ne la trouvait jamais suffisante ! »

A-t-il donné des consignes pour le « grand maquillage » ?

« Il nous a demandé de partir du prix réellement facturé pour déterminer un prix d'achat… Nous sommes parvenus à réduire la marge en partant du prix de vente des sous-traitants, que nous avons multiplié par 1,55 %, puis divisé par 1,1 % afin de se rapprocher des 10 % de marge. J'ai ensuite eu pour instruction non écrite de Carré d'intervenir auprès de nos fournisseurs en leur demandant de nous établir et de nous expédier ces faux documents. Je n'ignorais pas qu'ils étaient destinés à la Françaises des Jeux, dans le cadre de procédures d'appel d'offres. Ceci explique que je n'ai jamais voulu les transmettre sous ma signature. »

On passe à la déposition de Branches. L'ingénieur confirme intégralement : « Effectivement, il n'a pas cherché à comprendre et me l'a expédié. Effectivement, je savais que la société Grazioli allait très mal. Je me souviens que M. Branches était intervenu directement auprès de Carré pour lui faire part de ses difficultés. »

Même question à propos de Fapec.

« Il y a eu un tout petit début de discussion avec le Loto australien, mais rien ne s'est concrétisé. Je suis également certain d'avoir demandé un faux devis à Fapec en février 1992. Je ne me souviens plus si M. Hemendenger a refusé de l'établir. »

Carence

13 mars. Un procès-verbal d'un genre particulier est rédigé par les enquêteurs. Il signale la carence de Dominique Galakhoff :

« Disons que Mme Galakhoff nous a joint téléphoniquement pour nous informer qu'elle ne pourrait pas déférer à ladite convocation en raison d'un arrêt de travail prescrit par son médecin, arrêt qu'elle accepte de nous poster. »

Le lendemain, pour ne pas perdre la main, descente au siège national de la société Forclum, au Blanc-Mesnil. Les enquêteurs saisissent une lettre signalant le versement de près de 2 millions de francs aux partis politiques. Puis ils réquisitionnent une société privée pour forcer les serrures de deux armoires situées dans le bureau du PDG, absent.

15 mars. Descente à Bondoufle, au siège de la société Spie-Trindel. Elle aussi a travaillé pour le Loto. L'un des ingénieurs présents remet quinze classeurs aux policiers. Encore de la lecture !

Bernard Tapie refait surface

La quatrième déposition de Dominique Galakhoff, le 20 mars à 15 heures, se révèle aussi cruciale que les trois autres. Plus que jamais les enquêteurs ont besoin de la jeune maîtresse éconduite. Elle a visiblement été très atteinte par la divulgation de son nom dans la presse. Laquelle a déclenché des réactions en chaîne :

« Dans l'après-midi de la parution du premier article du *Monde*, raconte-t-elle, je me trouvais au magasin "Kastine" où je suis employée depuis octobre 1994, lorsque j'ai reçu un appel de la secrétaire de Bernard Tapie que j'ai eu l'occasion de croiser lors des sorties de football. Elle m'a demandé de rappeler Tapie dix minutes plus tard sur son portable, en me donnant le numéro. Je ne l'ai pas fait, car j'étais accablée de voir mon nom paraître dans la presse. Tapie a rappelé au bout d'un quart d'heure à la boutique. Il n'a pu m'obtenir, la styliste lui disant que j'étais en plein essayage de robe de mariée. Il devait être autour de 18 heures 30. La boutique fermant à 19 heures, je suis allée chercher ma voiture, que je garais dans la cour du domicile de Tapie, rue des Saint Pères [*nda* : non loin du magasin]. Au moment où je la récupérais, le fils de Tapie, Stéphane, m'a dit que Dominique, l'épouse de Bernard, voulait me parler au téléphone. Les époux Tapie devaient être dans leur voiture à Marseille. J'ai accepté de prendre au téléphone Mme Tapie, qui est une amie. Elle m'a dit des banalités sur le fait que je sortais de l'hôpital, puis m'a passé Bernard. »

Quel message si pressant avait-il à transmettre ?

« Il s'est d'abord inquiété de savoir si je vendais réellement des robes de mariage, puis il m'a dit : "Alors on parle de toi dans la presse, mais c'était quoi ces papiers que tu avais chez toi ?" Je lui ai répondu que vous aviez fait une perquisition chez moi, que je n'avais pas eu le choix, et qu'il y avait là le numéro du compte en Suisse et mes relevés de la SDBO. Il m'a dit : "C'est tout ?" Je lui ai dit oui. Il m'a demandé également si j'avais parlé de Le Lay, et je lui ai déclaré que j'avais été obligée de le faire. Il n'a pas fait de réflexion, ni de commentaire, n'ayant pas une entière confiance en son téléphone. »

A-t-elle eu l'occasion d'évoquer à nouveau ce point avec lui ?

« C'est la seule fois que j'ai eu un contact avec Tapie sur ce sujet. Par la suite, j'ai dû le croiser incidemment en allant chercher ma voiture, début mars. Je lui ai dit que j'étais encore convoquée chez vous. Il m'a répondu : "Lorsqu'on y met un doigt, ils ne vous lâchent plus." Je n'ai pas eu d'autres appels concernant cette affaire. Je suis même étonnée que Dominique Tapie ne m'appelle plus. »

Laissant provisoirement de côté le patron de l'Olympique de Marseille et son franc-parler reconnaissable entre tous, les policiers ramènent leur témoin fétiche vers des horizons plus terre à terre :

«Vous avez abordé, lors de vos précédentes dépositions, et hors procès-verbal, les conditions pour le moins suspectes de l'obtention par Gérard Colé du permis de construire de la piscine située sur la terrasse du siège de la Française des Jeux. Pouvez-vous aujourd'hui nous relater ces circonstances ?

– Je n'ai jamais compris comment, dans un premier temps, les services techniques de la mairie de Neuilly avaient refusé le permis de construire, pour l'accorder finalement ensuite, d'autant que les voisins s'étaient formellement opposés à cette construction. Un matin, alors que j'étais dans ma baignoire, Colé est venu m'annoncer que je pourrais bientôt me baigner dans la piscine. Je m'en suis étonnée. Il avait à la main une enveloppe marron et m'a dit : "Grâce à ça", en me montrant cette enveloppe, dont je n'ai pas vu le contenu. Il a ajouté, toujours en montrant l'enveloppe, qu'il avait rendez-vous à la mairie de Neuilly, mais sans dire avec qui.

– Vous nous aviez également déclaré que Colé vous avait annoncé que Tapie devait régler le montant de l'acquisition du Grand Caoulé, à Onesse-Laharie, soit un million de francs. Il semblerait que vous vous rememoriez aujourd'hui plus précisément cette opération.

– Gérard Colé m'avait expliqué que cette affaire était en relation avec le montant du sponsoring du club de football de Marseille accordé par la Française des Jeux, soit 4 millions de francs. Je n'en sais pas plus, et il ne m'a été fait aucune confidence sur l'aspect technique du montage de cette opération. »

Après deux heures trente d'un face-à-face aussi tendu que les précédents, Dominique Galakhoff, lessivée, signe sa déposition. Que deviendrait l'enquête si elle se défilait ?

Allô Bercy

28 mars. Toujours la routine, ainsi consignée :

« Prions le directeur du centre d'assiette de la rue d'Uzès de bien vouloir, dans les meilleurs délais, nous communiquer la liste de tous les comptes bancaires ouverts au nom de Henri Modiano, né le 28 février 1932 à Paris. »

Réponse moins d'une semaine plus tard : les fichiers de Bercy portent la trace d'un seul et unique compte en France. Un courrier est aussitôt expédié au directeur de l'agence, le priant de communiquer les relevés pour les années 1990 à 1993, et de vérifier si leur client est titulaire d'un coffre.

« Saphir » et « Diamant »

Retour vers la Française des Jeux. On recherche désespérément la trace d'une facture adressée par la Française au publicitaire Mc Caan-Erickson en novembre 1991, après la création d'une affiche. Rien dans les archives de la comptabilité. Rien dans celles du service Publicité. A-t-elle seulement été réglée ? Ce dossier fourmille de fantômes.

Première rencontre des policiers avec l'un des conseillers du nouveau président du Loto, Jean-Marc Buresi. Il vient d'achever une mission d'information sur les conditions de production des terminaux « Saphir » à Taïwan. « Il ne s'agissait pas d'une évaluation technique, ni d'un contrôle de prix, mais d'une prise de connaissance des fournisseurs », dit-il. Son bilan : « Les personnels de la Française des Jeux sur place maîtrisent la production et chacun des fournisseurs est organisé de manière satisfaisante. Mais les équipes sont apparues fragilisées pat le manque de structure locale et l'éloignement. » Les interlocuteurs asiatiques avaient-ils, à son sens, le poids requis ? « À Taïwan, la plupart des entreprises ont des structures légères qui sont mobilisées contrat par contrat, ce qui correspondait au rythme exigé. »

Rien d'anormal, donc. Le diplômé d'HEC est en revanche plus sceptique sur le volet franco-français :

« On peut s'étonner que ce soit la Société internationale de Jeux qui ait signé les contrats avec Kompex, puis Infojeux, alors que cette structure n'avait ni les compétences, ni les moyens financiers pour gérer un projet de cette envergure », concède-t-il.

A-t-il des lumières sur le marché allemand, lui qui supervise la mise en place du terminal destiné à ce pays ?

« Une version export du terminal “Saphir” a été mise au point par les équipes de la Française des Jeux, le terminal “Diamant”. Il a été proposé avec succès à cinq sociétés de loterie allemandes, ce qui s'est traduit par la fourniture de 14 500 terminaux en 1994. »

C'est là que l'on retrouve les géniaux informaticiens, comme il le raconte :

« À la suite de ces contrats, nous avons reçu un courrier où les responsables d'Infojeux s'étonnaient de ne pas avoir été informés de ces ventes. Il a été répondu qu'il existait des clauses aux contrats allemands qui rendaient caduque la commission à l'exportation. »

Un commandement à payer a suivi. Assignée en référé devant le tribunal de commerce de Nanterre, la Française des Jeux a été condamnée à payer 3,3 millions de francs aux informaticiens. Une gifle !

Les enquêteurs enchaînent avec l'audition de Pierre Caron, directeur de la recherche et du développement à la Française des Jeux. Né en 1944 et diplômé de l'école de commerce de Lille, entré dans la société en juillet 1991, il a surtout servi l'ancien président qui l'a chargé de développer le terminal « Saphir ». Il raconte :

« À mon arrivée, le GIE Infojeux venait d'être créé. Le contrat de réalisation du prototype du terminal et de la chaîne de jeux avait déjà été signé. Les deux dirigeants d'Infojeux, MM. Gatto et Bertrand, étaient pour moi deux personnages atypiques. M. Gatto, ayant une forte personnalité capable d'entraîner les autres, il obtenait des décisions rapides. »

En l'occurrence, cela n'a pas traîné :

« La décision a été prise encore plus rapidement du fait de la totale inexpérience de Colé dans ce domaine, explique Caron. Par contre, les appuis politiques dont disposait Colé et les capacités financières propres à la Française des Jeux lui ont permis de mener à bien sa stratégie de développement international (...). Dès le départ, Infojeux a été considéré comme un laboratoire interne à la Française des Jeux, financé en interne. Ce “laboratoire” était chargé d'innover, il ne s'agissait donc pas d'une démarche classique d'achat d'étude. Les objectifs étaient définis étape par étape, et les fonds étaient débloqués une fois les objectifs réalisés. Ce qui réduisait le risque financier. »

Pour lui, insistent les policiers, la Française des Jeux ne s'exposait donc absolument pas ?

« La vraie prise de risque s'est produite avec le premier acompte, alors qu'on ne savait pas sur quoi on allait déboucher », explique Caron, qui n'a pas participé au choix des fournisseurs de composants, mais croit savoir que l'on s'est adressé aux sous-traitants des grandes marques informatiques. Infojeux s'était d'ailleurs engagé sur deux points : trouver des composants au plus bas prix, sans céder sur la qualité. Le paiement n'intervenait qu'après envoi vers la France, précise-t-il. « C'est la Française des Jeux qui réglait les fournisseurs à Taïwan, dans la mesure où elle gérait la phase de fabrication. Tous les surcoûts ont été justifiés. »

Quel a été le rôle de la société Marposs ?

« Nous ne travaillons plus avec elle pour des raisons de rationalisation, mais cette société a joué son rôle : elle nous a permis de pénétrer le marché japonais. »

Relancé, Buresi persiste :

« Nous n'avons jamais eu de problème avec les gens d'Infojeux. Nous en avons même embauché six qui ont participé au développement du terminal "Diamant" ».

Au passage, il se fend d'un hommage appuyé aux créateurs de « Saphir » :

« Ce programme est une réussite qui nous a permis de développer une véritable activité logiciel exportée. Mon seul regret, c'est que nous n'ayons pas su gérer la communication interne. »

En clair, une trop grande confidentialité aurait nui à l'information des instances de contrôle. Une version qui ouvre une brèche dans les certitudes policières.

Supercagnotte

L'affiche fantôme est démasquée. C'est le PDG de Mc Caan, recevant les enquêteurs, qui fournit la clef :

« Votre facture se rapporte à la création d'une affiche pour laquelle, après plusieurs propositions refusées, les créatifs de l'agence ont indiqué à la Française des Jeux “qu’ils n’avaient qu’à la faire eux-mêmes”. Ce qui fut fait : pendant un week-end, les équipes de la Française ont conçu une affiche pour la supercagnotte de Noël 91. Quelques jours plus tard, la Française des Jeux nous a transmis une facture censée couvrir les frais occasionnés par son élaboration. Il s’agissait plus d’une “provocation” destinée à montrer à l’agence ce qu’avait coûté sa mauvaise volonté à la société. Mais ce document ne constituait pour personne une véritable facture, qui n’a d’ailleurs jamais été réglée. C’était plus le signe d’un raté dans notre collaboration que le souhait de nous voir payer une somme artificiellement gonflée. »

Dont acte. L’agence a d’ailleurs rapidement perdu le budget Loto.

Carnets intimes

14 avril. Alain Carré est libéré après six mois de détention préventive.

26 avril. Perquisition matinale chez Pierre Peretmère, à Asnières, un pavillon composé d’un salon, d’une salle à manger, de quatre chambres, d’un bureau et d’une cuisine, sur deux étages. Dans le bureau, à l’étage, la bonne surprise prend pour les enquêteurs la forme de quatre cahiers de notes journalières couvrant les années 1990, 1992 et 1993.

Un classique : une instruction qui se respecte comprend toujours dans ses scellés un cahier de notes (ou de comptes) personnel. Ainsi les clercs sont-ils toujours trahis, qu’ils respectent ou non les consignes de silence…

La Française déchaînée

2 mai. Patrick-Louis Hubert remet aux policiers un nouveau projet de rapport d’audit, daté du 13 mars 1995. Titre : « Recensement et analyse des relations du groupe FDJ avec M. Henri Modiano ». Contenu : une note de synthèse de dix pages, un rapport de trente-trois pages et quatre-vingt- quatorze annexes, parmi lesquelles quatre factures adressées par la société SEAP Inc à la Française des Jeux, les mêmes qui ont permis d’identifier le fax de Modiano à Paris.

Le tout est immédiatement annexé au dossier.

La connexion de Larmor Plage

9 mai. Le printemps des perquisitions se poursuit au domicile de Daniel Sparza, à Paris. L'homme écoute les policiers décliner leurs noms et qualités, jette un coup d'œil sur leur commission rogatoire et laisse la fouille commencer. L'appartement : une cuisine, une salle de bains, un salon et deux chambres. Le salon sert de bureau. C'est là que les fouineurs trouvent ce qu'ils cherchent : les archives personnelles de l'ancien agent d'assurance. De quoi nourrir le flot de questions qui s'abat sur le suspect à partir de 14 heures 30.

On commence par son parcours, comme le veut le rituel. Titulaire d'une capacité en droit, d'un diplôme de criminologie et d'un diplôme de « process management », Sparza est entré en 1981 à la Confédération des chambres syndicales des débitants de tabac. Sa fonction le prédisposait à entrer au Loto, puisqu'il s'y occupait de l'émission des dixièmes de la Loterie nationale.

Comment s'est-il retrouvé à ce poste stratégique ?

À cause d'Yvan Morgen, qu'il a connu au début des années 70 alors qu'il officiait comme journaliste à *L'Union* de Reims.

La suite ressemble à une histoire de famille :

« Le père de Morgen possédait un commerce d'accastillage à Larmor Plage, ville dont le maire, Eugène Remilly, ami de la famille Morgen, était aussi président de la Confédération des Tabacs. C'est par son intermédiaire que Morgen est entré au service marketing du Loto National, avant de devenir directeur à la Confédération à la demande de Remilly. En 1981, ils m'ont proposé de devenir directeur des émissions de dixièmes. J'ai accepté. »

On en vient à la création de la société IMR par Morgen. Sparza en est bien devenu actionnaire en 1982, en investissant 2 000 francs, parts qu'il a cédées à la fin des années 80 sans jamais, dit-il, avoir participé aux activités de la société.

« Au début, IMR commercialisait des supports publicitaires mobiles installés chez les débitants pour Rothmans ou Camel, raconte-t-il. J'imagine que l'activité était rentable, puisque Morgen a décidé de quitter la Confédération pour s'y consacrer. Il a en même temps étendu son activité à l'implantation de supports publicitaires pour les pharmacies. »

En juillet 1988, Sparza est entré à la Française des Jeux comme directeur commercial adjoint « à la demande du président de l'époque, Jean-Pierre Teyssier, et du directeur commercial, Yves Grasset… Remilly quittait la Confédération, où j'avais passé sept ans, et je pensais qu'il fallait faire autre chose, dit-il. Je me suis occupé des ventes, du lancement des produits, des campagnes de stimulation… Je remplaçais aussi Yves Grasset lors de ses absences. »

L'équipement des points de vente relevait-il de sa compétence ?

« C'est Peretmère qui en avait la charge, comme de l'équipement des salles de formation et des nouvelles boutiques. Mon collaborateur suivait également les relations avec les fournisseurs. Il rendait directement compte à Grasset, sans me demander mon avis. »

Sparza veut manifestement minimiser son propre rôle :

« Grasset connaissait bien Morgen », ajoute-t-il.

A-t-il eu vent de quelque chose d'anormal du côté des travaux ?

« L'un de mes collaborateurs m'a plusieurs fois rapporté que les prix pratiqués par le groupe Carré pour l'installation des boutiques étaient prohibitifs. Je n'ai rien écrit à ce sujet. Mais, en comité de direction commerciale, que présidait Grasset, j'ai souvent soulevé le problème, sans jamais provoquer de réactions. »

Le train de vie de Morgen lui inspire-t-il une réflexion ?

« Morgen ne parlait pas argent, mais il était manifeste qu'il gagnait bien sa vie. Il a effectivement acquis une grande maison au Vésinet voilà deux ans. »

On revient sur sa double casquette (cadre du Loto et actionnaire d'IMR, fournisseur du même Loto), qui semble chagriner les policiers.

« J'ai cédé mes titres en septembre 1989 à la demande de Morgen », se défend-il.

La transaction a d'ailleurs laissé une trace sur ses comptes : un versement de 256 667 francs.

Commentaire : « J'ai pensé que je venais de réaliser une très bonne opération, et je n'avais aucune raison de mettre en doute les propos des époux Morgen. »

Il y a peu de chances pour qu'on en reste là : Sparza est de nouveau convoqué, le 15 mai. Ce jour-là, on l'attaque sur son patrimoine. Il admet que la vente des fameuses actions lui a permis de doubler son épargne, mais jure qu'il n'a jamais reçu de prime en espèces au temps de Colé... Oui, il fréquente les Morgen. Oui, ils parlaient travail. Son ami « a souvent fait état de ses relations avec Peretmère, qu'il jugeait difficiles. Il le trouvait trop pointilleux à l'égard d'IMR, mais aussi incapable... ». Sparza tient d'ailleurs à le répéter : « Il y avait une volonté farouche, chez Peretmère, de ne rendre compte qu'à Grasset. »

On aura peut-être peine à le croire, mais il n'a jamais eu aucun pouvoir en matière de prix. Ceux que proposait IMR étaient du domaine de Peretmère et de Grasset... Curieux, pour un directeur des ventes, notent les policiers. Mais le témoin persiste : « Je n'avais pas d'opinion particulière sur ces prix dès lors que Peretmère les avait analysés et Grasset acceptés. »

Grasset qui, lors de son licenciement, en octobre 1994, ne lui a apporté aucun soutien...

On tente de piéger Sparza sur le recrutement de Dominique Vergnaud. Il raconte :

« En octobre 1993, Morgen a appris que l'on recrutait un responsable Réseau et Vente. Il nous en a parlé, à moi puis à Grasset. Il nous a proposé un candidat qu'il disait ne pas connaître, Dominique Vergnaud. Le cabinet de recrutement a conclu que ce monsieur pouvait convenir au poste, il a donc été engagé et placé sous mon autorité. Mais, là encore, Vergnaud rendait compte à Grasset... »

Évidemment, il n'ignorait pas les liens de parenté de ce nouvel employé. Il savait même très précisément qu'il était le frère de Francis, actionnaire comme lui d'IMR et collaborateur de Morgen...

Petits arrangements à l'Élysée

Le 23 mai, les enquêteurs recueillent la déposition d'un homme entré au service de François Mitterrand pour y suivre le dossier « Police » avant de connaître une longue carrière : Gilles Ménage. Désormais président d'EDF-GDF, il se livre sans protester à l'exercice de l'interrogatoire. Né dans les Hauts-de-Seine en juillet 1943, il demeure à Paris dans le même immeuble que l'ancien député

Henri Modiano. Mais cela n'a rien à voir avec sa convocation. Il se présente :

« J'ai exercé les fonctions de conseiller technique à la présidence de la République de juin 1981 à août 1982, puis celles de directeur adjoint de cabinet jusqu'en juin 1988, et enfin celles de directeur de cabinet jusqu'en juin 1992. C'est à partir du moment où j'ai pris effectivement la responsabilité de la gestion du cabinet, en juin 1988, que j'ai eu à gérer l'ensemble des personnels de la Présidence, fonctionnaires et non-fonctionnaires, et donc, à ce titre, Gérard Colé. C'était un proche collaborateur du président de la République, qui s'occupait de sa communication et l'accompagnait dans ses déplacements. »

On lui soumet les documents saisis chez Colé, notamment les courriers d'Air France. Le fidèle collaborateur de François Mitterrand ne se démonte pas :

« Un certain nombre de collaborateurs de la Présidence de la République sont traditionnellement pris en charge sur des contrats conclus avec les entreprises publiques (SNCF, Air France, RATP...) et mis à la disposition de la Présidence pour la durée de leurs fonctions. C'est dans ce cadre que Gérard Colé a bénéficié d'un contrat Air France à partir d'avril 1989, jusqu'au moment où il a pris la présidence de la Française des Jeux. Ce contrat existait déjà et avait bénéficié précédemment à un autre conseiller dont je ne me rappelle plus le nom. Globalement, je pense qu'une douzaine de personnes, non fonctionnaires, étaient rémunérées de cette façon. »

Comment cela se passe-t-il pour les fonctionnaires ?

« Ils sont rémunérés par leur administration d'origine et mis à disposition de la Présidence. »

Arrive-t-il que ces conseillers soient rémunérés en liquide, comme le déclare Colé ?

« Les conseillers et chargés de mission perçoivent mensuellement et en numéraires une prime dite de cabinet. Les 15 000 francs annoncés par Gérard Colé me paraissent plausibles. »

Comment procède-t-on, concrètement, pour obtenir la prise en charge d'un conseiller par une entreprise publique ?

« En accord avec le secrétaire général de la Présidence, j'ai, dans le cas présent, adressé une demande officielle au président du groupe Air France, Bernard Attali, pour transférer le contrat de travail au bénéfice de Gérard Colé. Cette procédure était officielle et usuelle. »

Le nom d'Henri Modiano lui dit-il quelque chose ?

« J'ai rencontré Henri Modiano à la Présidence à l'époque où j'étais directeur adjoint de cabinet. Il avait connu le président de la République en tant que parlementaire. Il souhaitait me voir pour discuter de questions politiques. »

L'ex-conseiller de François Mitterrand, spécialiste du contre-terrorisme, ne voit « rien à ajouter ». Mais ses déclarations, effectuées avec le calme qui le caractérise, feront bientôt l'effet d'un coup de tonnerre. Mine de rien, sans doute par souci de transparence, il a confirmé l'existence d'un système occulte de rémunération des conseillers de l'Élysée.

Fonds spéciaux

C'est la journée des hauts personnages. Gilles Ménage cède son fauteuil encore chaud à Yves Colmou, à ce jour chargé de mission auprès du médiateur de la République. Né en 1955 à Lorient, il a été chef de cabinet du Premier ministre de mai 1988 à mai 1991. On l'envoie répondre à la Police judiciaire après le coup de téléphone passé au secrétariat de Michel Rocard. Pourquoi lui ? Parce qu'il avait en charge la gestion des fonds spéciaux à Matignon. Il connaît son sujet sur le bout des doigts :

« Les fonds spéciaux échappent aux règles de la comptabilité publique depuis une loi de 1946. Il n'existe pas de séparation entre l'ordonnateur de la dépense et le comptable, il n'est pas nécessaire de tenir une comptabilité, il n'y a pas lieu de justifier l'usage des fonds dont l'utilisation ne relève pas de la Cour des Comptes. »

On lui donne lecture des déclarations de Gérard Colé.

« Il est exact que MM. Pilhan et Colé ont conseillé le Premier ministre de l'époque entre septembre 1988 et mai 1991. Chaque semaine, le mercredi à 19 heures, se tenait une réunion au Pavillon de Musique, au fond du parc de l'Hôtel Matignon. Consacrée à la communication, elle durait environ deux heures. Pilhan et Colé réalisaient par ailleurs des études sur l'évolution de l'opinion. »

L'opération vérité et transparence est en marche. Colmou n'esquive aucune question.

« Gérard Colé était rémunéré en espèces, 40 000 francs par mois, poursuit-il. Mais, contrairement à ce qu'il vous a déclaré, il n'a jamais perçu en supplément et en numéraires 10 000 francs pour chaque prestation télévisée du Premier ministre. »

Comment s'effectuaient les paiements ?

« Je ne rencontrais pas Colé tous les mois. Souvent, je lui remettais 120 000 francs en fin de trimestre. »

L'autre conseiller en communication était-il payé de la même façon ?

« De septembre 1988 à septembre 1989, Jacques Pilhan n'a reçu aucune rémunération. Ensuite, il a facturé sa prestation par l'intermédiaire de sa société, Temps Public, sur la base de 100 000 francs par mois. »

Même question qu'à Gilles Ménage : le nom de Modiano lui dit-il quelque chose ?

« Je ne connais pas Modiano, que je n'ai pas rencontré dans l'exercice de mes fonctions. »

Enveloppes officielles

23 mai, suite : en milieu d'après-midi se présente Jean-Claude Colliard. Professeur de droit, né à Paris en 1946, il a surtout été directeur de cabinet à l'Élysée entre 1982 et 1988. Il était notamment « chargé d'assurer la situation matérielle des collaborateurs du Président ». Ce qui l'a conduit à se pencher de près sur le cas du conseiller en communication.

« J'ai eu à m'occuper de la situation de M. Colé lorsqu'il a été nommé à l'Élysée en 1984, déclare-t-il. Il était à l'époque sous contrat au SID [*nda* : le Service d'information du gouvernement], rattaché au Premier ministre, où il était rémunéré environ 25 000 francs par mois. Il a été convenu qu'il conserverait cette rémunération, à laquelle s'ajouterait une "prime de cabinet" de l'ordre de 5 000 francs en espèces. En outre, il pouvait se faire rembourser ses frais réels par le TPG [*nda* : Trésorier payeur général] de l'Élysée. J'ai refusé à Colé la rémunération supérieure qu'il demandait et ne l'ai pas incité à effectuer des démarches pour trouver une rémunération extérieure. Je n'étais au courant ni de l'existence de la société TPS, ni des relations financières entre Colé et la société Carat. »

Connaissait-il cette entreprise ?

« M'occupant du secteur audiovisuel à l'Élysée, je connaissais la société Carat. J'avais même des relations courtoises avec l'un de ses dirigeants, Gilbert Gross, mais je ne connaissais pas son frère Francis. Je n'ai jamais demandé à Carat une aide quelconque pour rémunérer tel ou tel collaborateur du Président. Il n'existe d'ailleurs aucun courrier à ce sujet entre la direction du cabinet et le groupe Carat. »

On cite les propos de Colé concernant cet épisode.

« Je démens catégoriquement ces allégations et ne connais pas ce monsieur Stephen. »

On prend note. Mais, avant de raccompagner Colliard, le mot rituel sur Modiano :

« Je ne connais pas personnellement M. Henri Modiano, mais j'avais appris que cet ancien député gaulliste à la carrière aventureuse avait cherché à se rapprocher du président de la République dans les années 1984-1985. »

Fin des hostilités à 17 heures 20, après une journée passée à tutoyer les cimes du pouvoir. Le genre d'interrogatoire qui aurait paru totalement surréaliste dix ans plus tôt, mais qui se banalise peu à peu : même les « grands » doivent rendre des comptes. Y compris sur les aspects les plus secrets (l'argent en est un) du pouvoir.

Clémentine

Où l'affaire de la Française des Jeux plonge brutalement dans l'intimité des suspects… Pourquoi les enquêteurs, sous le contrôle du juge d'instruction, décident-ils d'aller frapper à la porte de Clémentine Colé, ce 30 mai à 9 heures ? Probablement à cause de la procuration qui lui a un moment donné prise sur le fameux compte bancaire de Modiano à Lugano.

La jeune étudiante en droit (elle est née en décembre 1968) reçoit les policiers dans l'appartement mis à sa disposition par son père, boulevard du Montparnasse. La perquisition est rapide. Elle se concentre sur une boîte d'archives de couleur noire, placée dans la bibliothèque. À l'intérieur, deux feuilles manuscrites recto verso, non datées, qui ne vont pas tarder à constituer le scellé numéro 136.

Convoquée le jour même à 14 heures par la Police judiciaire, la jeune femme est d'abord questionnée sur son train de vie. Ses stages rémunérées étant insuffisants pour vivre, elle reçoit de son père une pension mensuelle de 5 000 francs. « Il est arrivé que mes parents me donnent un peu d'argent en liquide que je déposais en partie sur mon compte », précise-t-elle. Se sont-ils toujours occupés de son logement ? Elle a occupé un temps l'appartement que son père louait rue d'Assas : « il réglait le loyer, ou me remboursait en espèces lorsque je le payais ». Puis son père a acquis l'appartement qu'elle occupe actuellement, en 1993. L'opération lui aurait coûté 2 millions de francs, plus un million pour les travaux – elle a sagement apporté quelques factures, comme on le lui avait demandé. Il resterait d'ailleurs plus de 300 000 francs à régler aux entrepreneurs. Les factures arrivent chez elle. Elle les transmet à son père, dans les Landes, « qui rencontre actuellement des difficultés pour les régler ».

Relance des policiers qui exhibent un document portant sa signature :

« Vous nous avez indiqué que vous ne possédiez qu'un seul compte bancaire. N'avez-vous pas aussi été titulaire d'une procuration sur un compte ouvert à Lugano auprès de la Privat Kredit Bank ?

– Je ne me souviens plus de cette procuration. »

On insiste. Elle développe :

« Mon père possédait une procuration sur le compte d'Henri Modiano. Il s'agit d'un ami de longue date de papa. Pour moi, c'est un homme d'affaires, mais je ne connais pas ses activités précises. Je ne sais pas non plus, même vaguement, ce qu'il fait. Je ne le lui ai jamais demandé. Je sais simplement qu'il possède des sociétés un peu partout. Un jour, mon père m'a informée que j'allais obtenir la délivrance d'une procuration sur le compte de son ami. Il m'a expliqué que, s'il avait un jour un accident, et que Modiano se trouvait dans l'impossibilité d'accéder à ce compte, je pourrais le faire au profit de ses enfants. Je ne les connais pas, mais je sais qu'ils sont beaucoup plus âgés que moi. »

Dans quelles circonstances a-t-elle signé le document ?

« Je ne suis jamais allée à Lugano et je n'ai pas rencontré Modiano pour cette opération. Mon père m'a donné les imprimés à signer. Le nom de la société Bikis ne me dit absolument rien. Je ne sais pas non plus si Modiano avait obtenu mon numéro de téléphone pour le cas où. Je ne sais même pas où lui et sa femme (que j'avais rencontrée plusieurs fois) habitaient. »

Elle assure qu'elle n'a jamais effectué la moindre opération sur ce compte, auquel elle ne s'est « jamais intéressée ».

On l'invite à s'exprimer sur le chapitre conjugal. Elle dit ce que les policiers savent déjà : que Dominique Galakhoff est devenue la concubine de son papa au printemps 1989, et qu'elle l'est restée jusqu'au printemps 1992. Elle abonde dans le sens de son père : «Au début, j'ai trouvé Dominique sympathique et gaie, mais, très rapidement, j'ai eu de mauvaises impressions. »

Les policiers lui présentent les deux feuilles saisies chez elle le matin, couvertes d'annotations manuscrites qu'ils ont entre-temps déchiffrées. Elle est effectivement l'auteur de ces lignes, à l'origine un courrier destiné à son père.

« J'y faisais l'historique de mes relations avec Dominique pour en arriver à expliquer à mon père que je ne voulais absolument plus la voir. Je ne me souviens plus quand j'ai rédigé ce brouillon de lettre, mais cela doit remonter à fin 1989, début 1990. Je n'ai jamais remis cette lettre à mon père, car j'ai préféré lui parler directement. »

L'un des policiers, qui voit bien le profit qu'il pourrait tirer de ce témoignage très personnel, lit un passage à haute voix :

« J'ai vraiment fait un effort, par respect pour mon père, pour que les relations avec Dominique soient supportables (...). Mon père s'entendait bien avec elle. Il me semble même qu'ils avaient parlé de mariage, au printemps 1990, lorsque j'ai cessé toute relation avec Dominique. J'ai en revanche continué à rencontrer très fréquemment mon père ; j'ai ainsi appris que Dominique était suivie par des médecins. Un beau jour, mon père m'a téléphoné pour me dire que c'était terminé et qu'ils avaient accepté de se séparer. »

Le policier revient à la lettre où Clémentine évoque les relations de son père avec Dominique. Il voudrait une explication de texte, même si ces aspects n'apportent rien à l'affaire elle-même. La jeune femme évacue :

« Je me suis finalement expliquée de visu avec mon père. C'est là qu'il m'a dit que cela devenait invivable et qu'il allait la faire voir par un spécialiste. »

Une dernière chose, moins indiscrète : Clémentine a signé un bordereau selon lequel elle aurait déposé 60 000 francs en billets de 500 francs sur un compte ouvert par son père en novembre 1991. Qu'en est-il ?

« Je n'ai gardé aucun souvenir de ce type d'opération. »

Fin du « supplice » – comme aurait pu dire Danièle Mitterrand, elle qui a dénoncé sur toutes les antennes la « rançon » qu'elle venait de déposer pour obtenir la libération de son fils Jean-Christophe, incarcéré à la veille de Noël 2000 dans l'affaire du marchand d'armes Pierre-Joseph Falcone.

Les ailes de la République

Loin de laisser rancir les déclarations de leurs témoins, les enquêteurs vérifient tout. Et ces vérifications passent évidemment par la case Air France. Totalement décomplexés, à l'instar d'un bon nombre des membres de la Brigade financière parisienne, ils frappent, le 31 mai ,au siège de la compagnie aérienne. Le sous-directeur du personnel, Denis Parenteau, les accueille. Celui qui traitait le cas Colé est aujourd'hui à la retraite, explique-t-il. Mais, lorsqu'il a appris, en lisant *Le Monde*, l'existence de ce contrat, il a effectué une recherche dans les archives. Pour constater que M. Colé avait bien été rémunéré durant trois mois en qualité de chargé de mission, sur la base de 30 746 francs nets.

Le policier réclame le dossier. Parenteau obtempère. À l'intérieur, la lettre de l'ancien directeur du personnel à Colé, où il lui confirme son embauche comme chargé de mission. Et un courrier de Colé, daté du 29 juillet 1989, où il demande que cessent les virements, ses « fonctions » prenant fin.

Le témoin reste prudent :

« Je présume que les instructions ont été données par le président de l'époque, M. Bernard Attali, dit-il. Mais je ne suis pas en mesure de vous dire quelle a été l'activité de Colé sur les trois mois considérés. »

Il fournit des explications techniques :

« Les fiches de paie ont été traitées de façon manuelle, parce que les cadres hors grille ne peuvent pas être pris en compte par le système automatique. »

On lui donne lecture d'un passage de la déposition de Gilles Ménage où l'ancien superintendant de l'Élysée dit avoir adressé une demande officielle à Bernard Attali au sujet de Colé.

« Je n'ai jamais eu connaissance de ce document, répond-il. Il se peut qu'il soit conservé dans les archives du PDG d'Air France, sous toutes réserves. »

Décidés à remonter plus haut s'il le faut, les policiers demandent à être présentés au directeur de cabinet du président de la compagnie, Jean-Louis Pinson. Lequel donne corps aux réserves de Parenteau :

« Nous ne sommes pas en mesure de vous présenter les archives des courriers adressés au PDG d'Air France avant juillet 1992. »

Un policier cite à nouveau la déposition de Gilles Ménage.

« Je ne pense pas qu'un tel courrier ait pu être enregistré », dit Pinçon qui répète sous une autre forme que les archives de la période concernée ont disparu : « Nous n'avons aucune trace du courrier adressé au président avant la nomination de M. Blanc. Ni aucun document se rapportant au contrat de travail de M. Colé. »

Ces réponses ne satisfont pas complètement les enquêteurs. Ils veulent mettre au jour les mécanismes qui ont permis à l'Élysée de faire prendre en charge des collaborateurs par une compagnie aérienne. Ils invitent un autre haut responsable d'Air France, Alain Vidalon, directeur général adjoint aux Affaires techniques, à se présenter devant eux le lendemain. Utiles précisions :

« Certaines paies étaient traitées manuellement : celles du président, du directeur général et de leurs adjoints, soit une douzaine de personnes, plus quelques vacataires, et les six chargés de mission dont j'ai gardé le souvenir. »

On lui donne lecture de la déposition de Gilles Ménage.

« Cette procédure me semble correspondre à la manière dont les dossiers étaient traités. Le nombre de chargés de mission simultanés était de trois. Ces contrats concernaient des conseillers ministériels ou des conseillers de la Présidence. »

Le policier insiste. Vidalon lâche plusieurs noms, dont celui de Gérard Colé :

« Le président d'Air France me demandait verbalement de préparer un contrat de travail au nom de telle ou telle personne, sans fournir d'autres détails. Ensuite, la direction du Personnel se mettait en rapport avec cette personne pour obtenir les renseignements nécessaires à la mise en place de son contrat. En général, quelqu'un se déplaçait auprès des intéressés, qui étaient ensuite avisés par courrier. Ces chargés de mission avaient bien sûr un statut de salariés à part entière du groupe. »

C'est ainsi qu'il a fait part à Colé des facilités de transport dont il pourrait bénéficier, comme tout salarié, après un an de présence dans le groupe. Par exemple, des billets payés à 10 % du tarif plein.

Vidalon tient cependant à conclure sur une note optimiste : « ces combines » appartiennent au passé. À partir de 1993, dit-il, « Bernard Attali a refusé de rémunérer les conseillers ».

Les scellés N° 2 et 3 mènent à Panama

Dans un rapport adressé à leur hiérarchie, daté du 8 juin 1995, les enquêteurs exposent tout ce qu'ils ont pu dénicher sur la fameuse société Bikis dont l'existence avait été découverte lors de la perquisition chez Dominique Galakhoff. Selon leurs investigations, Bikis Inc est une société anonyme immatriculée le 30 septembre 1984 au Panama, petit État d'Amérique centrale bien connu pour le secret de sa place financière. Son objet social est aussi étendu que vague, puisqu'il autorise « toutes opérations commerciales nationales et internationales, y compris sur les valeurs mobilières et les biens immeubles ». Son capital, réparti entre plusieurs actionnaires panaméens, est de 10 000 US dollars.

Mais le plus intrigant est ailleurs : Bikis Inc a été dissoute le 28 septembre 1993, quelques mois après le déclenchement de l'enquête de l'Inspection générale des finances. Au même moment, les deux comptes ouverts à la Privat Kredit Bank de Lugano étaient clôturés par Henri Modiano, qui avait pris soin de révoquer dans les formes les procurations accordées à Gérard Colé et à sa fille. Impossible, faute d'avoir obtenu communication des pièces écrites, d'identifier les « donneurs d'ordre » à l'origine des instructions reçues par la banque. En revanche, il est établi qu'une somme voisine de 8 millions de francs avait été déposée sur l'un des comptes entre le 12 novembre 1990 et le 21 juillet 1992, dont 2,3 millions de francs au cours du premier mois. Des sommes qui pourraient correspondre, estiment les enquêteurs, au pot-de-vin évoquéepar Dominique Galakhoff, soit 3,3 millions de francs en trois fois.

Mais le conditionnel reste ici de mise et il y a de fortes chances pour qu'il le reste longtemps, car le cheminement des fonds versés sur le compte de Bikis n'a laissé aucune trace écrite exploitable. Seul indice : ce même mois de novembre 1990, Gérard Colé a acquis sa résidence landaise pour un million de francs grâce à un prêt obtenu sans garantie aucune auprès d'une filiale du Crédit Lyonnais. 2,3 millions plus un million, cela fait exactement 3,3 millions de francs. Mais on ne résout pas une enquête policière par une simple opération d'arithmétique. Surtout lorsque la solution se trouve entre Genève, Lugano, la Banca della Svizzeria italiana – où existe un troisième compte au nom de Bikis Inc –, New York et Panama, paradis des hommes (d'affaires) discrets.

Un coffre sous scellés

Après Air France, l'enquête se focalise sur le groupe Carat. Francis Gross étant décédé depuis le mois d'août 1992, il faudra se contenter d'interroger son frère Gilbert, qui dirigeait la société à ses côtés. Mais, auparavant, les policiers choisissent d'improviser une escale chez la veuve, Florence Gross. Manque d'élégance ? Ce n'est pas le propre de ce genre d'investigations.

Un inspecteur divisionnaire, un inspecteur et un sous-brigadier ont été mobilisés pour fouiller l'hôtel particulier, une bâtisse de deux étages flanquée d'un jardinet. Devant la taille des lieux, ils réclament trois autres fonctionnaires en renfort, lesquels les rejoignent peu après 8 heures du matin. Au premier étage, on repère un coffre. Le maître d'hôtel, d'origine portugaise, débarque bientôt sur place, suivi d'un avocat. Les policiers sont plongés dans les relevés de comptes de Florence Gross. Ils en détectent quatre, puis reviennent vers le coffre. Ils veulent examiner le contenu. Mme Gross ne connaît malheureusement pas la combinaison. Seul son conseil financier peut les tirer d'affaire. On tente de le joindre par téléphone. Vainement. Le coffre est alors placé sous scellés dont Florence Gross est formellement instituée gardienne, en attendant de fixer un rendez-vous.

La petite troupe plie bagage. Mais les policiers ne repartent pas seuls : ils embarquent avec eux Florence Gross et le maître d'hôtel, sans doute pour éviter que l'un ou l'autre n'alerte Gilbert Gross, chez qui ils comptent se rendre sur le champ.

Gilbert Gross est malheureusement en déplacement, explique une employée de maison qui guide trois policiers dans l'appartement. Ils butent encore sur des serrures. Les trois tiroirs du bureau sont fermés à clef. Nouveaux scellés, dont la garde est également confiée à Florence Gross.

La troisième perquisition vise le siège de Carat, à Courbevoie. Son assistante parvient à joindre Gilbert Gross qui rappelle les policiers depuis le Futuroscope de Poitiers. Rendez-vous est pris avec lui pour le 19 juin, au siège de son groupe. Les policiers apposent encore des scellés sur un coffre qui sera ouvert en présence du patron. Ils n'ont en revanche aucun mal à repérer, dans le bureau de son assistante, le dossier qui va les combler. Un dossier consacré à la Française des Jeux, contenant quelques pièces riches de promesses : un fax expédié le 2 juin 1993 par « Occidental » (en liaison avec Modiano) ; la photocopie d'un courrier de Gross à Colé, daté du 3 juin 1993 ; un autre fax envoyé par Modiano à Gross le 15 avril 1993 ; et un document dactylographié curieusement intitulé : « Comité les amis de la FDJ » (sic). Côté agendas, l'assistante leur remet celui de l'année 1992. Les policiers y relèvent plusieurs mentions dignes d'intérêt, dont un rendez-vous avec Pilhan et un rendez-vous à trois entre Gross, Colé et un étrange « M. X », le 11 mars 1992.

Retour chez Florence Gross le 15 juin, pour la cérémonie du bris des scellés. À l'intérieur de ce coffre, on découvre une somme de 1 950 000 francs « en billets de 500 francs usagés », soit dix-neuf liasses de cent billets et deux « briques » de dix liasses de cent billets. Un pactole qui ne laisse pas les policiers sans voix. Ils interrogent aussitôt la propriétaire. Laquelle avoue les penchants de son mari pour le jeu :

« Cet argent a été placé dans le coffre par mon mari. Il provient de retraits bancaires et très certainement, pour beaucoup, du jeu : casino, chevaux, poker... »

On referme le coffre, on brouille la combinaison et on remet les clefs à Madame.

Un notaire de campagne

Le 27 juin, les policiers ont rendu visite au notaire parisien qui a encadré l'acquisition par Gérard Colé d'un appartement boulevard du Montparnasse. Lequel a raconté comment il avait refusé à son client tout versement en espèces. Le lendemain, ils sont dans les Landes, au chevet de Me François Dupin, né à Bayonne en 1943, notaire d'Onesse-Laharie. Sa première rencontre avec Colé remonte au mois de septembre 1989, lorsqu'il a acquis, en indivision avec Dominique Galakhoff, la propriété du Caoulé pour un million de francs. Interrogé sur les détails de la transaction, le notaire prend les devants :

« Je tiens à préciser qu'une somme de 100 000 francs a été versée hors de mon étude. »

Le reste a été remis sous la forme de deux chèques tirés sur la SDBO. Détail piquant : à la demande de Colé, l'acte a été signé au 4, rue de l'Élysée, alors que le notaire se trouvait en stage à Paris. Ensuite ? En décembre 1990, Colé a acquis, toujours à 50/50 avec Dominique, la propriété de Laborde pour un montant de 200 000 francs. Comment ont-ils réglé ?

« J'ai délivré un reçu à Colé et Galakhoff à la suite du versement en numéraire d'une somme de 177 500 francs composée, de mémoire, de billets de 500 francs. Eu égard à la personnalité de Colé, je n'ai pas émis d'objections à cette forme de paiement. Le même jour, il m'avait été remis par Mme Galakhoff un chèque de 50 000 francs en paiement du solde du prix de vente et des frais. »

Pourquoi parle-t-il au passé ?

« À la demande de Colé, ce chèque a été remplacé plus tard par un versement en numéraires à l'étude, comme en témoigne le reçu que j'ai délivré le 24 décembre 1990. »

Maître Dupin a vu revenir Colé en juin 1992. Il avait décidé de racheter les droits de Dominique Galakhoff sur les deux propriétés, estimés à 650 000 francs. L'acte a été signé en deux temps : par lui le 5 juin, et par elle quatre jours plus tard, contre remise d'un chèque. Colé lui avait déposé trois chèques et 50 000 francs en espèces pour les frais, dont le solde a été versé par sa fille Clémentine, par chèque, pour un montant de 16 000 francs.

A-t-il une idée du montant des travaux réalisés ? À vue de nez, il y en a eu pour 600 000 francs, dit le notaire des Landes, une terre qui, en ces années Mitterrand, devait finir forcément par le conduire un jour du côté de l'Élysée...

Le banquier de la famille

La chasse au banquier est ouverte. Première étape le 4 juillet, avec une perquisition au siège de la Société de Banque occidentale (SDBO), 8 rue de La Rochefoucauld, à Paris. Pierre Despessailles, l'ancien patron, a quitté la scène, soupçonné par divers juges d'instruction d'avoir joué les anges gardiens un peu trop protecteurs. Son successeur remet aux policiers une fiche décrivant le crédit accordé à Colé, accompagnée d'une note manuscrite signée par Despessailles en personne.

Seconde étape deux jours plus tard, avec une visite à l'agence du Crédit Lyonnais sise avenue des Champs-Élysées. La directrice adjointe, Françoise Chauffeton, raconte la réaction rageuse de Colé après la saisie conservatoire déclenchée sur ses comptes à la SDBO. Il lui a écrit pour lui dire sa « déception » et retracer l'historique de ses relations (et de celles de la Française des Jeux) avec la banque. La tension persistait lorsqu'ils se sont vus :

«Je lui ai fait remarquer que lorsque le dossier du prêt avait été monté, il n'avait pas cru utile de m'informer de la dette dont il restait redevable à l'égard de la SDBO (...). Il m'a déclaré qu'il avait obtenu de l'ancien directeur de la SDBO, M. Despessailles, la certitude que les frais financiers ne lui seraient jamais réclamés, puisqu'il s'était engagé à transférer les comptes de la Française des Jeux au Crédit du Nord, dans le groupe Crédit Lyonnais. »

On poursuit avec la déposition de Colette Viala, attachée de clientèle à la SDBO. Entrée à la banque en 1991, cette jeune femme s'est vu confier les « clients particuliers ». Parmi eux, Colé et Galakhoff. Elle raconte :

« Lorsque j'ai pris connaissance de leurs dossiers, j'ai constaté qu'ils avaient obtenu chacun un débit de 500 000 francs avec l'accord de notre ancien directeur général, M. Despessailles. Ces comptes n'enregistraient par ailleurs aucun mouvement d'espèces (...). C'était l'exception qui confirme la règle, à savoir que le débit global avait été accordé sans garantie. Le dossier ne contenait d'ailleurs aucune information sur la situation financière de ces clients. »

Avec le feu vert de sa hiérarchie, elle a pris contact avec Colé, qui l'a reçue à la Française des Jeux en septembre 1991. Une rencontre « normale » :

« Mais, au long de l'entretien, Colé m'a lâché des informations au compte-gouttes, utilisant un certain nombre de sous-entendus non explicités. Les découverts, disait-il, lui avaient été accordés "pour compte de tiers" par M. Despessailles. Cela signifie que l'argent était en fait destiné à un ou plusieurs autres bénéficiaires dont il ne fournissait pas l'identité. »

En remettant sa note, Colette Viala a posé la question à son chef.

« C'est à cette occasion que j'ai appris qu'il s'agissait de Bernard Tapie », dit-elle.

Quant à Dominique Galakhoff, qu'elle a eue au téléphone, elle lui a expliqué qu'elle avait servi de prête-nom et qu'elle ne voulait « rien avoir à faire dans cette histoire. »

Les policiers extraient de leur serviette une lettre que Colette Viala a adressée à Dominique Galakhoff le 9 juin 1992. Elle lui annonçait que son compte restait débiteur de 174 111 francs, malgré le versement de 500 000 francs. Ce courrier a une histoire. Il a même fait pas mal de vagues... D'abord, on lui avait demandé d'envoyer « une simple lettre d'information ». Ensuite, le jour de l'envoi, elle a reçu un appel de Despessailles. Il voulait savoir si le courrier était parti. Elle a répondu que non. Despessailles lui a demandé de ne pas l'envoyer, mais, le lendemain, elle a appris que la lettre était bel et bien partie. Elle s'est retrouvée dans le bureau du patron. « Il était furieux que je lui aie "menti", et très en colère. » Il ne lui a pas dit pourquoi.

Dernier acte (provisoirement) : la convocation de Philippe Royer, chargé à la SDBO des « affaires spéciales » :

« Ce dossier a été directement traité, jusqu'en juin 1992, par notre ancien directeur général, M. Despessailles, puis par M. Ordonneau, son adjoint », précise-t-il.

Mais le banquier ne s'en tirera pas comme ça. On le relance. Il cède :

« Sur instructions écrites et manuscrites de M. Despessailles, deux comptes ont été ouverts aux noms de Colé et Galakhoff. Je venais de prendre mes fonctions et n'envisageais pas de questionner le directeur général sur Colé, PDG de la Française des Jeux. Le plafond de découvert autorisé était de 500 000 francs sur chacun des comptes, pour une durée de six mois. Nous ne savions pas à quoi était destiné ce million. À l'échéance, les découverts ont été prorogés sur instruction de M. Despessailles. »

Sait-il qu'on leur a également fait cadeau des agios ?

« Avec le recul, je pense que la SDBO pouvait admettre cette remise en contrepartie d'une augmentation du mouvement commercial sur le compte ouvert début 1989 par le Loto. »

Un calcul qui se défend.

Les archives de Carat

Les policiers se transportent en Seine-Saint-Denis, dans les locaux d'une société d'archivage où les reçoit un cadre de chez Carat. Ils font main basse sur quelques documents supplémentaires, dont un courrier de Carat à Tapie, un autre de Carat à Colé et une note confidentielle sur le contrat signé entre la Française des Jeux et Carat.

L'enquête suspend son vol pour le mois d'août.

Un procureur comble un vide

Voilà près de quinze mois que le tribunal de grande instance de Nanterre vogue sans procureur de la République à sa tête. Quinze mois de vacance dus à une interminable partie de bras de fer entre François Mitterrand et son Premier ministre, Édouard Balladur.

Le président de la République avait longtemps retardé le départ de Pierre Lyon-Caen, puis avait recalé plusieurs candidats à sa succession. Yves Bot était l'un d'eux. Mitterrand avait déjà œuvré pour empêcher ce magistrat de devenir directeur des Affaires criminelles et des Grâces auprès du Garde des Sceaux, Pierre Méhaignerie. Motif de ce blocage : Bot dirigeait le parquet du Mans, dans la Sarthe, lorsque le juge Thierry Jean-Pierre, jeune et fougueux, y traquait les « argentiers » de François Mitterrand.

Le 2 août, pourtant, sans que l'on connaisse les termes exacts des accords passés entre l'Élysée et Matignon, Yves Bot, mettant fin à un long et incertain intérim, est bel et bien nommé procureur de la République à Nanterre. Il y retrouve un dossier sensible touchant à l'entourage du chef de l'État. Un dossier qu'il a largement contribué à initier lorsqu'il suivait les « affaires » au cabinet de Méhaignerie : l'affaire de la Française des Jeux.

Le banquier en tenailles

La rentrée commence par un coup de force, le 11 septembre : une perquisition au domicile de Pierre Despessailles, banquier retraité – il est né en 1927.

Une cuisine, une salle de bains, une salle à manger, un salon, une chambre : les lieux sont assez modestes. Les trouvailles aussi : aucun élément utile à l'enquête. Comme si le banquier attendait ses visiteurs depuis longtemps.

La suite le surprend sans doute davantage : à peine achevées les fouilles, il se voit notifier sa mise en garde à vue. Le juge d'instruction (Isabelle Orsini a cédé sa place à Gérard Poirotte) a été avisé dans les formes, lui dit-on.

Devant les policiers, Pierre Despessailles dresse d'abord la longue liste de ses conquêtes universitaires : diplôme de l'Institut d'études politiques, licence en droit, DES d'économie politique, puis de sciences économiques, doctorat de sciences économiques, certificat d'aptitude à la profession d'avocat. Côté médailles, bousculade également : décoré de l'Ordre national du Mérite en 1974, promu officier en 1984, il a été fait chevalier de la Légion d'Honneur en 1991 au titre des Finances. Son palmarès judiciaire est moins développé, mais quand même : en marge de l'enquête sur le *Phocéa*, l'ancien bateau de Tapie, il a été mis en examen par la juge Éva Joly du chef de complicité d'abus de biens sociaux. Sa carrière, elle, semble exemplaire: entré en 1953 à la Société de Banque et de Crédit, devenue en 1982 la SDBO, comme attaché de direction, il a été nommé directeur général adjoint en 1964, puis directeur général en 1966 avant de devenir administrateur directeur général en 1991. On l'interroge sur les fameux prêts.

« En 1989, explique Despessailles, je connaissais Bernard Tapie depuis déjà longtemps et j'entretenais des relations amicales avec lui. C'est à cette époque qu'il s'est lancé dans la politique. Dans ce contexte, il m'a un jour présenté Gérard Colé, qui dirigeait France Loto. Il a insisté sur le fait que Colé était conseiller auprès du président de la République. Plus tard, il m'a déclaré que Colé avait un service bancaire à solliciter, tout en me le recommandant chaudement. L'intérêt, pour moi, était de créer des relations commerciales avec France Loto. Peu après, Colé est venu me voir en compagnie de sa maîtresse, Dominique Galakhoff, que j'avais déjà rencontrée chez Tapie. Il m'a dit qu'il voulait lui offrir un appartement, un bien qu'ils avaient l'intention d'acquérir à 50/50.

– La confiance était-elle à ce point réelle entre vous et ces nouveaux clients pour que vous n'exigiez aucune garantie concernant les découverts ? interroge un policier.

– Dès lors que Colé était conseiller du Président et responsable de France Loto, je n'ai pas cru nécessaire d'exiger des garanties. D'autre part, je le répète, j'espérais obtenir l'ouverture de comptes France Loto à la SDBO. Je dois reconnaître que Colé n'a pas réellement renvoyé l'ascenseur. La Française des Jeux a ouvert un ou deux comptes, mais les montants sont restés relativement modestes. »

Peut-il en venir aux heures plus sombres ?

« En avril 1992, Galakhoff m'a rendu visite à la banque pour m'informer qu'elle ne vivait plus en concubinage avec Colé et qu'elle n'entendait pas rembourser les 500 000 francs qu'elle devait. Je me suis adressé à Colé pour lui dire que si elle ne remboursait pas, il devrait le faire à sa place. »

En cherchant dans ses agendas, le banquier retrouve trace d'un rendez-vous avec Colé, le 29 avril 1992.

« J'ai été surpris de l'entendre me dire que c'était Tapie qui lui avait promis de rembourser directement la SDBO. Il n'a pas expliqué ce qui faisait de Tapie son débiteur, me disant simplement qu'ils étaient en compte. Je m'en suis ouvert à Tapie qui m'a répondu que Colé était culotté et que c'était plutôt lui qui lui devait de l'argent. »

La suite ?

« J'ai fait part de la position de Tapie à Colé qui s'en est indigné, me disant que Tapie aurait plus à perdre qu'à gagner dans cette affaire. Je n'ai pas pu en savoir plus. »

Il n'était donc pas au courant des accords passés lors de l'ouverture des comptes ?

« S'ils m'en avaient parlé, vous auriez découvert des notes manuscrites dans le dossier Colé à la SDBO », réplique le banquier.

On le pousse dans ses retranchements.

« Je vous répète que je ne connaissais pas la raison obligeant Tapie à solder les prêts Colé. »

Ne lui avait-il rien dit lors des présentations ? Despessailles laisse une porte entrouverte :

« Il n'est pas impossible que, lorsque Tapie m'a présenté Colé, il se soit porté caution morale pour lui. »

Pour le reste, il confirme avoir rassuré Galakhoff sur le fait qu'elle ne devait plus rien :

« Je craignais qu'elle ne se retourne contre Colé, qui m'avait assuré qu'il réglerait intégralement la dette. »

Les policiers ne digèrent toujours pas les incroyables conditions dans lesquelles les comptes ont été ouverts. Ils reviennent à la charge. Réponse inchangée.

« Je n'ai pas voulu "bousculer" Colé parce que j'espérais réellement que la SDBO allait travailler avec France Loto. »

16 heures 40 : la garde à vue est levée. Pierre Despessailles peut rentrer chez lui.

Le professeur

La piste Tomatis donnera-t-elle quelque chose ? Un chèque de 750 000 francs, offert par Colé à son ami Alfred Tomatis en septembre 1991, trouble les enquêteurs. Ils entendent le médecin le 30 octobre après avoir vainement cuisiné son commissaire aux comptes.

Né à Nice en 1920, ORL de formation, ancien professeur de psychologie, ancien chirurgien, spécialiste de l'écoute, il a fait la connaissance de Colé « bien avant qu'il ne soit président de la Française des Jeux ».

« L'un de mes collaborateurs avait soigné Mme Cottin, secrétaire à l'Élysée, raconte-t-il. Cette dame avait poussé Colé à suivre une cure à titre expérimental. Nous avons alors envisagé une collaboration sur la communication, dont il était un grand spécialiste. C'est dans ce contexte qu'il est entré au capital de la SA Tomatis, dont il a ensuite semblé se désintéresser. »

L'histoire du chèque serait assez simple. Le voyant en difficulté, Colé s'est « spontanément » proposé pour l'aider. Il se souvient de lui avoir signé une reconnaissance de dettes. Il l'a remboursé au bout de quelques mois, par chèque et avec les intérêts.

Un ami se retrouve pris dans la nasse d'une enquête policière, et voici que tout est découvert, expliqué, exploité, suspecté...

On cherche *TF1*

16 octobre. Gilbert Gross, né en 1931, est un pionnier de la pub. Formé après le bac sur les bancs de l'École technique de publicité, à Paris, il a raflé ses premiers budgets au milieu des années 50. Ses parents étaient propriétaires des Galeries Barbès où son frère Francis a longtemps exercé comme directeur général. Mais la société familiale a fini par déposer son bilan, et Francis l'a rejoint. Coca-Cola, Fiat : ils ont alors récupéré de gros budgets. En 1975, il a créé Carat (Centrale d'Achat Radio Affichage Télévision). Dans les années 80, « tout fonctionnait parfaitement bien, le chiffre d'affaires progressait

et les résultats aussi ». Il a d'ailleurs été décoré de la Légion d'Honneur en 1988 à l'initiative de Georges Beauchamps, alors proche de l'ancien président de la République. Une décoration censée récompenser sa réussite dans les affaires.

Alors qu'on le conduit lentement vers le sujet principal : le budget pub de la Française des Jeux, Gross interrompt sa déposition pour s'entretenir avec le directeur général de Carat, Bruno Kémoun, plus au fait des détails techniques.

Carat aurait été consulté pour la première fois par la Française des Jeux à la fin de l'année 1989, avant de récupérer le budget Télévision. Deux ans plus tard, « compte tenu du travail effectué », la société aurait récupéré tous les budgets pub de la Française. Deux personnes assuraient le suivi du dossier : Brigitte Petit et Kémoun.

Est-ce à dire qu'il ne s'en est pas du tout occupé, lui ?

« Je ne suis intervenu sur ce budget qu'à la mort de mon frère, en août 1992 », dit-il.

Son frère sur lequel il s'attarde volontiers :

« J'étais très attaché à lui mais nos rapports dans le travail donnaient trop souvent lieu à des heurts. S'il n'était pas décédé, j'aurais probablement quitté le groupe. Nous avions tous les deux un réel pouvoir de décision. En cas de conflit, je finissais toujours par me rendre à son avis. Mais, lorsqu'il a vendu nos participations dans le groupe, en 1988 et en 1990, il a agi contre mon gré, même si je pense qu'il a bien vendu.

– Dans quelles circonstances avez-vous fait la connaissance de Gérard Colé ?

– C'est Francis qui me l'a présenté, avant que l'on ait le budget. Il était conseiller en communication de notre société. »

Pour que l'on comprenne bien ce recrutement, Gilbert Gross se voit contraint à un petit flash-back. En 1981, alors qu'approchait l'élection présidentielle, il avait donné instruction à ses filiales de ne pas se mêler des achats d'espace réalisés par les partis politiques. Un proche de François Mitterrand, M. Magnus, lui avait cependant annoncé que le candidat socialiste avait décidé de confier ses achats d'espaces au groupe Carat. Mitterrand conservait Séguéla pour la création, mais ne lui laissait pas le monopole. Gross avait refusé la proposition, tandis qu'au même moment, l'un de ses associés, Thierry Roussel, prenait la campagne d'affichage de Valéry Giscard d'Estaing, auquel il était très lié. De quoi brouiller pour longtemps les Gross avec le pouvoir socialiste. C'est l'une des raisons pour lesquelles ils s'étaient ensuite tournés vers Colé, ainsi que l'explique Gilbert aux policiers :

« M. Mitterrand étant élu Président, ce n'était pas une mauvaise idée de prendre Colé comme conseil de Carat pour tenter d'améliorer nos relations avec le pouvoir en place. »

Il est cependant formel :

« Matériellement, Colé ne nous a rien apporté. »

Le policier lui présente la copie des vingt factures adressées par TPS à Carat. « Effectivement, dit-il, Colé nous a facturé des honoraires de consultation. C'est mon frère Francis qui a dû prendre cette décision dont je n'étais pas au courant. »

On lui lit un extrait des déclarations où Colé prétend avoir agi ainsi sur les conseils de Jean-Claude Colliard, directeur de cabinet de Mitterrand.

« Je n'ai aucun commentaire à formuler, car je n'étais pas au courant », dit-il avant de se reprendre : « Quelques semaines avant son décès, Francis m'a fait part de son embarras, dans la mesure où Colé, devenu entre-temps le deuxième client du groupe Carat, n'avait pas déclaré au fisc les honoraires qu'il avait perçus, soit 765 000 francs au total. Colé exerçait un chantage sur Francis, le menaçant de retirer le budget de la Française des Jeux, qui représentait 350 millions de francs. Mon frère m'a demandé d'essayer d'arranger ce problème et de voir avec notre conseiller fiscal. C'est lui qui m'a préparé un courrier que j'ai adressé à l'administration fiscale, dans lequel j'affirmais que Carat avait commis une erreur et n'avait jamais rémunéré TPS. J'ai dû rencontrer Colé pour lui montrer la lettre et le rassurer. Et nous avons conservé le budget de la Française des Jeux. Nous avons, par contre, dû payer des impôts sur le volume d'honoraires TPS réintégré dans le chiffre d'affaires. »

Changement de ton peu après 17 heures, avec la mise en garde à vue de Gilbert Gross. Son chauffeur est autorisé à lui déposer quelques effets personnels, mais la soirée ne se présente pas sous les meilleurs auspices, ainsi qu'en témoigne ce premier échange. Gilbert Gross :

« Nous avons effectivement commis une erreur lorsque nous avons rémunéré Colé à travers TPS de juillet à décembre 1989, alors qu'il était déjà président de France Loto. Colé ne nous a pas prévenus de sa nouvelle situation. Mais, je vous le répète, c'est Francis qui a suivi cette opération. »

Gilbert Gross se donne le second rôle. Il sait que la société a répondu à un appel d'offres pour obtenir le budget du Loto, mais c'est encore son frère qui s'en est occupé. Il n'a jamais discuté avec Colé jusqu'à la maladie de son frère. Il n'est pas non plus intervenu dans le contrat entre *TF1* et la Française des Jeux, même s'il entretenait « d'excellentes relations avec M. Patrick le Lay ».

Et Bernard Tapie ?

« C'est un homme que j'avais trouvé sympathique et avec lequel j'entretenais d'excellentes relations. Nous avions l'intention de lui confier une fonction honorifique dans le groupe, mais il a refusé. »

L'a-t-il connu par le biais de *TF1* ?

« Peut-être, mais, à ma connaissance, il n'est jamais intervenu dans les négociations entre Carat et *TF1.* »

Vers 23 heures, Gilbert Gross éprouve le besoin de s'excuser de ne pas répondre clairement à toutes les questions évoquant son état de santé :

« Cela explique que j'aie pris du recul vis-à-vis de Carat. »

Les policiers consignent, mais poursuivent. Ils sortent un courrier dans lequel Yves Grasset, de la Française des Jeux, explique aux responsables de Carat qu'il souhaite renégocier les droits de diffusion du Loto, du Millionnaire et du Keno.

« Ce genre de mission entre-t-il dans les attributions du groupe Carat ? Votre société est-elle intervenue lors de la signature du premier contrat de diffusion exclusive du Loto avec *TF1* en 1990 ? interrogent-ils.

– Ce type de mission n'est pas habituel. Je pense que la Française des Jeux, voulant renégocier ses droits dans de bonnes conditions, a fait appel à nous parce que nous étions le premier client de *TF1*, sur la base d'environ un milliard et demi de francs, alors qu'elle représentait moins de 100 millions de francs pour la chaîne. Nous pouvions les aider (...) Mais je ne sais pas si nous sommes intervenus dès 1990. »

On lui soumet le fax que lui a expédié la société Occidental Bank Investments Inc.

« Je reconnais ce document, qui m'a été envoyé par Henri Modiano. Gérard Colé me l'a présenté comme son homme de confiance, à une date que j'ai oubliée. Je l'ai trouvé plutôt sympathique, mais il ne m'a jamais parlé de son passé. Colé m'avait dit que j'aurais affaire à lui pour tout ce qui concernait les contrats entre la Française des Jeux et Carat, ainsi que pour le projet de privatisation de la Française des Jeux.

– Au vu des agendas saisis chez Colé, il apparaît que vous avez fait la connaissance de Modiano en début d'année 1990. Qu'en pensez-vous ?

– C'est effectivement à cette époque que j'ai dû faire sa connaissance », dit-il avant de revenir sur un point évoqué plus tôt : « Je vous ai parlé du problème fiscal rencontré par TPS et du chantage exercé par Colé. J'aurais dû vous préciser que Colé m'avait rendu visite accompagné de Modiano, qui lui aussi avait l'intention de tromper le fisc. »

Il est 1 heure du matin : Gilbert Gross signe le procès-verbal et regagne sa cellule.

La journée du lendemain commence par une petite perquisition au domicile du publicitaire. Sept pièces, trois étages, trois coffres que le propriétaire ouvre devant les policiers. Rien à signaler.

Au retour, le suspect passe une demi-heure avec son avocat, puis attaque sa troisième déposition :

« Jusqu'en 1993, j'entretenais des relations professionnelles avec Patrick Le Lay, mais aussi des rapports amicaux. Lorsque j'ai su que j'étais atteint d'un cancer, en juin 1992, je me suis confié à deux personnes en dehors de mon proche entourage : un ami et Patrick Le Lay. Comme l'air marin m'était conseillé, il m'a reçu pendant huit jours en convalescence dans sa maison de Bretagne. En 1991 ou 1992, le patron d'une centrale d'achat parisienne m'a parlé de maçonnerie. Il m'a conseillé d'aller demander à Patrick Le Lay ce qu'il en pensait. Depuis, j'appartiens à la même obédience que lui, la Grande Loge Nationale de France. Mais nos relations se sont fortement détériorées à cause de la loi Sapin[1], adoptée en 1993. Nous avons dès lors été traités comme un tout petit client, alors que nous représentions auparavant pour eux plusieurs centaines de clients et près de 2 milliards de francs de chiffre d'affaires. Depuis, je n'ai plus de contact avec *TF1*, ni de relations avec Le Lay. »

Le policier revient sur le fax saisi chez Carat, portant sur la privatisation de la Française des Jeux.

« Des réunions ont eu lieu au domicile de Modiano, à l'initiative de Colé, où se sont retrouvés différents partenaires susceptibles de prendre une participation dans la Française des Jeux. »

Les noms des partenaires ?

Dubrûlé et Pelisson pour le groupe Accor, MM. Ozanat et Cacouauld, représentant *Europe 1*, et lui-même.

Les grandes lignes de leur projet ?

« L'idée de Colé était d'apporter de l'argent frais à l'État et de développer le chiffre d'affaires en installant des terminaux dans les hôtels Accor. *Europe 1* aurait fourni de la publicité gratuite en échange d'actions. »

Se sont-ils interrogés sur la position de l'actionnaire principal ?

« Non, personne n'a posé la question de savoir si l'État était d'accord pour organiser cette privatisation. Colé semblait très sûr de lui. »

On lui demande de s'expliquer sur un document écrit de sa main et saisi chez Carat. Gross plonge dans la période noire qui a suivi cette incroyable euphorie :

« Lorsque Colé a été mis en cause, et comme il n'ignorait pas que je connaissais bien le ministre du Budget, Nicolas Sarkozy, il m'a convoqué à la Française des Jeux. Je l'y ai trouvé de très mauvaise humeur. Il m'a demandé de prendre des notes et d'aller voir Sarkozy. Je me souviens qu'il m'a parlé d'un certain Bégon, contrôleur d'État,

1. Destinée à instituer davantage de transparence dans le fonctionnement de l'achat d'espace, la loi Sapin du 29 janvier 1993 a interdit aux agences et aux centrales d'achat d'être directement rémunérées par les supports.

qui lui créait les pires ennuis. Il m'a expliqué que M. Mariani, directeur de cabinet de M. Sarkozy, avait obtenu un compte rendu d'une réunion tenue sous l'égide de M. Pain, durant laquelle il avait été dit que sa gestion de la Française des Jeux était malodorante et que le Budget s'opposait au Trésor sur le sujet. Colé pensait qu'il serait viré fin juillet 1994, lorsque son mandat arriverait à expiration. Il a évoqué un congrès des loteries, prévu pour le mois de mai 1994, manifestation que ne pouvait assurer aucun autre que lui, ce que n'ignorait pas Mariani. Il lui fallait enfin assurer la continuité des contrats passés à l'étranger, notamment en Angleterre. Il souhaitait que la fin de son mandat se passe bien. Dans le cas contraire, disait-il, les deux cent cinquante courtiers et les trente-neuf mille détaillants de la Française des Jeux "débrancheraient" et descendraient dans les rue. Colé menaçait de passer au Journal télévisé où il n'hésiterait pas à balancer certaines choses qu'il ne m'a pas indiquées. Il m'a également parlé d'une pétition signée par ses collaborateurs. »

Quelle suite a-t-il donné à cette sollicitation ?

« C'était en septembre ou en octobre 1993. Comme j'avais trouvé Colé très excité, j'ai décidé de ne pas rencontrer M. Sarkozy, mais d'en référer à Thierry Gobert, son conseiller, qui m'a fortement incité à ne plus m'occuper de cette affaire. Ce que j'ai fait. »

Que sait-il, lui, de Dominique Galakhoff ?

« Je n'ai jamais rencontré Dominique Galakhoff, sauf peut-être lors d'un voyage en Écosse, organisé par *TF1*. J'avais appris par mon frère Francis que le couple n'était pas des plus équilibrés. Je sais que Francis les avait envoyés chez un psychiatre de ses relations, à l'Hôpital Américain. »

On lui rapporte les déclarations de Galakhoff sur le versement de 10 millions de francs de pots-de-vin par *TF1* à Colé, par l'intermédiaire de Francis. Sur ce point, Gilbert Gross est formel :

« J'affirme que je n'ai jamais entendu parler de cette histoire. Je savais qu'à cette époque, en 1990, Francis rencontrait Colé et Modiano, mais je n'ai pas su pourquoi. »

Il affirme ignorer que Tapie participait à ces contacts.

« Je sais simplement que Tapie et Le Lay étaient très amis, ce qui n'est plus le cas. »

Puis il ajoute :

« Francis avait une vie totalement différente de la mienne. Nous n'avions pas d'amis communs. »

Sa garde à vue est cependant prolongée peu avant 18 heures, signe que les policiers espèrent bien obtenir davantage de leur témoin.

À 19 heures, le publicitaire doit accompagner les policiers jusqu'à son autre domicile. On brise les scellés apposés lors de la première visite. Suivent quarante minutes de fouilles – pour rien.

Vers 23 heures, Gross est invité à se pencher sur les documents comptables qu'il a apportés, comme on le lui avait demandé. Ils ont trait à l'intervention de Carat auprès du fisc « sous la pression de Colé », comme il dit. Commentaire :

« J'ai agi ainsi pour conserver le budget du Loto. Si j'avais une seule seconde mesuré la gravité de tels agissements, j'aurais préféré faire l'impasse sur ce budget. »

À l'appui de ses dires, Gross décrit un patron de la Française des Jeux difficile à manier : « Colé était un personnage colérique. Le conseiller de Sarkozy dont je parlais cet après-midi m'a raconté comment il s'était trouvé dans l'obligation de sortir Colé de son bureau, probablement lorsqu'il était venu lui demander un appui pour conserver son poste à la tête du Loto. »

Vers 1 heure du matin, les policiers tirent une dernière salve. Agendas en main, ils interrogent Gilbert Gross sur des rendez-vous qui se sont tenus entre lui, son frère et Colé.

« Je donnais des conseils de placement dans les médias », répond simplement le publicitaire qui devra attendre le lendemain matin avant d'être conduit dans le bureau du magistrat instructeur.

Les dépenses du patron

Un juge d'instruction dispose de peu de moyens d'investigation. Seul, dépourvu le plus souvent de tout soutien technique, sauf à être rattaché à l'un de ces pools financiers où se traitent les « grandes » affaires, il doit se contenter des officiers de police judiciaire que l'on veut bien mettre à sa disposition. En l'occurrence, deux personnes, qui viennent de se voir attribuer une enquête tentaculaire : le scandale du Crédit Lyonnais. Aussi, tous les renforts sont-ils les bienvenus. Et, de ce côté-là, les nouveaux responsables de la Française des Jeux ne se montrent pas avares.

Ce 30 octobre, ils adressent à la police un troisième projet de rapport de leur service d'audit interne. À l'intérieur, outre une analyse des liens entre la Française des Jeux et la banque de Pierre Despessailles, un passionnant tableau comparatif. Colonne de gauche : les dépenses de Colé, espèces sorties de la caisse et carte de crédit professionnelle ; colonne de droite : les dépenses du nouveau patron, Bertrand de Gallé. Lequel, vu les conditions de son parachutage à la tête du Loto, s'est forcément montré le plus modéré des hommes.

Appel anonyme

« Renseignement anonyme concernant le nommé Henri Modiano », annonce un procès-verbal daté du 2 novembre. L'événement est consigné en ces termes par les policiers :

« Sommes mis en relation téléphonique, par l'intermédiaire du chef du secrétariat de l'OCRGDF, avec un individu désirant joindre les enquêteurs en charge du dossier Française des Jeux. Malgré notre insistance, celui-ci refuse de décliner son identité et nous informe des faits suivants :

« À la suite de la lecture d'un article du journal *Minute*, daté du 25 octobre 1995, intitulé “Les patrons de *TF1* sur la sellette” et retraçant les grandes lignes de la carrière politique, financière et judiciaire de l'ancien député gaulliste Henri Modiano, j'ai décidé de vous apporter des éléments que je crois être l'un des rares à connaître. Colé et Modiano sont amis de longue date et le sont restés malgré les ennuis judiciaires de Colé. Modiano est en étroite relation avec des sociétés d'études et de participations financières qui ont pour nom X... et Y...[1]. La première se trouve sur les Champs-Élysées, à Paris, et elle est dirigée par un nommé Z..., qui a déjà eu affaire aux services de police alors qu'il dirigeait une autre société en

1. Nous avons volontairement gommé tous les noms.

Bourgogne. Il a pour âme damnée un certain W. Je sais qu'ils aidaient Modiano à tenir sa comptabilité et connaissent beaucoup de choses, tant au niveau des clients que des placements réalisés. Modiano effectuait de nombreuses et grosses opérations de placement et de recyclage, avec souvent le transfert d'importantes sommes en liquide (plusieurs dizaines de millions de francs par an) vers l'étranger, notamment la Suisse, l'Espagne (compagnie d'assurance), l'Italie et les USA (société en Floride). Je suis sûr qu'en vous intéressant à ces sociétés, vous saurez où est parti l'argent de Colé et de la Française des Jeux. »

Les enquêteurs ne perdent pas un mot de l'étonnante dénonciation anonyme. Ils ont l'habitude de ce genre d'exercice, tant les Français sont nombreux à apporter dans l'ombre leur contribution aux enquêtes en cours, par écrit ou oralement.

Quel crédit accorder à cette source ? Pour tenter d'en jauger le sérieux, ils sondent une dernière fois ses motivations. Conclusion :

« Mentionnons que notre interlocuteur, avant de conclure et sur notre demande, nous a déclaré qu'il avait été "victime du système Modiano", sans vouloir en dire plus. »

Rares sont les informateurs dépourvus de motivations. Mieux vaut les connaître si l'on tient à exploiter leurs informations. C'est une règle de base.

Premières vérifications dans la foulée, par un moyen accessible à tous les investigateurs : le serveur Infogreffe. Les deux sociétés citées par le témoin anonyme existent bien. La première affiche un objet social assez vague : « Participation sous quelque forme que ce soit dans toute entreprise ». Son PDG est effectivement connu pour infraction à la législation sur les constructions. La seconde annonce elle aussi un champ d'action très flou : « Entreprendre des recherches, études, prospections de marchés ». Curiosité : l'un des administrateurs possède ce qu'on appelle un « passeport de service », ce qui laisse entendre qu'il dispose d'une couverture administrative.

L'informateur n'est donc pas un baratineur, mais rien ne prouve que la piste soit valable. Le « corbeau » dont les policiers disposent au sein de *TF1* est, lui, bien plus efficace...

Quai du Point-du-Jour

7 novembre, 9 heures 45. Branle-bas de combat devant le siège de la première chaîne de télévision française, une forteresse qui domine la Seine et le quai du Point-du-Jour, à Boulogne. Comme le veut la nouvelle loi, les policiers ne sont pas venus seuls. Ils sont accompagnés du juge d'instruction Gérard Poirotte et du doyen des juges d'instruction, Alain Philibeaux. Une arrivée en force qui semble effrayer les vigiles. Ont-ils reçu des consignes ? Ils refusent aux véhicules administratifs de pénétrer dans le parking souterrain. Les visiteurs sortent leurs documents officiels. Le ton monte. Les juges parlementent. Et finissent par passer.

La petite armada se rend directement à l'étage de la Direction, le dernier. C'est Patrick Le Lay, le PDG, qu'ils sont venus voir. On fouille son bureau de fond en comble avant de lui signifier l'inimaginable : il est placé en garde à vue. Le PDG tombe la veste, remonte ses manches et explose de rage : « C'est honteux ! » répète-t-il avant de recouvrer son calme, cette froideur dont il ne se départira plus jusqu'à sa séparation d'avec les policiers. Sa seule exigence : que l'on prévienne son épouse et son avocat, Me Louis Bousquet.

Les policiers demandent à pouvoir accéder aux archives informatiques. Manque de chance ? Terrible coïncidence ? Les mémoires sont vides. Et pourquoi donc ? Un incident technique, leur explique-t-on. Tout a disjoncté une heure plus tôt... Dommage !

Tandis que juges et policiers fouillent les armoires, Le Lay leur tend une dépêche de l'agence France-Presse. Elle annonce un remaniement ministériel. Le député UDF François d'Aubert est évacué de son poste de ministre du Budget. Ironie du sort : des représentants de la Police judiciaire l'ont rencontré la veille, justement pour évoquer avec lui l'avenir du dossier de la Française des Jeux...

L'immeuble est en ébullition. Les journalistes de la maison ont alerté leurs confrères qui affluent en nombre devant l'immeuble, les photographes en première ligne.

« Ne pensez pas que nous avons appelé la presse », glisse un membre de l'équipe à l'oreille du PDG. Mais l'idée ne lui en est même pas venue à l'esprit.

Difficile de tenter une sortie dans ces conditions. Il faut ruser, trouver une autre issue. On met le service de sécurité à contribution. L'un des véhicules de la police, une Renault Laguna, est conduit dans les sous-sols de l'immeuble.

L'équipe se met en marche. Dans les couloirs, les cris de soutien fusent : « Courage, président ! »

Sortie réussie grâce au renfort des vigiles. Les téléobjectifs ont été tenus à distance respectable. Il n'y aura pas d'image choc à la Une des journaux.

Convoyage jusqu'au boulevard Saint-Germain où se trouve le domicile du PDG. Visite de l'appartement, un cinq-pièces. Saisie de tous les papiers se rapportant aux comptes bancaires de Patrick Le Lay, lequel profite de ce bref passage chez lui pour se restaurer et emporter une chemise propre, comme le mentionnent les policiers sur leur procès-verbal.

22 heures 30. Début d'un marathon interminable, pire que toutes les négociations à rallonge qu'a jamais connues le PDG.

Né en juin 1942 à Saint-Brieuc, marié, deux enfants, ingénieur des travaux publics depuis 1966, entré chez Bouygues en 1981, comme secrétaire général adjoint, avant de devenir secrétaire général, puis directeur général chargé de la diversification, enfin président de *TF1*, fonction qui lui procure des revenus annuels de 7,3 millions de francs, Patrick Le Lay, passionné de Mozart et de pêche à la mouche, se soumet sans ciller au flot des questions plus ou moins indiscrètes. Sans prononcer un mot plus haut que l'autre, mais avec une cravate : essentielle, la cravate ! On lui avait retiré la sienne en même temps que ses lacets, comme on le fait au début de toute garde à vue pour limiter les risques de suicide par pendaison. Il avait protesté, expliquant qu'il ne parlerait pas tant qu'on ne la lui restituerait pas. Les policiers ayant fini par céder, Le Lay avait attrapé une cravate oubliée sur un porte-manteau, sans doute par un policier, avant de poursuivre son récit.

Fier de ce qu'il a fait pour diversifier la maison Bouygues, Le Lay cite la reprise et la revente des piles Wonder en 1985 : « Une superbe opération financière », à l'occasion de laquelle il a fait la connaissance de Bernard Tapie. Il évoque aussi le rachat d'une filiale de Petrofina, la SCREG, en 1986, à l'occasion duquel il a doublé le chiffre d'affaires de son groupe. C'est un an après la privatisation de *TF1* (en 1987) qu'il en est devenu le PDG. Belle transition pour aborder le volet Loto.

« Nous avions payé *TF1* un prix élevé, 3 milliards de francs pour 50 % du capital, sans avoir eu accès aux comptes, ni aux stocks, ni aux contrats en cours, explique Le Lay. Nous avons trouvé des produits périmés et inadaptés à l'audience. Toutes les vedettes quittaient *TF1* pour partir sur la Cinq (tenue par Berlusconi et Hersant) qui proposait des contrats gigantesques. Francis Bouygues a protesté auprès du ministre des Finances, M. Balladur, sans que cela entraîne de réaction de l'État. Le contrat du Loto arrivait à échéance en août 1987. Une fois encore, Francis Bouygues est intervenu pour sauvegarder ce contrat, ce qui a été accepté moyennant une très forte augmentation du droit d'exclusivité. »

Quel intérêt pour la chaîne ?

« Le Loto fixe l'audience », répond le professionnel qui ajoute un important détail technique : l'inclusion d'un mini-programme permet de caser bien des écrans publicitaires supplémentaires.

À quelle occasion a-t-il rencontré Gérard Colé pour la première fois ?

« J'ai fait simultanément la connaissance de Pilhan et Colé alors qu'ils étaient conseillers de François Mitterrand. Ils intervenaient dans la préparation des émissions politiques du Président. »

Retour au jeu. Après avoir bataillé pour garder le Loto, *TF1* change d'attitude en août 1990, alors que le contrat arrive à échéance. Francis Bouygues veut garder l'exclusivité, mais la chaîne fait savoir qu'elle ne participera à aucun appel d'offres. Si le Loto refuse ses conditions, il peut toujours transiger à bas prix avec le service public.

« Comment se sont déroulées les négociations avec la Française des Jeux ? Quels ont été les différents intervenants ? »

Le Lay explique qu'il négocie personnellement les grands contrats. Ceux du football, de la Formule 1 et du Loto en font partie :

« Les discussions ont dû s'étaler sur deux ou trois mois, entre avril et juin 1990. J'ai rencontré Colé à de nombreuses reprises, à la Française des Jeux ou à *TF1*. »

Étienne Mougeotte est-il intervenu ?

« Il a peu participé à ces négociations, sauf sur l'aspect artistique. »

Le défilé des ombres se poursuit avec Henri Modiano.

« Je ne l'ai jamais rencontré, coupe Le Lay.

– Quel est le rôle exact de Gilbert Gross ?

– Gilbert n'est pas intervenu, son frère non plus. Par contre, je me souviens que je voulais avoir l'exclusivité de la publicité télévisuelle du Loto. J'ai dû demander plusieurs fois à Gilbert Gross de l'obtenir, sans succès. »

Les enquêteurs veulent qu'il s'explique sur ses liens avec le groupe Carat.

« Jusqu'à la loi Sapin de 1993[1], Carat était le premier client de *TF1* et représentait 30 % du chiffre d'affaires, soit 2 milliards de francs. Depuis, je n'ai plus de raison d'avoir des relations avec Gross, puisqu'il n'est plus apporteur de contrats. »

La logique du business à l'état brut.

Question suivante : « Bernard Tapie est-il intervenu dans les négociations ?

– J'ai dû rencontrer une ou deux fois Colé et Tapie pour le parrainage de l'Olympique de Marseille par le Loto. Tapie voulait que le Loto soit à la fois parrain de l'OM et parrain du football sur *TF1*. Je n'ai pas accepté (...) J'avais de très bonnes relations avec Tapie, voire familiales. Depuis le début de l'année 1995, j'ai pris mes distances avec lui parce que je ne comprenais pas ce qui se passait. »

Les « affaires » marquent-elles la fin des amitiés...

Les policiers lâchent prise à 1 heure 30.

Petite nuit. Visite de l'avocat à 7 heures 20. Anecdote hors procès-verbal : alors que les policiers s'apprêtent à reprendre l'interrogatoire, Le Lay s'aperçoit qu'il manque un croissant dans le sac déposé par son avocat. Il refuse de démarrer tant qu'on ne lui aura pas expliqué le sort de la viennoiserie manquante. Poli mais pas soumis, enragé mais calme, un PDG de sa trempe ne se laisse pas malmener sans broncher. L'histoire est-elle véridique ? Parole d'avocat... Lequel insiste pour dire que de sa vie Patrick Le Lay n'a jamais subi traitement aussi humiliant que lors de cette garde à vue.

---

1. Voir note p. 219.

L'affaire du croissant une fois classée (un policier a dû s'excuser), le PDG consent à entrer dans les détails. Le premier contrat signé en 1987 avec le prédécesseur de Colé stipulait que le Loto produisait les émissions sur les tirages du Loto, du Loto sportif, du Tac-O-Tac et du Tapis vert – cinq cent quatre-vingt-un tirages par an. *TF1* diffusait en direct. Coût pour la chaîne, la première année : 22 millions de francs. À prendre ou à laisser. L'arrivée de Colé a changé la donne. En décembre 1989, le nouveau patron du Loto écrit à Le Lay pour lui demander une révision des prix. Les rendez-vous entre les deux hommes ont une coloration très politique, comme le confie Le Lay :

« J'essayais de savoir quelle était la pensée de l'Élysée sur l'audiovisuel, parce que les ministres successifs étaient plutôt hostiles à *TF1.* »

Dans un premier temps, *TF1* accepte une majoration de 4 millions de francs afin de conserver l'*exclusivité* du Loto, notion qui fait son apparition officielle dans le contrat.

« Nous ne voulions pas prendre le risque de voir le Loto créer de nouveaux produits et les mettre sur les chaînes concurrentes », explique le PDG avant de raconter comment de nouvelles discussions ont commencé en mars 1990, à l'approche de l'échéance du 30 août.

« À l'examen des agendas de Colé, il apparaît que ces négociations ont commencé dès octobre 1989. Qu'avez-vous à en dire ? »

Le Lay est incapable de dire si Colé avait des intentions cachées en venant le voir. Il sait en revanche que sa chaîne a versé 1,4 million de francs pour « geler » le lancement de nouveaux jeux. Il se souvient aussi qu'en ce début d'année 1990, *TF1* s'est posé la question de savoir s'il fallait garder le Loto, alors qu'Hervé Bourges, président des chaînes publiques, souhaitait récupérer pour celles-ci les tirages.

Pause déjeuner. Reprise à 13 heures 30.

« En avril 1990, poursuit Le Lay, Colé nous a demandé avec insistance de faire une émission de variétés à 20 heures 30 sur les lotos du monde, ce que nous avons fait. Il voulait aussi se séparer de la SFP [*nda* : Société française de production] qui n'était pas, selon lui, à la hauteur de ses ambitions (...). Nous avons signé un contrat de production exécutive le 20 août 1990. »

À partir de cette date, *TF1* facture à la Française des Jeux le tournage des très nombreuses émissions : deux cent huit par an pour le Loto, cinquante-deux pour le Loto sportif et le Tac-O-Tac, et trois cent soixante-cinq pour le Tapis vert. Coût annuel : 23 millions de francs. Marge nette pour la chaîne : 10 %.

« Nous avons accepté de produire ces émissions, car nous voulions rajeunir l'image du Loto », précise le PDG.

Pour le reste, les droits exclusifs se montent désormais à 30 millions de francs. Avec obligation pour la Française des Jeux de présenter tout nouveau jeu télévisé à *TF1.* Une mention ajoutée à la main sur le contrat par Le Lay lui-même, qui ne manque pas d'intriguer les policiers.

« Cet engagement avait-il été accepté par Colé ?

– Oui. Je pense qu'il s'agissait d'une omission à la frappe.

– Vous avez été les premiers à vous voir proposer la diffusion du Millionnaire. Connaissiez-vous l'existence de ce jeu lors de la signature du contrat ? »

Pour les enquêteurs, cet ajout à la main est le signe que les responsables de la chaîne étaient dans la confidence au moment de la signature du contrat. Qu'ils connaissaient donc avant tout le monde le nom du prochain jeu. Une sorte de « délit d'initiés ».

« Cinq ans après, je ne sais plus, répond Le Lay. Je constate que le Millionnaire est le seul jeu que nous ayons encore à l'antenne, mais je ne peux vous indiquer le montant des droits de diffusion. »

Les policiers s'interrogent sur la bonne affaire réalisée par *TF1* qui paie 30 millions de francs avec cent quatre tirages du Loto supplémentaires.

« Qu'en pensez-vous ?

– Je trouve l'augmentation de 4 millions de francs sensible, car le doublement des tirages du Loto ne signifie pas que la valeur du produit double pour *TF1.* Il peut y avoir un risque de lassitude du public.

– Pourquoi 30 millions et pas 40, ou 20 ? lance un policier, légèrement ironique, surtout étonné qu'il ne subsiste de ces négociations aucune trace écrite.

– Il n'est pas habituel, dans ce métier, de faire des propositions écrites », réplique Le Lay.

Relance osée : « Lors du renouvellement du contrat d'exclusivité, Colé ou un intermédiaire ont-ils sollicité le versement par *TF1* d'un commissionnement occulte ?

– Non. »

A-t-il pris connaissance des articles publiés sur ce sujet par *Le Monde* ? Évidemment. Il a même adressé un droit de réponse au journal. Comment a-t-il pris cet article ?

« J'ai pensé : encore une attaque du *Monde*. Puis j'ai imaginé qu'il y avait une manipulation derrière, car nous sommes entourés d'ennemis appartenant à l'ancien pouvoir. Je me suis donc dit qu'il valait mieux que je voie le moins de monde possible. J'ai également demandé à Gilbert Gross ce qu'il avait à voir dans cette affaire. Il m'a répondu : rien du tout. »

Quand l'a-t-il rencontré ?

« Il y a environ trois semaines, à San Francisco où il était, comme moi, convié au deux centième anniversaire de la Loge française. »

Les policiers relèvent dans son agenda une rencontre avec Gross, le 28 septembre 1995, à 8 heures 15.

« Quel était le but de ce rendez-vous ?

– Nous nous sommes entretenus du marché de la publicité », répond Le Lay, surpris d'apprendre de la bouche des policiers que Gross aurait déclaré ne plus avoir de relations avec lui.

Dans la dernière ligne droite, les questions se font plus pressantes, plus directes.

« Je n'ai pas le souvenir d'avoir invité Colé à déjeuner ou à dîner à mon domicile », réplique le PDG.

Se souvient-il d'une réunion chez Tapie, avec Colé et lui-même, le 20 août 1990, jour de la signature du contrat liant *TF1* à la Française des Jeux ?

Le Lay esquive et revient sur un point effleuré plus haut :

« Tapie souhaitait obtenir le parrainage de l'OM par la Française des Jeux. Dès lors que nous avions conclu l'accord *TF1*-Française des Jeux, il pensait que la Française des Jeux pourrait sponsoriser l'OM à travers *TF1*. »

Les policiers lui mettent sous le nez les hiéroglyphes relevés dans les agendas de Colé à la date du 9 janvier 1992, parmi lesquels on repère le nom de Le lay.

« Je n'ai aucune idée de la signification de ces mentions. Je pense qu'elles sont en relation avec le coût des émissions. »

Peut-il expliquer ce qu'est devenu par la suite le contrat du Loto ?

« Nous avons pris la décision, avant août 1993, de ne pas renouveler les contrats de production et de diffusion du Loto. Le produit était déjà ringard depuis un bout de temps. »

Comment le PDG de la Française des Jeux a-t-il réagi ?

« Colé n'a pas manifesté de mauvaise humeur et a traité avec le service public à un tarif que je ne connais pas. »

18 heures 20 : après 36 heures, Le Lay persiste et signe. Sa garde à vue prend fin. Secoué par l'épreuve, mais qui ne le serait pas ? –, il recouvre la liberté. Blessé, mais loin d'être « coulé ».

Les policiers, eux, n'ont plus qu'à espérer que leur « corbeau », conforté par cette descente spectaculaire, continue à les alimenter. En cas de nécessité, il leur reste quelques heures de garde à vue en réserve. Douze, exactement.

Descente sur le Vieux-Port

Pour les policiers, la porte de Marseille se trouve avenue de Friedland, à Paris, au siège de la société Bernard Tapie Finance. Sa secrétaire joint le patron par téléphone. Tapie fait savoir que ses archives sont à la disposition des policiers, mais il doute fort que l'on y trouve des pièces en rapport avec le contrat de sponsoring passé entre la Française des Jeux et l'Olympique de Marseille.

Le « chef » a vu juste : les enquêteurs repartent bredouilles. Deux jours plus tard, le 23 novembre, ils s'installent à l'Évêché, siège de la Police judiciaire à Marseille. En convoquant Jean-Pierre Messica, ancien comptable de l'association Olympique de Marseille, ils passent des jeux de hasard au football.

« Bernard Tapie a pris la direction du club en avril 1985, raconte Messica. Très rapidement, il a placé des gens de confiance aux postes clés. Alain Laroche, directeur administratif et financier, est arrivé en août ou septembre 1988, et tout s'est bien passé durant sa première année de fonction, le temps qu'il s'adapte. J'ai constaté que je commençais à poser un problème à l'équipe dirigeante courant 1990, dans la mesure où j'exigeais systématiquement que toutes les pièces qui m'étaient présentées, notamment les factures, bons de commande, etc., soient préalablement visées par les ordonnateurs de la dépense.

J'ai compris que j'avais peut-être le tort de poser les bonnes questions. J'ai été licencié le 31 janvier 1993, officiellement pour divergences de vues. »

Que sait-il des liens entre l'OM et la Française des Jeux ?

« La Française des Jeux louait une loge au stade vélodrome, où je n'ai pas souvenir d'avoir rencontré son PDG. »

Et le contrat de sponsoring ?

« Un contrat a été signé avec France Loto le 17 octobre 1989, qui prévoyait le versement de 4 millions de francs au titre de la coupe d'Europe des clubs champions pour la saison 1989-1990. À cette époque, le club avait déjà besoin de trésorerie. Je m'étonne simplement que ce contrat ait été signé par Tapie, qui paraphait peu de documents. »

Les enquêteurs enchaînent avec une figure locale, le Marseillais Jean-Pierre Bernès, ancien secrétaire général de l'OM écarté au lendemain de l'affaire du match truqué entre l'OM et le club de Valenciennes, en juillet 1993. Que pense-t-il, lui, du contrat passé par l'OM avec France Loto ?

« Je ne m'occupais pas de ce genre de choses. Les contrats liés au sponsoring et aux droits télé étaient systématiquement négociés par Bernard Tapie. Mais ce contrat était une bonne chose, tant pour l'OM que pour la Française des Jeux. Je suis tout de même étonné qu'il ait pu être signé sur du papier libre. »

Qu'il se rassure : les policiers trouvent également curieux que l'on s'engage sur de telles sommes sans se servir d'un papier à en-tête. A-t-il une explication ?

« Colé était une relation privilégiée de Tapie, je dirais même secrète dans la mesure où Colé n'a eu aucun rapport direct avec l'état-major du club. Ce contrat de sponsoring est resté du ressort exclusif de Tapie. Je ne comprends d'ailleurs pas pourquoi il n'a pas été renouvelé. Très franchement, si j'avais été à la place de Colé, et eu égard à la saison européenne que nous venions de réaliser, j'aurais tout fait pour garder l'exclusivité du sponsoring maillot. Je ne sais pas pourquoi cela n'a pas été fait. Le mieux placé pour vous le dire est sans doute Laroche. »

Cela tombe à pic : Alain Laroche, ancien directeur administratif et financier de l'OM, doit justement être entendu en début d'après-midi, après avoir été extrait de la maison d'arrêt des Baumettes où il est incarcéré.

Une dernière question, cependant, à Jean-Pierre Bernès : que sait-il des relations entre Tapie et le PDG de *TF1* ?

« Il était de notoriété publique que Tapie et Patrick Le Lay entretenaient des relations très amicales. Tapie annonçait à qui voulait l'entendre que Le Lay fréquentait assidûment le *Phocéa* [*nda* : son voilier]. »

Des relations confirmées par Alain Laroche après la pause déjeuner :

« Je n'ai pas connu Colé et ne peux vous dire si Tapie était l'une de ses relations privilégiées. Par contre, je sais que Tapie et Le Lay entretenaient des relations d'amitié et se recevaient chez eux. »

On lui présente la facture adressée par l'OM à la Française des Jeux, fin 1989. Il se souvient d'avoir constaté l'encaissement de ces fonds :

« Ce contrat m'avait été présenté comme un bon contrat par Tapie, qui l'avait négocié, et par les gens qui s'occupaient de publicité à l'époque. »

Mais il est formel :

« Tapie n'a jamais fait état devant moi d'éventuelle contrepartie au bénéfice de Colé ou de qui que ce soit d'autre. »

La virée marseillaise s'achève par une perquisition au siège de l'OM. Le chef comptable, Bernard Daumas, communique aux policiers le dossier France Loto. À l'intérieur, une copie du contrat de sponsoring cosigné par Tapie et Colé.

Les lettres à François Mitterrand

Il venait pour un simple rendez-vous avec le juge, une formalité. Et voilà Henri Modiano arrêté en plein palais de justice. Piégé... un quart d'heure avant l'arrivée de son avocat. Et placé aussitôt en garde à vue, le 28 novembre, en même temps que son épouse qui l'accompagnait.

Premier acte : une perquisition à son domicile. Les documents découverts sont peu nombreux, mais d'une rare qualité. L'ancien député de Paris ne garde visiblement dans son appartement parisien aucune de ses archives comptables. Il y conserve en revanche la copie de courriers adressés aux grands de ce monde, ainsi que leurs réponses. Les enquêteurs, au nombre de quatre, découvrent avec une certaine surprise le double d'une lettre envoyée par Modiano à François Mitterrand en date du 26 septembre 1984 (se reporter aux annexes). L'auteur explique qu'il a d'abord écrit à Jacques Delors, alors ministre des Finances, pour « lui demander son aide ». Extrait :

« Je le connais bien. Je ne connais pas du tout M. Bérégovoy qui lui a succédé. J'hésite donc à le saisir d'un problème qui me brûle depuis plus de seize ans ! Après avoir hésité longtemps, je me résous à m'adresser à vous qui êtes l'autorité supérieure en toute matière dans notre pays. »

Modiano entre ensuite dans le vif du sujet: un contentieux qui s'éternise avec la Direction générale des Impôts (DGI) :

« Je sais que ma cause est juste, que ma morale est droite et que la DGI reconnaîtrait, je pense, que la somme que je reste lui "devoir" n'a jamais correspondu à un revenu imposable, encore bien moins à une fraude ou à une dissimulation. Je remets respectueusement ce dossier entre vos mains et espère que les services de la Présidence, informés par la DGI, et tout particulièrement par M. Baconnier [*nda* : patron de la DGI] qui m'a reçu avec beaucoup d'humanité et de compréhension, pourront vous permettre de faire prendre la décision d'effacement et d'apaisement. »

Une demande d'intervention dans un dossier fiscal, c'est monnaie courante. Ce qui l'est moins, c'est que le président de la République réponde le jour même à Henri Modiano, comme il le ferait pour une affaire de la plus haute importance. Cette réponse est également saisie par les enquêteurs.

« J'ai pris connaissance avec intérêt de votre lettre et serais très heureux d'en parler avec vous, écrit François Mitterrand. Voudriez-vous avoir l'obligeance de prendre contact avec mon secrétariat pour qu'un rendez-vous soit fixé dans les prochaines semaines. »

Une telle diligence surprend, même si François Mitterrand garde un excellent souvenir de celui qui prit place à ses côtés sur les bancs de l'Assemblée en 1968. À moins qu'il ne s'agisse là de la légendaire fidélité du Président à ses amis, en particulier ceux qui ont des ennuis avec le fisc ou la justice.

La lettre suivante, datée du 1er janvier 1985, témoigne de la qualité du lien qui unit les deux hommes. L'ancien député, visiblement reconnaissant (l'Élysée a traité ses demandes avec célérité) et charmé, effectue ce qui ressemble fort à une offre de services. Extraits :

« L'audience que vous avez bien voulu m'accorder, le désir que vous avez exprimé de me revoir me poussent à vous dire combien je ressent *(sic)* le besoin d'agir, dans la situation présente. Je puis, si vous le souhaitez, libérer tout mon temps jusqu'aux législatives. Je puis consacrer mes efforts dans le secteur que vous jugerez bon, à l'action que vous déciderez. »

Et de conclure qu'il n'a jamais ressenti un tel besoin de se rendre utile depuis… novembre 1968.

Rédigée sur un papier estampillé « Hôtel de Ville – Villeurbanne », fief à cette époque du socialiste Charles Hernu, cette lettre pèsera lourd aux yeux de la Police judiciaire. Son contenu prête certes à plusieurs interprétations. Mais, pour les enquêteurs, la cause est entendue : un homme « profilé » comme Modiano rend avant tout des services d'ordre financier.

Pas seulement, néanmoins, comme le montre la lettre qu'il écrit à François Mitterrand le 22 mars 1985. Michel Charasse l'a chargé d'un drôle d'exercice consistant à calculer quel serait l'effet du scrutin majoritaire à un tour sur les prochaines élections cantonales. L'expert électoral l'assure : « Au-dessous de 30 % des voix PS, la proportionnelle pure assure la défaite la moins cuisante. » Une conclusion assortie d'une réflexion plus personnelle : « Je suis pour ma part persuadé, plus encore qu'en octobre, que vous pouvez gagner 1986 à la condition de faire baisser le chômage. »

Les autres lettres saisies ce jour-là accroissent le doute, sans pour autant apporter d'élément déterminant. Le 17 novembre 1985, Modiano écrit à Jack Lang, ministre de la Culture. Extrait :

« Je ne sais si je puis vous être utile. Si vous le pensez, n'hésitez pas. Je ne suis pas plus socialiste que jeudi. Mais ma sympathie, sans barguigner, va au socialiste que vous êtes. Les gaullistes, même s'ils ne le savent pas, sont plus proches de vous que des petits usurpateurs alimentaires giscardo-pompidoliens. »

Pas de quoi étayer l'accusation, mais une confirmation : étranger à tout sectarisme, François Mitterrand savait entretenir les amitiés les plus éclectiques.

Dans le courant de l'année 1991, Henri Modiano semble s'attaquer à des dossiers plus concrets. Témoin ce courrier que lui adresse, le 23 avril, le conseiller diplomatique de l'Élysée :

« Comme vous le savez, écrit Pierre Morel, la poursuite d'une coopération active et multiforme avec l'URSS continue d'être un élément essentiel de la politique étrangère de la France. Toutes les occasions doivent être saisies, et vos initiatives y concourent fort heureusement. »

Les policiers apposent leurs scellés. Ils ne sont pas assez naïfs pour penser que Modiano a innocemment laissé traîner ces lettres. Ils ne disposent cependant pas pour le moment de la bonne grille de lecture. D'autant qu'il subodorent, à tort ou à raison, quelques liens obscurs entre leur « client » et les services spéciaux américains. La réaction de l'ambassade américaine à Paris leur a mis la puce à l'oreille. Modiano n'y était pas du tout inconnu. Mais cela ne suffit pas à faire de lui un allié occulte du FBI ou de la DEA (police antidrogue).

Le gaulliste du Président

Il est 23 heures 30, ce 28 novembre, lorsque Modiano consent à dérouler le film de sa vie. Né le 28 février 1932 à Paris, marié en 1955, puis en 1959, remarié une troisième fois, puis une quatrième en 1977. Pas de diplôme à étaler :

« Je suis ce qu'il est convenu d'appeler un autodidacte », dit-il. Son service militaire ? « J'ai été réformé pour infirmité à la suite de mon internement par la Gestapo à Lyon en 1943, à l'âge de 11 ans. » Jamais décoré, jamais condamné. Parcours :

« À l'âge de 24 ans, je suis entré à la banque Rothschild. Je n'avais aucune formation particulière dans ce domaine, j'ai appris mon métier de façon empirique, sur le terrain. J'y suis resté deux ans. Ensuite, dans le cadre d'une affaire entre Rothschild et Renault, j'ai été embauché par Renault comme inspecteur exportation, pour terminer en 1963 comme directeur commercial du matériel agricole. Cette année-là, pour le compte de Renault, j'ai acheté Porsche Diesel à Mannesmann, qui m'a proposé de présider sa filiale française, Mannesmann Silos. Cette société est devenue France Élevage, que j'ai présidé jusqu'en 1969. »

Modiano, qui a plus l'allure du paisible gestionnaire de fonds que du gros dur, enchaîne sur sa brève carrière politique :

« En 1968, j'ai été élu député gaulliste de Paris. Je considère avoir eu un influence déterminante dans l'arrêt du mouvement qui voulait dévaluer le franc en novembre de cette année-là. Je suis resté député jusqu'en 1973, puis j'ai quitté la France, directement concerné par le scandale politico-financier qui se développait autour de France Élevage. Après six mois en Italie, puis en Israël, ne trouvant pas de travail, je suis parti pour les États-Unis, où je suis resté jusqu'en 1984. J'ai créé une petite affaire d'importation de mobilier qui est devenue une grosse affaire. »

Une vie comme celle-là ne se résume pas en trois mots. Les policiers n'ont pas fini d'entendre ce curriculum à rebondissements.

« En 1984, poursuit Modiano, j'ai quitté l'Amérique pour m'installer à Campione d'Italia et collaborer avec Jean-Baptiste Doumeng [*nda* : alias le « milliardaire rouge »]. Je l'avais connu du temps de Rothschild. J'avais mené avec lui de fréquentes négociations entre les USA et le bloc de l'Est. J'ai collaboré avec Doumeng jusqu'à sa mort en 1989. Je n'avais pas de statut, j'étais un électron libre. »

Difficile, dans ces conditions, de dire combien d'argent il a pu gagner sur ces opérations.

La nuit avance. La prise de contact n'est pas trop mauvaise. On doit entrer à présent dans le vif du sujet.

« Vous venez de nous déclarer que vos sociétés ont été largement rémunérées à l'occasion d'affaires conclues. De quelles sociétés s'agit-il ?

– Il s'agit de sociétés non résidentes, sur lesquelles je n'ai pas à m'expliquer, n'étant pas résident moi-même. Je suis résident italien depuis 1984. C'est là que se trouve mon domicile et que je paie mes impôts. Quand à mes comptes bancaires personnels, ils sont dans le Tessin, la législation interdisant aux habitants de Campione d'ouvrir des comptes en Italie. J'estime là encore ne pas avoir à vous indiquer le nom des banques.

– Possédez vous d'autres comptes en Suisse, ou dans d'autres pays étrangers ?

– Je ne possède pas d'autres comptes en Suisse. Pour le reste, je n'ai pas à vous répondre.

– Au cours des investigations, il est apparu que la société Bikis était titulaire du compte N° ... à la Banca della Svizzeria italiana. Qu'avez-vous à déclarer sur ce compte et sur son fonctionnement ? »

Sur ce point, Henri Modiano a visiblement préparé sa défense. Voici ce qu'il déclare :

« Je vous remets l'original d'une attestation notariée délivrée par Maître John Rossi, notaire à Lugano, certifiant qu'entre le 1er mai 1992 et le 31 décembre 1992, aucun virement, chèque ou versement d'espèces n'a été crédité en quelque devise que ce soit sur le compte Bikis Inc, pour une somme égale ou voisine de 150 000 francs. Je ne vois rien d'autre à ajouter. »

Peut-on savoir ce que recouvre Bikis ?

« Il s'agit d'une de mes sociétés non résidentes, dont l'objet social est de faire du commerce et de réinvestir ses bénéfices. Elle existe depuis 1984 et a servi de holding, dans le cadre de mes affaires espagnoles, de 1986 à 1990. Il s'agissait d'une société d'import-export (trading et importation de voitures d'occasion), Occidental de Inversiones, à Madrid, et d'une compagnie d'assurance, Sociedad occidental de Seguros. J'ai moi-même créé ces deux sociétés, dans lesquelles j'ai investi un million de dollars US dont j'estime ne pas avoir à vous indiquer la provenance. Je n'ai pas non plus à vous indiquer le chiffre d'affaires de ces sociétés. »

Les policiers insistent pour savoir à quel moment il a réclamé l'attestation notariée qu'il vient de citer. Il a réagi après avoir eu connaissance de la demande adressée aux autorités helvétiques par le juge Poirotte au sujet du compte Bikis. Il a alors ressorti le projet de facture adressée à la Française des Jeux, faisant état d'une demande de remboursement de frais de déplacement en Turquie entre mai et juillet 1992, pour 150 000 francs.

« Je suis effectivement intervenu en Turquie en 1992, à la demande des autorités turques, explique Modiano. Je connaissais le Premier ministre de l'époque, M. Demirel, actuellement président de la République. Il avait montré de l'intérêt pour la création d'une société de jeux type Française des Jeux, sous la tutelle de cette dernière, dans laquelle il m'invitait à prendre une participation comme base de rémunération. L'affaire ne s'est pas faite et j'ai renoncé à ma facture de frais, les prenant à ma charge. »

Les policiers le questionnent au sujet d'une société basée à New York, SEAP Inc, qui a également adressé des factures à la Française des Jeux en 1992.

Modiano est bien placé pour répondre, puisque SEAP n'est autre que la holding englobant Occidental Bank Investments. Plusieurs études ont été réalisées aux États-Unis pour le compte de la Française des Jeux, dit-il. L'une traitait du marché du jeu aux USA, les deux autres portaient sur des sociétés américaines, G'Tech et VLT. « Elles ont été importantes et bénéfiques, en particulier la troisième, qui a évité un faux pas à la Française des Jeux. J'ai également étudié une éventuelle alliance avec Equifax, cotée en bourse et figurant parmi les deux cents plus grosses sociétés aux USA. »

Qui lui avait passé ces commandes ? Combien lui ont-elles rapporté ?

« Colé est très peu intervenu dans ce dossier. Je crois que j'ai été verbalement mandaté par Yves Grasset. Je vérifierai si j'ai des écrits à ce sujet. Je ne me souviens plus des sommes facturées. Nous nous étions mis d'accord sur un prix à la journée. »

Les policiers tentent une dernière fois de lui arracher les noms de ses banques. C'est non : professionnel, Modiano ne bronche pas d'un cil. Il est 2 heures 15. Les hostilités prennent fin.

Elle reprennent dès 7 heures 45, le lendemain, avec des questions plus pointues :

« Durant l'année 1994, à quelles périodes avez-vous résidé à Paris ? Dans quelles circonstances en êtes-vous reparti ?

– J'ai dû séjourner deux ou trois mois à Paris. J'ai quitté mon domicile début octobre, ayant appris qu'une commission rogatoire avait demandé l'accès à mes comptes en Suisse. Je l'ai appris par l'un de mes banquiers. Je suis retourné chez moi, à Campione. »

Les policiers évoquent un numéro de téléphone à San Francisco, trouvé dans l'agenda de Colé.

« Il s'agit de ma belle-fille, mère de famille. »

Un document à en-tête de la SEAP renvoyait à un compte bancaire ouvert dans une banque de New York. Qu'est devenu ce compte ?

« Il fonctionne toujours à l'heure actuelle. »

Et le compte ouvert à la Kredit Bank de Lugano au nom de Bikis Inc ?

« Je crois que je l'ai ouvert pour investir en Espagne. »

On tente de le piéger en évoquant deux versements effectués sur ce compte en novembre 1990. Modiano s'énerve :

« Comme je l'ai déjà dit un nombre de fois important, ces opérations ne concernent pas la Française des Jeux et je ne considère pas avoir à apporter d'explications.

– Il apparaît que ce compte a été soldé fin septembre 1993. Pouvez-vous nous donner les raisons de cette décision ?

– Je vous fais la même réponse que précédemment.

– À la date de la clôture, le portefeuille titres de ce compte affichait une liste de valeurs estimées à 6 millions de francs. Quelle a été la destination de ce portefeuille ?

– Ceci ne concerne en rien la Française des Jeux. Je vous fais donc la même réponse.

– Quelles relations aviez-vous (ou avez-vous encore) avec MM. Bernasconi et Fontana, de la Kredit Bank de Lugano ?

– De bonnes relations professionnelles.

– Dans quelles circonstances Gérard Colé a-t-il obtenu procuration sur ce compte Bikis, et pour quelles raisons ?

– Comme il s'agit de Colé, je répondrai et répéterai ce que j'ai déjà dit dans ma déposition du mois de mars dernier devant Mme Orsini. En janvier 1991, Colé, que je connaissais depuis plus de vingt ans, m'a exposé qu'il comptait acheter un appartement pour sa fille, Quai aux Fleurs. Il m'a demandé si je pouvais lui avancer 500 000 francs. Je lui ai dit oui et lui ai demandé où je devais les faire parvenir. Il m'a dit qu'il me préviendrait aussitôt que le compromis serait prêt à être signé chez le notaire. Je lui ai fait observer que je pouvais être n'importe où dans le monde et lui ai proposé de lui donner procuration sur ce compte. L'achat de l'appartement a échoué et plusieurs mois ont passé. Colé m'a finalement informé avoir trouvé un autre appartement. En juin, il m'a dit qu'il enverrait plutôt sa fille chercher cet argent et m'a demandé de lui donner délégation de signature. Je l'ai fait. Un mois plus tard, Colé m'a dit y être allé lui-même. Quelques mois après, il m'a remboursé en espèces. »

Les policiers s'enquièrent sur le point de savoir s'il a conservé trace de cette transaction.

« Je ne lui ai pas demandé de reçu, puisque c'était une relation de vingt ans. J'avais confiance, d'autant qu'il était PDG de la Française des Jeux. J'avais d'ailleurs tellement conscience de ne rien commettre d'illégal que c'est moi qui ai remis à Colé, je ne sais plus quand, un relevé de la Bikis pour qu'il ait tous les renseignements nécessaires. »

À quel moment ?

« Cela devait être fin décembre 1990 ou début janvier 1991. »

L'interrogatoire s'interrompt à 9 heures 20. Les « nécessités de l'enquête » ayant bon dos, Henri Modiano apprend la prolongation de sa garde à vue : un cap toujours difficile à vivre. Il reçoit durant une demi-heure la visite de son avocat, Me Pierre Haick, célèbre et redoutable pénaliste.

En ouverture de sa quatrième déposition, Modiano est invité à évoquer sa relation avec Colé.

« J'ai rencontré Colé pour la première fois en 1972 alors qu'il était dans les relations publiques. À l'époque, j'étais député de Paris. Colé est venu me voir pour me proposer de s'occuper de ma campagne électorale à venir. J'ai accepté et il a fait ma campagne, mais j'ai été battu. Je l'ai perdu de vue jusqu'en 1977-1978. Je travaillais aux USA dans le commerce de meubles et de fauteuils pour paralytiques. Je rencontrais Colé lors de mes passages à Paris où je devais régulièrement répondre aux convocations d'un magistrat instructeur. Nous nous rencontrions pour bavarder. Il était devenu permanent du Parti socialiste, mais je n'ai pas tiré profit de cette situation. Il est ensuite entré au cabinet de Mitterrand. »

Le nom étant lâché, les policiers s'engouffrent dans la faille : ils voudraient précisément entendre Modiano sur ses relations avec le président de la République.

« J'ai fait la connaissance de François Mitterrand lors de mon élection à l'Assemblée en 1968. Lors de la rentrée parlementaire, nous siégions par ordre alphabétique. »

Ce qui a donné à Modiano et Mitterrand, voisins provisoires, le temps de nouer une relation durable, puisque, plus de quinze ans après, le premier a rendu visite au second, rue Saint-Honoré.

« J'ai dû aller trois fois à l'Élysée pour rencontrer le Président, en 1983 et en 1986 », dit Modiano, conscient de passer l'un des plus mauvais moments de sa carrière.

Les policiers ont également relevé sur l'agenda de Colé, en date du 6 novembre 1990, la mention « Modiano Élysée ». Peut-il traduire ?

« Je connaissais du monde à l'Élysée, tels MM. Charasse, Ménage et Bianco, ou Mme Dayan. Il m'est arrivé de déjeuner sur place en compagnie de Colé, de Charasse et de Ménage. Mais cette date ne me rappelle rien. »

On l'invite à s'exprimer sur la fameuse amnistie dont il a bénéficié en 1983. Il fournit quelques indications en commençant par décharger l'ex-président de la Française des Jeux :

« Colé n'a jamais été concerné, ni même probablement informé de cette amnistie présidentielle. C'est Mme Dayan qui a instruit le dossier à la demande du Président, avec un substitut du parquet de Paris.

– Quel pouvait être l'intérêt des gens de l'Élysée de vous avoir à leur table ? demande un policier non sans impertinence.

– Tous les pouvoirs, toujours, lorgnent vers certaines oppositions qu'ils veulent rallier.

– Lors de la perquisition à votre domicile, hier, a été découverte la copie d'une lettre datée du 17 mars 1986 et adressée au président François Mitterrand, dans laquelle vous écrivez notamment : "Je me permets de vous redire ma gratitude et ma fidélité, de mettre à votre entière disposition, de manière inconditionnelle, les quelques moyens et compétences dont je dispose." N'est-ce pas là un ralliement ?

– J'écrivis précisément cette lettre au moment où le mouvement des gaullistes de gauche considérait que les socialistes étaient revenus de leurs erreurs passées et souhaitaient une alliance socialistes-gaullistes contre la droite traditionnelle.

– Quel type de service étiez-vous en mesure de rendre ?

– Écrire, parler, convaincre. »

On quitte les hautes sphères pour revenir à la prose des « affaires ». Quel genre de conseils a-t-il fourni à Colé ?

Il a été consulté au sujet de l'achat d'une société américaine de jeux qui aurait pu permettre à la Française des Jeux de prendre pied sur le marché américain. Il a essayé de vendre des jeux français à des loteries américaines. Il a introduit la Française des Jeux au Kazakhstan et en Italie. Précisions :

« Je n'avais aucun statut au sein de la Française des Jeux. Comme je vous l'ai dit, je n'ai facturé que les études réalisées et mes frais de déplacement. Tout cela n'a d'ailleurs débouché sur rien de concret. J'ai perdu mon temps et de l'énergie. »

Peut-il fournir quelques précisions sur ces factures ?

Désolé, mais Henri Modiano n'est pas un amateur : « Les sociétés panaméennes ne sont pas dans l'obligation de tenir de comptabilité », dit-il. Elles ne comptent même pas de salariés, juste des contractuels.

« Il semble que vous ayez été présenté par Colé comme conseiller international de la Française des Jeux. Les études que vous avez facturées entraient-elles dans un programme précis ?

– Il s'agissait plutôt d'opérations ponctuelles.

– La conclusion du rapport d'audit rédigé par la Française des Jeux dit ceci : "...La relation entre M. Modiano et le groupe FDJ aurait coûté 1,4 million de francs minimum... sans concrétisation d'aucun des projets entrepris par cette personne." Trouvez-vous cette appréciation fondée ?

– Non, un travail considérable et des frais importants n'ont pas abouti à un succès, car ni l'achat de G'Tech, trop gros, ni celui de VLT, douteux, ni l'entente avec Equifax – trois projets sur lesquels Colé et Grasset m'ont demandé verbalement d'intervenir – n'ont pu aboutir. Je ne peux pas vous dire, sur-le-champ, à combien s'est élevé le nombre d'heures de travaux. »

Interrogateurs et interrogé s'accordent une courte pause.

À la reprise, Henri Modiano ne cède sur rien, malgré la fatigue accumulée. Il ne savait pas que certains conseillers des cabinets ministériels ou de l'Élysée étaient rémunérés fictivement par des entreprises publiques ou privées. Il n'a jamais rencontré de sa vie Francis Gross, mais a bien été présenté par Colé à Gilbert après le décès de son frère. « Nous avons sympathisé », dit-il. Et lorsque Gilbert s'est chargé de présenter aux médias le projet de privatisation de la Française des Jeux, en 1993, lui-même a rencontré le directeur général d'*Europe 1*. Il a aussi approché les deux présidents du groupe Accor et, par leur intermédiaire, la Société Générale. Voilà donc des choses qu'il assume volontiers. Mais il n'a pas eu connaissance des difficultés fiscales rencontrées par Colé. Le policier lui rafraîchit la mémoire en lui rappelant le mal fou qu'avait eu Colé pour justifier les honoraires de Carat. Modiano ne se souvient plus si Colé lui a demandé d'en parler à Gross ou à Charasse…

Les policiers mettent fin à ces digressions peu après minuit. Leur intime conviction est faite[1] : ils ont entre les mains l'homme clef de leur dossier, à la fois fidèle de François Mitterrand, proche de Michel Charasse, comme Gérard Colé, et fin connaisseur des réseaux financiers internationaux.

Ils laissent sept heures à leur « proie » pour reprendre des forces. Eux-mêmes ont besoin de récupérer, d'autant plus que l'épouse de Modiano n'a pas été plus facile à « traiter ». Elle s'en est même prise durement aux enquêteurs, les accusant d'avoir volé une alliance, avant de refuser de signer le procès-verbal qu'on lui présentait. Tout juste si elle a accepté de leur décliner son nom !

Au petit matin, on rappelle à Modiano qu'il a bien joué les conseilleurs fiscaux auprès de son ami Colé. Il existe même des traces écrites. Première concession qui ne porte pas vraiment à conséquence :

« J'ai voulu rendre service à celui que je prenais pour un ami. »

On lui réclame de nouveau les comptes de ses sociétés off-shore.

Modiano, qui se demande comment tout cela va finir, recouvre ses esprits.

1. On verra par la suite qu'Henri Modiano sera lavé de tout soupçon.

« La justification écrite n'étant pas nécessaire, je ne tiens pas forcément de comptabilité de mes sociétés. Quand j'en tiens, je conserve ces données au Panama, je ne souhaite pas vous dire où. »

Les policiers ont-ils un instant rêvé qu'il leur donnerait l'adresse de son coffre en Amérique centrale ? Bon prince, Modiano leur laisse un maigre espoir :

« Je verrai avec mes avocats quelles mesures je peux prendre pour faciliter votre procédure. »

Le dialogue prend ensuite des allures de partie de ping-pong.

« Mme Galakhoff a déclaré que Colé vous connaissait de longue date et qu'il disait vous avoir rendu un énorme service. Qu'en est-il ?

– S'il s'agit de l'amnistie, le président Mitterrand m'a un jour affirmé que Colé n'était pas intervenu auprès de lui en ma faveur, contrairement à ce que m'avait dit Colé.

– Une autre personne est-elle intervenue ?

– Oui, un avocat général à la Cour de cassation en retraite.

– Possédiez-vous une Mercédès immatriculée en Suisse ?

– Oui, au début des années 90.

– Vous êtes-vous rendu avec Colé à la Kredit Bank de Lugano ?

– Oui, lors de la délivrance de la procuration.

– Mme Galakhoff assure que vous avez assuré des transferts de fonds vers la Suisse, argent provenant de *TF1*, via Carat.

– Je m'inscris en faux contre ces affirmations. »

8 heures 30. Henri Modiano, souffrant, réclame une pause et un médecin. Les policiers lui accordent un Efferalgan et un café. Le médecin juge son état de santé « compatible avec une mesure de garde à vue ou une mesure de détention ».

Reprise après une suspension de 40 minutes. Les enquêteurs tentent de vérifier les dires de l'accusateur anonyme. Les noms qu'ils citent rappellent à Modiano un homme qui désirait exporter des parasols aux États-Unis. Il en a d'ailleurs fait réceptionner quatre en Floride. Mais il n'a jamais signé avec lui aucun contrat commercial.

On passe rapidement, avant de s'attarder un instant sur les projets russes de la Française des Jeux.

« Quand il a été question d'exporter de grandes quantités de billets de loterie en Russie, fin 1990, notre interlocuteur russe a demandé que les principaux lots soient des voitures, raconte Modiano. Nous avons approché Renault, puis Citroën. J'ai rencontré en France des membres du gouvernement de la Fédération de Russie qui ont paru intéressés par le projet, mais les relations entre la Russie et l'URSS paralysaient tout. J'ai considéré qu'il s'agissait d'une perte de temps et n'ai plus voulu m'en occuper. »

Dernière remarque avant de signer le procès-verbal : Modiano jure qu'il n'est jamais allé à Moscou avec Colé.

Peu avant midi, l'ami gaulliste de François Mitterrand, psychologiquement affaibli, est conduit devant Gérard Poirotte. Le juge, au terme de la garde à vue, c'est l'antichambre de la prison. Modiano le sait. D'ailleurs, les policiers le lui ont fait comprendre. Mais, à son tour, comme Colé avant lui, l'ancien député est libéré ! Il s'en tire avec un petit contrôle judiciaire d'une souplesse exemplaire : il peut, s'il le souhaite, retourner aux États-Unis où ses petits-enfants l'attendent pour Noël. Il a même l'autorisation de se rendre en Suisse. La seule chose qu'on lui demande, c'est de ne pas rencontrer Colé, ce qui ne lui serait probablement pas venu à l'idée.

Il peut souffler et remercier la main mystérieuse qui l'a sauvé in extremis, lui épargnant jusqu'à la caution.

Les enquêteurs misaient sur quelques jours de « préventive » pour lui extorquer tous ses secrets. « La seule chose qui ramène les suspects à la réalité, ont-ils coutume de dire, ce sont les mandats de dépôt et les cautions. » Pour cette fois, c'est raté. Quant aux noms des bénéficiaires du fameux compte en Suisse, les enquêteurs peuvent toujours attendre pour les connaître. Ils ont d'ailleurs parfaitement compris que si Modiano les donnait, sa réputation était foutue !

III

1996

La guerre des commissaires aux comptes

La libération de Gérard Colé, puis celle d'Henri Modiano ont coupé le souffle des enquêteurs. Ils ne reviennent vers le dossier que deux mois plus tard, le 7 février 1996.

Ce jour-là, à 9 heures 15, comme s'ils cherchaient de nouvelles forces, ils se rendent au chevet de l'un de leurs rares alliés, le commissaire aux comptes Raymond Touber. Celui-ci confirme évidemment les propos tenus lors de sa première audition, le 16 septembre 1993, dans le cadre de l'enquête préliminaire. Puis revient sur ce qu'il considère comme une grave entrave à l'exercice de sa mission. Ses conditions de travail ont été « profondément modifiées » avec l'arrivée de Gérard Colé, surtout après le renvoi du directeur financier, M. Delloye, et son remplacement par Françoise Villemot. L'année 1991 a ensuite vu la suppression de tout audit externe, puis le remplacement des principaux chefs de service en charge de la comptabilité et des achats. En décembre 1991, il s'en est d'ailleurs plaint par écrit auprès de Colé, en même temps que l'autre commissaire aux comptes. S'attelant au contrôle de la société, il a alors mis au jour une provision de 60 millions de francs, « comptabilisée sur instruction personnelle de Colé, en faveur de l'association Bleu dans laquelle toutes les fonctions d'administration étaient confiées à des cadres de la société recrutés par Colé ». Assez « insolite » pour demander à Colé de faire régulariser l'opération par le conseil d'administration. Colé l'a rassuré mais n'a rien fait. Il a insisté. Colé a fini par lui affirmer qu'il avait fait annuler cette écriture...

« Nos relations avec l'état-major de la Française des Jeux s'étaient complètement dégradées (...). Cela s'est traduit par un ensemble de mesures qui tendaient à contrarier notre activité », explique le vénérable commissaire aux comptes.

C'est à ce moment que s'est produit l'« accident » : lors d'une assemblée générale exceptionnelle, le 24 juin 1992, Colé fait entrer dans le jeu un troisième commissaire aux comptes. Et pas n'importe lequel, puisque ce concurrent se présente sous la forme de deux éminents représentants de KPMG Audit, société mondialement connue. Prétexte invoqué pour les convaincre de pactiser avec le nouveau venu : l'introduction en bourse des actions de la société, notamment aux USA, rend nécessaire la présence de la signature d'un « grand cabinet ». Exactement ce qu'il convenait de dire pour achever de piquer au vif les « petits » commissaires.

À partir de là, les choses sont allées de mal en pis. Touber et Raquin (l'autre commissaire aux comptes[1]) doivent renouveler sans cesse leurs demandes, sans jamais être assurés d'obtenir une réponse. Les conditions de travail se dégradent encore à l'automne 1992. Florence Villemot leur réclame à chaque fois des demandes écrites, insistant assez lourdement pour connaître à l'avance les dates de leurs interventions. Le suspicion se répand. Jusqu'au jour où on demande aux deux commissaires de fournir une liste de leurs collaborateurs, avec leur niveau de qualification et leur domaine d'intervention... Une provocation, qui se prolonge lorsque la Française des Jeux annule les dates des interventions qu'ils ont programmées pour octobre 1992.

Un nouvel incident se produit à l'occasion d'une visite des commissaires, le 28 avril 1993. Gérard Colé se lâche par écrit :

« Il est stupéfiant et regrettable que Touber persiste à perturber la bonne marche de l'entreprise par des visites intempestives, en forçant la porte de la société. »

Lors du conseil d'administration de juin 1993, le commissaire met les pieds dans le plat. Il souligne les anomalies qu'il a relevées dans

1. Expert comptable, salarié du groupe Fiducial.

les relations de la Française des Jeux avec certains fournisseurs, en particulier Quassart et IMR. Pointilleux comme peuvent l'être les commissaires aux comptes, son collègue, Yves Raquin, a relevé d'incroyables différences de tarification : pour la mise en place des décors vitrines, les prix varient entre 350 francs et 3 000 francs par point de vente. Raquin a également repéré des factures payées sans qu'aucun bon de commande n'ait été émis. Pour ne pas parler de l'absence de concurrence, une « anomalie qui revêt une importance certaine quand on sait que les comptes IMR font apparaître un bénéfice s'établissant à près de 50 % du prix de vente ».

Nouvelle aggravation après la visite rendue par Raymond Touber au parquet de Nanterre. À la demande des magistrats, il réclame communication du dossier Infojeux. Refus de la Française des Jeux. Lettre au substitut du procureur. Plainte auprès de Colé. Sans suite. Au contraire, le front s'élargit, comme l'explique Touber aux policiers :

« La Française des Jeux a mené, à partir de cette période, une politique d'obstruction permanente au sujet du montant des honoraires, différant les règlements sur des périodes anormalement longues. »

Une obstruction d'autant plus cuisante qu'ils croient voir leur concurrent privilégié (KPMG). Il est donc dit que Raymond Touber ne désarmera pas.

Aluminium, plastiques, etc.

20 février. Les policiers débarquent au siège des Établissements Géhin, à Châtenoy-le-Royal (Saône-et-Loire). Spécialité : la fabrication de volets roulants, aluminium et PVC, de stores et de rideaux. On présente au PDG de cette entreprise familiale un devis portant sur la réalisation, pour France Loto, de 10 000 cadres publicitaires à 1 850 francs pièce. Jean-Pierre Gehin raconte qu'il a répondu à l'appel d'offres de Bleu Absolu, filiale d'IMR, sur le conseil de Marcel Morot-Raquin, ami de sa compagne et frère de la gérante. Morot-Raquin lui avait fourni croquis et renseignements pour qu'il puisse établir son devis correctement. Mais sa société, figurant pourtant parmi les moins chères, n'avait pas été retenue.

« Devant notre incompréhension, raconte le PDG, Morot-Raquin nous a avoué qu'IMR avait besoin de devis fictifs. »

Il se souvient d'avoir contacté un fabricant de panneaux en aluminium de Châtellerault, qui, très intéressé par le marché, avait pris directement attache avec Daniel Sparza, à la Française des Jeux, pour lui faire une offre. Sparza avait répondu que le choix du fournisseur incombait à IMR, même s'il était moins cher. Et c'est une société de l'Eure qui avait été choisie, dans laquelle IMR possédait des intérêts...

21 février. Descente à la société des plastiques Brenez, dans la région de Bordeaux. Eux aussi ont été consultés pour fournir des cadres d'affichage à la Française des Jeux. Eux aussi en sont restés au stade des devis. Il faut dire que l'appel d'offres avait été adressée par IMR, qui appartenait en partie à la société La Rochefortaise, également actionnaire des plastiques Brenez. Difficile, dans ces conditions, de refuser un devis de complaisance, comme l'admet l'un des responsables :

« Cette commande me paraissait un peu grosse, d'autant que l'appel d'offre portait la mention "urgent" (...). Je n'avais pas les moyens de répondre sérieusement au problème qui m'était posé. »

Mais le patron lui a dit qu'il fallait quand même répondre, et « qu'on verrait après ». On en est évidemment resté là, comme il l'avait pressenti.

Pleins phares sur les vitrines

27 février. Perquisition au lever du jour chez les époux Morgen, dans une banlieue aisée de la capitale. Trois policiers font main basse sur tout ce qui touche à la situation patrimoniale et fiscale du couple. Les fouilles terminées, l'équipe file au siège de la société IMR, situé non loin de là. Les policiers veulent examiner tous les dossiers relatifs aux opérations conclues avec la Française des Jeux depuis 1989. On leur sort des cahiers et une flopée de devis. Plus deux cassettes numériques comportant une partie de la mémoire de la société. Éternels insatisfaits, ils réclament d'autres pièces : les relevés des fournisseurs ; la liste des architectes ; les charges, frais et salaires ; les comptes fournisseurs. Ils veulent tout cela avant un mois.

29 février. Les policiers remontent la piste de la vitrophanie. Non loin de la place de la République, à Paris, ils rencontrent un directeur commercial qui a réalisé son rêve en travaillant pour IMR. Bien sûr, il savait que la société de Morgen imposait à ses fournisseurs des prix très bas et des délais très courts. Mais il faut vivre. En novembre 1991, sa maison (Disa) a livré un prototype de décor pour le Loto. La première commande a porté sur 3 000 kits vitrines (12 bandes adhésives plus trois logos), vendus 309,50 francs pièce. D'autres commandes ont suivi. Des décors rouge et bleu portant les logos du Banco, du Millionnaire et du Tac-O-Tac. Un kit spécial a même été réalisé pour la Pacifique des Jeux. Sans oublier 2 500 jeux de deux plaques en plexiglas destinées à garnir les portes des points de vente. Montant total facturé à IMR : 8,8 millions de francs. Une aubaine !

Suite du feuilleton avec une descente à Pantin, où les enquêteurs confessent un ancien de chez IMR, Marc Tatos, désormais installé à son compte. Il parle de Daniel Sparza, qu'il a bien connu :

« Morgen nous l'avait présenté comme un ami et un conseiller de la société. Sparza était un apporteur d'affaires et une importante source d'informations pour Morgen (...). En décembre 1987, le bruit courait qu'IMR allait obtenir énormément de travail dans un autre secteur que celui de la pharmacie (...) Je me souviens que la nomination de Sparza à France Loto a été fêtée au champagne dans les locaux d'IMR où Sparza passait deux à trois fois par semaine (...). Il est évident qu'IMR a obtenu les marchés Loto en l'absence de toute mise en concurrence, grâce à l'entremise de Sparza. »

Tatos suggère d'aller questionner sur le sujet les deux hommes qui ont pris sa place après son départ, Thorn et Éouzan : « Ils sont parfaitement au courant du contexte, en particulier Éouzan, confident de Morgen. » Les policiers pourraient aussi utilement se tourner vers une certaine Marie-Pierre Leprovost, ancienne chef comptable chez IMR.

Une lettre de Jean Glavany

Un mois plus tard, le 29 mars, un policier se présente au service de la comptabilité générale de la Française des Jeux, à Moussy-le-Vieux (77). Il vient entendre la responsable du service, Jacqueline Daguier, salariée de la maison depuis 1976. Les factures IMR, explique-t-elle, lui arrivaient après un passage par la direction commerciale représentée par Grasset, Sparza et Peretmère. Ils apposaient la plupart du temps la mention « OK » ou « Bon à payer », suivie de leur signature. La comptabilité n'avait pas à vérifier les factures. Elle se souvient cependant qu'« il était très difficile d'obtenir les documents justifiant la facturation ». « Nous avons manqué d'interlocuteurs comptables chez IMR, société qui manquait de structures », dit-elle. Elle en avait parlé au contrôle de gestion ; ces difficultés ont même donné lieu à « de très nombreuses communications téléphoniques et à la rédaction de notes ». Elle n'a sous la main que le compte rendu d'une réunion interne, mais pour en savoir plus, les policiers peuvent se rapprocher de Xavier Bouhet, membre lui aussi du service commercial.

L'image est banale, mais on n'y échappe pas : une enquête financière, c'est toujours une pelote de laine.

Pierre Peretmère, ancien responsable du « merchandising » à la Française des Jeux, a été licencié par Bertrand de Gallé en avril 1995. On lui a gentiment expliqué que sa manière de faire ne convenait plus. Le voici prié de s'expliquer devant la Police judiciaire pour la deuxième fois, le 21 mars. On lui demande de bien vouloir répéter ce qu'il sait de Morgen et de Sparza. Il s'exécute :

« Yvan Morgen avait fait dans les années 80 un passage de quelques mois au Loto national, au sein du service marketing. Il est ensuite parti comme secrétaire général à la Confédération des Tabacs, un de nos émetteurs, avant de créer IMR. Sparza l'a remplacé à la Confédération, avant d'intégrer la Française des Jeux en 1987. »

Dit comme ça, c'est assez limpide, mais Peretmère est prié d'aller jusqu'au bout de sa démonstration. Il poursuit :

« Il y avait des relations privilégiées entre Morgen et Sparza avant qu'IMR ne travaille pour la Française des Jeux. Personne ne l'ignorait. J'ai même appris que Sparza avait des intérêts dans la société IMR. »

L'ancien cadre du Loto confirme l'enchaînement. C'est bien à la fin 1989 que la Française des Jeux a décidé de se lancer dans l'équipement de ses points de vente. Et c'est là que Sparza a pris contact avec Morgen.

Quel effet a eu l'arrivée de Colé sur la marche de la maison ?

« Elle a accéléré les procédures commerciales.

– Sans tenir compte le moins du monde des procédures obligatoires liées à la passation de marchés publics ?

– Je n'ai jamais entendu parler de références aux marchés publics dans mes dossiers.

– Le coût de la prestation fournie par IMR vous a-t-il paru compétitif ? Sur quelles bases de comparaison ?

– Le coût m'a paru élevé, mais justifié par l'ampleur de la tâche à accomplir. Nous n'avions pas de solution facile de remplacement. Après les premiers tests, on a demandé à IMR de justifier ses prix, mais Morgen a toujours été réticent. »

Le policier sort des papiers et cite la fourchette des prix : entre 1 650 et 2 000 francs. Puis réitère sa question :

« De quels points de comparaison disposiez-vous ? »

Peretmère se souvient de trois ou quatre devis de fabricants adressés par IMR, laissant apparaître des prix comparables. Ils émanaient bien des établissements Géhin, des Plastiques Brenez et de Mid Solopast, comme le suggère le policier. Cela a suffi pour convaincre la Française des Jeux de la justesse des prix.

Peretmère est repris au vol cinq jours plus tard. Après s'être expliqué sur la fabrication des cadres, il va devoir commenter leur installation. Une opération de grande envergure, déclenchée en janvier 1991, avec la pose de 800 cadres par semaine. Et confiée, on s'en serait douter, à la société IMR. Par commodité ?

« Nous n'avons pas cherché un autre installateur, car les capacités de notre fabricant sur le terrain étaient réelles et ses prix nous convenaient », dit Peretmère qui précise que la pause de chaque cadre était facturée environ 500 francs pour environ une demi-heure de travail.

« Des instructions avaient-elles à votre connaissance été données par Colé à la direction commerciale pour que soit confiée à IMR l'intégralité des prestations ?

– Effectivement, dès le début, Grasset et Sparza, mes deux supérieurs, avaient décidé qu'IMR serait notre seul interlocuteur. Mais je ne me souviens pas d'avoir entendu parler d'une quelconque intervention de Colé dans ce choix. »

Les policiers passent en revue toutes les incongruités (à leurs yeux) de l'affaire, à commencer par le versement d'un acompte sans exiger aucune caution en échange. Il y a aussi d'étranges frais de stockage et de manutention dus, selon Peretmère, au refus de certains détaillants de se voir imposer le nouveau décor de la Française des Jeux. Sans oublier qu'en paraphant le contrat d'assurance, l'ancien responsable du « merchandising » aurait pu voir que la valeur unitaire des cadres était de 700 francs et non pas de 1 850 francs, prix facturé à la Française des Jeux.

« Si je m'en étais aperçu, j'aurais essayé de comprendre l'écart, proteste Peretmère. J'aurais également demandé des explications à Morgen. »

28 mars. Quinze mois après sa première déposition, Michèle Morot-Raquin, ex-gérante de Bleu Absolu, revient en première ligne :

« Bleu Absolu avait conçu le cadre sur papier, mais nous ne savions pas fabriquer ce genre de produit. Morgen désirait absolument obtenir le marché. C'est à moi qu'il a confié ce que je qualifierais de sale boulot. La mission consistait, pour chaque société sollicitée, à obtenir un devis calculé sur la base d'un prix réel, destiné à IMR, et un devis surévalué, destiné à la Française des Jeux.

– Connaissiez-vous la société des plastiques Brenez ? Était-elle en mesure de fabriquer ce produit ?

– Cette société faisait partie du groupe Larochefortaise, dirigé par M. Berebi, associé de Morgen dans IMR. J'ai pris attache avec elle sur les instructions de Morgen. Je ne sais pas si elle savait fabriquer ces cadres. »

A-t-elle éprouvé quelques scrupules ?

« Je savais prêter mon concours à des opérations douteuses, mais j'étais persuadée que la ficelle était si grosse que ce dossier n'aboutirait à rien. »

Peut-elle apporter sa contribution au portrait de Gérard Colé ?

« Je l'ai rencontré une seule fois, lors du week-end du 1er novembre 1989, à l'occasion d'un repas chez l'un des mes amis, Jean Glavany. Il devait y avoir une dizaine de personnes et je n'ai pas cru opportun de présenter mon activité. J'ai ensuite dit à Morgen que j'avais fait la connaissance de Colé. Il m'a demandé si je pouvais me faire recommander auprès de lui. Je suis alors intervenue auprès de M. Glavany pour qu'il me fasse une lettre d'introduction destinée à Colé. Ce qu'il a fait. »

Cette lettre a-t-elle eu des conséquences ? Elle l'ignore. Elle se souvient simplement d'un repas au cours duquel Grasset ou Sparza avait ri de Morgen en lui disant qu'il n'avait pas besoin de recommandation. Colé avait dû intervenir auprès de la direction commerciale, après la lettre de Glavany, mais elle n'en sait pas davantage.

Amitié

26 mars. Troisième audition de Daniel Sparza, ancien directeur commercial adjoint de la Française des Jeux. L'enquêteur rappelle comment à IMR on s'était mis à plancher, dès 1989, sur un projet de cadre. Qui les avait informés de ce qui se tramait à la Française des Jeux ?

« Morgen avait des contacts permanents avec Grasset et moi-même, même s'il n'était pas fournisseur. C'est sur les instructions de Grasset qu'en novembre 1989, j'ai informé IMR du potentiel représenté par le marché des cadres. »

Aucun autre fournisseur n'avait été mis au courant, amitié oblige.

Et le code des marchés publics ?

« Il ne s'appliquait pas pour toutes les dépenses de communication », révèle Sparza, précisant que cette règle était déjà en vigueur avant l'arrivée de Colé.

Sa mémoire a par ailleurs totalement éclipsé une scène décrite avant lui par un autre témoin.

« Je n'ai pas souvenir, dit-il, que nous ayons fêté au champagne avec Morgen la commande définitive de 10 000 cadres à 1 650 francs. »

Difficile de lui mettre des preuves sous le nez.

Guerre

Retour en force du responsable de l'audit à la Française des Jeux, Patrick-Louis Hubert. Dans la foulée de l'audit de l'Inspection générale des finances, son service s'est abondamment penché sur les méthodes des maisons IMR et Quassart. Morgen a accepté l'audit en disant qu'il n'avait rien à cacher et qu'il ne fallait pas le confondre avec Quassart. Bien lui en a pris, car les conclusions ne lui étaient pas toutes défavorables, même si Hubert regrette de s'être vu refuser l'accès aux factures des sous-traitants. Les auditeurs ont simplement suggéré qu'il améliore sa transparence. Ils ont aussi invité Morgen à faire connaître à l'avenir ses marges bénéficiaires, pour éviter tout dérapage des coûts.

C'est à cette occasion, durant le printemps 1994, que la guerre entre les deux fournisseurs est apparue au grand jour. Au cours d'une réunion, Peretmère a proposé que la Française commande 2 000 espaces jeux à Quassart, la société de Carré. Bertrand de Gallé, le nouveau patron, a aussitôt fait barrage. Carré a tenté de rattraper le coup en cassant les prix. Mais Morgen veillait aux portes. Et, le 3 juin 1994, il a trouvé le moyen d'expédier un devis proposant un tarif encore plus bas. Ce qui lui était d'autant plus facile qu'il avait en mains toutes les cartes de l'adversaire. Les responsables de la Française des Jeux s'en sont d'ailleurs aperçus lorsque Morgen leur a envoyé par fax un double de la fameuse lettre recommandée rédigée par le patron de Stal Industrie, par laquelle il se « couvrait » au moment d'établir ses faux devis. Le document a aussitôt atterri sur le bureau de Bertrand de Gallé, désormais parfaitement au courant des usages en vigueur chez Carré.

Morgen tenait fermement la corde ; son adversaire s'est achevé tout seul en repoussant toute idée d'audit en provenance de la Française des Jeux.

L'étranger

Dans le jeu d'influence qui se déroulait en coulisse, Xavier Bouhet passait pour l'empêcheur de commercer en rond. La comptable en chef de la Française des Jeux a eu une excellente idée en aiguillant les policiers sur lui, ainsi qu'on peut le vérifier lors de son audition, le 5 avril.

Ancien adjoint de Peretmère, Bouhet avait pour tâche de gérer les relations avec IMR. En décembre 1994, raconte-t-il, Grasset lui a demandé de lancer un appel d'offres pour le marché de la maintenance, d'un montant de 10 millions de francs, marché jusque-là attribué d'office à la société de Morgen. Comme il l'avait déjà fait, Morgen a aussitôt riposté en cassant ses prix. Si bien qu'on a failli lui accorder 100 % du marché. Mais Bouhet s'y est personnellement opposé. Et a obtenu de faire entrer une autre entreprise dans le jeu.

Quelques mois plus tard, en avril 1995, il avait fallu commandé pour près de 7 millions de francs de petites pièces pour le mobilier. Quassart définitivement écarté, on s'est encore tourné vers Morgen, qui s'est procuré les pièces auprès des sous-traitants habituels de Carré. Mais, cette fois, on a étroitement contrôlé la marge d'IMR.

Bouhet s'est ensuite penché sur le coût des décors destinés aux vitrines. Il a déniché une société grenobloise qui pouvait fournir pour 200 francs ce qu'IMR facturait 600 francs. Le marché a changé de mains. Peu après, Morgen a expédié un courrier pour dénoncer la « mauvaise qualité » du matériel qui allait être livré. Comme la société grenobloise n'honorait pas la commande, Bouhet est entré en contact avec la société nîmoise ACTT, qui a fourni pour 350 000 francs des pièces habituellement facturées 600 000 francs par IMR. Bouhet a alors proposé à ses chefs de se passer désormais totalement d'IMR.

« Un mois plus tard, j'étais licencié », dit-il. Entre-temps, il affirme avoir découvert un jour l'existence d'un énorme stock de meubles non installés – 5 500 sur 10 000 commandés ! Le lendemain, il déniche un fournisseur à moitié prix pour les décors destinés à promouvoir le Keno…

Voyage pour rien

15 avril. Déplacement à Metz, au siège de la société Soloplast. Le gérant, Guy Adam, participe à la foire de Düsseldorf. On tente vainement de le joindre sur son stand. Il rappelle une heure plus tard pour confirmer qu'il a bien fourni un devis au Loto, à la demande

d'IMR qui évoquait un marché de 40 000 cadres. Il a même réalisé une étude poussée, mais IMR n'a pas donné suite.

On le convoque à Nanterre pour plus amples explications.

Papiers

Les documents continuent d'affluer sur les bureaux des enquêteurs, allant grossir un dossier déjà énorme. Au menu, les propositions de prix, appels d'offres, procès-verbaux de réunions et courriers internes promis par Xavier Bouhet. Plus des photocopies de chèques, des ordres de virement et des bordereaux envoyés par le Crédit Agricole, l'une des banques de Gérard Colé.

Il n'y a pas de dossier financier sans papiers.

Dépit

Le dossier s'enrichit, le 30 avril, d'un témoignage qui se veut plein de franchise, celui de Guy Adam, le gérant de la société rémoise. C'est en 1989 qu'il est entré en relation avec IMR. Après avoir fabriqué des présentoirs pour les pharmacies, il a été consulté pour les cadres d'affichage du Loto.

« Nous avons pris cette affaire très au sérieux, dit-il tout en authentifiant le fax où figure son offre de prix (1 650 francs). À aucun moment il ne m'a été demandé de fournir un devis de complaisance, poursuit-il, mais, pour être franc, si ce client me l'avait demandé, j'aurais probablement accepté de fournir le devis. »

On lui a en revanche téléphoné pour l'inviter à revoir son prix à la baisse. Il a établi un deuxième devis, sans plus de succès. Ce qu'il analyse ainsi : « Finalement, nous n'avons pas été retenus car nous étions trop chers. Je pense malgré tout que nous nous sommes fait abuser par IMR, dans la mesure où nous avons fourni des plans assez précis pour leur permettre de traiter le marché par leurs propres moyens. Nous n'avons plus jamais travaillé avec IMR, et nous ne le souhaitons plus. »

Quand on est policier, qui plus est spécialiste des milieux économiques, on en a vu d'autres.

Billard

Né à Reims en 1951, ancien journaliste, plutôt littéraire de formation, Yvan Morgen n'est pas forcément préparé à jouer au billard à trois bandes. C'est pourtant une sacrée partie qui l'attend, ce 13 mai au matin.

Comme toujours, on commence mollement. Raconter sa carrière met plutôt en confiance. En même temps, on sent forcément que le but du policier n'est pas de vous congratuler pour une rapide promotion ou d'excellents résultats. Il n'y a pas de curiosité gratuite chez ces praticiens de l'interrogatoire.

Morgen revient sur son berceau, Larmor Plage, et sur son maire, Eugène Remilly, par ailleurs débitant de tabac et courtier du Loto. Il l'a connu par le biais de son fils, comme le savent déjà les policiers. C'est par ce biais qu'il est entré dans la filière, avant d'inventer un drôle d'appareil, mobile et lumineux, destiné à servir de support publicitaire dans les lieux de vente. Puis Sparza entre dans le décor.

« À quelle époque et dans quelles conditions ont débuté vos relations avec la Française des Jeux ? demandent les policiers.

– Fin 1989, début 1990. IMR travaillait avec des laboratoires et des pharmacies. Sparza m'a dit que la Française des Jeux voulait me rencontrer, dans l'idée de construire un réseau visible dans le style de ce que faisait IMR dans les pharmacies. Nous n'avions pas idée du volume d'affaires que cela pouvait représenter ».

Les policiers exhibent des pièces saisies chez IMR et tentent une entrée en force : « Ces documents laissent penser que le 27 janvier 1989, vous avez été avisé par Sparza du marché potentiel, c'est-à-dire l'équipement de 15 000 points de vente en France. Ne pensez-vous pas avoir bénéficié, dès cet instant, d'une information privilégiée ?

– Non, je ne pense pas. En fait, on me questionnait. Je suis surpris d'apprendre qu'IMR a été la seule société sollicitée. »

Il raconte sa rencontre avec Michèle Morot-Raquin lors d'une assemblée de chefs de produits pharmaceutiques. Ils ont décidé de s'associer au sein de Bleu Absolu pour concevoir un prototype de cadre d'affichage.

« L'idée était d'améliorer l'image de marque de la Française des Jeux sur les points de vente », indique-t-il.

Le choix de la Française des Jeux s'est porté sur un cadre destiné à recevoir une « affiche pantalon », poursuit Morgen, reconnaissant l'absence, à ce stade, de toute correspondance écrite.

On l'interroge sur la façon dont le marché s'est concrétisé. Il rejette la faute sur son ancienne associée :

« C'est Bleu Absolu qui s'est chargé exclusivement de l'appel d'offres et de la sélection des fournisseurs.

– Que faut-il entendre par appel d'offres et sélection de fournisseurs ?

– Bleu Absolu a questionné deux sociétés, Soloplast et Plastiques Brenez, dont j'ai fourni les coordonnées à Morot-Raquin. »

Il se souvient d'avoir « poussé un coup de gueule » lorsqu'il a appris que le devis avait été directement adressé par fax à la Française des Jeux.

« Je suspecte la société Brenez d'avoir essayé de récupérer le marché en direct, dit-il.

– Pourquoi avoir demandé à Bleu Absolu de questionner Brenez ?

– Dans un esprit de partenariat, je voulais interroger Rochefortaise, par ailleurs actionnaire d'IMR. Il est clair que cette société avait les compétences pour fabriquer les cadres. »

Sur ces bonnes paroles, suspension de séance peu avant 14 heures.

Dans une pièce voisine, un commandant de police achève l'audition de Dominique Morgen, épouse d'Yvan et directeur général d'IMR. Elle a raconté leur belle réussite, jusqu'à la vente de leur société à des Américains, en avril 1993, pour 150 millions de francs. Une réussite qui les a propulsés vers des sommets habituellement fréquentés par la grande bourgeoisie. Mais qu'on n'attende pas d'elle d'énormes révélations : elle s'occupait au sein de la société des seules tâches administratives.

Tandis qu'Yvan Morgen apprend sa mise en garde à vue, débute une troisième audition : celle de Pascal Éouzan, un Dijonais, mécanicien auto devenu spécialiste des ventes à IMR où il est entré en janvier 1988. On attend de lui qu'il expose ce qu'il sait de la fabrication du fameux cadre. Et cela commence plutôt mal. Tout juste accepte-t-il de dire qu'il a remplacé la résine préconisée par Bleu Absolu par du PVC, moins cher. On lui présente un cahier rouge dans lequel il a lui-même répertorié les fournisseurs potentiels d'IMR. Il y évoque un coût de fabrication très bas (893,16 francs).

« Comment expliquez-vous une telle différence de prix entre ce chiffre et les propositions figurant sur les devis adressés à la Française des Jeux, oscillant entre 1 650 et 1 950 francs ? »

Éouzan s'embrouille, puis se ressaisit en racontant que d'âpres négociations lui ont permis d'obtenir un rabais.

Les policiers, qui ne veulent pas en rester là, ont préparé à l'intention d'Éouzan une petite séance spéciale, genre psychodrame à trois. Dans le jargon, on appelle ça une confrontation. Les deux femmes que l'on veut mettre en face de lui attendent dans une pièce voisine. Les voici qui entrent : à main gauche, la jeune Valérie Berche, de Royan, auditrice à la Française des Jeux ; à main droite, Catherine Bigini, originaire du même département, auditrice dans la même maison.

Valérie Berche attaque : « Nous avons effectué une mission d'audit du 17 au 20 mai 1994 (...). Nous avons demandé à Morgen de nous fournir des éléments à en-tête des sous-traitants d'IMR. Morgen a expliqué qu'ils étaient déjà archivés et difficiles d'accès... »

Éouzan : « Je ne savais pas que Morgen avait refusé de communiquer les factures (...). J'imagine qu'il estimait que la marge réalisée par IMR était trop importante. »

Un silence, puis il reprend : « Il y avait une forte pression, à ce moment-là. Je craignais que la mission d'audit ne permette la découverte de produits dont j'étais responsable et qui n'avaient dégagé qu'une très faible marge. Je pense à la fabrication des décors du Millionnaire ou du Keno. Ce n'était pas une question de montant, mais Morgen ne tolérait pas d'erreur. »

Berche : « Je me souviens parfaitement qu'Éouzan a chiffré le coût global du cadre à 1 250 francs, montant qui nous a permis d'estimer la marge d'IMR à 25 %. »

Éouzan : « La marge n'était pas de 25 %, elle était beaucoup plus importante. Morgen nous avait conseillé de ne pas communiquer les marges brutes réelles à la mission d'audit de la Française des Jeux. »

L'un des policiers brandit un document faisant état de prix de revient très bas : « Ces montants sont-ils très éloignés des prix réellement pratiqués par ces fournisseurs ? » demande-t-il.

Éouzan : « Je n'ai pas gardé ces chiffres en mémoire (...). Les chiffres figurant sur le document manuscrit remis à l'audit sont au moins trois fois supérieurs aux chiffres réels. Je ne me souviens plus comment j'ai calculé ces montants. De plus, la mission d'audit avait eu accès aux chiffres. »

Berche : « On aurait pu avoir connaissance d'un coût de revient de la fabrication *via* la comptabilité analytique, mais celle-ci n'existait pas (...) Je vous répète que c'est la raison pour laquelle nous demandions un accès aux factures. »

Bigini : « Je confirme. »

Éouzan, très seul : « Je ne vois rien d'autre à ajouter. »

Berche : « Moi non plus. »

Fin de la parade.

Il est un peu plus de 20 heures. On laisse trois petites heures de réflexion à Éouzan, avant de l'extraire de sa cellule pour une nouvelle audition, cette fois seul.

Le policier commence par lui présenter une télécopie qu'il a adressée à Peretmère, où il démontre que la marge d'IMR sur le premier cadre ne dépassait pas 207 francs.

« J'ai établi cette télécopie à la demande de Morgen, dit Éouzan. Les chiffres annoncés sont des plus fantaisistes. J'ai obéi aux ordres, car je n'avais pas le choix. Je dois vous avouer que Morgen me fait peur. Je n'ai jamais osé contester les ordres qu'il me donnait, même lorsque je savais que ce n'était pas juste. Voilà quatre mois, j'ai annoncé que je voulais quitter le groupe IMR, car j'en avais assez de subir cette pression. Il m'a répondu que cela ne l'arrangeait pas (...) et m'a spontanément augmenté de 4 000 francs par mois, tout en précisant que cette décision avait été prise avant que je ne lui annonce mon départ. »

Après la confrontation, l'heure de vérité.

Éouzan confirme la commande de 10 000 cadres en 1991 et les difficultés rencontrées auprès des détaillants, dont beaucoup ont refusé l'installation ; 5 700 cadres ont effectivement dû être stockés dans un entrepôt.

« Comment analysez-vous ce gâchis qui a exclusivement profité à IMR et à ses dirigeants ?

– J'avais à l'époque le sentiment que la Française des Jeux faisait n'importe quoi. Le marché n'avait pas été étudié avant la commande. La direction marketing a incité les courtiers à faire pression sur les détaillants. Morgen était très embêté (...). Ceci explique que nous soyons passés très rapidement au cadre N° 2, dont nous fabriquerons 22 000 unités entre l'été 1991 et avril 1993. À cette époque là, je reste persuadé qu'il ne pouvait rien arriver à Morgen au sein de la Française des Jeux. »

Il est minuit et demi lorsque les policiers lâchent Éouzan pour se tourner à nouveau vers Morgen. En hors-d'œuvre, ils lui servent les propos de son ancien collaborateur, expliquant qu'il avait reçu pour consigne de ne pas communiquer les marges brutes à la Française des Jeux.

« Ce n'est pas vrai, proteste Morgen. En réalité, je souhaitais valoriser les coûts de production obtenus auprès de nos quinze fournisseurs grâce aux interventions d'Éouzan. »

C'est dans cet esprit, et non avec la volonté de frauder, qu'il aurait refusé de communiquer les factures des sous-traitants et demandé à Éouzan d'établir son document fictif.

« Aviez-vous la certitude de dégager une marge couvrant largement vos coûts pour vous passer d'une comptabilité analytique ?

– Ce n'est pas la raison pour laquelle nous n'avions pas de comptabilité analytique.

– L'audit de la Française des Jeux a conclu que vous dégagiez une marge brute de 25 % pour la fabrication du cadre N° 1. Cette estimation vous paraît-elle fiable ?

– Non, mais je ne peux pas vous dire à combien cette marge s'élevait.

– Éouzan a évoqué un coût de fabrication situé entre 600 et 700 francs, dégageant une marge bien supérieure. Qu'en pensez-vous ?

– Je me fie à son analyse. Je couvre toutes ses actions. »

On décoche alors comme un crochet du gauche la déposition de Morot-Raquin dans laquelle elle affirme que Morgen lui a demandé des devis surévalués.

« Je nie en bloc ces affirmations ! »

Peu avant 2 heures du matin, la prolongation de la garde à vue tombe sur Morgen. Son épouse subit le même traitement dans la foulée.

Planche à billets truquée

Au petit matin, Éouzan revient sur Morgen :

« Les prix facturés à la Française des Jeux ont toujours été décidés par Morgen seul. »

Mais, pour lui, la démarche commerciale d'IMR était « honnête ». Il reste d'ailleurs persuadé que le marché a été obtenu dans le cadre d'un appel d'offres : « Morgen l'a toujours affirmé. »

À 10 heures 25, deux policiers entament une nouvelle perquisition au siège d'IMR, en compagnie de Morgen. Ils saisissent deux documents manuscrits déterminants, chiffrant les bénéfices réalisés avec la Française des Jeux. Le premier annonce pour les années 1991-1992 une marge brute de plus de 43 millions de francs pour un marché s'élevant à 64 millions de francs. Le second affiche une marge de près de 53 millions de francs pour un chiffre d'affaires de 91,5 millions de francs.

Éouzan voit à son tour sa garde à vue prolongée.

Le directeur financier d'IMR, Jean-Pierre Huet, entre en scène en début d'après-midi. Difficile de nier que les marges lui semblaient, chez Morgen, bien supérieures à celles qu'il avait connues dans le milieu pharmaceutique. Il fournit cependant une explication à l'absence de comptabilité analytique : le logiciel ne permettait pas de la tenir.

« Pensiez-vous que de tels résultats étaient dans le domaine du possible ? demande un policier.

– J'ai pensé que les gens d'IMR étaient d'excellents commerciaux. Je n'ai jamais posé de questions à Morgen. Je me suis contenté de dire que les résultats étaient très satisfaisants. Personne ne m'a mis dans la confidence du montage des opérations.

– Comment expliquez vous que les trois auditeurs n'aient pu obtenir les factures ?

– Je me souviens que Mlle Bigini est montée deux ou trois fois à la comptabilité pour me demander des renseignements, mais il est exact qu'elle n'a pas fouillé elle-même dans les archives. »

Le policier lui rapporte les propos d'Éouzan citant les consignes de silence de Morgen.

Réponse en forme de pirouette : « Je ne me rappelle plus cette réunion, mais je ne dis pas que les propos de M. Éouzan sont faux. »

La deuxième déposition de Dominique Morgen est consignée une heure plus tard. Même question : « Comment analysez-vous les circonstances qui ont permis à IMR d'obtenir d'importants marchés avec la Française des Jeux à partir de la fin 1989 ?

– Mon époux avait conservé des relations avec des cadres commerciaux de la Française des Jeux. Nous étions très proches de Sparza, qui semble avoir informé Francis Vergnaud, chez IMR, des importants projets qui se préparaient sur l'ensemble du réseau Française des Jeux. Mon époux, Éouzan et son équipe se sont immédiatement mis à réfléchir sur les propositions que nous pourrions faire (...). Je ne me suis pas posé de questions. Je faisais confiance à mon mari. Je n'avais pas compris que les règles d'un marché public étaient différentes de celles d'un marché privé.

– Le choix d'IMR s'est-il fait dans le cadre d'un appel à concurrence ?

– Je ne sais pas. Je suppose que la Française des Jeux a dû comparer nos prix avec d'autres. »

Le policier lui raconte comment Mme Morot-Raquin a mis en cause son mari.

« J'ignorais tout de ce contexte et j'ai toujours eu une confiance illimitée en mon époux. »

Elle raconte qu'elle a très mal réagi aux articles parus dans la presse, accusant la société de surfacturation.

Le policier la questionne sur un document saisi chez le couple, concernant des investissements en Suisse.

« Nous n'avons pas donné suite (...) Tous nos comptes sont ouverts en France », dit-elle.

La partie de billard à trois bandes (au moins) va bientôt prendre fin. Mais Yvan Morgen est invité à prendre une dernière fois la parole. Voici ce qu'il révèle :

« Le 17 juin 1994, j'ai obtenu un rendez-vous avec de Gallé, urgent et confidentiel. Il m'a reçu seul et je me suis livré sous ses yeux à une petite démonstration consistant à lui présenter deux planches de dix billets du Millionnaire. La planche de gauche était intacte, celle de droite n'était qu'une photocopie couleur de celle de gauche, mais laissait apparaître des lots gagnants. De Gallé a paru extrêmement gêné et embêté. Je lui ai expliqué le procédé, découvert par hasard par des collaborateurs du studio d'IMR. Ils avaient acheté un billet du Millionnaire, supprimé le cadre bleu qui recouvre les lots à l'aide d'acétone, ce qui n'abîmait pas le billet. Après avoir fait apparaître les lots ou les cases perdantes, ils ont photocopié la planche de billets sans cache bleu, puis les ont recouverts d'une pellicule de plastique bleu. Les billets étaient alors à nouveau prêts à la vente. Au passage, ils avaient isolé et récupéré les lots gagnants. »

Les policiers souhaitent connaître les suites réservées à cette incroyable démonstration, même si cet épisode a tout l'air d'une belle diversion.

« Dans les jours qui ont suivi, M. Hubert est venu à IMR. Il parlait de “bombe atomique” et cherchait le moyen de contrecarrer cette possible fraude. Je lui ai proposé de consulter les photograveurs, photocopieurs et imprimeurs. Il m'a demandé combien coûterait cette enquête. J'ai suggéré une somme forfaitaire de 50 000 francs. »

À ce stade, Morgen concède :

« Le prix fixé pour la Française des Jeux devait nous permettre de gagner environ 900 francs par cadre », dit-il avant de confirmer les marges consignées dans les documents saisis à son bureau.

Il est minuit 45. Dans quelques heures, Yvan Morgen va être présenté au magistrat instructeur en même temps que son épouse.

Secret

Peu après avoir envoyé les époux Morgen devant le juge, les policiers passent à l'offensive. Ils jugent la situation assez grave pour donner l'ordre au directeur de la banque Paribas de bloquer les comptes ouverts aux noms d'Yvan et Dominique Morgen.

Mais, auparavant, on achève de presser Éouzan. Qui parle maintenant sans retenue :

« Toute l'opération qui a permis à IMR d'obtenir la commande de dix mille cadres a été tenue volontairement très secrète par Morgen. En juin 1990, lorsque je cherchais des fournisseurs, deux mois avant la commande, la pression exercée par Morgen était très forte et il semblait très optimiste. Ensuite, il a souhaité assurer un suivi très strict de la rentabilité de l'opération. Il voulait qu'il n'y ait pas de dérapage. »

Des propos qu'il est bientôt invité à confirmer devant le juge Gérard Poirotte.

Descente chez un géant de l'audit

Ce 3 juin fera date dans l'histoire de la société KPMG, géant mondial de l'audit. Pour une société censée donner son quitus aux comptabilités des plus grandes sociétés, se retrouver ainsi soupçonnée du pire est difficile à encaisser. Ainsi en ont pourtant décidé juge et enquêteurs qui trouvent anormal le comportement des deux commissaires aux comptes appelés en renfort par un Gérard Colé en pleine fièvre des grandeurs.

Les voilà qui se présentent au siège de la société, à Neuilly-sur-Seine, leur commission rogatoire en main. Ils sont d'abord reçus par une secrétaire, puis conduits devant l'un des directeurs de la respectable institution, Raymond Danziger, un homme né en Roumanie en 1933.

Danziger est l'un des deux commissaires suspectés du pire avec son homologue Jean-Paul Griziaux, président du directoire de KPMG-Fiduciaire de France. Les policiers se voient aussitôt confier l'intégralité des courriers relatifs à la Française des Jeux, soit la bagatelle de quatorze classeurs. Ils en extraient une série de lettres, fax, tableaux et comptes rendus. Puis ils se rendent auprès de Griziaux pour effectuer une razzia parmi ses agendas.

Fin des opérations à 15 heures. Aucun incident à signaler, mais qui en aurait douté ? Qui aurait pu imaginer une réaction visible dans un monde aussi feutré ? D'autant que les responsables de KPMG ont senti le mauvais vent se lever, ainsi qu'en témoigne un épisode surprenant survenu quelques mois plus tôt.

Un jour de septembre 1995, les enquêteurs ont reçu un appel émanant d'un ancien patron de la DST (le contre-espionnage français), Yves Bonnet. Passé dans le privé, avec le titre de consultant, il sollicitait un rendez-vous pour le compte de KPMG. Surpris d'être ainsi démarchés par un ancien chef de la police, un peu inquiets, les inspecteurs ont alerté leur hiérarchie. Décision a été prise de recevoir le visiteur à plusieurs. Le discours qu'il leur a tenu se résume en quelques phrases : conscient du fait que les policiers exerçaient un métier difficile, il leur suggérait de revoir leurs positions sur le rôle joué par KPMG dans le dossier. Il devait certainement y avoir un malentendu qu'il convenait de dissiper. Réponse des policiers, qu'ils chargeaient Bonnet de transmettre à ses mandataires : les éléments en leur possession ne plaidaient malheureusement pas pour eux.

Pour la petite histoire, rappelons que la juge parisienne Laurence Vichniewski, acolyte d'Éva Joly, a organisé peu après, dans une tout autre affaire, une perquisition au domicile de l'ancien patron de la DST, à Cherbourg où le policier était devenu député. Elle y a saisi une note manuscrite dans laquelle Yves Bonnet résumait pour KPMG ses différentes interventions. Il y faisait notamment état d'une rencontre « positive » avec quatre journalistes de la presse nationale qui, selon lui, ne s'acharneraient pas contre KPMG. À propos de la Police judiciaire, il écrivait en substance ceci : « J'ai vu les policiers de l'Office. Il n'y a malheureusement rien à faire à leur niveau, car ils se croient investis d'une mission purificatrice. »

Dans la marge, l'ancien chef du contre-espionnage précisait que cette note était à détruire après lecture. Il avait sans doute tout envisagé... sauf une perquisition chez lui.

Le fisc couve ses trésors

Le fisc se comporte depuis le début de l'enquête comme un allié infaillible. Mais, cette fois, le commandant et le lieutenant chargés de l'enquête vont trop loin. Ils se présentent sans autre forme de procédure au siège de la deuxième brigade nationale de vérification des situations fiscales où les reçoit l'inspecteur principal Jean-Claude Castex. Le fonctionnaire voit tout de suite un obstacle à la demande qui lui est faite. Il ne peut malheureusement y déférer. Motif : les policiers ne peuvent réclamer des pièces concernant une société, Carat TV, dont le nom n'apparaît pas dans la commission rogatoire à laquelle ils se réfèrent. Imparable, chers collègues.

Les enquêteurs appellent sur-le-champ le juge d'instruction et le mettent en rapport direct avec l'inspecteur principal Castex. Lequel maintient fermement son refus. Les policiers tentent encore de lui expliquer que l'État est partie civile dans l'affaire et qu'en définitive, flics et agents du fisc rament pour un même employeur qui se trouve justement être l'État. Castex leur suggère de se tourner vers son chef, le directeur divisionnaire Mireille Heit.

Impatients et plutôt dépités, les policiers s'apprêtent à plier bagage lorsque Castex les rappelle. Mireille Heit vient de l'autoriser à fournir deux pièces originales : deux courriers adressés au fisc par Gilbert Gross au nom de Carat TV, datés du 22 avril 1992.

Le scellé est constitué sur-le-champ – au cas où les « fiscaux » viendraient à se rétracter…

Deux fauteuils pour trois

Neuf jours après leur descente, les enquêteurs recueillent la déposition de Jean-Paul Griziaux. Lequel présente sa société comme s'il lisait un prospectus : « L'objectif de KPMG est de servir des clients au plan mondial avec un maximum d'homogénéité dans la qualité des prestations fournies. »

Il en vient cependant à la Française des Jeux. En 1991, se souvient-il, il a été contacté par un avocat qui avait connu Florence Villemot à la Citibank :

« Il m'a indiqué que la Française des Jeux avait créé des filiales et souhaitait avoir une signature internationalement reconnue, puisqu'elle envisageait une possible privatisation et l'acquisition d'une société américaine. »

Ils sont d'abord entrés par la petite porte, propulsés commissaires aux comptes des filiales créées par Gérard Colé. Puis Villemot leur a demandé de devenir commissaires aux comptes de la Française des Jeux elle-même. Il y en avait déjà deux dans la place, Touber et Raquin, connus depuis longtemps. Allaient-ils remplacer l'un ou l'autre ? Jouer les commissaires contractuels ? Griziaux raconte qu'il a contacté Raquin pour lui demander s'il avait l'intention de partir. Ce n'était pas à son programme. C'est ainsi que KPMG s'est vu propulser troisième roue du carrosse.

Les policiers relatent l'anecdote de Morgen au sujet des trucages du Millionnaire.

« Nous n'avons jamais été informés de cette possible fraude ni par de Gallé, ni par qui que ce soit d'autre », assure Griziaux.

Comme s'ils avaient décidé de ménager le suspense, les enquêteurs le remercient pour le moment. Ils reprendront leur conversation avec lui le 25 juin à la même heure.

Mais la seconde audition se révélera aussi brève que la précédente. Les enquêteurs testent cette fois la réaction de Griziaux au sujet de Touber. Le président du directoire s'avance prudemment :

« Il semble que les relations entre Touber et la Française des Jeux se soient fortement dégradées en 1992. Je pense qu'un différend était né sur le règlement de ses honoraires pour l'année écoulée. Je ne me souviens pas qu'il pouvait avoir une autre origine. D'ailleurs, Touber avait alors toute la confiance de Colé. »

Les policiers lui demandent comment les tâches étaient réparties entre les trois commissaires. A priori, les frontières étaient très nettes. Fiducial avait la charge des stocks et des dettes d'exploitation ; Touber auditait les immobilisations et les créances d'exploitation, avec droit d'accès à tous les documents ; KPMG devait auditer disponibilités et provisions.

« Le 5 octobre 1992, je me suis rendu avec Danziger chez Touber, raconte Griziaux. Cette réunion s'est déroulée dans un excellent climat. »

Seule ombre au tableau : des rivalités au sujet des rémunérations.

Pour la suite, Jean-Paul Griziaux devra attendre quelques semaines, voire quelques mois, car l'été approche et les policiers ont d'autres dossiers à purger.

Une piscine sur le toit

En plein mois d'août, trois policiers frappent aux portes de l'hôtel de ville de Neuilly-sur-Seine. Jean-Luc Fechner, chef de cabinet, les met en rapport avec Brice Hortefeux, préfet hors-cadre et conseiller du maire, Nicolas Sarkozy, figure de la droite parlementaire. Puis il les accompagne jusqu'au cinquième étage, auprès de la direction des services techniques. Ils y saisissent l'intégralité du dossier d'urbanisme lié à l'immeuble de la Française des Jeux, soit quatre chemises qu'ils examinent sur-le-champ. Quelques documents sont placés sous scellés : des lettres manuscrites, une déclaration de travaux, une notice sur la piscine, un plan de cette même piscine, des notes où apparaissent les noms de Bernard Aimé, responsable du service Urbanisme, et de Jean Claude, directeur général des services techniques. Mais ils ne s'intéressent pas qu'aux petites mains. Ils se font également remettre les agendas noirs, de marque Guilbert, du maire de Neuilly pour les années 1990 à 1993.

Le 13 août, une demande part en direction du chef du centre régional informatique des impôts de Nemours. Objet : les policiers veulent la liste des comptes bancaires ouverts aux noms de deux fonctionnaires municipaux sur lesquels planent un soupçon de pot-de-vin.

KPMG au rapport

L'enquête tourne au ralenti depuis plusieurs mois. L'été n'a rien arrangé. Mais les policiers restent concentrés sur la cible qu'ils ont approchée en juin : KPMG. Raymond Danziger, directeur associé, répond à sa première convocation le 6 septembre. Il a apporté les documents réclamés à Griziaux, dont un historique des relations entre KPMG et la Française des Jeux. Il précise qu'au sein de KPMG, chaque cabinet a son autonomie, sous l'égide d'une cellule de coordination basée à Amsterdam, avant de repartir les bras chargés d'un questionnaire long comme une partie de poker.

Il s'accorde un mois pour y répondre.

Bureau technique

Le 19 septembre, les enquêteurs tentent de nouveau leur chance à Marseille. Ils ont décidé d'entendre le responsable du site de Vitrolles, Bruno Chaîne. Lequel se souvient parfaitement des réunions organisées à Neuilly, sous l'égide de Philippe Le Dissert, au cours desquelles on leur a présenté le projet Agora :

« Il s'agissait de faire participer les détaillants du réseau à l'activité de la Française des Jeux, que nous voulions leur présenter dans un endroit adapté, avec des conditions d'accueil à la hauteur de l'image que nous voulions donner de notre entreprise. »

C'est dans cet esprit que Bruno Chaîne a fait appel en juin 1992 à un bureau technique marseillais qu'il avait déjà sollicité, la Serete. En août 1992, il a adressé à Méducin, son supérieur direct, une note dans laquelle il évaluait le coût global du projet immobilier à 31 millions de francs, sur la base d'une estimation du bureau technique. À sa connaissance, un appel d'offres a été organisé, pour le recrutement de l'architecte, par la direction commerciale Paris. Le chantier lancé, il a « rapidement constaté que les dépenses étaient supérieures aux estimations ». Après le licenciement de Méducin en novembre 1992, il s'est retrouvé en prise directe avec Colé « qui suivait de très près l'évolution des travaux ».

« J'ai bien pensé que certains fournisseurs étaient chers, observe-t-il, mais je n'ai pas cru utile de m'en entretenir avec Colé, qui était forcément au courant. »

Se souvient-il des soucis de décoration ?

« Le premier décorateur retenu par les architectes avait présenté des projets qui ne plaisaient pas plus au président qu'à la direction commerciale. Finalement, c'est Noblesse Oblige, dirigée par l'ex-épouse de Colé, qui a été choisie. Quant à Mme Blondel, j'ai été avisé de sa venue par la secrétaire de Colé, mais j'ignorais qu'il s'agissait de sa sœur. »

Le site a ouvert ses portes en avril 1993. Neuf mois plus tard débarquait l'audit de la Française des Jeux, avec une liste d'une cinquantaine de factures qui n'avaient pas été retrouvées en comptabilité.

« Sur ce total, quinze factures, pour un montant de 6,8 millions de francs, n'avaient même pas transité par Vitrolles. »

Le lendemain, à 9 heures 30, c'est le responsable des achats qui est convoqué. Il s'appelle Claude Troin, il est né en 1949 à Gardanne et est entré à la Française des Jeux en 1977 comme responsable du service comptable de Vitrolles. Il est chargé des achats depuis 1988. Il en parle assez librement :

« La première anomalie est intervenue lorsque j'ai constaté que le service de Vitrolles n'allait pas avoir en charge le suivi des commandes (...). J'ai expliqué ça par la toute-puissance de la direction commerciale... »

En janvier 1993, plus concrètement, il a adressé une note à la Serete, dans laquelle il évoquait un surcoût d'au moins 800 000 francs pour 3,6 millions de francs de travaux. Il a été sèchement remis à sa place.

IV

1997

Commissaires du chiffre

Une enquête est aussi une collection de travaux inaboutis. Les impasses sont, en l'occurrence, plus nombreuses que les boulevards. Trois ans déjà que l'on cherche à prouver ce que l'on croyait deviner, et toujours pas de certitudes, de pièces à conviction dignes de ce nom, capables d'entraîner un jour l'adhésion d'un tribunal. Que de frustrations, en revanche ! Mais la frustration est elle aussi inhérente au métier. Elle est le sable qui use les enquêteurs ou les remplit d'aigreur. Ils auraient voulu pousser leurs investigations jusqu'à Taïwan, mais les contingences ont eu raison de ce doux rêve. Ils butent sur d'innombrables frontières aussi bien qui permettent qu'aux juges et aux banquiers de Lugano ou aux Américains de faire la sourde oreille à leurs demandes. Il leur reste tout de même un gros morceau entre les dents : accrocher au tableau de chasse un groupe comme KPMG, présent par le biais de commissaires aux comptes au cœur de tant de sociétés suspectes, ce ne serait pas si mal.

L'offensive reprend le 23 janvier 1997, après un passage à vide de quatre mois, avec la convocation à Nanterre d'une certaine Isabelle Bousquie, directeur de mission chez KPMG, née en 1962.

Signe de bonne volonté, la jeune femme a apporté aux policiers un rapport de 63 pages intitulé : « Analyse de la sécurité de l'activité Loterie instantanée ». Elle est intervenue pour la première fois à la Française des Jeux en juillet 1992, à la demande de Raymond Danziger, son supérieur. Elle a alors participé à une réunion avec

Florence Villemot, consacrée à la répartition des tâches entre les trois commissaires aux comptes. Elle ne sait rien de ce qui s'est passé avant.

« Comment avez-vous perçu la nomination de KPMG comme troisième commissaire aux comptes en juin 1992 ?

– C'est Danziger qui m'a annoncé cette nomination, sans commentaires particuliers. Trois commissaires aux comptes dans une même société, ce n'est pas classique. En principe, deux suffisent. Mais je n'ai pas souvenir de tensions entre les confrères et nous. »

Suite le 28 janvier avec la deuxième déposition de Raymond Danziger.

Question vicieuse : n'est-il pas actuellement mis en examen par ailleurs ? Effectivement. Depuis octobre 1992. Pour publication d'informations mensongères. Il est également éclaboussé par les affaires en cours d'instruction autour du Crédit foncier international, de la Financière La Hénin et d'une filiale de la Sasea Genève (à l'origine du scandale du Crédit Lyonnais).

Comment KPMG s'est-il retrouvé à la table de la Française des Jeux ?

Il ignorait tout des relations entre Griziaux et Villemot avant de commencer. Au cours des premiers entretiens, Griziaux a simplement expliqué que la Française des Jeux avait besoin d'un cabinet international. « Nous n'avons pas parlé de Colé, que je ne connaissais pas, ignorant même qu'il était conseiller du président de la République. »

Le policier rappelle comment Griziaux avait pris contact avec Raquin, commissaire aux comptes en place depuis le mois de juin 1991, pour lui demander de démissionner… en septembre de la même année. « Cette attitude, de la part d'une société d'État, vous paraît-elle rationnelle et habituelle ? »

La réponse, technique, ne satisfait qu'à demi l'enquêteur. On passe tout de même au point suivant : les relations houleuses entre commissaires.

Les premières réunions, dit Danziger, ont porté sur le programme et les honoraires. « Touber nous a fait part des difficultés qu'il rencontrait, notamment avec l'association Bleu, où Colé n'avait pas tenu compte de ses recommandations. Nous avons aussi abordé le problème des lots non réclamés. »

Le policier cite un courrier de Colé à Touber laissant entrevoir une forte dégradation des relations. Danziger prend ses marques :

« Touber n'a pas jugé opportun de nous en parler... Nous avons remarqué depuis le début de nos relations avec lui, un fort décalage entre sa convivialité lors de nos rencontres et les courriers qu'il pouvait adresser. »

Suspension alimentaire. Reprise du témoignage à 14 heures 30 :

En septembre 1992, les trois commissaires se seraient mis d'accord, chacun conservant le droit d'opérer les investigations qu'il jugeait nécessaires et de prendre connaissance des dossiers du confrère. Côté honoraires, décision aurait été prise de partager les 990 000 francs alloués en trois parts égales.

Le policier évoque les restrictions citées par Touber, le commissaire historique de la Française des Jeux. En particulier, la lettre dans laquelle Florence Villemot stipule que chaque demande devra être motivée par écrit. Chez KPMG, on n'a pas pris cela pour un frein.

« À l'examen du courrier échangé par Touber avec la Française des Jeux, il est loisible de constater que Touber se heurte très souvent à une fin de non-recevoir au motif qu'il n'a pas demandé par écrit communication des documents dont il souhaite prendre connaissance. Pouvez-vous nous communiquer des exemples de demandes écrites que vous avez adressées à la Française des Jeux ? » demandent les policiers.

Non, pas sur-le-champ :

On dégaine un courrier opposant à Touber une fin de non-recevoir.

« Le refus tenait plus pour moi du conflit avec Touber que de la volonté de l'empêcher d'exercer sa mission », lâche Danziger.

On en revient aux premières pistes du dossier avec l'affaire Infojeux. Danziger évoque une première réunion sur le sujet, en février 1993. Villemot et Schwartz avaient essayé de convaincre Touber que les prestations étaient bien réelles et non pas purement imaginaires. Touber était persuadé qu'on lui cachait quelque chose de grave. Il voyait KPMG dans le rôle du complice. Le nouveau commissaire ne s'était-il pas arrogé la partie informatique de l'audit ?

C'est le 16 février 1993, raconte Danziger, que Touber a demandé à KPMG de s'associer à sa « démarche de révélation » auprès du procureur de la République. « Cette démarche était à nos yeux prématurée, souligne-t-il. Nous voulions au moins attendre les résultats de l'étude technique qui nous avait été confiée. »

Le rapport en question, réalisé par un informaticien de chez KPMG, a été transmis à Touber le 1er mars 1993. Une copie avait également été adressée à Jean-Pierre Alacchi, substitut auprès du procureur de Nanterre. Lequel avait eu droit de son côté à un compte rendu verbal. Que disait cette étude ? Que le prototype était bien réel, même si les contrats, manquant de précision, pouvaient « défavoriser » la Française des Jeux. Et que rien, en conséquence, ne semblait devoir justifier l'intervention de la justice.

Seul bémol apporté par le témoin : « Le montant de la prestation paraissait élevé, bien qu'il soit difficile d'en juger, puisqu'il s'agissait de prestations intellectuelles. »

Ce sera tout pour aujourd'hui, mais une nouvelle audition attend Danziger le 4 février.

Il a apporté cette fois la pièce litigieuse : le rapport d'audit sur Infojeux. Un document dont le policier remarque aussitôt qu'il n'est pas daté.

Il a été fait entre le 20 et le 22 mars 1993 et transmis à la justice le 1er avril, précise Danziger. Dans quelles circonstance avait-on programmé cette étude ?

Le commissaire aux comptes évoque une réunion avec ses deux autres collègues, le 9 février 1993, durant laquelle « Touber a fait part des discordances qu'il avait constatées dans les comptes d'Infojeux. » C'est ce jour là que l'audit aurait été décidé. Il était terminé un mois et demi après.

Pourquoi cette urgence ?

Les choses se sont enchaînées très vite après la visite de Touber et Raquin au procureur de la République. Il fallait rendre compte en même temps à la justice et à l'Inspection générale des finances. Lui-même devait rencontrer le substitut Alacchi quand il en saurait plus.

Mais, à sa connaissance, ni Colé ni personne d'autre ne serait intervenu pour accélérer le travail.

Ils ont mis l'enquête sur Infojeux à la disposition de Touber, une fois celle-ci terminée. Touber était pressé de savoir, mais Danziger refusait toute ingérence. « Il est probable que les gens d'Infojeux et de la Française des Jeux avaient justifié l'absolue confidentialité du projet de terminal. » Il en a personnellement suivi le déroulement, dit-il. « Dans les premiers temps de sa mission, l'informaticien m'avait rapporté que le projet était innovant et très porteur, mais cher. Il n'a pas abordé l'existence d'irrégularités potentielles. »

Une audition est toujours un drame en plusieurs actes. Il faut savoir s'interrompre au bon moment, pousser quand il faut l'adversaire dans ses retranchements, le laisser mariner un bon moment dans sa solitude, jouer les prolongations quand on est proche de l'objectif. En l'occurrence, l'estomac commande une pause.

Reprise à 14 heures :

« Quel a été votre sentiment à la lecture des conclusions de cette étude ?

– Ces contrats avaient été passés avant notre nomination. L'analyse que nous en avons faite n'a été à aucun moment pénale.

– Votre réponse paraît paradoxale, car vos confrères avaient attiré l'attention du parquet dès février 1993, et vous-même aviez rencontré le premier substitut. Il est difficile de comprendre comment un commissaire aux comptes pouvait ne pas envisager un volet pénal. »

Danziger a simplement pensé que les contrats pouvaient être « préjudiciables » à la Française des Jeux. Rien d'autre.

Brusquement, le policier décide de lâcher l'information autour de laquelle il tourne depuis le matin sans en faire état :

« Dans le rapport que vous avez adressé au parquet, les conclusions touchant l'analyse juridique des contrats, défavorables à la Française des Jeux, ne figurent pas. Pourquoi ?

– J'imagine que l'informaticien a privilégié l'analyse technique. Aucun ordre ne lui a été donné pour qu'il ne reprenne pas les conclusions juridiques de ce rapport. »

Les événements ont basculé au mois de juin 1993, poursuit-il. Lors d'un conseil d'administration de la Française des Jeux, auquel assistent les commissaires aux comptes et les représentants de l'État, Touber fait circuler une lettre dans laquelle il énumère ses remarques acidulées. KPMG se désolidarise de la démarche. La crise explose au grand jour, avec une déplorable conséquence pour Colé : les commissaires refusent d'arrêter les comptes de la Française des Jeux. Et KPMG ne peut que s'aligner sur les positions des deux autres commissaires. Ils auraient sûrement adopté une attitude plus favorable si Colé avait consenti à transmettre les rapports de l'Inspection générale des finances, que l'on disait alarmants. Mais Colé a refusé, arguant du fait qu'il s'agissait de rapports « internes à l'administration ». À partir de là, ce sont les représentants de l'État qui ont commencé à paniquer, en particulier leur chef de file, M. Pain, antenne du Budget au conseil d'administration.

« Les administrateurs étaient préoccupés par leur éventuel degré de responsabilité », raconte Danziger.

Le 13 septembre dernier, Pain a réuni les commissaires à Bercy. Il les a gratifiés d'une présentation orale des rapports de l'Inspection avant de questionner ses hôtes sur leur position. Pas vraiment satisfaits, les commissaires se sont à nouveau tournés vers Colé, en octobre, pour lui réclamer les fameux rapports en version intégrale. En vain, rapporte Danziger. Mais les policiers en restent là pour aujourd'hui.

Obstination

Pas question de lâcher Henri Modiano. Le 19 février, les enquêteurs expédient une missive au directeur du Crédit commercial de France. Ils lui demandent de fournir « dans les meilleurs délais » les relevés de comptes de l'ancien député gaulliste et de son épouse.

Les mois passent, les cibles restent.

Le « blanc »

19 février. Sixième déposition de Raymond Danziger. Qui reprend le fil de son histoire là où il l'avait laissée :

« À l'issue de la réunion de Bercy, nous sommes restés sur notre position : tant que les rapports de l'Inspection ne nous seraient pas communiqués, nous ne serions pas en mesure de certifier les comptes. M. Pain nous a dit qu'il allait réfléchir et informer sa hiérarchie. »

Le 18 novembre, les commissaires ont enfin pu prendre connaissance du travail de l'Inspection, sans pour autant en récupérer une copie complète. Danziger résume l'impression qu'il en a conservée. Le rapport, dit-il, tournait autour de deux idées fortes : les dépenses somptuaires de Colé et une présomption de surfacturation du côté des fournisseurs.

Un nouveau rendez-vous était prévu pour le 30 novembre avec M. Pain, au cours duquel les commissaires devaient certifier les comptes en émettant une réserve pour « incertitude ». C'est là que s'est produit un nouveau coup de théâtre, ainsi que l'explique Danziger :

« Nous nous sommes rendus chez Pain en compagnie de M. Latouche [*nda* : le troisième commissaire aux comptes].

C'est lui qui a exhibé devant nous une note qui semblait émaner de la Police judiciaire et qui faisait état de surfacturations. La lecture de ce document nous a incités à changer de position et à refuser de certifier les comptes. »

Les enquêteurs connaissent l'existence de cette note au titre prometteur : « Malversation à la Française des Jeux ». Elle leur a été transmise dans le courant du mois d'août 1993. Si elle arbore effectivement un tampon de la Police judiciaire, elle a été concoctée par un tout autre service.

« Ce *blanc* [*nda* : note rédigée sur du papier sans en-tête], qui émanait en fait de la direction centrale des Renseignements généraux, ne comporte que des phrases au conditionnel. Il ne vous apportait pas grand-chose de plus que les conclusions de l'Inspection. Pourquoi ce revirement total ?

– Entre la réserve pour incertitude et le refus de certifier, la limite est mince. Le document, portant le tampon de la direction centrale de la Police judiciaire, nous a été présenté dans le véhicule qui nous transportait entre le VIIIe arrondissement et Bercy. C'est durant ce trajet, d'une durée de 30 à 40 minutes, que nous avons décidé de ne plus certifier les comptes. »

Une certification qui aurait eu pour Colé valeur d'acquittement.

Comme le suggère le policier, Griziaux a effectivement cherché à savoir comment Latouche s'était procuré cette note. Mais Latouche n'a pas répondu…

La question du départ de Colé n'a pas été abordée durant cette réunion, poursuit Danziger. C'est un mois plus tard que le président de la République a mis fin à ses fonctions. Quant à la fameuse note des RG, déterminante pour la suite de l'histoire, elle n'aurait pas été remise à Pain, pas plus qu'au parquet de Nanterre.

Qui s'est débrouillé pour l'acheminer, au moment crucial, aux commissaires Latouche et Touber ? La réponse ne figure pas dans la procédure. Mais les mieux placés à l'époque pour récupérer ce genre de documents se trouvaient auprès de Jacques Chirac à la Mairie de Paris, où l'on s'employait à faire « mousser » l'affaire. Des hommes qui connaissaient l'impact psychologique d'un document estampillé « Police judiciaire » !

La grande extraction

C'est l'une des dernière chances de l'enquête. C'est aussi le genre de luxe que décident parfois de se payer les enquêteurs qui, de ce côté-là, ne sont pas franchement gâtés. Cette chance, ou ce luxe, consiste à extraire Bernard Tapie de la cellule où il se morfond à la maison d'arrêt de Luynes, pour tenter de lui arracher une ou deux confidences.

Le 26 février au matin, l'ancien ministre de la Ville, ancien vainqueur de la coupe d'Europe des clubs champions avec l'Olympique de Marseille, et futur acteur, est conduit au siège de la Police judiciaire marseillaise où tous les flics collent le nez aux carreaux pour l'apercevoir. Tapie n'a pas fière allure, ce jour-là. Il fait même grise mine, comme n'importe quel condamné à la prison ferme. Mais l'homme a de la ressource, comme va le prouver le match qui va suivre. Au temps où François Mitterrand l'avait intégré à son équipe, il passait même pour être une véritable « boule d'énergie ». C'est d'ailleurs ce qui avait séduit et fasciné le Président à une époque où lui-même sentait diminuer ses forces.

Tapie commence par les présentations de rigueur : « Je suis né le 26 janvier 1943 à Paris XXe, de Jean-Baptiste et de Simone N. Je me suis marié avec Mademoiselle Dominique D., dont j'ai eu quatre enfants âgés de 9 à 29 ans. J'ai effectué mon service militaire en 1962 dans l'armée de terre, avec le grade d'officier de réserve. Je suis titulaire du baccalauréat technique et j'ai suivi les cours de l'École industrielle de Paris pendant trois ans. Je n'ai jamais été décoré. J'ai été condamné en 1995 à huit mois de prison ferme par le tribunal correctionnel de Valenciennes pour tentative de corruption passive. »

Après l'état civil, Tapie est prié d'enchaîner sur la carrière. Il s'exécute sans sourciller, presque par habitude :

« Je suis chef d'entreprise depuis 1978. En 1984 ou 1985, en association à 50/50 avec Francis Bouygues, j'ai pris la présidence des sociétés de piles Wonder et Mazda, qui seront revendues dans de bonnes conditions au groupe américain Ucar. En 1987, j'ai participé à la privatisation de *TF1* à hauteur de 2 %, une participation cédée trois ans plus tard lorsque Bernard Tapie Finance a été introduit en Bourse à Paris. Actuellement, je suis consultant salarié pour une société étrangère. »

Les policiers l'invitent ensuite à décliner ses titres politiques.

« En 1986, j'ai été élu député des Bouches-du-Rhône, mandat renouvelé en 1988 et en 1993. J'exerçais également les mandats de conseillers régional et général, puis de député européen à partir de 1994. Entre-temps, en 1992, j'ai assumé les responsabilités de ministre de la Ville.

– Sur le *Who's who*, édition 1992, il est indiqué que vous exercez les fonctions de président du comité stratégique de *TF1* et de président de l'académie Carat depuis 1990, relève un des policiers présents, qui a visiblement potassé son sujet.

– Ces deux entités n'ont jamais existé, proteste Tapie. L'académie dont vous parlez n'a d'ailleurs rien à voir avec les frères Gross. »

Sur ces mots, les policiers annoncent à l'ex-protégé de François Mitterrand qu'ils vont se nourrir. Tapie râle, mais ce n'est pas lui qui fixe l'ordre du jour.

De retour deux heures plus tard, les enquêteurs sont accueillis par de nouvelles protestations. Tapie a faim, lui aussi. Les flics ont justement eu la délicate attention de lui apporter une tartelette provençale aux pommes.

« Rien à foutre, de votre tarte ! » lance-t-il en repoussant la pâtisserie vers un coin de table.

Les questions des enquêteurs se font plus précises.

« Depuis combien de temps connaissez-vous Dominique Galakhoff ?

– J'ai fait sa connaissance alors qu'elle était la concubine de Gérard Colé.

– Comment avez-vous connu Gérard Colé ?

– Je l'ai rencontré alors qu'il était conseiller "image" du président Mitterrand. Je ne me souviens pas exactement dans quelles circonstances. Je connaissais le Président, et donc je connaissais les gens qui gravitaient autour de lui. En 1986, je me suis présenté devant les électeurs à la demande de François Mitterrand et j'ai été élu député des Bouches-du-Rhône. C'est l'année suivante que j'ai dû rencontrer Colé.

– Qu'en est-il de la relation de votre épouse avec Dominique Galakhoff ?

– Mon épouse ne connaissait pas Galakhoff avant que je ne la connaisse moi-même et qu'elle ne devienne la concubine de Colé. Néanmoins, ma femme et elle ont sympathisé. Je pense que cette sympathie est née surtout après la rupture entre Colé et Galakhoff. Cette dernière était dans une détresse extrême. Je sais que mon épouse lui a avancé une somme de 40 000 francs sur ses économies. »

Tapie en sait-il plus long sur cette liaison ?

« Je me souviens que Colé et Galakhoff avaient publié leurs bans de mariage. Leur rupture m'a laissé totalement indifférent ; je n'ai pas cherché à en connaître la raison. D'ailleurs, mon épouse n'a pas jugé nécessaire de me raconter les conséquences de cette rupture.

– Cette relation a-t-elle pu donner lieu à des échanges de confidences ?

– Pas à ma connaissance. Je sais que Galakhoff avait trouvé du travail près de chez moi, rue des Saints-Pères, à Paris, voilà deux ou trois ans. J'avais constaté, parmi les véhicules stationnés dans la cour, la présence répétée d'un véhicule dont je ne connaissais pas le propriétaire. Quand j'ai su qu'il s'agissait de Galakhoff, je lui ai dit de le garer ailleurs.

– Votre attitude est-elle antérieure ou postérieure aux articles de presse indiquant, à tort, que Galakhoff avait dénoncé Colé ?

– Non, mon attitude découlait d'une façon plus générale de la description qu'elle faisait de Colé après leur séparation.

– Galakhoff a déclaré : “Il (Tapie) m'a conseillé pour faire face à mes problèmes, de faire chanter Colé.” Je lui ai répondu que je pouvais le faire ... Je suis persuadée que Tapie a rapporté cette conversation à Colé.” Qu'en pensez-vous ?

– Cette conversation n'a jamais eu lieu. D'ailleurs, compte tenu de la situation de détresse financière où elle se trouvait, et si elle était au courant de l'existence de fonds occultes, elle aurait exigé qu'il subvienne à ses besoins. À cette époque, jamais elle n'a parlé à ma femme d'une telle possibilité. »

Quels liens unissaient Tapie à Colé ?

« Lorsque j'ai fait la connaissance de Colé, nous avons sympathisé. Il n'y avait aucune raison pour que je le rencontre fréquemment, mais j'avais toujours plaisir à le rencontrer. À l'époque, il était chargé de mission à l'Élysée et moi, député de la majorité. Mais je ne peux rien vous dire sur les circonstances qui ont valu à Colé de se retrouver président de la Française des Jeux en juillet 1989. Je n'ai bénéficié d'aucune indiscrétion, ni à la présidence de la République, ni auprès des ministres. »

Les agendas personnels de Colé montrent qu'il a rencontré Tapie de façon assidue durant les six premiers mois de 1990. Qu'a-t-il à en dire ?

« À part la période d'élaboration du contrat de sponsoring entre le Loto et l'OM, je ne l'ai pas vu plus ni moins qu'avant (...). Le Lay et Colé, faisant partie de mon cercle de relations amicales, ont dû se rencontrer deux fois chez moi à l'occasion de déjeuners ou de dîners. »

Le nom de Modiano lui dit-il quelque chose ?

« Je ne connais pas Modiano et je n'ai jamais entendu parler de ce monsieur ni par Colé, ni par Le Lay, ni par les frères Gross. »

On cite un extrait de la déposition de Le Lay.

« Il est exact que je souhaitais obtenir le sponsoring du Loto, mais je n'avais aucune raison de m'intéresser au parrainage du football sur *TF1*.

– Le Lay a confirmé avoir déjeuné à votre domicile avec Colé le 20 août 1990, date de la signature du contrat de renouvellement des droits de diffusion du Loto.

– Si tel est le cas, cela n'avait rien à voir avec le renouvellement du contrat de diffusion. »

Fin de la première mi-temps à 17 heures 30. On lève le camp.

« Je peux prendre la tarte ? demande Tapie qui apprécie sans doute qu'on ne lui passe pas les menottes.

– Elle est pour vous ».

Il faut regagner la prison. Mais la nouvelle de l'audition de l'ancien patron de l'OM s'est répandue dans la ville. Comment échapper aux caméras de la télévision plantées devant l'entrée principale ? On sort le grand folklore : une voiture leurre est envoyée pour embrouiller la meute des reporters. Tapie, caché sous une couverture, est reconduit à la maison d'arrêt dans un deuxième véhicule qui parvient à déjouer les chasseurs de scoop.

Le lendemain matin, pour éviter ce cirque, les deux enquêteurs se présentent à Luynes pour une rencontre « à domicile ». À titre exceptionnel, ils obtiennent une salle à l'intérieur de la prison, où Tapie leur est amené. Un Tapie sans cosmétique, négligé, pour une fois fragile.

« Votre tarte était excellente, observe Tapie, mais les potes m'ont fait un plat de pâtes fraîches à la tomate. »

Et d'expliquer qu'il reçoit chaque jour un courrier de ministre (que son juge refuse de lire) et que ses « potes » ont mis en place un système de corde à linge pour lui passer des plats cuisinés.

Tapie a visiblement plus envie de bavarder hors procès-verbal, mais les enquêteurs lui demandent de s'expliquer sérieusement sur ses relations avec les frères Gross.

« J'ai d'abord fait la connaissance de Gilbert en Sardaigne, probablement en 1986, raconte Tapie. J'étais là-bas avec mon bateau et lui résidait à l'hôtel. Nous n'avons jamais eu par la suite de relations suivies. Nous n'avons pas non plus travaillé ensemble. Nous nous sommes juste rencontrés à l'occasion. »

Quels étaient ses liens exacts avec Pierre Despessailles, le banquier ?

« J'ai fait sa connaissance en 1978. Il était déjà président de la SDBO. Cette banque, filiale du Crédit Lyonnais, était le chef de file bancaire du groupe que je présidais. J'entretenais avec Despessailles des relations amicales. En 1989, Colé m'a demandé si je pouvais lui faire obtenir un crédit bancaire d'un million de francs pour acheter une maison secondaire dans les Landes, près de chez François Mitterrand. Je l'ai présenté à Despessailles, en lui indiquant que Colé était un conseiller de la Présidence. Comme il vous l'a dit, l'intérêt de Despessailles était de créer une relation commerciale avec le Loto. Je n'ai pas été informé de la suite.

– En avril 1992, Galakhoff s'est trouvée dans l'obligation de rembourser 500 000 francs, plus 174 000 francs d'agios. A-t-elle sollicité une aide de votre part ?

– Non.

– Despessailles, dans sa déclaration, dit : “Lorsque j'ai demandé à Colé de rembourser son crédit, j'ai été surpris de l'entendre dire que Tapie lui avait promis de rembourser directement la SDBO. Colé n'est pas entré dans le détail des raisons qui faisaient de Tapie son débiteur. Je m'en suis ouvert à Tapie, qui m'a répondu que Colé était culotté et que c'était plutôt lui qui devait de l'argent”... »

Tapie s'énerve :

« Si j'avais dû donner un million à Colé, je lui aurais fait un prêt personnel qu'il ne m'aurait jamais remboursé. Si j'avais dû faire un prêt par l'intermédiaire de la SDBO, j'aurais prévenu Despessailles ! Je n'ai jamais prêté d'argent à Colé et n'ai pas d'autres explications à vous fournir ! »

Un policier cite la déclaration qu'aurait faite Colé à propos de Tapie, devant Despessailles : « Il aurait plus à perdre qu'à gagner dans cette affaire. »

Réplique : « Colé a remboursé son crédit et je ne me suis pas aperçu qu'il m'avait fait perdre quelque chose !

– Despessailes déclare qu'il a cru Colé lorsqu'il lui a expliqué que vous deviez solder le prêt. »

Tapie, avec défiance : « Je ne vous croirai pas tant que je n'aurai pas lu la déposition que vous avez en mains. »

On lui montre le propos incriminé.

Tapie concède le point.

« Despessailles dit encore : il n'est pas impossible que lorsque Tapie m'a présenté Colé, il se soit porté caution morale pour lui. »

Tapie, plaisantant :

« Quel dommage que M . Despessailles n'ait pas plus souvent utilisé sur mes crédits ma caution morale ! Cela m'aurait évité d'être en liquidation de biens ! »

Pause déjeuner.

À la reprise, on revient sur le fameux appel téléphonique, relaté par Dominique Galakhoff, qui se serait produit au lendemain de la parution d'un article dans *Le Monde*.

Tapie, qui ne veut décidément rien assumer, répond à côté :

« Le numéro du portable qu'elle a indiqué ne me rappelle rien, mais il se peut que c'était le mien. Depuis, j'ai dû changer trois fois de portable… »

On insiste.

« Les faits qu'elle relate sont possibles, mais je ne m'en souviens pas, coupe-t-il.

– Vous lui auriez demandé de quelle teneur étaient les documents qu'elle avait conservés à son domicile et dont *Le Monde* annonçait la saisie.

– Je n'ai aucun souvenir de cette conversation. »

Un des policiers revient à nouveau à la charge.

« Ce que vous êtes en train de me dire là n'est que du bavardage, il n'y a pas un fait qui me concerne.

– Elle dit que dans cette même conversation, vous lui avez également parlé de Le Lay.

– Il n'y avait aucune raison pour que je pose à Dominique Galakhoff une question relative à Le Lay. »

On quitte ces eaux agitées pour aborder le chapitre du sponsoring.

« Je pense que c'est moi qui ai demandé au directeur commercial de la Française des Jeux, Grasset, d'envisager la mise en place d'un contrat de sponsoring entre France Loto et l'OM pour les matches de coupe d'Europe. »

Mais Tapie est formel : « Il n'a jamais été question de rétrocéder un million de francs à Colé, de quelque manière que ce soit.

– Par qui étaient préparés les contrats de sponsoring négociés par vos soins ?

– D'une façon générale, par le service comptable de l'OM, sur du papier évidemment identifiable.

– Bernès, dans sa déposition, s'est étonné que ce contrat ait été passé sur du papier libre.

– Il se peut, si le contrat a été entièrement traité à Paris, que je n'avais pas de papier à en-tête. »

A-t-il gardé le contact avec Patrick Le Lay ?

– Il a été pendant une dizaine d'années, de 1984 à 1994, un de mes meilleurs amis. II a cessé toute relation avec moi en 1994, dès ma mise en examen dans l'affaire OM / VA. »

À 16 heures 10, Tapie regagne sa cellule. Résultat, sous réserve de contestation : zéro à zéro.

Une femme à charge

6 mars. Une déçue de Gérard Colé fait irruption dans le dossier. Elle s'appelle Annie Sarthe-Innocenti, elle a 48 ans et gère actuellement une société. Elle est entrée à la Française des Jeux en novembre 1991, recrutée comme secrétaire générale adjointe par un cabinet international de chasseurs de têtes. Elle en a été éjectée au bout d'un an, officiellement pour « désaccord avec la nouvelle politique ».

«En réalité, dit-elle, on ne m'a jamais vraiment expliqué les raisons exactes de mon licenciement, sinon qu'il s'agissait d'une volonté affirmée de Colé de se débarrasser de moi. J'ai signé une transaction, contrainte et forcée, sous la pression. On me conseillait d'accepter ce qu'on me donnait, puisque Colé était "un grand prince", et que, si je n'étais pas d'accord, il serait fait en sorte que je ne retrouve pas de travail. Malheureusement, malgré ma signature, les cabinets de chasseurs de têtes se sont vu expliquer que j'étais "nulle". »

On conçoit volontiers qu'elle ait conservé de cet épisode une certaine rancœur. Aussi consent-elle sans difficulté à évoquer quelques souvenirs qui pourraient éclairer les policiers. Elle a encore en mémoire un détail concernant le renouvellement du contrat d'exclusivité du Millionnaire pour *TF1*, en août 1992 : « Colé nous a déclaré qu'il allait finaliser le contrat à son domicile dans les Landes, avec un journaliste de *TF1* dont j'ai oublié le nom. » Elle n'a pas non plus oublié les billets de son ancien patron : « Colé avait toujours énormément d'argent liquide sur lui. Je l'ai un jour vu sortir une liasse de billets de 500 francs devant sa secrétaire. Cela m'a étonnée, car toutes ses dépenses étaient prises en compte par la Française des Jeux, y compris ses paquets de cigarettes. » Elle se souvient de Lugano : « J'ai vu un relevé de factures, ou de facturettes de carte bleue, relatifs à des liaisons aériennes Vérone-Lugano effectuées sur des vols de la compagnie d'aviation aérienne italienne Verair [Ver pour Vérone]. » Pour elle, ces voyages ne pouvaient être liés à ses fonctions de président de la Française des Jeux. Elle revoit encore Colé introduire Henri Modiano lors d'un comité de direction : « Il nous l'a présenté comme le représentant de la Française des Jeux dans les discussions avec la boîte américaine G'Tech. »

Bien sûr, Annie Sarthe-Innocenti a entendu parler des auditeurs de KPMG. Elle se souvient comme si c'était hier de leur attitude lors de la mise en place du logiciel Oracle (destiné aux achats et à la comptabilité) qu'elle n'a pas apprécié :

« Pour moi, dit-elle, KPMG travaillait sous les ordres de la direction financière. »

Et toc !

« Colé, poursuit-elle, voulait exclure de cette chaîne tout ce qui concernait la publicité et les équipements des points de vente. »

Annie Sarthe-Innocenti évoque encore les plaintes déposées auprès de la mairie de Neuilly par des voisins de la Française. Ils se disaient dérangés par l'arrosage nocturne des plantations situées sur la terrasse, en bordure de la piscine. Nicolas Sarkozy avait fini par envoyer un courrier sur le sujet. La réaction de Colé reste dans la mémoire de l'ancienne secrétaire générale adjointe. « Il suffit de lui donner de l'argent pour ses bonnes œuvres pour avoir la paix », se serait exclamé le patron de la Française des Jeux. Provocation ? Peut-être, mais elle constate, sans en tirer de conclusion particulière, qu'ils n'ont « plus jamais entendu parler de ce problème ».

Les comptes suisses

Le 13 mars, la Police judiciaire dresse le bilan de toutes les recherches qu'elle a pu effectuer autour des relevés de comptes transmis par les autorités helvétiques. Les comptes avaient été ouverts à la Privat Kredit Bank de Lugano aux noms de trois sociétés : Nesfri Investment Inc, une société de droit panaméen, Silogi Inc, inscrite au registre du commerce des îles Turks et Caicos, et la Société Euroaméricaine de Prospection Inc, également de droit panaméen, de loin la plus active.

Les Suisses n'ont pas été généreux en documentation. Assez, cependant, pour permettre aux enquêteurs de tirer quelques conclusions. Extrait :

« Ces sociétés n'ont aucune activité propre. Leurs comptes sont des comptes de passage permettant à Modiano de faire transiter d'importantes sommes d'argent par la Suisse et de les ventiler ensuite, le plus souvent vers les USA ou vers les comptes "Agenda". Il s'en sert aussi pour gérer des portefeuilles d'obligations (...). Les demandes d'entraide étant datées de septembre 1994, nous n'avons aucune indication quant à la destination de ces fonds après la fuite de Modiano de France, en octobre/novembre 1994. »

Suivent une série de réflexions techniques dont les policiers tirent deux leçons en forme d'impasses :

1) « C'est la preuve de l'interconnexion des comptes des différentes sociétés off-shore gérées par Modiano et de la complexité des circuits financiers de ce dernier, aboutissant à l'impossibilité, pour un service enquêteur, de savoir qui a effectué les versements anonymes en amont et qui en sont le ou les bénéficiaires réels au final, au stade actuel des investigations, en l'absence de la plupart des relevés de ces comptes. »

2) « Force est de constater que Gérard Colé ou sa fille ne possèdent aucune procuration sur cette série de comptes. Il semble donc que Modiano ne craignait pas les conséquences d'un accident d'avion pour la gestion de ces comptes, à l'inverse du compte Bikis, alors que les sommes en jeu étaient nettement plus importantes... »

Confrontation au sommet

Branle-bas de combat chez KPMG, où l'on tient par-dessus tout à la réputation de la maison. Raymond Danziger passe un nouvel après-midi au siège de la Police judiciaire le 17 mars, d'où il ressort à peu près indemne.

Le lendemain, c'est Jean-Paul Griziaux, le président du directoire, qui est convoqué. La conversation roule autour de Touber.

« Nous avons eu quelques doutes sur la qualité de son travail d'audit, observe Griziaux avant de se reprendre : J'ai toujours considéré que Touber était un excellent professionnel. »

Il se souvient parfaitement que son confrère évoquait, dès le 9 février 1993, des soupçons au sujet des sommes versées à Infojeux pour la création du nouveau terminal. « Je ne savais pas que Colé avait refusé de fournir à Touber des renseignements concernant l'activité réelle d'Infojeux », dit-il, rappelant aussitôt que la mission d'audit sur cette société avait été confiée à KPMG « en accord avec les confrères », ce même mois de février. « Du côté de la Française des Jeux, on nous a expliqué que le projet « Saphir » était d'une extrême confidentialité. Mais nous n'avons jamais eu l'intention de cacher quoi que ce soit aux deux autres commissaires », poursuit-il. Ce n'est que plus tard qu'il aurait appris la démarche effectuée par Touber et Raquin auprès du parquet de Nanterre. « Pour nous, cette visite était prématurée », répète-t-il, regrettant qu'ils n'aient pas cru utile d'en faire part à leurs confrères.

« Dans le même temps, intervient le policier, le contrôleur d'État Michel Bégon a attiré l'attention des autorités de tutelle sur l'opacité entourant Infojeux. Il a manifestement aussi attiré votre attention sur ce problème. En avez-vous tenu compte ? Bégon vous a-t-il paru compétent ?

– Je me souviens que les commissaires ont eu un entretien avec lui et que nous avons pris très au sérieux ce qu'il nous a dit sur Infojeux. Mais je ne suis pas à même de me prononcer sur la compétence technique de Bégon. »

Les policiers sortent le fameux rapport rendu en mars 1993 par l'informaticien de KPMG, un certain Franck Avrilleaud.

« Je ne sais pas pourquoi il n'est pas daté, ni signé », dit Griziaux avant de faire un pas de côté : en fait, Avrilleaud rendait compte de ses travaux à Danziger. Il se souvient cependant que le rapport concluait à l'existence d'une prestation réelle, « en précisant que le prix était difficile à apprécier, mais qu'il ne paraissait pas aberrant ».

Les policiers font nettement comprendre à leur interlocuteur qu'il ne s'en tirera pas aussi facilement. Ils ont en effet récupéré, au cours des perquisitions, une note interne dans laquelle une certaine Mme de Montblanc, expert chez KPMG, dresse un constat sévère sur les contrats passés par la Française des Jeux avec Infojeux.

« Ces contrats remontent à 1991 et sont antérieurs à notre nomination », riposte Griziaux.

Mais pourquoi n'a-t-il pas jugé utile de reprendre ces remarques dans le rapport final adressé à la fois à la justice et à ses confrères ? demandent les enquêteurs, persuadés à ce stade que les responsables de KPMG ont sciemment cherché à cacher quelque chose.

« Il nous a semblé suffisant d'en faire seulement mention, répond Griziaux. C'est une preuve de professionnalisme d'avoir ordonné cette étude...

– Vous rendez votre rapport au procureur, vous lui expliquez que vous ne vous associez pas à la procédure de révélation de vos deux confrères, mais vous ne faites pas état du rapport de Mme de Montblanc. Comment l'expliquez-vous ?

– Il s'agissait d'une pièce interne. Par ailleurs, il n'y est pas fait état de problèmes délictueux, mais plutôt d'une mauvaise rédaction des contrats conduisant à privilégier Infojeux. »

Le ciel se lézarde au-dessus de Jean-Paul Griziaux lorsqu'il se voit notifier sa garde à vue, quelques minutes plus tard. Il fait prévenir un des directeurs de KPMG.

Franck Avrilleaud attend dans une pièce voisine. Il est entendu à partir de 18 heures 30. D'emblée, l'ingénieur informaticien, né à Bordeaux en 1949, fixe le cadre des missions qui lui sont d'ordinaire confiées :

« À l'issue des travaux, je rends un rapport que le commissaire aux comptes est libre de modifier et que je ne signe généralement pas, n'étant ni expert-comptable, ni commissaire aux comptes. »

L'imprécision de la date (mars 1993) a elle aussi son explication : « C'est une de nos façons de faire. »

Lorsqu'il a démarré son enquête sur Infojeux, Avrilleaud partait « à la découverte ». Tout n'a pas été très simple, la récupération des contrats liant Infojeux à la Française des Jeux a même ressemblé à une course d'obstacles :

« On m'a expliqué que certains contrats étaient du ressort exclusif de Colé, j'ai même parlé à cette occasion de "fait du prince" et annoncé que je les demanderais directement à Colé. »

Le coup de gueule a visiblement suffi, puisqu'on les lui a finalement fait parvenir. À l'examen, il a trouvé ces documents « bizarres et potentiellement préjudiciables à la Française des Jeux ». Il a alors décidé de demander une analyse technique à Mme de Montblanc, dont « les conclusions ont parfaitement confirmé les craintes que j'avais ». Par exemple le fait que les informaticiens d'Infojeux avaient été très bien payés.

L'ingénieur est libéré autour de 23 heures, mais les policiers ne plient pas bagages. Ils font revenir Griziaux devant eux peu avant 1 heure du matin. Il commence par dire du bien d'Avrilleaud, « excellent technicien informatique ». Puis rappelle ce qu'il attendait de lui :

« Nous lui avons demandé de voir ce qu'il en était de ces fameux terminaux de jeu. Existaient-ils ? Étaient-ils fiables ? Étaient-ils dans les prix de la concurrence ?

– Vous avez employé l'adjectif « lourd » à propos du dispositif mis en place pour cette mission. Pour quelles raisons ne souhaitez-vous pas voir ce terme écrit dans le procès-verbal ?

– *Lourdeur* n'est pas pour moi synonyme d'efficacité », répond Griziaux, qui certifie n'avoir donné aucune instruction particulière à Avrilleaud, « si ce n'est d'être vigilant et indépendant ».

L'absence de toute lettre de mission s'explique aussi : ils ne savaient pas « s'il existait un prototype, si les gens étaient compétents, s'il pouvait être commercialisé et si le produit était compétitif ».

« À votre connaissance, Avrilleaud a-t-il rencontré des difficultés dans sa mission ?

– Il lui a été difficile d'identifier les bons interlocuteurs. »

Le policier attaque au sujet des fameux contrats finalement obtenus par l'ingénieur :

« Il semble que vous n'avez pas pris connaissance de ces contrats et n'êtes pas intervenu auprès de Colé pour les faire mettre à disposition. Pourquoi cette lacune ?

– L'interlocuteur privilégié d'Avrilleaud était Danziger, je vous l'ai déjà dit. Le projet de rapport a d'ailleurs été revu par Danziger, qui trouvait que les conclusions étaient trop dures par rapport à sa perception des faits juridiques. »

Comme le policier, il doit bien constater que la version provisoire du rapport diverge de la version définitive, notamment dans les passages consacrés aux contrats.

« Je ne peux pas vous dire pourquoi », dit Griziaux avant de regagner sa cellule, vers 3 heures du matin.

Raymond Danziger est de nouveau sur la sellette à peine six heures plus tard.

« La mission a été confiée oralement à Avrilleaud parce que nous étions pressés et que la demande était ciblée », dit-il avant de s'expliquer sur l'affaire des deux versions : « Il est probable qu'entre le projet et le rapport définitif remis au parquet, il y ait eu des corrections, apportées à mon initiative ou à celle de Griziaux. J'ai pu remplacer des affirmations par du conditionnel, voire modérer certaines expressions. »

Intervention du policier : « Dans le rapport définitif, au bas de la page six, figure cette phrase : "En conclusion, il nous semble important de faire procéder à un audit juridique approfondi des contrats." Pourquoi ne pas faire état de l'analyse réalisée ?

– Il s'agissait d'un document interne. Je pense que l'on avait peur que ce document puisse nous être reproché par la suite si nous n'avions pas le point de vue de l'autre partie. Je reconnais que cette phrase est insuffisante. »

C'est également lui qui a pris l'initiative d'envoyer le rapport définitif au parquet.

« Est-il habituel qu'un document interne non daté et non signé, établi par un collaborateur non expert-comptable, soit remis dans ces conditions ?

– Nous avons peut-être traité le procureur comme un client en lui envoyant un courrier d'accompagnement, mais la procédure est courante. »

Le policier revient à la charge sur les modifications apportées à la fin. Il en assume la paternité, mais pas seul : Griziaux ne peut dire qu'il n'y est pour rien. Mais il est formel : « Je peux vous affirmer que personne ne nous a jamais demandé de modifier le rapport Avrilleaud. »

À son tour, Danziger se retrouve en garde à vue. Le temps d'avaler le repas prévu pour de telles circonstances, et le voilà placé face à Griziaux pour une confrontation au sommet.

Le policier lance les débats en citant les derniers propos de Danziger impliquant son confrère dans les fameuses modifications.

Griziaux : « Il est vrai que j'étais très présent dans le dossier, mais je me suis moins occupé du volet Infojeux, qui incombait à Danziger et à Avrilleaud. »

Danziger : « C'est exact. Je précise cependant que l'information sur les sujets importants lui remontait soit par notes, soit oralement. »

Griziaux, relancé : « J'ai dit que je ne me souvenais plus des raisons, mais que Danziger trouvait les conclusions de Fidal [*nda* : l'autre commissaire aux comptes] trop dures par rapport à sa propre analyse. Il est possible que je sois aussi intervenu pour modifier le projet de rapport. »

Danziger : « Je répète que nous avons pris ensemble la décision de le modifier. »

Griziaux : « Si Danziger le dit, cela doit être vrai. Je veux préciser que je n'ai rien préparé avant mon audition d'hier. »

Relance du policier.

Griziaux : « Je ne pense pas qu'il y ait eu des pressions exercées sur nous. Par contre, il est vraisemblable que des discussions se soient engagées sur ce projet de rapport entre la direction financière et nous, qui aurait pu entraîner sa modification. Je me souviens peut-être d'une réunion entre le dépôt du projet et la remise du rapport. »

Danziger : « Je ne suis pas d'accord avec ce que dit Griziaux. Il n'y a pas eu de pressions ni de réunions. La décision a été prise à notre propre initiative. »

Le policier rappelle l'une des conclusions du rapport définitif dont l'auteur réclamait un audit juridique.

Griziaux : « Nous aurions pu faire état de l'analyse déjà effectuée. Mais je n'ai pas l'impression d'avoir masqué une partie des résultats. »

Les enquêteurs sont-ils satisfaits de leurs résultats ? Ils mettent fin au calvaire des deux commissaires aux comptes, autorisés à rentrer chez eux.

Petites vérifications entre techniciens

Pour peaufiner leur approche, les enquêteurs font venir un ancien président du conseil de surveillance de KPMG, Robert Piard, désormais retraité.

« Je n'étais pas sans savoir que Colé était un proche du président de la République, dit-il. Mais en raison de l'expérience de Griziaux, de son niveau de responsabilité et de sa présence au directoire, je pouvais lui faire confiance. » Confronté au point sensible, le rapport Avrilleaud, qu'il n'a jamais vu, il abonde cependant dans le sens des policiers :

« Je suis très surpris que la partie intitulée "analyse des contrats" ait été abandonnée, car elle apportait des éléments d'appréciation utiles, voire indispensables. »

Le lendemain, 2 avril, c'est le responsable juridique de la Française des Jeux, Michel Janot, qui est prié d'apporter sa contribution.

Ce n'est pas lui qui a rédigé le contrat Infojeux, mais une certaine Mme Sansot, membre du service juridique. Colé lui avait remis des documents « très laconiques » pour les préparer. Comment expliquer qu'il ne s'en soit pas préoccupé ?

« Il n'était pas question de s'occuper des dossiers que l'on ne nous confiait pas, sous peine de se faire "engueuler" », dit-il.

Il a bien sûr été informé de la démarche de deux commissaires aux comptes en direction du parquet de Nanterre : « Le fait que KPMG ne s'associe pas à cette révélation permettait à la direction de la Française des Jeux de penser que Touber et les commissaires de Fiducial avaient une vision étroite de leur mission », note-t-il.

Quel regard porte-t-il sur les fameux contrats ?

Là encore, le témoin confirme : « Je partage globalement l'avis de Mme de Montblanc : ces contrats sont touffus et complexes. »

Cela ne suffit pas, néanmoins, pour étayer un dossier pénal.

Registres

Qui a dit qu'une enquête était une partie de plaisir ? Après plusieurs mois d'absence, les policiers frappent une dernière fois aux portes de la Française des Jeux, le 31 juillet. Ils se font porter une pile de registres où sont consignées toutes les décisions prises au cours des assemblées générales entre mai 1990 et décembre 1994. Ils y relèvent une série de chiffres et d'informations susceptibles d'éclairer un jour la justice.

La première assemblée générale organisée sous la présidence de Colé, le 29 mai 1990, fait état d'un bénéfice net de 126 millions de francs. Celle du 5 mai 1991 annonce un résultat net de 131 millions de francs et la nomination d'un nouveau représentant de l'État : Jean-Luc Pain. « France Loto » devient « Française des Jeux » ce jour-là. Deux commissaires aux comptes sont également désignés pour six ans : Touber et Fiducial Audit.

L'assemblée du 24 juin 1992 signale l'entrée en piste de KPMG comme troisième commissaire. Le bénéfice net s'élève cette année là à 326 millions de francs.

Aucune assemblée générale en 1993.

Celle du 27 juin 1994 ratifie la nomination de M. de Gallé, annoncée le 17 décembre 1993. A priori, aucune question n'est posée sur l'enquête pénale en cours.

Note prudente en marge du compte rendu de l'assemblée du 22 décembre 1994 : « Il existe un risque de surfacturation ... La procédure judiciaire en cours donne corps à ce risque.... bien que les surfacturations ne soient pas établies à ce jour et qu'il ne soit donc pas possible de les démontrer, ni de les chiffrer. » Incertitudes qui débouchent sur le refus par les commissaires de certifier les comptes. Résultat net affiché : 569,5 millions de francs. L'assemblée générale désapprouve par ailleurs l'achat de 135 000 actions de la société Le Change de la Bourse et la nomination de Florence Villemot comme administrateur de cette société.

Lors de l'assemblée du 19 juin 1996, Griziaux évoque son audition par la Police judiciaire. Le 18 novembre 1996, Danziger certifie les comptes, ce que refusent Touber et Fiducial.

Toute la vie de la Française des Jeux dans une version laconique.

Le conseiller-maître

L'enquête ne passera pas l'automne. Mais, avant de raccrocher, les policiers se sont promis d'entendre tous les hauts fonctionnaires qui ont accompagné la vie de la Française des Jeux au temps de Gérard Colé.

Jean Recoules, conseiller maître à la Cour des Comptes, né en 1935 à Albi, ouvre le bal le 10 septembre. Nommé administrateur de la Française des Jeux en septembre 1992, il se souvient que « le président Colé n'a pas eu de mots d'accueil à (son) égard », à une époque où Touber avait déjà exprimé ses réticences.

« Très rapidement, je me suis aperçu que Colé menait les séances du conseil d'administration de façon autoritaire, raconte-t-il. Il lui arrivait aussi de mettre en cause certaines personnes présentes lors des séances. »

Lorsque Michel Bégon, à la fin 1992, l'a avisé « de façon informelle d'un certain nombre d'opérations suspectes initiées par la direction générale de la Française des Jeux», il l'a orienté vers la personne concernée à la Cour des Comptes. Il se souvient d'un moment « particulièrement pénible », le jour où Touber a lui-même distribué en plein conseil la lettre qu'il avait transmise au procureur.

À l'automne 1993, Recoules a suivi les consignes exigeant des représentants de l'État qu'ils boycottent les séances du conseil d'administration « afin d'éviter un conflit ouvert avec la présidence ».

En 1994, il a découvert par bribes les conclusions de l'Inspection générale des finances, « qui évoquaient l'existence de faits susceptibles de constituer des infractions pénales graves ».

Henri Modiano ? Les contrats de sponsoring accordés à l'écurie Ligier (Formule 1) et à l'Olympique de Marseille ? Ce n'est pas lui qui éclairera la police sur ces points.

Le Loto ?

Convoqué par lettre recommandée pour venir exposer sa vision de l'affaire le 12 septembre, l'inspecteur général des finances Bernard Ronze, lui aussi ancien administrateur de l'État à la Française des Jeux, fait faux bond. Les enquêteurs le contactent par téléphone, pour s'entendre tenir un discours assez sidérant :

« Je ne me souviens plus de rien... Il faut dire que cela ne m'a jamais intéressé... Je ne sais même pas ce qu'est le Loto, sinon un jeu de hasard. »

« Suffisance »

Trésorier payeur général détaché à la Française des Jeux au titre du ministère des Finances, Paul-Henri Watine était sur place avant Gérard Colé. Ce qui lui donne l'avantage de la comparaison.

« Sous la présidence de Teyssier, raconte-t-il aux policiers le 10 octobre, les conseils d'administration étaient animés et intéressants. »

Une pichenette adressée à Colé, dont il renforce l'impact par la suite de son propos :

« C'est Teyssier qui est à l'origine du lancement du Millionnaire, et plus généralement de la loterie instantanée. »

Le « TPG » garde évidemment à l'esprit les premières difficultés des commissaires et les « inquiétudes » du contrôleur d'État Michel Bégon : « Cette situation était pénible, d'autant que Colé manifestait une suffisance certaine à l'égard du conseil et des commissaires », note-t-il, confirmant l'impression assez désagréable que lui a laissée l'ancien « communicateur » de François Mitterrand.

« Avec Colé, j'avais le sentiment que tout était possible », poursuit Watine, qui se souvient du manque de transparence qui a entouré l'affaire Infojeux :

« Colé a justifié son choix par l'obligation du secret de l'opération. Nous n'avions pas la possibilité de comparer avec les prix de la concurrence, puisqu'il n'avait pas été fait appel à elle. »

L'ambiance lors des assemblées générales ? Exécrable, à en croire le « TPG ». « Quand les administrateurs posaient des questions, raconte-t-il, Colé leur faisait comprendre de façon plus ou moins brutale qu'ils auraient pu se renseigner auprès de leur supérieur hiérarchique, le ministre du Budget. »

On comprend pourquoi l'explosion était inévitable.

Un groupe très carré

Marc Damène ne veut pas que son sort soit trop vite scellé. Pour tenter de circonscrire son rôle au sein du groupe Carré, son avocat a transmis aux enquêteurs une liste de noms. Des personnes qu'il les prie d'entendre avant de refermer leur dossier.

La série commence le 13 octobre, avec l'audition de la designer qui a conçu la première boutique du Loto. Son message : Damène rendait compte à Carré.

Poursuite, le lendemain, avec une jeune assistante de direction : « Tout le monde était au courant de l'existence de faux devis adressés à la Française des Jeux, mais je peux vous assurer que Damène n'en a jamais rédigé, dit-elle. Je peux vous dire que Gigandet n'aimait pas du tout l'idée de devoir établir de faux devis, mais qu'il a dû obéir pour ne pas être licencié, ce qui était le quotidien de tous les employés de Carré. »

Le tableau s'assombrit encore avec l'ex-secrétaire de Damène.

« Tout était secret pour la direction générale du groupe Carré, je n'avais que des informations parcellaires. »

Un architecte d'intérieur, licencié du groupe en 1993, achève de planter le décor : « Il leur semblait que j'étais ingérable, j'ai d'ailleurs toujours eu des problèmes avec la hiérarchie à cause de mon franc-parler. En plus, je devais faire face, lors des réceptions de chantier, aux réserves des clients qui trouvaient la qualité du travail peu en rapport avec les prix payés. »

« Désinvolture »

Un autre conseiller-maître à la Cour des Comptes, Alain Deniel, est convoqué le 28 octobre. Né en 1946 dans la Manche, directeur de la Comptabilité publique depuis juin 1992, c'est un pur produit de la haute administration des finances. Lui a exercé comme administrateur de la Française des Jeux entre juillet 1992 et avril 1995. Il habille pour longtemps l'ancien patron de la maison :

« Très rapidement, j'ai constaté que Colé manifestait beaucoup de désinvolture à l'égard des représentants de l'État. L'essentiel des relations entre lui et l'État se déroulait hors des conseils, qui s'apparentaient plus à une chambre d'enregistrement de décisions arrêtées ou non par ailleurs. Pour l'anecdote, je peux vous indiquer que le délai de trajet entre Bercy et Neuilly était presque équivalent à la durée d'une séance du conseil d'administration. »

Malgré tout, la démarche des commissaires en direction du procureur, en février 1993, ne l'avait pas inquiété outre mesure : « La défense de Colé paraissait plausible », dit-il.

Propos aussitôt nuancé par la remarque suivante : « L'attitude de Colé me laissait penser qu'il y avait quelque chose. »

« Irréaliste »

Jean-Pierre Dubreuil, administrateur civil né en 1939, a été l'homme du Trésor à la Française des Jeux de 1987 à 1996. Lui non plus ne se cache pas derrière la langue du bois.

« Nous avons constaté l'arrivée de Gérard Colé en juillet 1989, raconte-t-il aux policiers le 4 novembre. Il s'agissait d'un choix politique dans lequel nous n'avions pas à intervenir. Nous savions que Colé arrivait de la Présidence. Nous n'avions pas d'a priori à son égard. Sa fonction de conseiller en communication ne le prédisposait peut-être pas à prendre la tête de la Française des Jeux, mais il y avait des précédents. Il n'a pas hésité à critiquer assez violemment son prédécesseur, contrairement aux usages. Le reste de son propos m'a paru assez irréaliste. »

Quand les choses ont-elles commencé à mal tourner ?

Dubreuil évoque les difficultés survenues en 1991 à propos d'une provision de 60 millions de francs destinée au mécénat sportif.

« Au cours de l'exercice 1992, poursuit le témoin, Colé a ironisé sur la faible augmentation de sa rémunération en comparaison du développement du chiffre d'affaires qu'il s'attribuait. » Les relations se seraient nettement détériorées en 1992 : « Colé n'informait plus la tutelle, il prenait même certaines décisions contre elle. » Il se souvient notamment de la prise de participation dans Le Change de la Bourse, avant d'évoquer les conséquences mécaniques de la multiplication des filiales. Plus Colé en créait, plus se diluait le contrôle de la tutelle.

« Colé prétendait en référer directement au ministre, à savoir M. Charasse », rapporte enfin Dubreuil qui avoue avoir eu du mal à se faire une idée entre les faits « peu précis » reprochés par les commissaires aux comptes et la défense de Colé, pas toujours si mauvaise.

Bras de fer

La déclaration de Michel Taly, un ancien de Bercy passé dans le privé, est une contribution à l'Histoire.

Premier aveu : tout administrateur qu'il était, il considérait son rôle comme celui d'un « figurant passif ». Ce qui ne l'a pas empêché d'être un observateur attentif.

Souvenir le plus marquant : « J'ai été extrêmement choqué par les propos de Colé à l'égard du Premier ministre, Mme Cresson, qui envisageait de délocaliser la FDJ à Vitrolles. Devant les hauts fonctionnaires présents et les représentants du personnel, il a déclaré : "On verra bien lequel de nous deux aura déménagé le premier." Cet événement a été pour moi un révélateur de la personnalité de Colé et des soutiens dont il estimait disposer. »

Michel Taly garde aussi en mémoire l'incroyable « bras de fer » qui a opposé les pouvoirs publics à Colé durant la seconde moitié de l'année 1993. Tandis que le patron de la Française des Jeux s'arc-boutait, les administrateurs étaient discrètement invités par leur tutelle à ne plus signer les yeux fermés.

« Dans les sociétés où les choses se déroulent normalement, les administrateurs d'État adressent au secrétariat du conseil d'administration des pouvoirs signés en blanc, raconte-t-il. À l'initiative du Budget, nous n'avons pas assisté aux conseils de septembre et octobre 1993 où Colé voulait faire arrêter les comptes (...). Finalement, fin 1993, il nous a été dit que le président de la République ne s'opposait plus au remplacement de Colé, mais que ce dernier exigeait avant son départ d'obtenir quitus pour sa gestion. Pour ma part, ce quitus n'était pas envisageable. Car ma responsabilité pénale pouvait être engagée. Le ministre n'était donc pas en mesure de m'imposer d'approuver les comptes. »

Il n'a d'ailleurs pas reçu d'instructions écrites en ce sens.

L'arrivée de Bertrand de Gallé lui laisse également de curieuses impressions :

« Je n'ai pas compris pourquoi certains membres de l'ancienne équipe, proches de Colé, sont restés en poste. Ils n'hésitaient pas, en conseil, à faire de la résistance.

Convenances personnelles

« Mon prédécesseur, M. Bailly, m'avait informé que les relations avec Colé étaient difficiles, tout au moins dans la forme, pas dans le fond. Peu de temps après mon arrivée, j'ai pu constater que Colé n'aimait pas qu'on lui pose de questions. »

On ne sait pas si les enquêteurs ont gardé le meilleur pour la fin, mais cela y ressemble.

Le « meilleur » se présente ici sous la forme du plus titré des représentants de l'État : Jean-Luc Pain, chef de service à la direction du Budget. C'est un Parisien, né en 1952. Il n'a pratiquement manqué aucun conseil d'administration de la Française des Jeux entre décembre 1990 et décembre 1995. Avant de répondre aux questions, il verse une pièce au dossier : une note en date du 9 novembre 1994, signée d'Edmond Alphandéry et Nicolas Sarkozy, dans laquelle les ministres ordonnent aux administrateurs d'arrêter les comptes de la Française des Jeux malgré l'avis réservé émis par l'expert désigné par le tribunal de commerce de Nanterre, Hélène Bon (voir document en annexe). Document qui représente, aux yeux de l'administrateur, un « parapluie » idéal.

Le premier épisode sur lequel Pain revient, c'est l'annonce faite à la presse, en septembre 1991, d'un projet de privatisation. Il cite une note dans laquelle Isabelle Bouillot, la patronne du Budget, ancienne de l'Élysée, « indiquait au ministre que la proposition de Colé conduisait, au-delà des apparences, à une modification fondamentale du statut, c'est-à-dire à la transformation d'un organisme à but non lucratif en une société à but lucratif ».

Il confirme : « Cette privatisation partielle ne pouvait se justifier par des considérations économiques. Elle risquait au contraire de déstabiliser l'ensemble des jeux d'argent. Elle comportait également d'importants risques de pertes budgétaires pour l'État. L'intérêt d'un développement international en matière de jeux nous paraissait lui aussi plus que douteux. La privatisation était inacceptable. Elle a d'ailleurs été stoppée par M. Charasse. »

Chapitre suivant : la nomination d'un troisième commissaire aux comptes. « Selon Colé, Touber était quelque peu dépassé, à cause de son âge et de la taille de la Française des Jeux. Nous savions que les relations entre les deux hommes s'étaient dégradées, mais nous avions beaucoup de difficultés à faire la part des choses entre une simple querelle d'individus et des problèmes liés à l'exercice du mandat de M. Touber. C'est en mai 1992 que le premier véritable accrochage entre Colé et Touber a eu lieu en conseil au sujet d'une subvention de 60 millions de francs au nom d'une Association Bleu. Colé s'était refusé à fournir des justifications à cette opération comptable. Il a fallu l'intervention du ministre pour que la situation se normalise. »

Au mois de décembre 1992, Colé est autorisé par le Trésor à disposer d'une enveloppe annuelle de 10 millions de francs pour ses investissements à l'étranger. Les réactions ne se font pas attendre.

« Dans une note du 11 février 1993, adressée à M. Malvy [*nda* : alors ministre du Budget], nous signalions que des rumeurs insistantes faisaient état d'opérations illicites réalisées sur instruction de Colé. Les irrégularités signalées allaient de l'abus de biens au transfert de fonds à l'étranger et au versement de fonds à des sociétés écrans en France. Cette note, qui reprenait certaines des affirmations du contrôleur d'État et de Touber, a été à la base de l'enquête de l'Inspection générale des finances[1]. »

Pain revient sur le contexte qui prévaut au début de 1993 :

« Le directeur du Budget avait été nommé par le gouvernement en place et sa situation était inconfortable. Colé était pour sa part très proche de M. Mitterrand, qui seul pouvait mettre fin à ses fonctions. Ce contexte préélectoral explique la confidentialité dont a fait preuve

1. Signalons qu'il ne reste rien à ce jour de ces « rumeurs insistantes ».

l'Inspection générale des finances au cours de sa mission, d'autant que nous ne disposions que de présomptions. »

Les législatives de 1993 ont donné le pouvoir à la droite.

« Dans une note du 25 mai 1993 destinée au directeur de cabinet de M. Sarkozy, toutes les difficultés de l'époque étaient passées en revue, raconte Pain. Dans le contexte de la cohabitation, ce dossier posait problème au niveau des relations entre le Président et le gouvernement, d'autant que les médias suivaient l'affaire de très près. Colé posait trois conditions à son départ : obtenir une indemnité financière, ne pas voir M. Charon lui succéder, et obtenir quitus de sa gestion. Les deux premiers points étaient du ressort du ministre, le dernier n'était pas acceptable par les administrateurs d'État. À la suite du conseil de juin 1993, nous avons eu pour instruction de ne plus nous rendre aux convocations de Colé. Les commissaires aux comptes étaient en total désaccord. La présence de Griziaux, président de KPMG France, et la notoriété de ce cabinet nous amenaient à douter de la justesse de l'analyse de Touber. Je suppose que durant ce temps, les transactions continuaient pour le départ de Colé. Entre août et novembre 1993, il a voulu lancer deux nouveaux jeux, dont l'un, le Keno, a été autorisé. À ce sujet, dans une note d'août, Mlle Bouillot écrivait que la Française des Jeux semblait considérer la tutelle comme un “secrétariat” chargé de signer et de publier les textes qu'elle lui envoyait. En effet, aucune réunion d'information n'avait été organisée pour expliquer le nouveau jeu, ni comment il s'insérait dans la stratégie de l'entreprise. »

La suite tient en quelques dates clés. Les comptes de la Française des Jeux sont arrêtés lors du conseil d'administration du 10 novembre 1994, conformément à une instruction écrite des deux ministres, datée de la veille. Le 14 novembre, Colé démissionne pour « convenances personnelles » alors qu'il n'est déjà plus PDG depuis le décret présidentiel du 8 novembre. Le 7 août 1995, l'État décide de se constituer partie civile dans le dossier.

En remettant aux enquêteurs une dernière liasse de documents, toutes les notes de la direction du Budget sur la Française des Jeux, Jean-Luc Pain a ce dernier mot :

« J'ai eu, ainsi que mon directeur et mes collaborateurs, à intervenir dans un contexte extrêmement difficile et fort heureusement inhabituel en raison des appuis politiques de très haut niveau dont bénéficiait Colé. »

Heureusement que tous les amis de François Mitterrand n'ont pas gâché ainsi la vie de la haute administration française !

Après : les « affaires », ou ce qu'il en reste

I

Michel Charasse plaide sa cause

Homme de main de François Mitterrand, plus grande gueule du Sénat, gros fumeur de havanes : on a brossé tous les portraits possibles, pas toujours flatteurs, de Michel Charasse. Alors commençons par le complimenter pour son langage franc et direct, si rare en politique. Et écoutons la façon dont il résume l'affaire :

« Il ne faut pas interpréter cette histoire de travers. Les difficultés de la Française des Jeux procèdent en réalité du conflit entre deux caractériels : Gérard Colé, génial en publicité mais qui n'a aucun sens de ce qu'est l'administration, et un contrôleur d'État considéré comme un malade *(sic)*. Tout est parti de là. Ministre du Budget, je m'étais énervé avec Colé au moins deux fois. Mon successeur, Martin Malvy, a choisi de saisir l'Inspection générale des finances[1]. »

Voilà pour les prémices. Côté épilogue, le jugement du sénateur socialiste du Puy-de-Dôme est encore plus lapidaire :

« La justice a été saisie et elle n'a rien trouvé. Le juge aurait pu prendre des réquisitions de non-lieu général, mais on a cherché une tête d'épingle pour aller devant le tribunal correctionnel. C'est une histoire de fous ! Ils ont détruit ce type [*nda* : Colé] pendant sept ans, tout cela pour aboutir à un clapotis au fond du jardin. »

Pour Michel Charasse, donc, c'est un mauvais procès que l'on a fait à son poulain. « On lui a fait subir un sort indigne », dit-il. Pour

1. Entretien le 29 novembre 2000 au Sénat.

quel motif ? « Il s'agit d'une vengeance de l'administration des Finances contre Colé. »

Le sénateur avait largement contribué à installer Colé dans son fauteuil. Il affirme que le contrôleur d'État Michel Bégon a attendu son propre départ du ministère, le 2 octobre 1992, pour expédier ses notes alarmistes sur la Française des Jeux. Comme s'il avait souhaité agir dans son dos.

Il reconnaît certes quelques torts à Colé, notamment le fait qu'il se soit comporté « comme si la tutelle de l'État n'existait pas » : « Il s'estimait libre de faire ce qu'il voulait dès lors qu'il faisait gagner des sous à l'État. Il ne reconnaissait qu'un seul maître : le ministre. » En l'occurrence, Michel Charasse lui-même, puis Nicolas Sarkozy.

Se sent-il co-responsable d'une quelconque dérive ?

« Je ne pouvais être sur le dos de Colé tous les matins… Il ne m'a consulté spontanément que deux ou trois fois, notamment lorsqu'il a voulu rebaptiser le Loto. La direction du Budget était contre. Je lui ai donné mon aval. Je l'ai également convoqué pour attirer son attention sur ses investissements à l'étranger. Il ne lui fallait plus seulement l'avis du Budget, mais aussi celui du Trésor. Je me souviens qu'il se plaignait d'avoir affaire à des bons à rien. »

Peut-il revenir sur son rôle éminent lors du choix de Colé ?

« Nous étions amis, copains. C'est tout. Il faisait comme moi partie de l'équipe du Président. C'était un type assez *punchy.* Sa nomination à la tête du Loto ne me paraissait pas idiote. La boutique ronronnait. Avec lui, on allait secouer et gagner des sous. Aucun fonctionnaire n'était dans le ton. Les hauts fonctionnaires ont une gestion patrimoniale, notariale, des organismes qu'on leur confie. »

L'affaire judiciaire est passée très près de lui à cause de l'imprimerie implantée sur sa circonscription – le Parquet a un temps imaginé le renvoyer devant la justice, mais il a abandonné faute de charges suffisantes. Michel Charasse donne sa version de cet épisode :

« Il y avait une vieille imprimerie nationalisée à Clermont-Ferrand, l'entreprise Montlouis. Elle imprimait des carnets de chèque pour les banques. Un jour, Pierre Bérégovoy m'appelle et me dit qu'un certain Savare, patron de l'imprimerie Charles-François

Oberthur, se propose de racheter Montlouis, alors en pleine décrépitude. Je reçois Savare. Son affaire paraît saine et dynamique. Le personnage est assez caractériel, lui aussi, mais je ne suis pas contre. Je refuse cependant qu'il licencie le personnel au moment où Michelin, dans la même ville, réduit fortement ses effectifs. Cela ferait trop pour la région. Savare accepte de maintenir les emplois. Il accepte aussi le prix que j'ai fixé pour l'achat : 1,2 million de francs. La transaction se fait. Je demande à Quillot [*nda* : alors sénateur socialiste du département] de lui trouver un terrain, car une imprimerie aussi sophistiquée ne peut fonctionner que dans des locaux neufs. Quillot ne trouve rien dans les environs de Clermont-Ferrand. Le PDG a par ailleurs d'autres impératifs. Comme il imprime des billets de banque, il ne veut pas de syndicats dans son usine. Je l'envoie vers Thiers. Le site ne lui plaît pas davantage. Alors je lui propose Puy-Guillaume, la commune dont je suis maire. Il vient sur place et accepte. Seulement, il réclame une contrepartie. En échange du rapatriement de l'imprimerie Montlouis à Puy-Guillaume, il me demande le marché des billets du Loto durant plusieurs années. Je lui dis : “Allez voir Colé. Si vous êtes le mieux disant, cela marchera.” Et j'explique à Colé que Savare a rendu service à l'État. »

L'imprimerie Oberthur aurait donc obtenu le marché « normalement », indique Charasse qui s'inscrit en faux face aux « intuitions » des services de police et aux soupçons de la justice. Il conserve d'ailleurs un souvenir aussi acide que précis de la perquisition conduite dans sa petite mairie au printemps 1998. Ce jour-là, alors que deux policiers se présentent à sa porte, sa secrétaire l'appelle au téléphone. « Donnez tout ce qu'ils demandent, mais conservez des copies de ce qu'ils emportent », lui aurait-il dit, avant de rejoindre les sénateurs qui, ce jour-là, hasard du calendrier, débattaient de la réforme de la justice… en présence d'Élisabeth Guigou (Garde des Sceaux) et de Jean-Pierre Chevènement (ministre de l'Intérieur), lesquels n'étaient pas au courant de la virée policière.

De retour à Puy-Guillaume quelques jours plus tard, Michel Charasse raconte qu'il consulte la liste des pièces saisies par les enquêteurs. Pas de trace d'un quelconque procès-verbal de perquisition. Il met son avocat sur la piste. Conclusion, rapportée par Charasse : « Le juge n'avait pas voulu prendre de risques avec moi. » Et on le comprend, car Michel Charasse est certainement l'homme politique le plus en pointe dans la dénonciation des juges. Au point que certains magistrats doivent se dire qu'il ne mènerait pas un tel combat s'il avait lui-même quelque chose à se reprocher. À moins que ce ne soit l'inverse ?... Mais le sénateur est formel : « Je n'ai ni train de vie élevé, ni villa, je n'ai jamais été trésorier du Parti, et les campagnes électorales que je mène ne sont pas coûteuses. »

Ceux qui ont pesé sur le cours du dossier de la Française des Jeux cherchaient-ils à coincer cet homme sur lequel on a tout dit sans jamais rien démontrer ? « Non, dit-il. C'est Mitterrand qui les intéressait. » Et de prendre la défense d'un homme qui « n'avait pas trois francs six sous devant lui » : l'ancien président de la République.

« Où est le palais à Venise ? Où sont les tableaux ? Les millions ? Il n'avait rien d'autre que sa solde de Président, sa retraite de parlementaire et ses droits d'auteur. Son compte n'était crédité lors de son décès que de 700 000 francs. Pour un voyou, il aurait sacrément manqué d'adresse ! »

Les comptes en Suisse ou ailleurs ? Les fonds mis de côté pour assurer l'avenir de sa fille cachée, Mazarine ? « Fantasmes ! » rétorque Charasse qui raconte comment Mitterrand a placé 10 000 francs par an sur un compte épargne, durant les dernières années de sa vie, effectivement pour les besoins futurs de Mazarine, laquelle n'aurait pas hérité de plus de 120 000 francs... plus la Twingo offerte au Président lors de son départ de l'Élysée.

Mitterrand désargenté ? On peine à le croire, évidemment. Charasse persiste : « Les profiteurs rendaient Mitterrand furibard, mais il ne pouvait contrôler toute la France ! » Alors, inventions que toutes ces affaires venues ponctuer les « années Mitterrand » ? Manipulations, dirait plutôt Charasse, qui sait exactement d'où partaient les coups : « La droite s'était payé le PS avec Urba [*nda* : la pompe à finances du Parti]. Cela a continué avec l'histoire de Bérégovoy, puis avec Colé. On voulait créer un climat délétère autour de la gauche. » Les affaires ou l'éternel feuilleton... « Si cela s'arrêtait, ironise Charasse qui ne tient pas en haute estime le journalisme d'investigation, vous n'auriez plus de presse ! » Et de souligner que la classe politique française est « plutôt honnête », si on la compare à la classe politique japonaise... Sans pour autant nier une dérive qu'il impute pour sa part à l'américanisation des campagnes électorales :

« Cela a créé des besoins énormes. Il ne fallait plus 5 000 francs pour se faire élire, mais des valises d'argent dans lesquelles des gens se sont servis. Certains ont transformé ce fric en pierre, et là, ils se sont fait coincer... Ajoutez un fort sentiment d'impunité, et vous arrivez à ces caprices dont les noms apparaissent dans les affaires et qui appartiennent à une génération où les poursuites judiciaires n'existaient pas. De là à accréditer l'idée que nous sommes tous des voyous, il n'y a qu'un pas qui a été facilement franchi par beaucoup. »

Michel Charasse n'hésite pas à se rebiffer publiquement contre les juges d'instruction, même lorsqu'il s'agit de voler au secours d'un président de la République RPR :

« Leur travail consiste à instruire les dossiers, pas à nourrir la presse en lui transmettant les éléments à charge. Plus une affaire sort dans la presse, plus il semble clair que le juge cherche à obtenir par la clameur publique une condamnation qu'il n'aura pas autrement. Les juges sont de plus en plus souvent des militants, non élus et jamais sanctionnés, de leur propre morale, qui n'est pas celle de la République. La haine avec laquelle ils poursuivent les puissants relève de la vengeance sociale ! »

Et lorsqu'un juge doit faire face à l'étouffement téléguidé de son dossier ?

« Il peut contester par le biais de la loi, sans recourir à la presse », tranche Charasse, décidément en verve lorsqu'il s'agit d'attaquer la « sainte alliance » du juge et du journaliste. « Au lieu d'agir selon la loi, poursuit-il, les juges optent le plus souvent pour le scandale. Ils créent une situation de fait pour obliger les tribunaux à condamner. »

L'affaire de la Française des Jeux serait pour lui la parfaite illustration de ces comportements. Au-delà du tam-tam de la presse, la justice se retrouverait avec un dossier presque vide : « Ils ne sont pas parvenus à cuire ce qu'ils avaient mis dans la marmite. » Reste à savoir si c'est parce que la viande était immangeable... ou parce qu'un vent artificiel a fait baisser l'intensité du feu.

Une question que Michel Charasse a, pour sa part, tranchée :

« Ils ont eu tous les moyens d'enquêter. S'il y avait eu quelque chose, ils l'auraient trouvé. Voilà donc une nouvelle affaire Mitterrand qui se dégonfle ! »

Ce n'est évidemment pas l'avis de ceux qui ont cherché durant de très longs mois…

II

Gilles Ménage assume

Gilles Ménage, c'était, sous Mitterrand, la « tour de contrôle de l'Élysée ». Il avait commencé par suivre le milieu policier, puis il avait sans cesse élargi le champ de ses compétences. Il est directeur adjoint de cabinet lorsque Gérard Colé se voit gratifier d'un emploi fictif. Un des contrats dont dispose alors l'Élysée à Air France se libère. Gilles Ménage raconte la suite :

« Jean-Louis Bianco m'a demandé d'écrire une lettre au PDG d'Air France, Bernard Attali, pour voir si Colé ne pouvait pas bénéficier de ce contrat. Attali a accepté[1]. »

Curieuses méthodes pour un palais présidentiel, mais là encore, Gilles Ménage assume ce système « fait de bric et de broc ». Il avoue même n'avoir jamais réussi à préparer un véritable budget pour l'Élysée, c'est-à-dire un budget transparent. Ce brouillard est probablement volontaire, il en convient. Ce flou limite pour l'Élysée le risque d'avoir un jour des comptes à rendre à l'Assemblée nationale sur ses finances internes. Affaires intérieures, affaires opaques :

« C'est un reste de la cassette royale, dit Gilles Ménage. Même les voitures de l'Élysée ne sont pas immatriculées aux Domaines : elles font partie du domaine privé du président de la République. »

À nouveau, la « tour de contrôle » assume :

1. Entretien le 31 mai 2000 au siège d'EDF où officie alors Gilles Ménage.

« J'estime que l'on ne doit pas tout mettre sur la place publique. Ce serait ingérable. »

Colé n'a pas coûté cher à la compagnie aérienne, grâce à sa rapide nomination à la Française des Jeux dont Gilles Ménage se souvient évidemment :

« C'était une idée de Michel Charasse. Colé avait à mon sens les qualités requises : du culot, des idées, de l'entregent. Ce n'était pas un intellectuel, mais un intuitif. »

Outre le talent, Ménage reconnaît à Colé un certain succès : « Avec ses doigts d'or, dit-il, il a radicalement transformé ce machin poussiéreux. »

Les relations de Colé avec Mitterrand étaient, à l'en croire, assez particulières :

« Colé s'exprimait parfois avec rudesse. Ce que Mitterrand supportait plus ou moins bien, mais n'aurait jamais accepté de l'un de ses ministres. Cette rudesse semblait nécessaire. Elle faisait partie du jeu de rôle. Et Mitterrand était plutôt satisfait du travail accompli. Il suffit, pour comprendre, de regarder une émission de télévision enregistrée par le Président en 1983 et une autre réalisée en 1988. Tout est dans le cadrage. »

Gilles Ménage, qui gérait donc les finances de l'Élysée, rémunérait partiellement le travail de Colé, à titre complémentaire. Il s'explique sur les fameux « fonds secrets » :

« L'argent ne m'arrivait pas par valises. C'était de l'argent public que je recevais directement du Trésor public. Je peux vous assurer que je n'avais pas besoin d'Elf, ni de personne d'autre. Car Mitterrand ne jetait pas l'argent par les fenêtres. Ce n'était d'ailleurs pas un homme d'argent. Tout cela relève de la légende ! Il ne lisait mes comptes que de très loin. »

Gilles Ménage veut qu'on le croie. Tout ce qui a été imaginé sur un Colé partageant les bénéfices occultes de la Française des Jeux avec un Mitterrand serait totalement faux :

« Pourquoi s'ennuyer à demander 10 millions de francs à Colé alors qu'il lui suffisait de me demander cet argent ? » interroge-t-il ingénument.

Se souvient-il, lui, des apparitions d'Henri Modiano à l'Élysée ?

« Oui, il y venait de temps en temps. Il voyait Bianco, puis passait me voir. Il venait faire des commentaires politiques. C'était un gars assez brillant, atypique, de ceux que Mitterrand appréciait, même s'ils n'étaient pas du même bord que lui. Modiano lui était pour sa part reconnaissant d'avoir continué à le saluer dans les couloirs de l'Assemblée nationale alors qu'il était mis à mal par une affaire judiciaire. »

Aux yeux de Gilles Ménage, l'affaire de la Française des Jeux ne méritait pas tant de vacarme. Colé aurait simplement « péché par imprudence ». Et les relations de Modiano avec Mitterrand ne comportaient pas de zone d'ombre.

Dont acte, aurions-nous eu envie d'écrire avant d'entendre ce que dit Gilles Ménage de l'indépendance du Parquet vis-à-vis de la sphère politique :

« On confond un principe et sa perversion. Il y aura toujours des interventions, sinon, qui assumera l'opportunité des poursuites ? Les corporatismes ? »

Lui préférerait clairement que les politiques gardent la main. Et assument.

III

Gérard Colé se régale, malgré sa chute

Gérard Colé n'a pas déménagé. Il vit toujours avec cette jeune femme qui l'a séduit alors qu'elle présentait le Loto à la télévision. Et cherche à relancer sa vie professionnelle sur un terrain qu'il connaît bien : le jeu. À part ça, cette affaire, à défaut de lui valoir de graves ennuis avec la justice, l'a passablement réduit en miettes. Lui, le brillant homme de communication, l'homme qui faisait voter les Français et volait à bord du Concorde présidentiel, a connu la plus mauvaise passe de sa vie. Aux convocations des policiers et des juges se sont ajoutés d'interminables ennuis fiscaux. Une logique inhérente à toutes les « affaires » médiatisées : quand la justice passe, le fisc embraye. Et s'acharne, ainsi qu'en témoigne le redressement record infligé à Colé – 5,9 millions de francs avec, au passage, une grande première : l'ancien PDG est devenu le premier contribuable imposé pour avoir touché des espèces provenant des fonds secrets, soit 400 000 francs au total, versés de la main à la main par Yves Colmou, chef adjoint de cabinet de Michel Rocard à Matignon. De quoi nourrir la rancœur de Gérard Colé vis-à-vis des hommes de Bercy.

Colé en veut à l'excellent Pierre Gisserot, alors patron de l'Inspection des finances :

« Ce sont ses inspecteurs qui ont mis les trois juges d'instruction dans un pareil potage. Ce sont eux qui ont expliqué qu'un escroc d'envergure planétaire dirigeait la Française des

Jeux. L'Inspection n'est qu'une officine chargée de régler des comptes obscurs. »

Il en veut à Bégon, deuxième sur sa liste noire.

Il en veut à la machine : « Bercy m'a tué, car j'avais vu des choses que je n'aurais pas dû voir, à commencer par le transfert illégal de dizaines de millions de francs. On est allé chercher une piscine à 360 000 francs qui, en fait, servait aussi de réserve d'eau en cas d'incendie, et on a accablé la France entière avec ça ! Juste pour écarter le gêneur que j'étais ! »

On l'interroge sur les millions en question. Colé s'explique avec gourmandise :

« Le Loto possède une cagnotte secrète qui est, en fait, une provision pour risques de jeux. Obligatoire, elle permet de payer quel que soit le nombre de gagnants. Or, la direction précédente avait reçu, début 1989, l'ordre de ponctionner 760 millions de francs dans cette cagnotte, en parfaite illégalité, et de les reverser dans les caisses du Trésor qui agit avec la Française des Jeux comme s'il était chez lui. Quand je suis arrivé, la caisse était vide. Le Trésor s'était gavé sur le dos des joueurs à qui cette cagnotte doit normalement être restituée sous forme de superlots. Grâce à notre dynamisme, nous avons rapidement reconstitué le "matelas", à hauteur de 400 millions de francs. Bercy m'a envoyé un signal pour tenter d'en absorber une partie. J'ai demandé des instructions écrites… qui ne sont jamais venues. »

Formidable retournement de situation, avouons-le ! Où le suspect devient victime en s'appuyant sur des faits qui sont sans doute authentiques. On comprend au passage l'animosité extrême de Colé vis-à-vis du ministère des Finances en général et des énarques en particulier, « ce club qui prétend diriger le pays », cette « secte » !

A-t-il d'autres ennemis ? À mots couverts, Colé laisse entendre qu'une société étrangère, certainement américaine, a contribué à intoxiquer les inspecteurs des finances au pire moment de l'affaire. L'hypothèse du complot ? Nous n'en saurons pas plus pour l'instant.

L'ancien patron de la Française des Jeux est plus prolixe pour dénoncer ceux qu'il appelle avec dédain les « raclures de bidet », entendez les journalistes. Ils forment avec les fonctionnaires le cœur de sa cible personnelle. Il les soupçonne de l'avoir « assassiné » par vengeance, parce qu'il ne les aurait pas suffisamment abreuvés en confidences au temps où lui-même évoluait au cœur du pouvoir.

Il s'en prend aussi au mode de fonctionnement des médias : « Les journalistes m'ont tiré dessus parce que c'était la mode. Plus on avait ciré les pompes à Tonton, plus il fallait y aller. Cela vendait du papier ! »

Gérard Colé en veut enfin à ceux qui ne l'ont plus appelé une fois l'affaire lancée : les Sautter, Védrine et autres Guigou. Christian Sautter plus que les autres, lui qui était secrétaire général adjoint de l'Élysée au moment des combines sur ses salaires fictifs et qui, une fois ministre du Budget (et donc des Impôts), aurait laissé le fisc lui « faire la peau ». Mention spéciale à Élisabeth Guigou qui n'aurait pas daigné répondre à ses courriers lorsqu'elle était Garde des Sceaux. Ce qui n'incite pas Colé à porter Lionel Jospin dans son cœur. « On me fait payer toute la crapulerie des années Mitterrand », dit-il assez lucidement.

Au-delà des comptes qu'il voudrait régler, Colé persiste à défendre son bilan –« on a octuplé les résultats » – et ses options, jusqu'au projet de rénovation du zoo de Vincennes, « indigne d'un pays comme la France ». Ce zoo, explique-t-il, c'était toute son enfance. Un bon point, pense-t-on. Mais alors, pourquoi tant d'acharnement contre la réalisation de son rêve ? Il lui faut, pour répondre, entrer dans les arcanes de la Mitterrandie :

« La nomination d'Édith Cresson à Matignon, au printemps 1991, m'a éloigné de Mitterrand. Je ne pouvais pas cautionner ce choix dont je voyais qu'il était avant tout destiné à enterrer vivant Michel Rocard. J'étais d'autant mieux placé pour le savoir que j'avais longtemps eu pour tâche de maintenir un fil rouge entre le président de la République et Michel Rocard. »

Coupé de l'Élysée et de Matignon, il ne restait plus à Colé qu'à vendre son projet au ministre concerné, Jack Lang, à qui le zoo était rattaché. Sauf qu'avec Lang, ce n'était pas le grand amour.

Une manière sans doute de marquer son territoire. Cependant, ce n'est pas de Lang que va venir l'obstacle. Ses services, au contraire, ont flairé tout le parti qu'ils pouvaient tirer d'un sponsoring de la Française des Jeux. Un terrain d'entente pouvait certainement être trouvé. Mais une fois de plus, Bercy s'est mis en travers de la route de Colé en opposant le veto que l'on sait.

Commentaire de l'ancien journaliste (repenti): « J'étais condamné à utiliser nos bénéfices pour financer les anciens combattants dont le nombre ne cessait de s'amenuiser. » Et d'appeler à la rescousse les exemples étrangers : « Les loteries belge et russe financent le sport, l'espagnole donne aux aveugles et à la culture, la portugaise aux hôpitaux ! Je cherchais moi aussi une cause noble ! Et on me bloquait ! »

Sauf lorsqu'il s'agissait de financer l'écurie de Formule 1 entretenue par Philippe Ligier, cet ami de François Mitterrand, que Michel Charasse lui avait donné l'ordre de subventionner. Sauf lorsqu'il avait fallu sortir 4 millions de francs pour l'OM de Bernard Tapie… mais Colé, cette fois, assure que c'était une excellente affaire, presque un « cadeau » pour la Française des Jeux.

L'Inspection des finances, le contrôle d'État, la Police judiciaire auraient donc été victimes d'un mirage collectif ?

« D'un scénario, corrige Colé, un scénario qui voulait que Mitterrand m'ait placé à la tête du Loto pour que je crée une société internationale, avec placements dans des succursales off-shore siphonnés par des émissaires qui ramenaient les sous à Tonton ! »

Les placements off-shore, puisqu'il en parle, avaient-ils une raison d'être ?

« On avait beaucoup de trésorerie », dit simplement Colé.

Les croisières ?

« J'ai fait sortir les détaillants de leur comptoir en leur offrant des voyages qu'ils ne pouvaient se payer. C'est cela qui nous a apporté notre formidable chiffre d'affaires. »

Le terminal « Saphir » ?

« Une invention française qui a damé le pion à tous ses concurrents. »

Ses déplacements en Suisse ?

« Je n'y suis allé qu'une fois, avec des annonceurs, à l'invitation de *France 2.* J'ai voyagé à l'aller avec les autres PDG, mais je suis revenu à bord d'un avion privé, car je devais aller assister en Corse à une assemblée de courtiers. Vous savez, j'avais un agenda de cinglé ! »

Le marché chinois ?

« Quand je suis parti, on opérait dans vingt-deux pays, mais les Chinois se sont vexés d'attendre, alors on a perdu le contrat », dit Colé qui a réponse à tout.

Même lorsque l'on aborde le cas Modiano :

« Henri Modiano a permis à la Française des Jeux d'économiser des centaines de millions de francs en orientant nos investissements par ses conseils avisés. On décide un jour de s'implanter en Turquie ? Il nous prévient qu'il va falloir amener des valises de billets. On ne travaille pas dix ans avec Doumeng [*nda* : l'ex-milliardaire rouge, roi du commerce avec les pays de l'Est] sans conserver des connexions. »

Colé défend jusqu'au passé de son ami, dans lequel il puise quelques ressemblances avec le sien.

« Modiano aussi a été flingué par Bercy, dit-il. Il avait inventé des croquettes pour animaux ; ordre a été donné de le stopper. C'était au début des années 70. On lui a collé sur le dos l'affaire France-Élevage. Le dossier lui a coûté dix ans de sa vie. Celui de la Française des Jeux m'en a coûté huit ! »

Huit ans, pas mal de galères, des ennuis de santé, et le sentiment d'avoir été mis en quarantaine – une sorte de condamnation.

Colé sait que les suspicions qui pesaient sur lui visaient aussi François Mitterrand. Il détient sur ce point quelques vérités propres, selon lui, à refroidir les accusateurs.

« Mitterrand avait un complexe avec l'argent, dit-il. Il avait cette peur de manquer du paysan. Avoir près de lui un Pelat ou un Rousselet[1] le rassurait. Il savait que les campagnes électorales coûtaient cher et que l'argent était l'arme de cette guerre médiatique. Mais à titre personnel, hors sa maison dans les Landes et

1. Roger-Patrice Pelat et André Rousselet, fondateur de Canal +, proches amis du Président et deux richissimes hommes d'affaires, ont toujours soutenu François Mitterrand.

l'appartement de la rue de Bièvre, il était plutôt modeste. Rien chez lui ne suintait l'argent. »

On pourrait objecter que le paysan, selon l'imagerie populaire, sait se constituer une cagnotte à l'abri des regards, pour le cas où. Réflexion évidemment gratuite à laquelle Colé répond indirectement :

« Mitterrand avait la race, dit-il, ce comportement princier qui rime avec grands moyens. »

C'est pour cela que nous aurions du mal à l'imaginer sans un sou, après quatorze ans de présidence ?

Jamais à court, Colé dégaine pour convaincre l'une de ces formules qu'il affectionne :

« Mitterrand conduisait les affaires de blé comme les voitures : pas très bien. »

Comme toute formule, celle-ci peut se retourner. N'est-ce pas justement parce qu'il s'en tenait à distance que Mitterrand confiait les aspects financiers à d'autres ? Colé reste insensible à la question. Sa ligne de conduite est inflexible : on a « monté » le dossier de la Française des Jeux pour les atteindre, lui et Mitterrand derrière lui. Pour preuve, cette anecdote qu'il tient à rapporter…

L'action se situe plusieurs années après sa garde à vue mouvementée. Colé est convoqué au siège de la Police judiciaire pour être entendu sur Michel Charasse et l'imprimerie François-Charles Oberthur. Un policier lui tend la main. Colé esquive. Le fonctionnaire lui aurait alors fait cette réflexion :

« Mais, monsieur Colé, cela ne pouvait pas se passer autrement ! Nous, on nous dit de mordre, on mord ! »

Propos authentique ? On ne le saura jamais, mais l'échange aurait eu pour effet de galvaniser Colé, plus que jamais en verve contre « une République qui ne sait pas se tenir ». Et de se comparer à un « nouveau Stavisky », victime d'un commissaire aux comptes « dont les méthodes s'arrêtaient aux années 50 », d'un contrôleur « fou » et de Bercy.

Dans ces conditions, on comprend mieux l'avidité avec laquelle Colé attendait son procès (nos entretiens se déroulent au mois de janvier 2001). Quitte à forcer légèrement le trait en assurant que les flics se sont promenés partout, des États-Unis au Japon en passant par Israël et le Laos d'où ils seraient revenus bredouilles... Ce dont on trouverait forcément trace dans le dossier... si c'était vrai !

Mais foin des détails ! Gérard Colé a toutes raisons de se réjouir d'un procès où on s'apprête à le convoquer pour des faits... antérieurs à sa nomination à la tête de la Française des Jeux. L'accusation s'étant vidée de sa substance, il peut ne concéder aucune faute. « Ma seule erreur, répète-t-il, c'est de ne pas avoir été membre du *club.* Je suis un accident, un imposteur pour ceux qui considèrent la Française comme leur chasse gardée. Et j'ai réussi de manière insolente. » Il ne regrette même pas le fait d'avoir traité ces hauts fonctionnaires avec morgue, car, à ses yeux, ils le méritaient bien.

On insiste, un peu surpris de le voir se tresser tant de lauriers. Colé lâche une minuscule concession : « J'ai simplement cru que j'étais le roi du monde. »

Aucune sorte de sentiment de culpabilité ne le tenaille, en revanche, sur le sort qu'il a réservé à certains employés de la Française des Jeux. L'un d'eux, Pierre Charon, le lui a d'ailleurs bien rendu en contribuant largement à sa chute une fois recasé à la Mairie de Paris. « La vie est longue », note simplement Colé à son propos, l'air de dire que ceux qui lui ont nui un jour ne perdent rien pour attendre : il aura l'occasion d'en parler avec lui. N'est-il pas né, comme il se plaît à le remarquer, sous le signe chinois du serpent ?

La leçon de l'« affaire » ? Colé dit sans sourire que ce dossier lui a permis de découvrir à quel point la France était un pays corrompu :

« J'étais un citoyen crétin : je n'y connaissais rien. Maintenant, je peux vous dire qu'en ce domaine, les socialistes sont des rigolos. Deux fois sur trois, ils se font attraper pour trois pincées. Ils ne savent pas faire. Ce n'est pas leur truc, et Mitterrand en était parfaitement conscient. Il disait que les vrais tuyaux, ceux qui voient passer le vrai argent, continuaient, sous sa présidence, à fonctionner pour la droite. Il considérait qu'il ne voyait parmi les siens que deux réussites dans le domaine des affaires : celle d'André Rousselet et la mienne. Ceux qui en prennent vraiment gros sont pliés de rire quand ils voient ce qu'on a fait à un Roland Dumas. »

IV

Une femme sous pression

Elle a été « la jeune femme qui parle », celle par qui l'affaire a pris forme, la perle dont rêve tout « chien » qui se respecte, qu'il soit flic ou journaliste. Elle a été la femme séduite, la femme du patron, la femme aimée, la femme battue, la femme abandonnée, puis détestée. Elle a été couvée par des policiers alors qu'elle se terrait, effrayée, puis soupçonnée par des juges qui se méfiaient d'elle. Elle n'a pas parlé aux médias, ne s'est pas montrée, n'a pas joué les Christine Deviers Joncour (l'ex-maîtresse de Roland Dumas, alias la « Putain de la République »). Cela aurait pourtant coulé de source : on l'aurait appelée l'« hôtesse de la République ». Au temps où l'affaire battait son plein, elle s'est dérobée. Des photographes sont venus lui proposer de l'argent pour poser. Elle a dit non. Elle a semé les paparazzi qui planquaient devant chez elle et qui, comble de l'ironie, expliquaient aux voisins, pour les apaiser, que Dominique avait… gagné au Loto : c'est pour cela qu'ils la traquaient, pas pour lui faire du mal.

Dominique Galakhoff s'est cachée. Profondément meurtrie par sa rupture, elle a fui devant les honneurs que lui proposait la presse. Car cette femme a plutôt souffert. Une si grande souffrance qu'elle peine vraiment, même huit ans après, à évoquer cette période de sa vie. À la suite de notre première conversation, elle n'a pas dormi de la nuit. Pourquoi parler aujourd'hui alors qu'elle a gardé jusque-là le silence ?

« Je préfère enterrer ce passé trop noir », dit-elle.

Et encore : « Je voulais simplement vivre une histoire d'amour. »

Seulement, l'affaire arrive à son terme judiciaire. Un terme bien pâle au regard des promesses du dossier. Trop pâle aux yeux de cette femme pour ne pas lui donner envie de confier, au moins une fois, sa propre version des faits. Et, d'évidence, rien n'y concorde avec celle de Gérard Colé. Chacun conserve en mémoire des enchaînements radicalement antagoniques, comme souvent dans les couples qui se déchirent. Il dit qu'elle était nerveusement malade et prétend qu'il lui arrivait de le frapper ; elle assure qu'il faisait régulièrement usage de violence avec elle. Le couple était sans cesse au bord de la crise de nerfs, c'est une certitude. Quant à savoir d'où sont partis les premiers coups, c'est une autre affaire que nous ne prétendrons pas vouloir élucider.

Une scène de ménage parmi d'autres, racontée par lui. Nous sommes dans les Landes, durant l'été 1991. Le couple est invité à déjeuner chez les Mitterrand, à Latche. En chemin, alors que la voiture est arrêtée à un feu rouge, Dominique le gifle violemment. Alors qu'ils prennent l'apéritif, quelques instants après, François Mitterrand prend Colé à part. Et, d'un air entendu, lui dit : « Elle vous frappe, n'est-ce pas ? »

La même scène, rapportée cette fois par Dominique Galakhoff. Le cadre est le même, nous sommes toujours dans les Landes. Juste avant de se rendre chez les Mitterrand, pris d'un soudain accès de colère, Gérard la frappe. Pour se défendre, elle le gifle et déchire légèrement sa chemise. Il se rend seul au déjeuner. Quelques minutes plus tard, elle téléphone à Latche, pour s'excuser de son retard. Elle avait sa sœur chez elle, explique-t-elle, mais maintenant, elle peut venir… « Je vous envoie une voiture », propose François Mitterrand. Elle décline l'offre et s'y rend par ses propres moyens. À un moment donné, après le repas, elle s'assoit face à son hôte. Son pantalon remonte. François Mitterrand aperçoit une plaie à sa jambe.

« Ce n'est rien, dit-elle, j'ai glissé en voulant éviter un ballon, sur la route. »

Mitterrand ne dit rien. Mais, plus tard, alors qu'ils sont sur le départ, le Président caresse sa joue légèrement enflée. Et dit : « Je vois que le ballon vous a aussi touché la joue. »

À chacun sa vérité.

Leur relation avait pourtant commencé comme un conte de fées. Elle était hôtesse de l'air à bord de l'avion présidentiel. Il lui avait caressé la joue (déjà). Elle était tombée sous le charme. Le soir même, alors que la caravane élyséenne faisait étape à Prague, à l'automne 1988, elle avait dansé un rock endiablé avec Hubert Védrine qui l'avait malencontreusement lâchée. En atterrissant sur l'orchestre, elle avait égaré une broche, cadeau de ses premières fiançailles. Plus tard dans la nuit, Gérard Colé avait frappé à la porte de sa chambre. En parfait gentleman, il désirait la consoler. Le début d'une folle histoire d'amour…

Peu après, Colé demande à Dominique de quitter à la fois son employeur, Air France et son mari. Elle accepte. Ils s'installent dans une vie à deux. Colé trouve même le moyen de loger dans un appartement voisin du sien les deux enfants qu'elle a eus de son premier lit. Puis Michel Charasse propulse Gérard à la tête de la Française des Jeux. Souvenirs :

« Quelques semaines plus tard, il m'a dit : "Ne t'inquiète pas, Dominique. Avec ce que je vais gagner, tu n'auras pas de soucis à te faire." »

Il lui annonce bientôt qu'il lui offre le « cadeau de sa vie » : une bicoque dans les Landes. Et la voilà qui accepte les yeux fermés le découvert du banquier Pierre Despessailles…

La vie de Dominique Galakhoff a basculé sur une caresse. En moins d'une saison, elle est passée dans l'autre camp, celui des passagers de l'avion présidentiel. La voilà invitée pour un voyage officiel à Tahiti avec Colé et Charasse, servie par de charmantes et souriantes hôtesses… Gênée vis-à-vis de ses anciennes collègues, mais comblée !

Puis le conte de fées a tourné au drame. Avec une scène finale terrible, en forme d'algarade publique, en pleine croisière de la Française des Jeux sur le paquebot *Mermoz*. L'enfer sur mer, à en croire Dominique. Sa version à elle : après une nouvelle nuit de dispute et quelques hématomes supplémentaires, elle craque et décide de le quitter. Sa version à lui : à cause de la « jalousie maladive » de Dominique, il décide de rompre. Le tout devant des représentants ébahis.

Malgré tout, Dominique affirme qu'elle n'a pas eu envie de nuire à Gérard. Ni de le couler. Ni même de le salir. « Mon objectif, c'était de l'oublier, pas de lui causer tort, dit-elle. Seulement, la Police judiciaire a su faire pression sur moi : soit je disais ce que je savais, soit je me retrouvais en garde à vue. »

Ce qu'elle a raconté, elle insiste pour dire qu'elle ne l'a pas inventé, contrairement à qu'ont prétendu les acteurs du dossier. Elle s'est contentée de rapporter ce qu'elle avait entendu, comme ce propos tenu devant elle par Bernard Tapie à Gérard Colé : « Je vais te faire gagner ton premier porte-avions. » Une phrase qui a l'air de rien, comme ça, mais qui a tout de même déclenché une perquisition au siège de *TF1*...

Dominique Galakhoff conserve un souvenir précis d'Henri Modiano. C'est lui qui l'aurait aiguillée vers un psychiatre :

« J'avais appelé Modiano pour lui dire que je n'en pouvais plus et que je comptais aller voir la police, raconte-t-elle. J'avais fait constater des traces de coups par un médecin de Neuilly, et je l'ai également dit à Modiano. Il m'a aussitôt recommandée auprès d'un ami psychiatre. J'y suis allée car j'avais des problèmes d'insomnie. Le médecin m'a proposé une cure de sommeil. J'étais moralement à plat, alors j'ai accepté. Mais je n'ai pas tenu une nuit. »

Nouvel épisode douloureux où elle se convainc que l'on cherche à l'envoyer se soigner pour décrédibiliser par avance tout témoignage émanant d'elle. Constat accablant, dressé avec le recul : « Il m'avait rencontrée hôtesse de l'air. Il avait fait de moi une poubelle de l'air. »

Dominique Galakhoff n'a rien oublié du climat de l'époque. En particulier du rapport qu'entretenaient avec François Mitterrand les hommes qu'elle côtoyait : « Pour Colé comme pour tous les autres, dit-elle, Mitterrand était Dieu le père. Devant lui, ils devenaient tous des enfants. »

Elle se souvient surtout du jour où elle s'est aperçue que son compagnon lui mentait. En guise de « plus beau cadeau », il lui avait mis un crédit sur le dos. Lorsqu'elle l'a compris, elle a commencé à mettre des papiers de côté. « Quand ils me tombaient sous la main », indique-t-elle. Une sorte d'assurance, de protection qui, finalement, ne lui a servi à rien. Car de ces années de vie intense il ne reste que la désolation. Désolation à laquelle s'ajoute maintenant un énorme découragement :

« On lance des affaires, on paye des flics durant des heures et des heures, et puis plus rien... Alors je vous le demande : à quoi ça sert ? »

Ultime recommandation avant de refermer la porte en espérant bien ne pas avoir à la rouvrir de sitôt :

« J'espère que vous n'abîmerez pas trop ce que je suis. »

Sous le rouleau compresseur des « affaires » ne résistent décidément que ceux qui ont une peau de crocodile. Dominique Galakhoff avait la joue bien trop tendre.

V

Michel Sapin et Martin Malvy ne regrettent rien

Martin Malvy occupe un poste stratégique au moment où l'affaire de la Française prend forme. Ministre du Budget, c'est vers lui que convergent les rapports alarmants de Michel Bégon.

« À l'époque, raconte-t-il, j'ai d'abord été alerté sur les risques que prenait Colé. On m'a expliqué que des instructions lui avaient été données pour limiter ses investissements à l'étranger, et qu'il ne les respectait pas. On m'a proposé de diligenter une inspection des finances. La décision relevait de ma responsabilité. Je l'ai prise sans états d'âme. J'avais rencontré Colé deux fois. Je n'ai fait ce jour-là que suivre l'avis des services[1]. »

À l'entendre, il ne faut pas voir d'intention maligne derrière sa décision. Il affirme également qu'aucune pression n'a été exercée sur lui pour lui demander de renoncer à déclencher l'inspection. Colé a-t-il fait jouer ses relations dans ce sens ? Ce ne serait alors pas arrivé jusqu'à lui.

« La décision était administrative, pas politique, insiste Martin Malvy. En ouvrant une inspection, on n'ouvre pas une enquête judiciaire. On cherche à détecter un dysfonctionnement. À vérifier que personne n'est sorti des clous. Ceux qui me tenaient informé n'imaginaient d'ailleurs pas de véritables malversations. Ils disaient simplement que Colé gérait

1. Entretien le 15 décembre 2000. Martin Malvy est alors président PS de la région Languedoc-Roussillon.

la Française des Jeux comme sa propre entreprise et qu'il prenait de trop grands risques. Un audit était nécessaire. »

Normalement, un ministre du Budget ne met pas son nez dans les affaires du Loto, ni dans celles du PMU. « Les rouages sont bien huilés dans la sphère du Budget », observe Martin Malvy. Sauf quand le PMU se plaint de l'ombre que lui fait le Loto, ce qui était le cas à l'époque. Sauf lorsque se répand la rumeur que les dirigeants du Loto vivent sur un très grand pied... et se moquent des instructions ministérielles. Ce qui était également le cas.

La directrice du Budget en poste à ce moment s'appelle Isabelle Bouillot. Comme on l'a dit, elle pèse d'autant plus lourd aux yeux de Colé qu'elle est une ancienne collaboratrice de François Mitterrand. Première lectrice des rapports alarmants du contrôleur Bégon, qui est son « œil » au sein de l'entreprise, elle a elle aussi contribué à déclencher le fameux audit de l'Inspection des finances. Elle assume également sans remords :

« Le contrôleur d'État racontait des choses épouvantables, dit-elle. Je voulais rapidement en avoir le cœur net. »

Isabelle Bouillot se souvient encore des appels de Gérard Colé qui « se démenait dans tous les cercles » :

« Je lui ai confirmé qu'il y aurait bien une inspection et qu'il lui revenait de plaider son dossier. Je lui ai également fait comprendre qu'il ne s'agissait pas d'un règlement de comptes. Simplement, ses prédécesseurs se tenaient plus tranquilles, tout en faisant gagner nettement moins d'argent à l'État, je ne le niais pas. J'ai tenté de lui expliquer qu'il donnait à l'extérieur le sentiment de vivre sa vie comme s'il se trouvait à la tête d'une entreprise privée. Il avait écarté énormément de gens pour recruter des équipes qui lui étaient dévouées. Ce n'était pas très sécurisant pour nous. »

Un conseiller de l'Élysée est-il intervenu auprès d'elle pour défendre Colé ? Isabelle Bouillot assure que non.

Ministre de l'Économie jusqu'à la défaite socialiste de 1993, Michel Sapin aurait pu, lui aussi, peser de tout son poids pour « couvrir » cet ami de François Mitterrand. Mais il n'a rien fait pour freiner le démarrage de l'affaire. Parce qu'il n'était pas issu du sérail élyséen ? Peut-être, mais ce n'est pas une raison qu'il mettrait lui-même en avant.

« J'avais face aux dossiers de ce genre une attitude simple, dit-il. Je demandais à y voir clair le plus rapidement possible[1]. » Pas pour voler au secours des personnes susceptibles d'être mises en cause, explique-t-il preuves à l'appui : c'est lui qui a provoqué le départ de Piette, alors à la tête du Comptoir des Entrepreneurs, un organisme public en pleine déconfiture. Piette qui pouvait pourtant se targuer d'être proche du Parti socialiste. C'est encore Michel Sapin qui accorde son feu vert à l'enquête sur le Crédit Lyonnais, au grand dam du patron de l'époque, Jean-Louis Haberer. Piette avait été nommé par amitié ; Haberer avait rendu de multiples services aux amis de la Mitterrandie. Mais, pour Michel Sapin, l'« État doit savoir repérer les incapacités de ses serviteurs ».

Vis-à-vis de Colé, qu'il ne connaissait pas, il est plus indulgent. Au moins sur son profil : « On peut vouloir mettre à la tête du Loto un type dérangeant et imaginatif, possédant le sens de la publicité, dit-il. Cela ne me choque pas. » Manière de dire qu'il n'a pas accéléré la chute du président de la Française des Jeux sous prétexte que le personnage ne cadrait pas avec la culture technocratique du ministère des Finances. Pour lui, c'est « sa folie des grandeurs et des montages contestables du point de vue de la morale financière » qui a perdu Colé. Le genre de choses qui ont le don d'exciter les enquêteurs de la Police judiciaire comme les juges d'instruction.

Michel Sapin poursuit :

« On peut mettre un inventif à la tête du Loto, mais il doit avoir le sens des limites. Or Colé était avant tout une sorte de jouisseur. »

Ce serait à refaire, il lui enverrait à nouveau l'Inspection des finances. D'ailleurs, lorsque l'inspecteur Alexandre Jevakhoff est venu lui présenter son rapport, se souvient-il, « Colé s'était largement décrédibilisé tout seul ». L'ex-président de la Française des Jeux peut toujours dire qu'il a été exécuté, Michel Sapin assure que lui-même a « fait son boulot » le plus normalement du monde.

1. Entretien le 4 janvier 2001, au ministère de la Fonction publique.

Mais pourquoi donc François Mitterrand a-t-il cru devoir nommer un homme de la trempe de Colé à un poste aussi sensible ?

« Mitterrand avait une amitié profonde pour un Badinter comme pour un Dumas, qui sont l'eau et le feu, poursuit Sapin. Il avait de l'amitié pour un Charasse, personnage qui le faisait mourir de rire lorsqu'il se montrait grossier, même s'il ne comprenait pas tout ce qu'il disait, et, en même temps, il pouvait admirer un Pierre Joxe ou une Anne Lauvergeon. Colé était peut-être moins digne d'admiration, mais il avait du talent. Mitterrand appréciait le talent et l'intelligence, fussent-ils ceux d'un margoulin. Mais il en va de Mitterrand comme de Chirac : on ne les fait pas tomber sur les “affaires”. »

Le regard posé par un Michel Sapin sur la justice est à l'opposé de celui d'un Michel Charasse :

« Il est normal que la justice entende des ministres, dit-il, parce qu'ils sont plus que les autres comptables de leurs faits et gestes. »

Mais, comme beaucoup de ses pairs, Sapin avoue en même temps sa gêne devant une « justice spectacle » qui ferait « prendre pour un épouvantable coupable quelqu'un qui ne le serait pas forcément ».

Le dénouement de l'affaire de la Française des Jeux se situe-t-il, à ses yeux, dans cette lignée ?

« C'est une affaire de l'ancien monde, jugée dans le nouveau monde », répondit-il. L'« ancien monde » ?

« Les journalistes d'investigation avaient une justification, explique-t-il. Ils se faisaient justiciers parce que la justice était étouffée. Mais aujourd'hui, le système a changé. Les journalistes commentent les affaires que sort la justice. »

Son homologue Martin Malvy évoque lui aussi une forme de rupture, qu'il situe au moment où l'on a cessé de respecter le secret de l'instruction :

« Ce jour-là, dit-il, on a ouvert une page nouvelle. Lorsque le journaliste rend compte des auditions organisées par le magistrat, on entre sur un terrain dangereux. La présomption d'innocence ne joue plus, et c'est mauvais pour la démocratie. On condamne avant de juger, sachant qu'un éventuel non-lieu ne fera jamais de tapage. Si vous ajoutez à cela le fait qu'il convient de congédier un mis en examen, vous donnez au magistrat tout pouvoir pour modifier la composition d'un gouvernement. C'est très déstabilisant pour le politique. Cela renforce en plus l'anti-parlementarisme. »

Quoique, à l'autre bout de l'échiquier politique, on n'est pas loin de la sortie de Jacques Chirac sur la « justice spectacle », le 14 décembre 2000, alors qu'il commentait depuis l'Élysée les déclarations posthumes de l'ancien argentier des gaullistes parisiens, Jean-Claude Méry.

Sauf que, dans le cas présent, le propos émane de politiques qui n'ont (a priori) pas les juges sur le dos ; d'anciens (ou actuels) ministres qui n'acceptent pas sans mot dire les règles du jeu à trois (politiques, juges, journalistes) en vigueur aujourd'hui. Sans pour autant regretter d'avoir enclenché l'opération « mains propres » à la Française des Jeux…

VI

François d'Aubert parle de « ratage »

Le « crime organisé » et le blanchiment de l'« argent sale » ont leur expert à l'Assemblée nationale : député UDF de la Mayenne, fugace ministre du Budget avant de se voir recaser à la Recherche, François d'Aubert est devenu le parlementaire français le plus au fait de la Mafia et de ses réseaux, sujets d'ordinaire si éloignés des préoccupations de ses pairs. Il faut dire qu'il a longtemps bénéficié d'une sorte de super assistant en la personne de Jean-François Sampieri, un juge qui a fait ses classes en pistant le milieu marseillais avant de monter tranquillement en grade.

C'est lors de son arrivée à la tête du ministère du Budget, en juin 1995, que François d'Aubert a vraiment pris connaissance du dossier de la Française des Jeux. Michel Bégon lui a alors fourni ses meilleurs rapports –ce qui lui a encore valu quelques représailles, son interlocuteur fût-il ministre. Des policiers ont également fait le déplacement au ministère du Budget pour le tenir informé de l'état d'avancement du dossier. Très vite, sa conviction était faite : on avait là une affaire « énorme ». On n'entendra donc pas, chez lui, de ces tirades anti-juges devenues banales dans les confidences des hommes politiques. D'Aubert, au contraire, fait partie de ceux qui n'en ont jamais démordu. Et qui considèrent que Bégon a été traité comme un « paria ». Il a d'ailleurs affiché publiquement ses convictions : un jour, reçu en tant que ministre au Conseil d'État, il a fendu la foule des contrôleurs pour aller personnellement saluer Bégon. Dont il a fait siennes la plupart des convictions : au-delà de l'enrichissement personnel de quelques-uns uns, l'enquête aurait dû mettre au jour toutes sortes de combines. « Au lieu de cela, pour sauver la boutique, on s'est contenté d'évacuer Colé. Puis on a fait passer Bégon pour fou[1] », déclare l'ancien ministre.

Les technocrates du Budget n'ont-ils pas monté un faux procès contre Colé, simplement parce qu'il n'était pas des leurs ?

D'Aubert ne le croit pas, même s'il admet que la Française des Jeux est théoriquement une maison dont la gestion leur revient. C'est d'ailleurs ce qui est advenu après. Sauf que le successeur s'est contenté de serrer les boulons « sans chercher à voir ce qui s'était passé avant ». « C'est toute l'hypocrisie des fonctionnaires des finances, où l'on ne prise ni les vagues, ni l'imprévu, note d'Aubert. À Bercy, la seule sanction que l'on pratique, c'est le changement d'affectation. Si possible, sans nuire au niveau de vie du sanctionné. Pour l'administration, Colé était un aventurier attiré par tous les recoins opaques. Il fallait le remplacer. Point ! »

Résultat ? « Comme toujours, soupire le député, comme dans le dossier du Crédit Lyonnais, la justice est passée à côté du sujet. »

Pour expliquer ce « ratage », François d'Aubert évoque d'abord un Code pénal « inadapté » à ce type de dossiers. Il cite aussi les juges, mais pas pour se plaindre de leur trop grande curiosité. Au contraire : il estime que le dossier était trop compliqué pour les magistrats qui l'ont eu en mains. « Trop seul, le juge est vite débordé par les événements, lorsqu'il n'est pas tout bêtement victime de sa propre timidité, dit-il. Et puis le pénal, c'est tellement long… »

Des bureaucrates trop « innocents » pour exercer leur tutelle avec sagacité ; une direction du Budget trop confinée dans son univers policé pour démasquer les combines ; des juges pas vraiment à la hauteur… Tel est le sombre bilan que François d'Aubert dresse d'une « affaire » qui a pourtant failli ébranler un président de la République.

Échec sur tous les tableaux, conclut-il. Avec, d'un côté, une Française des Jeux confiée après le départ de Colé à un « grand naïf incapable de reconnaître un mafieux » (Bertrand de Gallé). Et, de l'autre, un Colé « qui se pavane dans le rôle de la victime », adoptant la posture de l'ex-flambeur, plus à plaindre qu'à condamner…

1. Entretien à l'Assemblée nationale, le 28 novembre 2000.

VII

Les rendez-vous de Nicolas Sarkozy

Nicolas Sarkozy a croisé par deux fois le chemin de Gérard Colé : une fois comme maire de Neuilly-sur-Seine, en 1991, une autre comme ministre du Budget (RPR) d'Édouard Balladur, en 1993. En deux rencontres, il a pu se faire une idée de l'homme.

Première entrevue, alors que le patron de la Française des Jeux vient se présenter au maire de la commune sur laquelle il installe son siège :

« J'ai eu face à moi le conseiller flamboyant de Mitterrand. Très starisé, hâbleur et grandiloquent, chaleureux aussi, il me paraissait avoir beaucoup d'entregent. Je lui ai également trouvé un côté vantard, dans la lignée des personnages de l'époque[1]. »

Deuxième rencontre :

« Je l'ai revu pour le virer. Nous avions reçu un rapport épouvantable de l'Inspection des finances. J'en avais parlé au Premier ministre, Édouard Balladur, qui à trois reprises avait demandé au Président l'inscription du départ de Colé au programme du Conseil des ministres. Michel Charasse le défendait. Il était venu m'expliquer que l'on ferait une erreur en le virant, parce que ce type avait triplé le résultat de la Française des Jeux. Il avait fait la même démarche auprès de Mitterrand. Colé lui-même a plaidé une dernière fois sa cause devant moi, disant que son départ forcé était injuste, que le contrôleur d'État était un fou. Mais, pour moi, à cause du rapport

1. Entretien à la mairie de Neuilly-sur-Seine, le 28 février 2001.

de l'Inspection, l'affaire était entendue. Comme j'avais limogé Le Floch-Prigent de son poste à la tête du groupe Elf, je devais faire partir Colé qui n'avait d'ailleurs pas du tout le profil pour gérer une entreprise publique. »

Pourquoi donc avait-il été désigné à ce poste ?

« On retrouve chez François Mitterrand et Charles Pasqua le même appétit pour les gens de l'ombre », observe simplement Nicolas Sarkozy.

L'ancien secrétaire général du parti gaulliste peut se targuer d'être passé au travers des affaires. Il sait aussi que plusieurs d'entre elles auraient pu le rattraper. S'il avait avalisé les demandes de Le Floch-Prigent, venu lui demander en 1993 l'autorisation de déduire du chiffre d'affaires du groupe Elf les commissions versées à l'étranger, il aurait fini dans le bureau de la juge Éva Joly. Avec la Française des Jeux, il n'est pas passé loin non plus. Convaincus par le témoignage de Dominique Galakhoff, les enquêteurs ont en effet acquis la conviction que Gérard Colé, pour aménager à sa guise le nouveau siège de la Française des Jeux, avait « acheté » des fonctionnaires de la mairie de Neuilly. Et pourquoi pas le maire lui-même... Soupçons que balaie rapidement Nicolas Sarkozy : il ne voit pas pourquoi un permis de construire aurait été nécessaire pour une piscine qui n'existait pas sur le papier. Et rapporte qu'il a dénoncé, dès qu'il en a eu vent, les modifications apportées sans autorisation dans les sous-sols de l'immeuble. En clair, Gérard Colé s'est peut-être vanté d'avoir arrosé des fonctionnaires, mais il n'a rien obtenu en échange. Dernier argument :

« Je ne vais tout de même pas, moi, l'un des responsables du RPR, me mettre en affaire avec le conseiller de François Mitterrand ! »

Il y en a que ce genre de circonstances ne gêneraient pourtant pas. Lui, si.

Ce dossier mis à part, l'ancien homme fort du gouvernement Balladur applaudit-il au travail des juges ?

« Les années Mitterrand ont marqué la fin d'un monde où la justice ne faisait pas vraiment son travail et où les médias n'étaient pas omniprésents. Il faut maintenant apurer le passé. Mais, lorsque je vois comment on humilie, comment on embastille, je pense que l'on va trop loin et il me vient l'envie de défendre la prescription. Il y a beaucoup trop de haine et de mépris vis-à-vis du pouvoir, notamment chez certains journalistes. »

Nicolas Sarkozy assume tout haut ce que nombre de ses pairs n'osent dire à haute voix. « La transparence et la proximité sont en politique ce que je hais le plus », dit-il, n'hésitant pas à prendre là le contrepied de la mode ambiante.

VIII

La police judiciaire broie du noir

René Wack dirigeait l'Office central de Répression de la grande délinquance financière avec un certain panache ; il a quitté la police en 1995 pour mettre son savoir-faire au service du Crédit Lyonnais. On le dit honnête, intuitif, intelligent.

Lorsque l'affaire de la Française des Jeux lui échoit, il est entièrement absorbé par une histoire de blanchiment d'argent de la cocaïne, l'opération « Margarita ». Le dossier de la Française l'intéresse, même il n'en comprend pas tous les aspects. On l'a visiblement choisi pour que l'affaire soit traitée sérieusement. C'est son premier dossier du genre. Il perçoit, à l'arrière-plan, de riches perspectives policières et affiche son intention d'avancer hors de toutes considérations politiques. Mais le politique le rattrape lorsque des émissaires des deux camps (de droite et de gauche) l'approchent presque simultanément. Les uns pour l'activer ; les autres pour le calmer. Tous pour lui soutirer le maximum d'informations sur le cours de son enquête.

Pour René Wack, l'ouverture d'une information judiciaire se justifiait pleinement dans le cas de la Française des Jeux, mais plus d'un suspectaient les policiers d'être animés de visées politiques. Ce qui était peut-être le cas pour certains d'entre eux, notamment après l'éviction par Charles Pasqua du responsable de la sous-direction des Affaires économiques et financières et son remplacement par Jacques Guimezanes, policier marqué par ses sympathies gaullistes.

Lequel s'est mis la juge à dos dès sa première visite au tribunal de Nanterre…

Son intuition aurait-elle trahi René Wack ? On serait tenté de le croire au vu du résultat final. Mais le grand flic persiste à penser que lui et son service étaient dans le vrai. Que l'enquête aurait dû déboucher sur les véritables dérives de la Mitterrandie. Pourquoi cet échec, alors ?

« Dans la plupart des affaires sensibles, des trappes ont été mises en place au bon endroit pour qu'on ne puisse identifier le destinataire des fonds », dit-il.

Lui qui a maté les plus grands criminels, a dû rebrousser chemin aux portes du pouvoir. Trop robustes pour lui. Rétrospectivement, cet échec lui semblait d'ailleurs largement programmé. En guise de point d'orgue : la remise en liberté de Colé, alors qu'une détention était prévisible. Difficile à avaler pour un policier dans l'âme, tout comme l'élargissement d'Henri Modiano contre promesse de revenir avec ses relevés de comptes. Ou comme l'annulation d'une bonne partie de la procédure, lors qu'il se targuait de n'avoir jamais eu un seul dossier « cassé ». Sans oublier l'interdiction faite à la police de poser des écoutes téléphoniques, et les difficultés des premiers jours.

« Ce dossier devait s'éteindre, commente un collègue de René Wack encore en fonction à la Direction centrale. Il devait s'éteindre, car un consensus avait été trouvé entre Balladur, Premier ministre, et Mitterrand, président de la République ».

Fantasmes ? Cela se dit dans les couloirs du ministère de l'Intérieur, et c'est assez pour qu'on le prenne en compte. Les Chiraquiens (policiers, juges…) étaient à l'œuvre dans les coulisses, mais cela n'a visiblement pas suffi à faire aboutir le dossier.

René Wack ne limite cependant pas son diagnostic à l'affaire de la Française des Jeux. La débandade est, selon lui, plus générale.

« Contre le blanchiment d'argent sale, la police a totalement échoué, comme la totalité des services répressifs, dit-il. Nous parvenons à sauver les apparences grâce à une poignée de bonnes gâchettes, mais nous avons au moins quinze ans de retard. »

Première gifle, mais ce n'est qu'un début :

« Les policiers ont perdu la bataille face aux juges, poursuit-il. On ne trouve plus un flic pour dire non. Ils étaient les arbitres des enquêteurs, ils sont en passe de devenir des laquais. Les juges, eux, ont compris que les affaires politico-financières pouvaient leur permettre de sortir de leurs ornières, que c'était un bon levier pour se faire connaître. »

L'échec se mesure aux chiffres. À son époque, l'OCRGDF a compté jusqu'à soixante fonctionnaires ; au début de l'année 2001, l'effectif avait fondu des deux tiers. Les deux enquêteurs chargés du dossier Colé n'y sont d'ailleurs plus. Charles Blandignères était l'un des enquêteurs les plus entêtés de l'Office ; il traque désormais la fraude pour le compte de la Commission des opérations en Bourse (COB), auprès de laquelle il est détaché. Jean-Marie Fiaschi a lui aussi quitté l'Office, mais pas la police : il s'occupe d'affaires financières dans un service voisin.

Bilan morose, ritournelle blasée : « Les enquêteurs ont perdu le sens du sacré », dit René Wack. Plus culinaire : « Une enquête, c'est un soufflé : il faut arrêter quand c'est prêt. Si vous le laissez plus longtemps, il est cramé. »

Mais François Mitterrand aurait eu raison de ces cuisiniers très spéciaux. Des cuisiniers dont l'un des représentants, en poste à l'état-major de la Police judiciaire, tient néanmoins à défendre (anonymement) les positions dans les « affaires », nouveau poison des puissants :

« Ces gens ne sont pas au-dessus des lois. Il n'y a pas de raisons pour que les voleurs de pommes aillent en taule, tandis qu'ils paraderaient eux chez Drouant [NRDA : restaurant haut de gamme]. Il y a des choses qu'on ne fait pas. Ou alors, on ne sert plus à rien ! Les interdits qui ne sont pas sanctionnés finissent par entrer dans les mœurs. La notion de trouble à l'ordre économique est encore méconnue. Une banqueroute, un faux bilan, c'est cent fois plus dévastateur que le braquage d'une banque. Le braqueur part avec 15 000 francs ; l'auteur d'une banqueroute frauduleuse laisse un trou de 200 millions de francs et 500 chômeurs. Les infractions économiques sont indolores au début, mais la société les paye très cher. Or, pour vingt flics qui travaillent dessus, on en a cinquante qui bossent sur les braquage des banques et les barrettes de *shit*. Il faudrait revoir ces proportions, même si la délinquance en col blanc ne nourrit pas l'insécurité[1]. »

C'est la loi des chasseurs, ceux qui expédient les grands devant les juges. Des chasseurs qui digèrent mal les textes sur la présomption d'innocence en vigueur depuis janvier 2001 : « Ces dispositions sont contre-productives », poursuit notre policier anonyme avant d'accuser ceux qui ont « joué la presse » sans en mesurer les conséquences : « À une époque, la presse nous a été utile pour sortir des affaires qui risquaient d'être étouffées. Mais, entre le coup de projecteur et le feuilleton de l'année, il y a une nuance. »

La Police judiciaire broie du noir, mais les « cols blancs », eux, ne sont pas au bout de leurs peines !

1. On rappellera que le PDG de la Française des Jeux a quasiment triplé les gains de la société.

IX

Le contrôleur persiste et signe

Il était sorti de l'ENA en 1964, promotion Blaise Pascal. Devenu contrôleur d'État en 1984, il avait pris son épée contre la « culture mafieuse ». Partout où il était passé, à la direction de la Concurrence comme à l'UGAP (organisme qui gère les fournitures des entreprises publiques), il avait rencontré des « brigands ». C'est armé de ce passé qu'il s'était retrouvé confronté au cas de la Française des Jeux. Il a rapidement évalué la situation : non seulement ses interlocuteurs lui mentaient à tour de bras, mais ils le snobaient. Alors il a « fait son métier ». Par sens du devoir, dit-il. Jusqu'au bout. Avec cette sentence en guise de passeport : « Les fonctionnaires sont payés pour se battre, pas pour se coucher. »

On a dit qu'il fabulait et se prenait pour un héros ou un justicier. Il se voit plutôt en précurseur, certain que les contrôleurs issus de la nouvelle génération sont bien plus vigilants et percutants que leurs devanciers. Lui est aujourd'hui à la retraite. La preuve que ce combat n'était pas affaire de circonstance : il n'a pas lâché prise.

« La bagarre continue ! » dit-il.

Michel Bégon n'est pas un provincial en guerre contre les élites parisiennes. Né dans le quartier de Saint-Germain-des-Prés, il a simplement hérité de son grand-père, médecin du travail, une certaine opinion sur le Président de 1981 : « Mitterrand est une arsouille, ne lui fais pas confiance », disait son aïeul. Un jugement sans appel valable pour un grand nombre de personnes de sa génération aux yeux de qui Mitterrand ne pouvait se racheter. Et qui a sans doute pesé dans la façon dont Bégon petit-fils a abordé Gérard Colé, protégé de Mitterrand.

Michel Bégon affirme cependant aujourd'hui que si Gérard Colé était venu évoquer avec lui les questions qui le troublaient, il l'aurait écouté, en dépit de ces a priori négatifs. « Au lieu de cela, ils ont essayé de me ballonner. » Grave erreur de calcul, car on ne « ballonne » pas un Bégon. Aussi vieux jeu soit-il, aussi coincé soit-il dans les règles et coutumes de la fonction publique, lui aussi a compris l'importance des médias. Et a fait craquer, pour se défendre, la barrière symbolique qui lui interdisait tout contact avec les journalistes.

Combien de Bégon la fonction publique compte-t-elle ? Quelques juges, une poignée de flics, un camion d'inspecteurs des impôts, un peu moins de hauts magistrats. Moutons noirs ou héros du peuple, la frontière est souvent ténue. Ils sont le grain de sable, de ceux qui disent non : non à l'argent noir, quitte à s'en prendre aux puissants. Leur modèle ? Voici celui de Bégon :

« Jean Moulin n'a pas demandé à Pétain ce qu'il devait faire. »

Le résistant est sa référence, il le place au sommet de son panthéon personnel. S'il n'est pas allé pantoufler dans le privé, c'est pour rester « au service de la collectivité nationale ». « On m'aurait dit : on détourne des fonds pour alimenter les services secrets, je me serais écrasé. » Le mal absolu, pour lui, c'est la corruption. Il la combattait. On lui a intimé l'ordre de se taire ? Il n'en a pas tenu compte.

Michel Bégon dit avoir payé cher son entêtement. Il aurait été vilipendé par le directeur du Budget, voire persécuté, stoppé dans sa carrière, rayé à 65 ans de la liste des proposés pour la Légion d'Honneur. Une infamie dont il fait finalement son titre de gloire : « Moulin non plus ne l'a pas eue », dit-il.

Alors il a continué. Il a pondu des notes, tenté de sensibiliser son successeur au poste de contrôleur, Christian Bégin. Mais Bégin a éconduit Bégon. Et on imagine ce que le second a pensé du premier.

À la différence de son héros (Moulin), Bégon a cependant survécu. Il a juste perdu une partie de sa foi. « Je confirme ce qu'a écrit la juge Éva Joly : pour une affaire qui sort, neuf sont étouffées.

D'ailleurs, le juge Philibeaux, pas plus que les deux autres, n'a jamais voulu me voir durant son instruction.

Sombre vision de la justice « indépendante », qu'il résume ainsi : « Plus vous êtes petit, plus vous êtes condamné. »

On a déjà entendu ça quelque part...

L'annonce d'un procès minuscule, c'est, pour l'ancien contrôleur d'État, un peu de la République qui s'écroule. Mais aussi la confirmation qu'en l'absence de « spectacle » (le battage fait autour de l'affaire), personne n'aurait jamais rien su de ce qu'il appelle les dérives de la Française des Jeux.

Frustration de l'homme qui pense avoir fait son métier et se sent, au bout du compte, terriblement désavoué. Car, sur le fond, il n'en démord pas : Gérard Colé reste pour lui un « funambule », un « acteur », un « histrion ». S'il ne risquait de le diffamer, il dirait pire encore. Mais restons au seul niveau qui vaille, celui de la « vérité judiciaire » : il n'a pas été démontré que Colé avait été placé à la tête de la Française des Jeux pour détourner des fonds... Le reconnaître ne fait-il pas aussi partie du « sens du devoir » ? Bégon approuverait certainement.

X

Les absents ont leurs raisons

Pour être complet, il convient de mentionner les personnes que nous jugions important d'entendre et qui ont refusé tout contact. Nous en citerons quelques-unes.

Patrick Le Lay, l'homme qui dirige *TF1* d'une main de maître, nous a fait demander par son secrétariat de lui adresser une lettre d'intention. Nous avons souscrit à l'exercice sans jamais obtenir par la suite la moindre réponse. « Silence télé », donc, pour ne pas dire « silence radio ».

Pierre Méhaignerie, ministre de la Justice au moment du déclenchement de l'affaire, nous a fait savoir par son cabinet à la mairie de Vitré qu'il ne souhaitait pas revenir sur cette période.

Pour tenter de joindre Henri Modiano, nous avons expliqué nos motivations à son avocat, Me Pierre Haïck. Plus d'une dizaine d'appels téléphoniques n'y ont rien fait. Explication: l'homme d'affaires n'a pas digéré le traitement qui lui avait été réservé dans la presse au plus fort du scandale. Un rendez-vous programmé avec son autre défenseur, Me Hervé Témime, fut malheureusement décommandé à la dernière minute. Le non-lieu accordé par le juge devait leur sembler amplement suffisant.

Michel Rocard, après mûre réflexion, n'a pas souhaité non plus revenir sur le cas Gérard Colé. À ses yeux, la page était sans doute tournée ou plutôt déchirée pour de bon.

Bernard Tapie n'a pas dit non à une éventuelle rencontre. Mais ses prestations dans le domaine du spectacle l'ont éloigné de la capitale. Si bien qu'il n'a pas dit oui non plus.

Jean-Paul Griziaux n'avait aucune envie de revenir sur un des épisodes les plus sombres de sa carrière, avec une mise en examen annoncée… le jour même de son assemblée générale annuelle. Comme toute personne passée par les locaux de la police financière – le « dernier endroit où l'on cause », plaisantent les avocats –, il est passablement traumatisé. Même si la justice lui a donné raison en lui accordant un non-lieu. Même si son avocat, Me Jean-Claude Gofard, a déterré dans un récent rapport de la Cour des Comptes des phrases réconfortantes au sujet des comptes de la Française des Jeux au temps où Griziaux y officiait. Ce qui lui permet de suggérer que la Police judiciaire a simplement voulu « se faire » un poids lourd de l'audit… Propos iconoclaste qui a le mérite de transformer le suspect en victime.

Gilbert Gross ne tient pas non plus à revenir sur une garde à vue dont il affirme (lui aussi) qu'elle fut le moment « le plus dur » de sa vie. Et l'on se dit que ce genre de rupture doit effectivement être brutal pour quelqu'un qui a coutume de vivre dans un univers aussi confortable que calfeutré. Surtout lorsque ceux qui vous interrogent disent à vos avocats que vous êtes coupable et que vous n'avez plus qu'à collaborer – méthode que les pénalistes ne croisaient jusque-là qu'à la brigade criminelle, pas à la financière.

Raymond Touber, le commissaire aux comptes, m'a fait savoir qu'il aurait eu plaisir à me rencontrer, mais qu'il était tenu par le secret professionnel.

Alain Carré, le designer, a longuement réfléchi avant de décliner, lui aussi, toute idée de rencontre, par la voix de son défenseur, Me Olivier Schnerb. Il faut reconnaître qu'il a beaucoup servi dans cette affaire. On l'a pris comme prétexte pour ouvrir une information ; on risque de se servir encore de lui durant le procès, après lui avoir fait jouer le rôle de « fusible ». Entre-temps, il a failli se laisser détruire par la détention préventive ; ceux qui l'ont côtoyé en prison ont même craint pour sa vie.

Quant aux deux enquêteurs, Charles Blandignères et Jean-Marie Fiaschi, toujours en activité, ils se retranchent derrière l'impossibilité dans laquelle ils se trouvent de donner leur point de vue, tenus qu'ils sont par le secret de l'instruction.

XI

Un petit procès pour solde de tous comptes

Le plus important, se souvient-on au parquet de Nanterre, c'était, aux premiers jours de l'instruction, les soupçons pesant sur la mise au point d'un nouveau système de jeux. Les commissaires aux comptes trouvaient la société Infojeux, chargée du projet, bien fragile au regard des enjeux financiers. Sur ce premier point, force est de constater que l'instruction a fait chou blanc : aucune opération occulte n'a pu être mise au jour. Aurait-on trouvé en poussant l'enquête vers le Sud-Est asiatique ? Ce genre d'idée n'effleure que très superficiellement un enquêteur français normalement constitué. Il peut toujours rêver, mais cela s'arrête là. Surtout dans un dossier où toutes les commissions rogatoires internationales se sont enlisées, comme stoppées en vol par une main discrète.

Le deuxième volet concernait les prestations des familiers de Gérard Colé pour le compte de la Française des Jeux. Là non plus, rien ne prouve que les emplois de l'épouse ou de la sœur aient été fictifs. Les policiers sont-ils allés assez loin ? En l'état du dossier, le non-lieu paraissait inévitable.

Les dépenses de Colé dans le cadre de l'installation d'un nouveau siège de la société, à Neuilly, auraient pu lui valoir une condamnation si l'appartement aménagé avait été à son nom. Ce n'était pas le cas. Également inimaginable que Gérard Colé emporte avec lui la fameuse piscine après son départ. Même somptuaires, les travaux profitaient à l'entreprise, ont estimé les juges.

Les règles de la prescription, on l'a vu, et la faiblesse des éléments réunis ont stoppé les investigations un peu bancales menées sur l'imprimerie de Puy-Guillaume, la terre de Michel Charasse, que certains juges avaient un temps caressé l'idée de renvoyer devant la Haute Cour de Justice de la République. Stricte application du droit, là encore.

Quant à KPMG, la célèbre société d'audit, un temps soupçonnée de « couvrir » Gérard Colé, elle s'en tire haut la main.

Que reste-t-il donc de ces huit années d'instruction ? Peu de chose. Même les versements en espèces sur les comptes de Colé ont trouvé leur explication : rémunérations occultes liées à ses fonctions élyséennes. Ce n'est pas seulement que la justice n'a pu apporter de preuves. Toutes les techniques à leur disposition ont été employées par les avocats appelés en renfort. Et le dossier a été joyeusement étrillé, voire carrément dépecé de ses atours les plus prometteurs.

Le volet TF1, qui valut tout de même une garde à vue à Patrick Le Lay ? Disjoint, il serait en cours d'instruction au tribunal de Nanterre, sans que l'on sache s'il aboutira un jour.

Les salaires fictifs d'Air France ? Cet aspect du dossier était instruit à Paris par le juge Jean-Pierre Zanotto, parti pour de nouvelles aventures (une promotion à l'Inspection générale des services) sans clore son affaire.

Henri Modiano, l'homme qui craignait de mourir dans un accident d'avion, a également bénéficié d'un non-lieu total après l'annulation de la plupart des pièces le concernant. Une commission rogatoire internationale était toujours en suspens entre les États-Unis et la France, à la veille du procès, mais personne n'imaginait un instant qu'elle reviendrait en France dûment exécutée.

Ces annulations en forme d'amputation ont une histoire. La principale torpille est partie du cabinet des deux défenseurs du publicitaire Gilbert Gross, les avocats Jean-Denis Bredin et Éric Dezeuze, le 21 septembre 1998. Me Dezeuze ne veut surtout pas que l'on imagine une quelconque malignité derrière la « requête aux fins d'annulation d'actes de la procédure » qu'il signe ce jour-là avec son confrère. Sa démarche est limpide et classique : elle a pour unique objectif d'activer tous les leviers mis en sa possession par le Droit pour tailler le dossier en pièces. Un jeu dont les meilleurs avocats savent tirer profit à condition de dénicher des causes de nullité valables. On saisit alors la Chambre d'accusation, en l'occurrence celle de la cour d'appel de Versailles, présidée à l'époque par un juriste hors pair, M. Pometan. Lequel est censé se prononcer sur les formes du dossier, non sur le fond.

Les deux avocats n'ont pas forcément obtenu gain de cause pour leur client, mais par ricochet, ils ont rendu service à de nombreux acteurs du dossier. À commencer par Patrick Le Lay. Motif retenu par les magistrats de la chambre d'accusation, auxquels il arrive de sanctionner durement leurs collègues : le réquisitoire introductif qui fixait le cadre de l'enquête ne visait pas explicitement *TF1*[1]. Le juge d'instruction en charge du dossier n'avait donc pas à prendre l'initiative d'une perquisition au siège de la chaîne privée. Du moins pas sans réclamer au Parquet un réquisitoire supplétif. Un sésame qui a été négligé. Pourquoi ? Est-il possible qu'au jour de cette perquisition spectaculaire au siège de la première chaîne de télévision, le juge ne se soit pas entouré de toutes les précautions ? Difficile, dans des dossiers aussi protéiformes, de verrouiller toutes les issues. C'est d'ailleurs en cherchant à régulariser la situation, au mois d'août 1998, que le juge Philibeaux a attiré l'attention des avocats. De toute évidence, une erreur avait été commise.

Bien joué, diront les juristes, saluant la sagacité de leurs confrères ! Même si la chambre d'accusation a validé l'essentiel de la procédure, pour l'honneur, elle a annulé définitivement une partie des pièces.

Cette petite cuisine interne échappe à l'œil du justiciable moyen. De l'extérieur, on retient surtout le fracas des gardes à vue et des perquisitions. Et le procès, lorsqu'il se tient, ce qui n'est pas toujours le cas, ou si longtemps après les faits qu'il a perdu une partie de son sens. Il arrive même que la sentence passe complètement inaperçue, sauf coup de théâtre en cours d'audience.

Les erreurs de droit ne suffisent cependant pas à expliquer la minceur du dossier de la Française des Jeux. Des magistrats regrettent notamment que la Police judiciaire n'ait mis sur l'affaire que deux fonctionnaires à temps partiel – ce qui est le lot commun de la plupart des dossiers, même parmi les plus spectaculaires. On rappellera aussi que les investigations à l'étranger sont restées lettre morte, preuve que

1. Arrêt de la première chambre d'accusation rendu le 1er mars 2000.

la fameuse entraide judiciaire internationale laisse encore nettement à désirer. Rien du côté de la Suisse. Rien non plus en provenance des États-Unis, malgré un déplacement sur place de Jacques Guimezanes, sous-directeur des Affaires économiques et financières – on lui a clairement fait comprendre, à Miami, que Modiano était considéré là-bas comme un ami, pas comme un gêneur.

Ceux qui regrettent cette issue plutôt modeste mettront aussi en avant les très mauvaises conditions qui ont entouré l'ouverture d'une information judiciaire.

Aléas qui n'empêchent pas les avocats de crier victoire, à commencer par Patrick Maisonneuve, défenseur de Gérard Colé :

« On est parti de phénomènes mafieux… pour en arriver à juger mon client pour six convecteurs électriques ! » s'exclame-t-il, tout en annonçant qu'il compte bien faire condamner l'État en invoquant le droit d'être jugé dans des délais raisonnables.

Me Maisonneuve va encore au-delà : « Nous avons là, dit-il, un exemple caricatural de dysfonctionnement judiciaire. Au lieu d'investiguer et d'en tirer les conclusions, les juges et leurs auxiliaires ont tiré les conclusions d'abord. Ils sont partis de quelques postulats : il y avait corruption massive, surfacturation considérable et financement politique. J'affirme que l'on a instrumentalisé l'appareil judiciaire à des fins politiques. On cherchait en réalité le moyen de créer et de développer une affaire qui aurait mis en cause le président de la République. Colé était sur la trajectoire de la balle. »

À l'heure où nous achevions ce livre, le procès de la Française des Jeux était annoncé pour les derniers jours de mai 2001. Un procès sans Gilbert Gross, sans Henri Modiano, sans Raymond Danziger, sans Jean-Paul Griziaux… Un tout petit procès, en fait[1]. Mais, il faut

1. Selon l'ordonnance de renvoi datée du 15 novembre 2000, Jean-Paul Griziaux, Raymond Danziger, Dominique Lebret (épouse Morgen), Michèle Blondel, Marie-Claire Brunet, Marc Damène, Gilbert Gross et Henri Modiano ont bénéficié d'un non-lieu total. Gérard Colé et Pascal Éouzan ont bénéficié pour leur part d'un non-lieu partiel. Ils ont donc été renvoyés devant le tribunal correctionnel, en même temps que Marc Damène, Alain Carré, Hubert Bray de Malherbe, Yannick Leray, Rémi Branches, Jean-Christophe Perauchot, François Remise, Jean-Claude Le Galleu, Yvan Morgen, Michèle Morot-Raquin, Florence Villemot et Éric Schwartz.

l'admettre : au terme de leurs délibérations, les magistrats substitueront une « vérité judiciaire » à toutes les autres vérités. Une vérité censée solder l'intégralité des comptes mais qui laissera, comme souvent, un goût d'inachevé. Car tout a été fait pour circonscrire l'incendie qui menaçait le « Château ... ».

Mais attention, prévient un avocat : le fantasme revient souvent en force dans les salles d'audience. Car les magistrats, au-delà des faits, sont aussi là pour « juger au nom de l'ordre moral »...

XII

Les juges persistent et signent

Le dossier de la Française des Jeux a-t-il bénéficié du traitement judiciaire qu'il méritait ? C'était avant la création du pool financier de la rue des Italiens. Avant la mise sur pied par la socialiste Élisabeth Guigou, alors ministre de la Justice, de cette supercellule missionnée pour mener l'instruction des affaires politico-financières au pas de charge.

Le dossier de la Française des Jeux a été traité par le tribunal de Nanterre pour des raisons territoriales : le siège de la société se trouvait sur la commune de Neuilly-sur-Seine. Il y a d'excellents juges d'instruction à Nanterre, mais le premier saisi, Isabelle Orsini, n'était pas à proprement parler une spécialiste. On peut imaginer qu'elle s'y serait mise si elle avait mené le dossier à son terme. Et c'est le second point faible de cette affaire : trois juges d'instruction se sont successivement penchés sur son cas. Beaucoup trop pour qu'une logique ait été respectée. Même si le troisième à entrer dans la partie, Alain Philibeaux avait été, en tant que doyen des juges, très tôt associé aux décisions.

Que pensent-ils eux-mêmes de cette approche dispersée ?

Commençons par Pierre Lyon-Caen. Procureur de la République en poste à Nanterre à l'époque des faits, il a aujourd'hui rejoint le cercle des sages : il est avocat général près la Cour de cassation, à Paris. Huit ans plus tard, il dénie toute ambiguïté à son attitude. Tout d'abord, il affirme ne pas avoir reçu d'instructions en provenance de la présidence de la République :

« M. Colé était un ancien collaborateur du Président. En tant que tel, il aurait pu y avoir une volonté active de le protéger. Mais cela n'a pas été le cas. L'Élysée ne s'est manifesté à aucun moment dans l'affaire. »

Pierre Lyon-Caen se souvient d'avoir été alimenté par deux commissaires aux comptes. Il s'est ensuite rapproché du patron de l'Inspection générale des finances, Pierre Gisserot, qui lui a dit ne pas avoir détecté d'infractions, mais des « anomalies ». Il a alors déclenché les investigations préliminaires après avoir saisi le service de police « le plus éminent ».

Le fait qu'il ait reçu du nouveau Garde des Sceaux, Pierre Méhaignerie, l'ordre d'ouvrir une information judiciaire, ne le chagrine pas davantage :

« Le Garde des Sceaux a le droit de transmettre des instructions aux procureurs. C'est écrit dans le Code pénal et c'est d'une banalité absolue, même si ceux qui ont succédé à Pierre Méhaignerie ont renoncé à exercer ce droit. »

Lui-même assure qu'il n'était pas délibérément hostile à cette ouverture : « Je ne suis pas impressionné par les clients de la nature de Colé. Je ne cherchais aucunement à enterrer cette affaire. »

Lyon-Caen évoque un problème d'« opportunité technique », atténuant les importantes divergences rapportées par d'autres acteurs du dossier. Il pensait que les policiers travailleraient « aussi bien » en enquête préliminaire, qu'ils n'avaient pour le moment pas besoin d'autres prérogatives, malgré la présence d'« indices graves ». Tôt ou tard, il aurait lui-même fini par ouvrir une information, poursuit-il. Mais on ne lui aurait pas laissé le temps d'agir, les raisons politiques l'ayant emporté sur toutes autres considérations. La décision prise par le pouvoir exécutif laisse d'ailleurs une trace écrite dans le dossier, puisqu'une loi de janvier 1993 imposait que ces pièces en provenance de la Chancellerie fussent officiellement annexées.

Huit ans plus tard, devant la faiblesse des résultats, Pierre Lyon-Caen persiste à penser que son attitude était la bonne :

« Il n'y avait pas péril en la demeure. On aurait pu attendre pour ouvrir cette information. Mais le souci d'affichage politique primait certainement. »

Pas de regret non plus sur le déroulement de la garde à vue de Gérard Colé :

« Son incarcération ne me paraissait pas se justifier », dit-il avant de préciser qu'il n'avait reçu aucune instruction l'invitant à laisser en liberté le mis en examen. Ni de l'Élysée, ni d'ailleurs. Aurait-il choisi les policiers « les plus qualifiés » [*nda* : ceux de l'OCRGDF] s'il s'était agi d'estourbir le dossier ? Argument recevable.

Isabelle Orsini, la première juge en charge de l'affaire, n'aurait pas bien supporté la pression liée au traitement d'un dossier se développant dans les hautes sphères du pouvoir. C'est ce que prétendent ceux qui l'ont approchée à l'époque. La garde à vue de Gérard Colé aurait constitué un sommet du genre.

La juge n'a d'ailleurs pas tardé à tourner le dos à l'instruction pour se recycler dans les affaires familiales. Par dégoût, disent les uns ; pour des raisons liées à sa vie privée, corrigent d'autres. Nous n'avons pas tranché.

Le 19 juin 1995, le juge Poirotte a pris le relais. « Je me suis occupé assez peu de ce dossier », admet-il aujourd'hui. Il est vrai qu'il guettait une promotion à la cour d'appel de Versailles. Et que cette promotion est intervenue au mois de juin 1996, sans que l'on puisse établir un lien avec sa gestion du dossier de la Française des Jeux. Les mauvaises langues affirment qu'elle ne l'a pas desservi. Lui affirme qu'il n'y a pas eu de tensions particulières.

« L'affaire était en chantier, avec des pistes encore ouvertes, dit-il. C'était un dossier volumineux et difficile, mais je pense avoir agi comme bon me semblait. Il y avait beaucoup de bruit autour, mais pas forcément tous les éléments allant avec. Je me souviens aussi de fuites continuelles dans la presse. Cela n'était pas plaisant, mais l'histoire représentait un gros enjeu. Et ces fuites étaient une façon de faire pression sur nous. »

Avec le recul, Gérard Poirotte n'est pas particulièrement choqué par la remise en liberté de Colé au terme de sa garde à vue. Il estime même qu'Isabelle Orsini n'avait aucune raison de le placer en détention. « Pour cela, dit-il, il faut des "billes" très sérieuses... »

Aussi n'est-il pas vraiment surpris de voir « le monstre accoucher d'une souris ». Son seul regret, c'est de n'avoir pu mener l'affaire à son terme. « Mais on me proposait un poste qui m'intéressait », dit-il, balayant toutes les supputations pouvant entourer cette nomination.

Ces incessants changements de juges peuvent-ils avoir sur un dossier un effet positif ?

« Cela a plutôt tendance à le pénaliser », admet Gérard Poirotte.

C'est le moins qu'on puisse dire.

Le doyen des juges de Nanterre, Alain Philibeaux, s'est pour sa part dévoué pour mettre un terme à une instruction passablement longue. Lui déclare d'emblée sa « satisfaction » :

« L'affaire sort aujourd'hui sous son véritable jour, dit-il. On découvre qu'il n'y avait pas grand-chose à l'intérieur. »

Philibeaux ne regrette cependant pas d'avoir eu le dossier en mains. Notamment à cause du « talent de conteur » de Gérard Colé. Et de ce qu'il a appris au passage sur les mœurs politiques en vigueur. Pour le reste, il reconnaît que son rôle s'est limité à refermer les portes qui ne l'étaient pas. « Les choix étaient faits, les moments cruciaux passés, dit-il. Je voulais en terminer rapidement. »

Le traitement de faveur apparemment accordé à Colé et Modiano ?

« Nous n'avons pas à mettre au trou les gens pour les faire parler », observe le juge qui s'enorgueillit de voir que la loi sur la présomption d'innocence a été appliquée avec quelques années d'avance par les magistrats de Nanterre.

Les annulations pour vices de procédure ?

« L'aspect *TF1* a été normalement annulé, car nous avions instruit sans être saisis. »

Non, Philibeaux ne se sent coupable de rien. Il se réjouit même de voir que l'on s'apprête à « rendre justice » à Gérard Colé :

« Mieux vaut que l'on se trompe dans ce sens-là, explique-t-il lorsqu'on s'étonne de son propos. Il y va de la grandeur et de la noblesse de notre métier : il ne faut pas condamner des gens dont la culpabilité n'a pas été prouvée. »

Le juge Philibeaux pousse la démonstration plus loin encore. Pour lui, le véritable but de cette instruction était en réalité d'« éjecter Colé de la Française des Jeux, car son mode de fonctionnement ne plaisait pas à Bercy ». Précisément l'argument de Colé lui-même.

La conversation glisse sur la Police judiciaire, enfin un sujet qui fâche :

« Nous sommes tributaires de collaborateurs qui ne dépendent pas de nous. Ils ont une hiérarchie, une carrière à suivre, ils ne sont pas à notre disposition. Nous devrions pouvoir nous appuyer sur des enquêteurs très disponibles et dégagés de toutes contraintes. »

On croit déceler chez ce juge une certaine rancœur vis-à-vis du ministère de l'Intérieur. La pique suivante est destinée à la Suisse :

« Nous avons obtenu les premiers documents après deux années. Pour avoir le complément, il fallait encore attendre deux ans. Nos demandes se perdent dans les méandres, surtout lorsque l'on sort des cantons francophones. C'était un fouillis presque incompréhensible, avec un procureur qui nous menait en bateau. »

De quoi achever de transformer une « affaire du siècle » en confetti. Les juges ont-ils vraiment eu les moyens de se forger une opinion sur le dossier ?

« Nous avons là un dossier sinistré où la Justice a fait preuve d'une mollesse surprenante », dit sous le couvert de l'anonymat, un ancien magistrat du Parquet de Nanterre.

La Française des Jeux… ou l'enquête que l'on ne voulait pas faire ? La question reste posée.

XIII

Le jeu continue

Le calcul était bon.

Il était bon pour Jacques Chirac et ses amis. Un Chirac en pleine traversée du désert, qui savait combien cette affaire de jeux et d'argent pourrait nuire à l'image de François Mitterrand et de son camp. La campagne présidentielle chauffait. Il fallait « flinguer » Colé pour amoindrir les socialistes. Pari gagné : l'ancien maire de Paris a remporté l'Élysée.

Le calcul était également bon pour Gérard Colé et ses supporters. L'achat massif d'actions du Change de la Bourse, malgré l'avis contraire du ministre du Budget, n'était qu'une première étape. La petite société marseillaise devait certainement constituer le cheval de Troie des partisans de la privatisation de la Française des Jeux. Officiellement, Michel Charasse était également contre. Mais on voit mal comment Colé aurait décidé seul de l'avenir de la société. La privatisation aurait ouvert les portes à tous les coups d'argent. Avec un peu d'imagination, on équipait les PMU en machines à sous et la France devenait un casino géant... Gérard Colé affirme que tout ce qu'il a pu dire à l'époque sur cette privatisation relevait de la provocation. Mais le jackpot était certainement à portée de main (pour l'État).

Pari perdu : les empêcheurs de jouer en rond, soucieux de morale, parfois aussi pétris de haine envers le socialiste qui avait pris le pouvoir en mai 1981, ont mis fin au rêve.

Aujourd'hui, la piscine de Gérard Colé est désaffectée ; son appartement privé est devenu le bureau du président ; la chambre des enfants a été transformée en salle d'archives. Mais la Française des Jeux, elle, est toujours debout. L'État actionnaire a simplement repris ses droits, tournant la page d'un homme qui s'était trop bien fondu avec l'entreprise.

La précipitation avec laquelle la droite a écarté l'homme de Mitterrand fait dire à certains que le « fromage » était trop bon pour être ignoré. Mais le profil du successeur de Colé ne plaidait pas forcément pour cette thèse. Avec la nomination de Bertrand de Gallé, sorti de l'ENA en 1970, passé par la Seita, un « père la rigueur » remplaçait un prototype de la gauche caviar. Un homme réservé, timide et froid, ravissait son fauteuil au personnage le plus extraverti et le plus imaginatif que le Loto ait connu. Changement d'ère.

Puis, à son tour, Bertrand de Gallé a cédé sa place pour rejoindre le poste de Trésorier payeur général qu'il briguait en région parisienne. Jacques Chirac et Lionel Jospin se sont alors entendus pour confier les rênes de la Française des Jeux à Christophe Blanchard-Dignac, énarque lui aussi (promotion 1979), ancien conseiller d'Édouard Balladur au ministère des Finances et ancien directeur du Budget. Un homme que l'on dit convivial et qui a été chargé de propulser le Loto dans le troisième millénaire.

Les affaires passent, le jeu continue.

Épilogue

« À l'origine de la République, le juge était la bouche de la loi. La mise en œuvre de l'action publique était entre les mains du Parquet, dirigé par le Garde des Sceaux, qui pouvait évidemment donner son avis lorsque ses amis étaient concernés. Ainsi le voulait la tradition. L'information sur les dossiers en cours remontait par le procureur, qui informait les procureurs généraux, qui transmettaient au directeur des Affaires criminelles et des Grâces, lequel avisait le cabinet du ministre. Chacun avait l'habitude de renvoyer vers l'étage supérieur... »

C'est un ancien ministre de la Justice qui parle (il l'a été de 1990 à 1992). Un baron du Parti socialiste qui a bien connu l'Élysée et la France sous François Mitterrand. Il a vu à l'œuvre Gérard Colé, « montreur d'ours » et « trapéziste » dont il avoue qu'il le fascinait par sa façon de jongler avec les idées. Il s'appelle Henri Nallet. Mais laissons le poursuivre son étonnant récit[1] :

«Tous les matins, Place Vendôme, je trouvais sur mon bureau un paquet de trente à quarante chemises portant chacune le nom de l'affaire concernée. Chacune contenait une note du procureur général concerné et quelques extraits de procès-verbaux. Quand j'interrogeais mes services sur le sens de ces envois, que je leur demandais ce que l'on attendait de moi, ils dramatisaient toujours. La machine judiciaire voulait me pousser à donner un avis. Les procureurs avaient besoin de l'avis de leur Garde. C'était pour eux aussi normal que nécessaire. »

1. Entretien du 1er février 2001 au siège du Parti socialiste.

Comment Henri Nallet traitait-il ces chemises confidentielles destinées à le conduire au cœur de tous les dossiers sensibles, selon une pratique éprouvée par des générations de Gardes des Sceaux ?

« La tentation était évidemment grande d'aller lire le contenu des notes quand elles concernaient quelqu'un de connu. Mais au nom de quoi ? Il me semblait plus logique de ne pas interférer et de laisser les procureurs trancher par eux-mêmes. J'ai pris l'habitude de coller sur chaque chemise un post-it où j'écrivais le mot *Vu* à côté de mes initiales. »

Les procureurs ont d'abord protesté. Plutôt que de continuer à leur transmettre ses diktats par écrit, Nallet a pris la décision de faire évoluer la pratique. Il s'est mis à recevoir en tête à tête ceux d'entre eux qui le souhaitaient, toujours en compagnie de son directeur des Affaires criminelles et des Grâces.

Les soucis ont cependant rattrapé Henri Nallet lorsque le député Philippe de Villiers a lancé en pleine Assemblée Nationale l'affaire Urba-Gracco (la pompe à finances du Parti socialiste). Henri Nallet, de retour à la Chancellerie, s'informe de ce dossier. On lui donne à lire une note assez ancienne, dans laquelle le procureur de Marseille explique qu'il convenait d'ouvrir une information judiciaire dans ce dossier. Son prédécesseur, le socialiste Pierre Arpaillange, avait informé de la situation le Premier ministre Michel Rocard. Mais n'avait pris aucune décision ni dans un sens, ni dans l'autre, laissant le magistrat marseillais dans l'expectative.

« J'ai demandé pourquoi on en était resté au stade de l'enquête préliminaire, poursuit Nallet. On m'a expliqué que le procureur ne voulait pas prendre seul la responsabilité d'aller au-delà et qu'il attendait. Tous les éléments étaient réunis pour ouvrir une information, avec le risque de voir inculpés, comme on disait à l'époque, un bon paquet de dirigeants socialistes. J'ai considéré que je ne pouvais décider seul de la suite. Je me suis rendu auprès du Premier ministre pour lui exposer ma position. Pour moi, il fallait laisser le dossier se développer normalement et assumer publiquement le mode de financement du Parti. Guy Carcassonne était lui aussi pour la catharsis. J'ai ensuite rencontré le président de la République, pour lui dire mon inquiétude. "Voyez ça avec Mauroy et Rocard", m'a répondu François Mitterrand [*nda* : Pierre Mauroy est alors premier secrétaire du PS].

Michel Rocard a décidé de réunir à Matignon les principaux chefs du Parti. J'ai, dès le début, jeté un froid en distribuant une feuille où figuraient les noms de tous les socialistes cités dans les cahiers Delcroix [*nda* : la pièce à conviction des enquêteurs mentionnant tous les mouvements d'argent]. Ils étaient presque tous autour de la table. Rocard a dit : "Nallet propose d'ouvrir une information judiciaire." Ils ont tous poussé de grands cris et on en est resté là. Deux jours plus tard, j'ai interrogé le Premier ministre sur sa position. "Tu donnes l'ordre au procureur de Marseille de classer le dossier", m'a-t-il dit. Sur le coup, je n'ai absolument pas pensé que l'on me demandait de faire quelque chose d'illégal. Mais la responsabilité était lourde à porter. Je me suis renseigné auprès de mes conseillers pour savoir par quel canal passaient ce genre de consignes. "Le silence équivaut au refus", m'a fait savoir le directeur des Affaires criminelles. Cela signifiait que l'on continuait à ne rien dire au procureur de Marseille. Mais, avec de Villiers qui couinait comme il pouvait à l'Assemblée, évidemment activé par des magistrats très politiques, cela n'était pas tenable. J'ai pris sur moi et j'ai écrit au procureur pour lui faire connaître notre décision. Depuis, je porte cela comme une tunique de Nessus. »

Cette intervention restera l'une des dernières du genre dans l'histoire de la Justice. « Le dernier acte d'autorité d'un Garde des Sceaux », dit Henri Nallet. Lourde pour son auteur, elle n'a d'ailleurs pas empêché l'affaire de renaître ailleurs et même de connaître des développements spectaculaires. L'ancien Garde des Sceaux accompagne ces propos d'une forme de *mea culpa* :

« Mon intervention n'était aucunement contraire à la loi, mais, en agissant ainsi, nous avons complètement ignoré les évolutions de la société. Nous avons été aveugles. Nous aurions dû laisser faire la Justice et purger l'affaire. »

François Mitterrand détestait les magistrats à cause de certaines affaires qu'ils avaient instruites contre lui au temps où il était opposant. Les juges, qui comptent dans leurs rangs plus de conservateurs que de rebelles, le lui ont bien rendu. Pour les socialistes, la gestion catastrophique du dossier Urba-Gracco annonce la raclée électorale de mars 1993.

Au même moment, l'affaire de la Française des Jeux gronde dans les médias. La donne est ici totalement inverse. Ce n'est pas un gouvernement de gauche qui tente maladroitement d'étouffer un scandale ; c'est un gouvernement de droite qui allume une mèche judiciaire censée brûler le fauteuil d'un président de la République de gauche. Sans savoir que la « purge » (n'est-ce pas le rôle du procès ?) interviendra huit ans plus tard, à la veille d'une nouvelle échéance électorale majeure : la présidentielle de 2002.

Doublement bien joué, non ?

En ce temps-là, on s'immiscait sans scrupule aucun dans le cours des affaires. Ce n'est qu'après que les choses ont commencé d'évoluer. Durant la campagne pour la présidence de 1995, Lionel Jospin et Raymond Barre se sont prononcés pour une coupure définitive du lien hiérarchique soumettant les procureurs au Garde des Sceaux. Selon le schéma brossé par ces deux ténors politiques, le ministre ne devait plus pouvoir donner d'ordres ni dans un sens (cas Urba), ni dans l'autre (cas de la Française des Jeux).

Cette révolution ne s'est pas produite tout de suite. Jacques Toubon, ministre de la Justice dans le gouvernement Juppé, était bien trop empêtré dans les affaires montant à l'assaut du RPR pour songer à couper les liens. Élisabeth Guigou, en revanche, a fait de cette rupture sa profession de foi dès sa nomination à la Chancellerie par Lionel Jospin. Au vu des dérives passées, on ne peut *a priori* qu'applaudir. Mais tout le monde n'est pas aussi enthousiaste, à commencer par Henri Nallet, qui pondère : « Nous ne sommes pas allés jusqu'au bout de la réforme. » Et pose les questions qui dérangent :

« Si le Parquet n'est plus structuré de manière hiérarchique, qui commande ? Sera-t-on traité de façon équivalente par la justice de Béthune et celle de Paris ? C'est la grosse limite de la réforme : dans la situation actuelle, le parquetier de base peut devenir facilement le maître de l'action publique. Le procureur juge-t-il utile de corriger l'une de ses décisions ? Il menace d'aller raconter à un journaliste qu'on lui a donné des ordres. Pour limiter ce genre de dérives et conserver une unité dans la Justice, il faudrait accorder un vrai pouvoir aux procureurs généraux. »

Mais revenons aux affaires politico-financières. « Nous n'avons pas su gérer collectivement la question du financement des partis, poursuit Nallet dont on ne dira pas qu'il rechigne à l'autocritique. Nous aurions dû assumer publiquement les pratiques passées, puis décider collectivement d'une amnistie claire. Au lieu de cela, incapables d'endosser nos responsabilités, nous sommes tombés dans une amnistie faux cul, tellement raffinée qu'elle n'a pas joué son rôle. Et nous nous sommes envoyé, de droite à gauche et vice versa, des seaux de merde à la figure ! »

Pendant que les juges, eux, découvraient les plaisirs de la chasse aux politiques. Une attitude que l'ancien ministre stigmatise d'une phrase :

« Passés de la discrétion à la recherche de l'affaire croustillante, les juges sont devenus suspicieux et un peu professeurs de morale. »

Ce qui ne paraît pas près de se calmer, car la tension entre les palais de justice et les palais du pouvoir n'a jamais été aussi forte qu'aujourd'hui. À tel point que les candidats aux prochaines élections devraient veiller à limiter leurs dépenses par crainte de sévères représailles. Aux oubliettes, la *Lettre à tous les Français* signée François Mitterrand et tirée à 5 millions d'exemplaires à la veille de sa réélection de 1988 ! À moins que les politiques ne soient encore bien plus masochistes qu'on ne le croit ?

De tout ce qui précède, aveux, témoignages et documents, qu'il nous soit permis de tirer trois conclusions provisoires :

1) Les responsables politiques sont dans le bourbier des « affaires » et ne cessent de s'en plaindre, mais ce sont eux qui ont posé la plupart des pièges où ils sont tombés. Eux qui ont créé les conditions d'un « spectacle » assassin. Eux qui, à trop manipuler, ont gentiment creusé leur tombe. Résultat positif : doucement, le sentiment d'impunité recule dans le pays. Tandis que l'État, au grand dam d'un Michel Charasse, se met chaque jour un peu plus à nu.

2) De nombreux juges, comme pas mal de policiers, sont effectivement obsédés par les turpitudes des politiques, mais c'est

parce qu'ils ont l'impression qu'on les a longtemps pris pour des imbéciles. « On est passé de l'anticorps au rétrovirus : les toxines se vengent », observe un haut fonctionnaire de Bercy. C'est la fin de cette culture de soumission qui conduisait un juge à se mettre debout, seul dans son bureau, lorsqu'il recevait un appel téléphonique du Garde des Sceaux. Le revirement est cependant si brutal qu'on aurait tort de ne faire que s'en réjouir, car la considération que juges et policiers ont aujourd'hui pour les politiques atteint bien souvent le degré zéro. Ce n'est pas la fin des illusions, c'est le règne de la désillusion.

3) Les journalistes se nourrissent certes du « spectacle », mais ils sont là pour ça. Mieux vaut sans doute passer pour des « chiens » que pour des caniches.

Annexes

LE MINISTRE DE L'ECONOMIE
ET DES FINANCES

LE MINISTRE DU BUDGET

PARIS, le 18 FEV. 1993

Le Ministre de l'Economie et des Finances

Le Ministre du Budget

à

Monsieur le Chef du Service de l'Inspection
Générale des Finances

O B J E T : Vérification de la Française des Jeux.

Nous vous demandons d'effectuer dans les meilleurs délais une mission de vérification comptable et financière de la Française des Jeux.

Vous examinerez tout particulièrement la politique d'acquisition immobilière et mobilière de la société, ses prises de participations et créations de filiales et sa gestion de trésorerie. Vous donnerez un avis sur ses frais généraux et sur les conditions de passation des marchés.

Nous vous demandons de nous informer régulièrement de l'avancement de vos investigations et de nous transmettre un rapport d'étape pour le 15 mars prochain.

Michel SAPIN

Martin MALVY

Le 18 février 1993, M. Sapin et M. Malvy, ministre de l'É onomie et des Finan es et ministre du Budget, ordonnent au hef de l'Inspe tion générale des finan es une vérifi ation de la Française des Jeux.

Le Ministre
de l'Économie et des Finances

République Française

Paris, le 18 FEVR 1993

LA FRANÇAISE DES JEUX

CONFIDENTIEL SOCIÉTÉ

N° 42

19 FEV. 199

Monsieur le Président,

Il vient d'être porté à ma connaissance que la Française de finances, l'une des filiales du groupe que vous présidez, a pris une participation de plus de 20% au capital de la société Le Change de la bourse, société qui, au demeurant, est d'ores et déjà actionnaire de la Française des Jeux elle-même.

Je ne puis que déplorer que mes services, aussi bien la direction du Trésor que le contrôle d'Etat, n'aient pas eu à connaître de ce dossier avant la réalisation effective de l'opération d'acquisition des titres. Cette situation est d'autant plus fâcheuse que la Française de finances, comme du reste l'ensemble des filiales du groupe de la Française des Jeux, sont assujetties aux dispositions du décret du 9 août 1953, soumettant à approbation par arrêté interministériel leurs prises de participation au capital d'autres sociétés.

Je note en outre que l'acquisition par la Française de finances d'une participation au capital d'un établissement financier méconnait dans l'esprit, sinon dans la lettre, l'instruction très précise de M. BEREGOVOY, alors ministre des finances, vous demandant, par courrier du 11 octobre 1991, de ne pas donner suite à un projet d'obtention par la Française des Jeux d'une licence d'établissement financier.

Compte tenu de l'ensemble de ces éléments, je vous demande de faire procéder dans les meilleurs délais par la Française de finances à une cession des titres du Change de la bourse qu'elle détient.

Je vous prie de croire, Monsieur le Président, en l'assurance de mes sentiments les meilleurs.

Michel SAPIN

c'est un placement comme un autre.

nous verrons!

Ge

Monsieur Gérard COLE
Président-directeur général
La Française des Jeux
5/7, rue Beffroy
92523 NEUILLY-SUR-SEINE CEDEX

aucun rapport!

Le 18 février 1993, encore, M. Sapin, ministre de l'Économie et des Finances, expédie un courrier sévère à Gérard Colé. Les annotations, à la main, sont du président de la Française des Jeux, visiblement en colère.

LE MINISTRE DE L'ECONOMIE
ET DES FINANCES

LE MINISTRE DU BUDGET

PARIS, le 02 MARS 1993

Le Ministre de l'Economie et des Finances

Le Ministre du Budget

à

Monsieur le Chef du Service de l'Inspection Générale des Finances

OBJET : vérification de la Française des Jeux.

Par lettre du 18 février 1993, nous vous avons demandé d'effectuer une vérification comptable et financière de la Française des Jeux.

Il va de soi que cette vérification doit porter sur le groupe constitué par la Française des Jeux et l'ensemble de ses filiales. Vous devez donc procéder non seulement à la vérification comptable et financière de la Française des Jeux proprement dite, mais aussi à celle de toutes ses filiales.

Michel SAPIN

Martin MALVY

Le 2 mars 1993, MM. Sapin et Malvy saisissent à nouveau l'Inspection générale des finances, en élargissant les vérifications aux filiales de la Française des Jeux.

REPUBLIQUE FRANCAISE

MINISTÈRE DE L'ÉCONOMIE

SERVICE DU CONTROLE D'ETAT
139, RUE DE BERCY
TELEDOC 263
75572 PARIS CEDEX 12

LE CHEF DU SERVICE

BS/ML - N° 324

PARIS, LE 17 SEPT. 1993

NOTE pour
le Ministre de l'Economie

A l'attention de M. NOYER,
Directeur de Cabinet.

Objet : Demande d'instructions formulée par M. BEGON.

P.J. : - 1 lettre.

Michel BEGON, contrôleur d'Etat auprès de LA FRANCAISE DES JEUX et de ses filiales, doit être entendu le 22 septembre prochain par les inspecteurs de l'office central de répression de la grande délinquance financière. Cette audition intervient dans le cadre d'une enquête préalable diligentée par le Procureur de la République près la Cour d'Appel de Nanterre.

J'ai l'honneur de vous transmettre la demande d'instructions éventuelles formulée par l'intéressé.

J'attire l'attention du Ministre sur le fait que certains éléments de ce dossier ont donné lieu à examen par le Cabinet du Ministre du Budget.

Sauf avis contraire du Ministre, j'ai donné comme instructions à M. BEGON de faire le meilleur accueil aux inspecteurs chargés de l'enquête mais de ne leur communiquer à ce stade qu'une copie de son rapport annuel sur les comptes de 1992 qui, tout en donnant une image fidèle de la vérité, a été conçu avec prudence dans la perspective d'une diffusion assez large.

Bernard SCHAEFER

Le 17 septembre 1993, Bernard Schaefer, chef du service du contrôle d'État, adresse une note au ministre de l'Économie, Edmond Alphandéry. Il explique qu'il a donné au contrôleur d'État Michel Bégon instruction de « faire le meilleur accueil » aux policiers, « sauf avis contraire du ministre ».

LA
FRANÇAISE
DES
JEUX

QUITTANCE TRANSACTIONNELLE

Vu la lettre de Monsieur le Ministre en date du 15 décembre 1993 dont copie ci–jointe, la société LA FRANCAISE DES JEUX verse à Monsieur Gérard COLE la somme de deux millions douze francs (2 012 000 francs), à titre de dommages et intérêts pour réparation du préjudice subi.

Ce montant constitue une réparation transactionnelle globale et forfaitaire.

Neuilly–sur–Seine, le 15 décembre 1993

pour la Société	pour Monsieur Gérard COLE
Bon pour transaction définitive	Bon pour transaction définitive
signature avec la mention "Bon pour transaction définitive"	signature avec la mention "Bon pour transaction définitive"

Bon pour transaction définitive

Le 15 décembre 1995, Gérard Colé accepte de quitter la Française des Jeux, moyennant une « réparation transactionnelle » importante.

LE MINISTRE DE L'ECONOMIE

LE MINISTRE DU BUDGET,
PORTE-PAROLE DU GOUVERNEMENT,
CHARGE DU MINISTERE
DE LA COMMUNICATION

Note pour Madame Lévy-Rosenwald et Messieurs Deniel, Dubreuil, Lathière, Pain, Parini et Taly, administrateurs représentant l'Etat au Conseil d'Administration de la Française des Jeux.

En raison du refus des commissaires aux comptes de la Française des Jeux de certifier les comptes des exercices 1992 et 1993, et de l'ouverture d'une instruction judiciaire contre X pour délit d'abus de biens sociaux par voie de surfacturation, les comptes des exercices 1992 et 1993 de la société n'ont pu à ce jour être arrêtés par le Conseil d'Administration.

A la demande du Conseil d'Administration de la Française des Jeux tenu le 27 juin 1994, le Président du Tribunal de Commerce de Nanterre a désigné par ordonnance du 29 juin 1994 Madame Hélène Bon en qualité d'expert avec pour mission de donner son avis sur les comptes annuels de la Française des Jeux au titre des exercices 1992 et 1993, de dire si tels qu'ils sont présentés, ils sont réguliers, sincères et donnent une image fidèle du patrimoine, de la situation financière et du résultat de l'entreprise, conformément à l'article 9 alinéa 5 du Code du Commerce, et le cas échéant de faire toute recommandation pour que l'arrêté des comptes soit conforme à l'article 9 alinéa 5 du Code du Commerce.

Au vu du rapport d'expertise remis le 4 novembre 1994 par Madame Hélène Bon, il apparait que certains ajustements comptables sont nécessaires, et que des incertitudes pèsent sur les comptes 1992 et 1993 provenant principalement de risques de surfacturation.

L'expert constate en effet qu'en l'état actuel des informations disponibles on se trouve dans une situation où il n'est pas possible de se prononcer sur la sincérité, la régularité et l'image fidèle des comptes.

Toutefois, l'expert rappelle que les administrateurs doivent arrêter les comptes aux termes de la loi, et souligne que les administrateurs s'étant entourés de toutes les informations nécessaires et ayant réalisé les modifications demandées pour présenter à l'Assemblée Générale des comptes qui reflètent au mieux la véritable situation de la société, la responsabilité pénale des administrateurs de l'Etat ne pourra plus être mise en cause dès lors que l'élément moral de l'infraction fait défaut.

Aussi, nous vous demandons de bien vouloir arrêter les comptes des exercices 1992 et 1993 de la Française des Jeux qui vous seront soumis lors du Conseil d'Administration du 10 novembre 1994, sous réserve que les ajustements comptables préconisés par l'expert aient été pris en compte, et que l'annexe et le rapport de gestion précisent clairement les incertitudes qui entourent cet arrêté des comptes et qui sont liées aux procédures en cours et à l'absence d'informations sur l'avancement de ces procédures.

Nous souhaitons que les administrateurs représentant l'Etat demandent à la direction de la Française des Jeux d'informer régulièrement le Conseil d'Administration de toutes les mesures prises pour remédier au laxisme de la gestion de la société et à la défaillance des systèmes de contrôle interne, soulignés par le rapport de l'Inspection Générale des Finances et rappelés par l'expert désigné par le Tribunal de Commerce.

Fait à Paris le 9 novembre 1994.

Edmond ALPHANDERY

Nicolas SARKOZY

Le 9 novembre 1994, Edmond Alphandéry, ministre de l'Économie, et Nicolas Sarkozy, ministre du Budget, intiment l'ordre aux administrateurs représentant l'État au conseil d'administration d'arrêter les comptes des exercices 1992 et 1993 de la Française des Jeux.

HENRI MODIANO
ANCIEN DEPUTE DE PARIS
A L'ASSEMBLEE NATIONALE

Monsieur François MITTERRAND
Président de la République
Palais de l'Elysée
PARIS VIIIe

Le 26 Septembre 1984

Monsieur le Président de la République,

Comme vous le montreront les lettres jointes, j'ai écrit, le 12 Juin 1984, à M. Jacques DELORS, Ministre des Finances, pour lui demander son aide. Il a malheureusement quitté son poste avant d'avoir le temps de me répondre es-qualité.

Je le connais bien. Je ne connais pas du tout M. BEREGOVOY qui lui a succédé. J'hésite donc à le saisir d'un problème qui me brûle depuis plus de seize ans !

Après avoir hésité longtemps, je me résouds à m'adresser à vous qui êtes l'autorité supérieure en toute matière, dans notre pays.
Je sais que ma cause est juste, que ma morale est droite et que la DGI reconnaitrait, je pense, que la somme que je reste lui "devoir" n'a jamais correspondu à un revenu imposable, encore bien moins à une fraude ou à une dissimulation.

Je remets respectueusement ce dossier entre vos mains et espère que les services de la Présidence, informés par la DGI, et tout particulièrement par M. BACONNIER qui m'a reçu avec beaucoup d'humanité et de compréhension, pourront vous permettre de faire prendre la décision d'effacement et d'apaisement.

Je vous prie de croire,
Monsieur le Président de la République, aux assurances de ma déférente fidélité.

Le 26 septembre 1984, l'ancien député gaulliste Henri Modiano écrit à François Mitterrand. Il demande clairement au président de la République une faveur fiscale.

LE PRÉSIDENT DE LA RÉPUBLIQUE   Paris, le 26 Septembre 1984

Cher Monsieur,

J'ai pris connaissance avec intérêt de votre lettre et serais heureux d'en parler avec vous.

Voudriez-vous avoir l'obligeance de prendre contact avec mon secrétariat pour qu'un rendez-vous soit fixé dans les prochaines semaines.

Veuillez croire, Cher Monsieur, à l'expression de mes sentiments les meilleurs et cordiaux

F. Mitterrand

François Mitterrand

Henri MODIANO

François Mitterrand répond le jour même à Henri Modiano. Il lui propose un rendez-vous.

Index

Table

Impression réalisée sur CAMERON par

BRODARD & TAUPIN

GROUPE CPI

La Flèche

pour le compte des Éditions Fayard
en avril 2001

Imprimé en France
Dépôt légal : mai 2001
N° d'édition : 11820 – N° d'impression : 7399
ISBN : 2-213-60948-9
35-57-1148-01/2